高职高专测绘类新型立体化规划教材
全国测绘地理信息类职业教育规划教材

土地利用规划

主 编 张萍丽 安春华

土地利用规划教材简介

黄 河 水 利 出 版 社
·郑 州·

内 容 提 要

本书系统介绍了土地利用规划应掌握的基础知识、相关理论和技能。全书共有十二个项目。主要包括导论、土地利用规划理论和原则、土地利用总体规划概述、土地利用现状分析和规划后评价、土地资源质量评价、土地供需预测、土地利用结构与布局、基本农田保护区规划、土地整治复垦规划、土地详细规划概述、土地利用规划相关图的制作、土地利用规划的实施管理。

本书可作为测绘地理信息行业技术人员、技能人员的工具书，亦可供相关院校测绘地理信息类专业及相关专业师生作为教材使用。

图书在版编目(CIP)数据

土地利用规划/张萍丽，安春华主编. —郑州：黄河水利出版社，2022. 1

高职高专测绘类新型立体化规划教材　全国测绘地理信息类职业教育规划教材

ISBN 978-7-5509-3165-7

Ⅰ. ①土…　Ⅱ. ①张…　②安…　Ⅲ. ①土地利用-高等职业教育-教材　②土地规划-高等职业教育-教材　Ⅳ. ①F301. 2

中国版本图书馆 CIP 数据核字(2021)第 244135 号

策划编辑：陶金志　　电话：0371-66025273　　E-mail：838739632@qq.com

出 版 社：黄河水利出版社　　网址：www.yrcp.com

地址：河南省郑州市顺河路黄委会综合楼 14 层　　邮政编码：450003

发行单位：黄河水利出版社

发行部电话：0371-66026940、66020550、66028024、66022620(传真)

E-mail：hhslcbs@126.com

承印单位：河南承创印务有限公司

开本：787 mm×1 092 mm　1/16

印张：18

字数：440 千字

版次：2022 年 1 月第 1 版　　印次：2022 年 1 月第 1 次印刷

定价：59.00 元

前 言

本书是全国测绘地理信息类职业教育规划教材，以传统纸质教材为承载，充分利用移动互联网及二维码识别技术，使用者可通过手机、PAD 等移动终端，对教材上的二维码进行扫描识别。每个二维码分别对应有相关知识点的学习内容，该内容以多媒体形式立体呈现，主要包括教学视频、案例视频、实训视频、二维动画、三维动画、图片、PPT 课件、试卷等立体资源。全书共录制微课 50 个，二、三维动画 8 个，案例 11 个，思政小课堂 12 个。

本书在教材建设上以构建结构体系为依托，结合专业特点，在强调理论知识的同时，注重学生动手能力的培养。依据最新的行业技术标准和规范，引入生产实例，并融入许多新技术和新方法，具有较强的实用性和指导性。同时，本书设置思政小课堂环节，依据思政案例在思想政治方面对学生进行教育，满足了学生在适应社会、建立情感、克服困境方面的生存需要，在智力、思想政治品德素质等方面的精神发展需要，同时向学生传授了热爱祖国、忠诚事业、艰苦奋斗、无私奉献的敬业精神。

本书结合了最新的国家土地利用规划实施意见和办法，主要包括《全国国土规划纲要(2016—2030 年)》、《中共中央 国务院关于加强耕地保护和改进占补平衡的意见》、《河南省土地利用总体规划(2006—2020 年)》、《河南省土地利用总体规划(2006—2020 年)调整方案》、《土地复垦条例实施办法》、《耕地占补平衡考核办法》、《全国土地整治规划(2016—2020 年)》、《土地开发整理若干意见》(国土资发〔2003〕363 号)等。

本书重点突出、简明扼要、概括清楚、突出实用性，系统地介绍了土地利用规划应掌握的基础知识、相关理论和技能。全书共分 12 个项目。项目一导论，主要包括土地与土地利用、规划和土地利用规划、我国土地资源及其利用、土地利用规划任务和内容、土地利用规划体系和程序等；项目二土地利用规划理论和原则，主要包括土地利用规划理论和原则等；项目三土地利用总体规划概述，主要包括土地利用总体规划的概念和特点、目标和任务、内容和程序，以及基础资料的收集、分析、整理等；项目四土地利用现状分析和规划后评价，主要包括土地利用现状分析、土地利用规划后评价等；项目五土地资源质量评价，主要包括土地质量评价概述、土地适宜性评价、土地生产潜力评价和土地人口承载力评价等；项目六土地供需预测，主要包括预测概述、基础数据预测、土地需求量预测、土地利用潜力分析、土地供需平衡分析等；项目七土地利用结构与布局，主要包括土地利用结构概念、土地利用供选方案拟订、土地利用布局、各类用地配置等；项目八基本农田保护区规划，主要包括基本农田和基本农田保护区的概念、基本农田保护区规划编制程序、基本农田保护区划区定界的方法与步骤、基本农田保护区规划成果、基本农田保护区规划的验收等；项目九土地整治复垦规划，主要包括土地整治规划、土地复垦规划等；项目十土地详细规划概述，主要包括居民点用地规划、交通运输用地规划、水利工程用地规划、农用地规划等；项目十一土地利用规划相关图的制作，主要包括地图制图基础知识、土地规划制图中的图层、土地利用规划图的制作等；项目十二土地利用规划的实施管理，主要包括土地利用规划成果资料、土地利用规划方案的实施、土地用途管制制度的实施、土地利用计划管理、土地利用动态监测、土地利用规划滚动调整等。

本书由河南测绘职业学院教务处组织编审，由张萍丽、安春华担任主编，王莉、黄静静、郭梦、马倩倩、李宏超、何瑞珍(河南农业大学)、陈伟强(河南农业大学)担任副主编，陈小歌、穆宝胜、刘洪飞、刘欣、班春峰(长沙市规划勘测设计研究院)参与编写，贺传阅(河南省自然资源科学研究院)、曹东方(兰考县自然资源局)、张琪(郑州安靠农业科技有限公司)、侯方国(河南测绘职业学院教务处)四位专家对本书进行了认真细致的审稿，提出了许多宝贵意见。

本书编写过程中，得到了郭增长教授、王春祥副教授、朱文军副教授、周荣副教授等多位专家教授的大力指导，并得到了河南测绘职业学院教务处、国土信息与管理系、测绘工程系、空间信息工程系和遥感工程系的大力支持和帮助，在此，对给予指导的专家表示感谢！对黄河水利出版社为本教材顺利出版给予的大力支持表示感谢！

由于编者水平有限，书中难免会有错漏和不足之处，恳请广大读者提出宝贵意见和建议，以便今后加以修订和完善。

编　者

2021 年 11 月于郑州

目　录

项目一 导 论

知识目标

1. 了解土地的概念、土地的功能和特征。
2. 掌握土地利用、土地利用规划的概念及其研究对象。
3. 掌握土地利用规划的内容和任务。
4. 了解土地利用规划的体系和程序。

能力目标

1. 能结合案例分析土地利用规划的程序。
2. 具有运用标准、规范、设计手册,查阅有关技术资料的能力。
3. 使学生初步具备分析与解决土地利用规划实际问题的能力。

素质目标

1. 培养学生勤奋好学、细心踏实、科学认真的态度。
2. 树立科学的土地资源观,提高学生集约、节约利用土地资源的意识。
3. 培养学生团队协作能力。

项目重点

1. 土地利用规划的概念。
2. 土地利用规划的内容和任务。
3. 土地利用规划的体系和程序。

项目难点

土地利用规划的内容和任务。

土地利用规划包含了三层含义,即土地、土地利用和土地利用规划。土地—土地利用—土地利用规划是自然与社会不断发展的产物。土地是人类产生、繁育、生产、生活的基础,土地利用则是随着人类社会发展而产生的活动。当社会处于较低的阶段时,土地利用可以是相对自由的;当社会组成变得复杂,土地利用类型不断分化、土地和土地利用之间的相互影响日益加大时,土地利用必须按照一定的规律和规则进行,必须在社会控制下展开,土地利用规划便应运而生,成为土地利用和引导土地利用的手段。

任务一　土地与土地利用

一、土地的概念

土地是人类生存、生活的物质基础。在我们的身边司空见惯，与我们的生活密不可分,如何理解、解释、描述土地的概念呢？不同的历史时期、不同的行业，有不同的理解。

土地的概念

(一) 土地的资源概念

土地为人类提供了生存的空间和生态系统。当人类社会还处在低级发展状态时，人们只是从“土”或“土壤”来认识土地，“万物土中生”也只是一种朴素的、局限的理解。随着人们认识世界的深入、生产和生存质量的提高，土壤和土地的概念开始分离。生产条件的优劣不仅取决于土壤肥力的高低，而且必须考虑气候、地形、水文等自然条件。当人类对自然的控制能力不断增强时，人类活动不可忽略地成为土地的特征。因此，从资源角度对土地的科学定义，已不再是“土”或“土壤”的狭义理解。1976 年出版的联合国粮食及农业组织编写的《土地评价纲要》(*Framework for Land Evaluation*, FAO, Rome, 1976) 中提道：“土地是比土壤更为广泛的概念，它包括影响土地用途潜力和自然环境，如气候、地貌、土壤、水文与植被，还包括过去和现在的人类活动成果。”

(二) 土地的资产概念

在原始社会，人口稀少，土地像空气一样“富裕”。随着人口的增加，人类开始争夺土地，部落和家族开始保护自己的领地，领地的质量、数量成为影响部落和家族繁荣的重要因素。私有制的出现使土地首先成为主要财产，土地的占有是私有者富裕和权力的象征。

在自给自足的生产时代，土地仅是获取衣食和居住空间的基本条件。而在商品生产社会，土地则成为重要的生产资料和资本，同时又是生产关系的客体。对土地的所有、占用、使用、收益等是一切财富的源泉。因此，有人给土地定义为：土地是能够作为资产的地球表面及自然和人为的附加物。

当然，对于土地来说，还有其他观点的解释：

从法学观点来讲，法律上的土地并不是地理学上所指的整个陆地表面，而是人们能够利用、控制的土地。

从国土经济学上分析，国土是某个国家的人民赖以生存的场所，又指这个地域范围内的全部国土资源。国土资源一般包含人口和劳动力资源、土地资源、水资源、矿产资源、森林资源、海洋资源、气候资源、山区资源、自然保护区等自然资源和社会资源。

从经济学上分析，土地不仅是一项重要的不可替代的资源，而且是一项巨大的社会资产和农业中的主要生产资料。马克思指出，土地是一切生产和一切存在的源泉。威廉·配第(Willian Petty, 1623—1687)说，劳动是财富之父，土地是财富之母。“劳动力和土地”是形成财富的两个原始要素，是“一切财富的源泉”。随着现代商品经济的发展，国家社会、企事业单位或个人占用的土地资源作为其财产的权利，称作土地资产。

从系统论观点来看，土地系统是由耕地、林地、牧地、水地、工矿地、旅游地和特种用地等子系统组成的大系统。

从景观学角度看，土地即景观。荷兰学者宗纳维尔将土地和景观视为同义语。景观生态学的创始人特罗尔将景观生态学定义为控制某一地区不同空间单元的土地-生物关系。

人们可以从不同的角度认识土地，但土地利用规划特别是关系全局的总体规划、区域规划所面对的土地是综合的土地。

二、土地的功能

土地的功能

《土地基本术语》(GB/T 19231—2003)规定,土地功能是土地具有的满足人类生产、生活等方面需求的能力。土地具有以下功能。

(一)承载功能

土地由于其物理性质,具有承载万物的功能,因而成为人类进行一切生活与生产活动的场所和空间,或成为人类进行房屋、道路等建设的地基。马克思指出,土地是一切生产和存在的源泉,是人类不能出让的生存条件和再生条件。

(二)生产功能

在土地的一定高度和深度内,具有强大的生长万物的能力。土壤中含有各种营养物质以及水分、空气,还可以接受太阳照射的光、热等,这些是地球上一切生物生长、繁殖的基本条件。没有这些环境与条件及其功能,地球上的生物也就不能生长繁育,人类也就无法生存和发展。

(三)资源功能

土地是人类赖以生存和发展的重要物质基础,是不可再生的有限资源和宝贵财富。土地资源是人类生存不可脱离的物质基础。人类要进行物质生产,除生物资源外,还需用大量非生物资源,如建筑材料、矿产资源、动力资源等,这些自然资源都蕴藏在土地之中。这些自然资源,对各个部门、各个行业,对整个国民经济发展都发挥着不可或缺的作用。

(四)资产功能

土地资产是指国家、企业和个人等将其占用的土地资源作为其财产或作为其财产的权利。土地的资产功能是指土地可以作为财产使用、交换的功能。所有权人可以将其拥有的土地或土地产权视作财产变卖获取收益,而他人取得土地这种财产则需要付出一定的经济代价或成本,土地的使用可为土地使用者带来一定的经济效益。

(五)景观功能

景观功能主要是针对特殊的土地资源来说的,不是每一块土地都有这样的功能。土地的景观功能,不仅体现在自然风景的优美、奇特、险峻上,也体现在交通便利上。

以上土地功能中,承载功能、生产功能、资源功能为土地的基本功能。

三、土地的特性

土地特征

土地是人类的生存条件。马克思曾经指出,土地是人类永远不可缺少的生存和生殖条件。作为自然资源和社会资产的土地具有不同于其他资源的特征。

(一)土地面积的有限性

土地是自然的产物,人类不能创造土地。广义土地的总面积,在地球形成后,就由地球表面积所决定。人类虽然能移山填海,扩展陆地;或围湖造田,增加耕地,但这仅仅是土地用途的转换,并没有增加土地总面积。

(二)土地位置的固定性

土地最大的自然特性是地理位置的固定性,即土地位置不能互换,不能搬动。这一特性就决定了土地的用途和适用性随土地位置的不同有较大的变化，这就要求人们必须因地制宜使用土地。

（三）土地质量的差异性

不同地域，由于地理位置及社会经济条件的差异，不仅使土地构成的诸要素（如土壤、气候、水文、地貌、植被、岩石）的自然性状不同，而且人类活动的影响也不同，从而使土地的结构和功能各异，最终表现在土地质量的差异上。

（四）土地永续利用的相对性

土地作为一种生产要素，“只要处理得当，土地就会不断改良”。在合理使用和保护的条件下，农用土地的肥力可以不断提高，非农用土地可以反复利用，永无尽期。土地的这一自然特性，为人类合理利用和保护土地提出了客观的要求与可能。土地是一种非消耗性资源，它不会随着人们的使用而消失，相对于消耗性资源而言，土地资源在利用上具有永续性。但是，土地的这种永续利用性是相对的。只有在利用过程中维持了土地的功能，才能实现永续利用。

此外，土地的特征还包括土地供给的稀缺性、土地用途的多样性、土地利用方向变更的困难性、土地增值性、土地报酬递减的可能性、土地利用方式的相对分散性、土地利用后果的社会性。

四、土地利用的概念

土地利用是人类为了生产和生活的目的而进行的长期性或周期性的经营或经济活动。土地利用既受自然条件的影响，又受社会、经济和技术条件的影响，因此土地利用是由上述因素共同作用所决定的土地功能。正如联合国粮食及农业组织土地利用规划部工作组指出的：土地利用是自然条件和人为干预所决定的土地功能。王万茂在《土地利用规划学》中明确指出：土地利用是土地质量和人为干预所决定的土地功能。显然，土地利用过程中人类通过对土地资源进行管理，在充分发挥土地功能作用的同时，寻求较好的环境质量是土地利用的核心问题。

一个国家或地区国民经济各部门的生产建设都要落实到土地上，因此土地利用的广度、深度和合理程度即为它的生产规模、水平和特点的集中反映。土地利用的目的是效益，其效益可分为经济效益、社会效益和生态效益，其中经济效益和社会效益是密不可分的。经济效益是指生产过程中劳动占用、劳动消费和劳动成果的比较；生态效益是指生产过程中劳动占用、劳动消费和生态效果的比较。实际上，在土地利用的实际过程中，经济效益与生态效益具有共生性，是同一项土地利用活动在经济和生态两方面的效果。因为土地是一个由土地自然生态系统与土地经济系统耦合而成的土地生态经济系统，在土地利用的活动或社会生产和再生产的过程中，占用和消耗一定量的劳动不仅要生产出一定量符合社会需要的产品，即产生一定的经济效益，同时人类为了生存和发展，必须从土地生态系统中取走和注入一些物质和能量，以及一些污染物质，在这种“取”和“还”的过程中，土地生态经济系统受其影响总会发生变化，从而产生一定的生态效益。由于这两种效益具有共生性，是土地利用中的两种效益，这就要求人们在生产过程中，必须在注意经济效益的同时兼顾生态效益，即注重生态经济效益，力求达到两种效益的综合和统一，不断提高土地利用的整体效益和土地的可持续利用水平。

五、土地利用系统的特征和功能

(一)土地利用系统的特征

土地利用系统是一个生态经济复合系统,它除具有一般系统所具有的特征外,还有其独特之处,主要体现在以下几个方面。

1. 多系统复合

土地利用系统是一个复杂的大系统,它是由社会、经济、自然、生态等多个不同类型的子系统有机复合而成的生态经济系统,系统中各个子系统相互关联、相互影响而形成一个有机整体。

2. 多层次结构

土地利用系统具有多层次复合结构,纵向可分为国家、省、市、县、乡土地利用系统;横向每个层次土地利用系统又有耕地、林地、牧地、湿地、矿地、交通用地和水域等子系统,这些子系统又由社会、经济、技术、生态耦合成复合系统或分系统。

3. 多目标导向

土地利用系统追求的是土地利用的综合效益最优,即社会效益、经济效益和生态效益最优,因此系统的目标是多重的。具体说,就是既要利用土地资源,通过物质转化和社会生产,创造出人类所需要的财富,又要通过对土地用途的合理改变和调整,创造一个人类和生物本身所需要的理想环境。因此,对土地利用系统的操作,必须是多目标导向,统筹兼顾。

4. 多功能协调

土地利用系统是由自然、生态、社会、经济等不同类型系统复合而成的,其组成的各子系统结构不同、性质各异,由此而导致系统的功能亦不相同。土地利用系统可通过人类的自我适应、自我调节的积极作用,进行多功能协调,以达到整体优化的目的。

5. 多地域差异

土地资源本身具有强烈的地域性,其土地资源的区位条件和区位价值的差异,同样极大影响和决定不同地域之间土地利用系统的差异,它反映在系统的目标、效益、运行前景及对环境的影响等诸多方面的不同上。

6. 多因素约束

土地利用系统的运行受到多种因素的制约,首先体现在土地利用系统多因素的制约上,主要包括土地承载力、自然资源供给力、社会生产力等多种因素,这些因素影响和制约了系统的行为。其次,受土地利用系统的外部因素制约。这是因为土地利用系统必定存在于一定的环境之中,必将与环境发生物质、信息和能量等的交流,也就是说,它必须适应环境。土地利用系统从属于一个更大的自然资源利用系统。而土地利用系统的广义环境即大环境,是整个区域内的社会、经济、科技、政治、自然和生态的状况及发展趋势。因此,系统的环境必将影响系统的行为从而构成环境约束。

(二)土地利用系统的功能

土地利用系统的功能是由构成土地利用系统的各要素的整体决定的,而并非各要素的功能之和。构成土地利用系统的各要素的组成结构不同,功能也不同。由于构成土地利用系统的各子系统或各要素之间的相互作用、相互影响而产生“外部效应”,土地利用系统的总体功能可能大于或者小于各子系统的功能之和,这取决于系统结构的合理性。一个结构合理、良性循环的土地利用系统会表现出总体功能大于部分功能之和的特征,而系统结构不合理,系统各部分间不是相互促进而是相互干扰,则系统的整体功能有可能小于各部分功能之和。

一个健康的土地利用系统不仅必须具有结构上的完整性,还必须实现功能上的连续性,其中功能优化为核心和最终目标。就土地利用系统而言,其生产功能、生活功能、生态功能是一个统一的、不可分割的整体,三者互相关联,在一定条件下还可以相互促进,如图1-1所示。

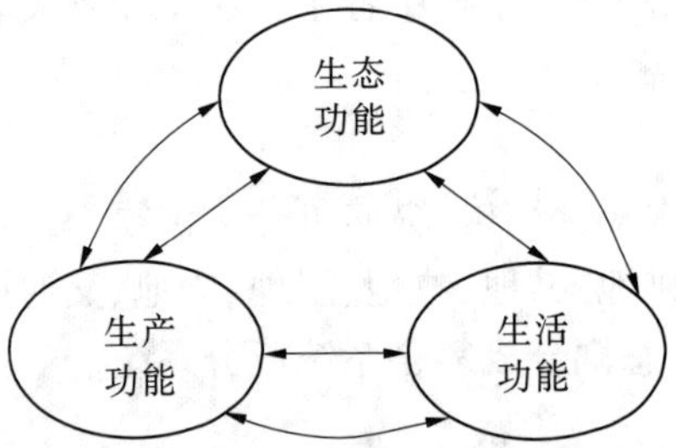

图1-1 土地利用系统功能示意

三大功能中,生态功能是基础,是生产功能、生活功能实现的前提条件。人类的生产、生活以生态系统的支撑为基础,但又通过人的生产、消费等活动影响着生态系统。因此,土地利用规划中,必须保证生态用地重要的基础性地位,协同人与自然的相依关系与互动机制,满足可持续发展的需要。

土地利用的生产功能一直是实际土地规划工作中关注的热点,它是通过其利用效率与效益体现其功能价值的。对于像中国这样的发展中国家,可持续发展的前提是发展,贫穷不可能达到可持续性的目标。而和谐社会以提高人民群众的生活质量为最终目标,人居环境的改善具有重要的社会意义,因此土地的生活功能在土地利用规划中的重要性不容置疑。

另外,对于特定的土地利用而言,其功能又具有主体性。许多土地利用活动具有多功能的特性,这是不容置疑的事实,但其主体功能亦十分明确。如大部分第一产业用地,同时具备一定的生态功能,但其土地利用的核心目的是获得经济产出,而不是维持区域生态环境的健康,因此生产功能为其主体功能,生态功能只是由主体功能产生的边际效应。又如大学校园等教育用地,在其内部亦有产业活动,即生产功能,同时校园绿地等又具有生态功能,但这些功能都是取决并服务于教育这一主体功能的需要。因此,从功能的主体性角度来看,生产、生活、生态三大功能又具有一定的独立性,以主体功能为依据进行分类,并不排斥土地利用的其他功能的存在。

从实际工作的角度看,土地利用系统功能分析对于指导区域和城市的规划具有重要的价值。如吴传钧、郭焕成所说,土地利用分类如不能与土地利用条件评价相呼应,无论如何详细阐述其作用都是有限的。现有的土地利用类型分类无法用以评价区域土地利用的可持续程度,难以满足土地系统功能优化的需要。当前,土地开发利用的目标由单一追求经济增长而上升为生态优化、经济发展和社会进步多目标的共同实现。从单一的生活、生产或生态功能出发的分类已不能满足实际土地利用规划的需要。许多城市做规划仅仅是为了一个区域或者一种土地利用类型,因而失去了一个好规划应有的地理上的综合性和功能上的整体性。

因此,研究土地利用系统的功能并以此进行分类,有助于调整土地利用系统的结构与格局,正确处理土地生态、生产、生活三大系统功能之间用地的相互关系,从而实现土地利用系统的可持续发展,完善土地利用系统的分类体系。

■ 任务二 规划和土地利用规划

一、规划的概念

规划是在区域范围内对整个社会经济的发展进行总体的战略部署,更确切地说,是以综合区域内的自然、社会、经济等因素为一体,以社会、经济、生态效益的统一和可持续发展为目标,以区域内的自然、资源、经济、社会、技术、区位等因子为条件,在区域范围内,合理地组织产出,开发资源,布局生产,发展城镇,促进区域社会、经济和生态环境的协调发展。可以发现,规划最重要的特点就是“未来导向性”,即对客观事物和现象未来的发展进行超前性的安排和调配。日常生活中,除土地利用规划外,常见的规划主要有以下几种:

(1)以区域为主的综合性战略规划。它涉及的范围是某一区域内的整个地域空间,具有明显的地域性;在规划内容上,包括社会、经济和生态环境等各个方面的全面综合规划,具有明显的整体性;规划所把握的是当前和长远的关系,它是解决战略发展的有力工具,具有明显的长远性。

(2)国土规划。涉及自然、社会、经济等方面,其规划内容包括:有关国土资源的合理开发和可持续利用;区域生产建设的总体布局,区域的水源、能源、交通、通信等基础设施的全面安排;环境的综合治理、经济发展和环境的协调等。它具有高度的综合性。

(3)区域社会经济发展战略。是对区域内各种社会经济活动的发展进行战略性规划,也涉及各部门、各行业间的综合平衡与协调关系,但它不对各种社会经济活动的空间布局进行深入的研究,而以数量的大小和结构的确定为主,很少涉及空间结构。

(4)区域城镇体系规划。是对区域内人口、生产力布局、城镇化水平、城镇居民点体系的发展与空间布局、基础设施的配套建设、公共服务设施的建设标准与空间布局进行规划。它侧重于空间总体布局,把区域社会经济发展战略作为编制区域城镇体系的背景和依据,以空间结构、网络组织为主,以数量的大小与结构为辅。

(5)各级政府国民经济和社会发展计划。包括短期(5年以下)、中期(5~10年)、长期(10年以上)计划。该计划又称为国民经济发展规划,其内容包括从生产、流通到消费积累,从发展指标到基建投资,从部门比例到地区分配,从资源开发利用、生产布局到生态环境建设,从人口的教育、就业到住宅、福利等,都要进行全面的规划。

由于客观条件的不断发展与变化,规划方案的各项影响因素处于动态变化之中,因此要求根据新的情况,重新制定规划,适应新的要求,变静态规划为动态规划,变刚性规划为弹性规划,使整个规划成为一个持续成长的发展过程。

二、土地利用规划的概念

土地利用规划又称为土地规划,在一些过去的文献中,还可以看到与土地利用规划相类似的名词,如土地整理、土地组织、土地综合规划等。

何谓土地利用规划？这一直是国内外学术界争议的焦点，不同的学者对规划和土地利用规划有着不同的表述。美国土地利用规划学者查宾认为，传统的土地利用规划根植于设计与工程学，重点强调的是土地利用的设计，给出一个未来土地利用的设计蓝图。这一层次意义上的土地利用规划只告诉人们未来的土地利用应是一种什么状态，却没有告诉人们这一状态如何实现。而后，人们认识到土地利用规划还应该有另外一种含义，即“给出行动路线”，也就是向人们指出为实现未来的土地利用目标所要采取的行动过程和途径。这要求土地利用规划不仅要对土地利用未来状态的安排与设计，同时还要建立一个控制调节系统，以指导和控制未来的土地利用过程，即土地利用规划不仅包含一个土地利用方式选择的决策过程，而且包括达到选择目标的控制调节过程。在当代美国，“土地利用规划”一词通常理解为地方政府为了保护私人财产的价值和公众利益，而运用监察权对私人土地的开发利用进行控制的活动。近年来，加拿大学者梁鹤年指出，土地利用规划定义为通过土地的合理利用与开发，在城市中保护和改进生活、生产、娱乐环境的过程。一般来说，土地利用决策就是决定土地利用的方式、数量和位置。那就是“什么”“多少”“在哪里”这些有关“选址”和“规模”的问题。

20 世纪 60 年代初期，我国土地规划工作者曾对土地规划的概念做过几次探讨，归纳为以下几点：

(1) 土地规划应当解决土地利用和与土地利用相关的全部规划问题。因为土地利用是整个生产组织的重要组成部分，它与其他生产要素密不可分，所以在进行土地规划时，不仅要制定土地本身如何利用的规划，而且要制定与土地利用有关的其他生产资料和劳动力利用的规划。持这种意见的人认为，土地规划实质上是一个地区的全面经济规划。

(2) 土地规划应当解决土地利用过程中涉及的所有问题。土地利用是生产上存在着的一个完整的问题，土地规划既要解决土地利用空间上组织的问题，也应解决集约经营土地、提高土地生产率的问题。持这种意见的人认为，土地规划应叫作土地利用规划。

(3) 土地规划主要解决在空间上合理组织土地的利用问题，它是解决整个土地利用问题的诸多措施中的一个方面。它既与解决土地利用问题的其他措施和组织整个生产的许多措施有着密切的联系，又与它们有所区别，不能混为一谈。持这种意见的人认为，土地规划是针对在空间上合理组织土地的利用而实行的一整套措施。

联合国粮食及农业组织于 1993 年出版的《土地利用规划指南》，对土地利用规划的本质和目的、规划的尺度和对象等理论问题进行了明确的界定。该书认为，土地利用规划是一个对土地资源潜力以及对土地利用和社会经济条件改变的系统评价过程。其目的是选择、采用并实施最佳的土地利用方案，以满足人们对未来土地资源安全的需要、规划驱动力变化的需要、改善管理的需要或者是由于条件改变导致选择不同土地利用模式的需要。1994 年，Vanlier 在《可持续土地利用规划》中提出，所谓可持续土地利用规划，是为了正确选择各种土地利用区位，改善农村土地利用的空间条件和长久保护自然资源而制定的土地利用政策及实施这些政策的操作指南。

近年来，随着社会经济形势的变迁以及我国土地利用规划实践的发展，人们对土地利用规划概念的认识也逐步深化。

郭焕成(1996)认为，土地利用规划是对一定地域范围内全部土地资源的开发、利用、保护、整治在时间上和空间上的总体安排与战略部署，是一个宏观控制性和指导性的长期规划。土地利用规划的主要任务是,根据社会经济发展的需要和土地资源的潜力,在市场需求的导向下,从追求经济、社会、生态效益出发,提出土地开发利用的目标、结构和布局方案,以满足"一要吃饭,二要建设,三要保护生态环境"的需要。

郝晋珉(2006)认为,土地利用规划是人们根据社会发展要求和当地自然、经济、社会条件,以及历史基础和现状特点,对一定区域范围内的土地利用进行空间布局上的优化组合,并且对实现该优化组合在时间上、措施上和政策上做出安排,以求最大限度地发挥土地的综合功能。它是土地利用控制的手段和措施。

刘克庸(1996)认为,土地利用规划是以合理利用土地为目的所进行的规划。它是根据地方经济和各部门发展对土地的需要,合理组织、分配和调整农业和非农业、农业内部各个方面的用地结构,合理组织每寸土地,以求达到地尽其用,获得社会效益、经济效益和环境效益的最佳效果。

马良平(1996)认为,土地利用规划就是根据社会生产的发展、国民经济建设的需要,以及土地本身的自然、经济特性,在时空上进行的总体的、战略的,在一定区域内对土地资源进行配置和组织开发利用的最优化安排。土地利用规划的任务概括地说,是对土地利用进行控制、协调、组织和监督,为国民经济建设和满足人们的物质生活需要服务,也是为创造良好的土地环境服务。

王万茂(1996)认为,土地利用规划是对一定区域未来土地利用超前性的计划和安排,是依据区域社会经济发展和土地的自然历史特性在时空上进行土地资源分配和合理组织土地利用的综合技术经济措施。

综上所述,土地利用规划是按照国民经济发展的需要,遵循有关的自然规律和社会经济规律,在时空上对土地资源进行合理的组织利用和经营管理,合理分配国民经济各部门的用地,从而制订最优的土地利用方案,提高土地利用率和土地生产率,以取得最大的经济效益、社会效益和生态环境效益,最终达到土地资源可持续利用的目的。由此,可以简要地表述为:土地利用规划学是一门研究合理组织土地利用的规律、有效地进行土地利用规划的理论和方法的学科。

三、土地利用规划学的研究对象

虽然人类自远古时代就开始了对土地利用的研究,发展了关于人类与土地相互关系的认识,然而,土地利用规划科学的兴起,却是从20世纪才有了一些进展。土地利用规划研究的是土地利用的问题,土地利用本身涉及两个问题:一个是人与人的关系(土地分配),另一个是人与地的关系(土地利用)。这两个问题涉及自然科学和社会科学的众多学科领域,许多学科都试图从不同的角度来解决土地的合理开发利用问题,如地理学研究的是地理因素对土地利用的影响,经济学研究的是经济活动的地域分布及其与土地利用的关系。

土地利用规划研究的对象不是土地利用的全部问题,而是怎样合理组织土地利用,怎样使土地利用达到效益最大的问题,包括土地利用的时空组织和土地分配的时空组织。土地利用的时空组织是指为实现土地的合理开发、利用、保护和整治,从时间和空间上对土地利用进行合理布局。土地分配的时空组织是指合理配置土地资源各种利用方向,协调国民经济各用地部门及农业各部门对土地资源分配与土地关系的矛盾,寻求最佳的土地利用结构。

一门科学的诞生,取决于它是否有特定的研究对象及社会的需求。同时,一门科学之所以成为一门区别于其他科学而独立的学科,必须具有研究和解决的特殊矛盾,正如毛泽东在《矛盾论》中指出的:科学的区分,就是根据科学对象所共有的特殊矛盾性。因此,对于某一现象的领域所特有的某一种矛盾的研究,就构成某一科学的对象。而土地利用规划所要解决的特殊矛盾是:社会经济发展对土地利用的要求与限制土地利用的自然、社会经济诸要素之间的矛盾。简言之,土地利用中需要与可能供给的,即土地资源的合理分配与土地利用合理组织的矛盾是土地利用规划所需要解决的特殊矛盾,这一特殊矛盾就构成了土地利用规划学的研究对象。通过土地利用规划,使土地在一定历史时期内得以充分、科学、合理、有效的利用,保持土地生态系统的良性循环,获得系统最佳的结构和功能。

任务三　我国土地资源及其利用

一、我国土地资源概况

我国土地总面积居世界第3位,但人均土地面积仅为0.777 hm^2,是世界人均土地资源量的1/3。中国土地总面积约960万 km^2。从北纬53°34′至3°51′,南北约跨50个纬度,由寒温带至赤道带,约70%为温带(占25.9%)、暖温带(占18.5%)和亚热带(约占26%),有优越的热量条件;从东经73°附近至135°05′,东西约跨62个经度,由太平洋沿岸到欧亚大陆的中心,包括土地面积几乎相等的湿润(占32.2%)、半湿润(占17.8%)与半干旱(占19.2%)、干旱(30.8%)两大地理区域。土地的水、热条件组合的差异和复杂的地形地质条件,悠久的农业历史,多样的土地利用方式,形成了中国极其多样的土地资源类型,极有利于农、林、牧、副、渔生产的全面发展,同时也充分说明了因地制宜的重要性。山地多、平地少是中国土地构成的显著特点。中国是多山国家,据粗略估算,山地、高原、丘陵的面积约占土地总面积的69%,平地约占31%。山地一般高差大、坡度陡、土层薄、土地的适宜性单一、宜耕性差,农业发展受到较大限制,生态系统一般较脆弱,利用不当,极易引起水土流失和资源破坏。但山地,尤其是中国南方山地,水热条件好,适宜于林木生长和多种经营的发展。西北地区的山地是中国主要牧场,又为平原地区农业灌溉水源的集水区,因而山地在西北地区农业自然资源的组成中和农业生产结构中占有特殊重要的地位。农业用地占比大,人均占有量少。中国现有耕地约12 786.19万 hm^2,为世界耕地总面积的7.7%,占世界第4位;仅中国北部和西部的牧区与半农半牧区的天然草地约3.17亿 hm^2,为世界草地总面积的10%,居世界第3位;中国现有森林地面积约28 412.59万 hm^2,占世界森林总面积的4.1%,居世界第5位。但中国人均耕地按统计约0.1 hm^2,仅为世界平均值的1/3;森林覆盖率仅13%(世界平均覆盖率为22%),居世界第121位,中国每人占有林地约0.12 hm^2,仅为世界平均数的1/5强;天然草地稍多,中国每人占有约0.35 hm^2,也不及世界平均数的1/2。农、林、牧用地总和,中国平均每人占有0.54 hm^2,最多也不超过0.67 hm^2,仅为世界的1/4强至1/3。土地资源分布不平衡,土地生产力地区间差异显著。中国东南部季风区土地生产力较高,已集中了全国耕地与林地的92%左右,农业人口与农业总产值的95%左右,是中国重要的农区与林区,而且实际也为畜牧业比重大的地区。但区内自然灾害频繁,森林分布不均。在东南部季风区内,土地资源的性质和农业生产条件差别也很大。西北内陆区光照充足,热量也较丰富,但干旱少雨,水源少,沙漠、戈壁、盐碱地面积大,其中东半部为草原与荒漠草原，西半部为极端干旱的荒漠，无灌溉即无农业，土地自然生产力低。青藏高原地区大部分海拔在 3 000 m 以上，日照虽充足，但热量不足，高而寒冷，土地自然生产力低，而且不易利用。总之，中国土地资源分布不平衡，土地组成诸因素大部分不协调，区域间差异大。

二、我国土地资源利用特点和存在问题

(一) 土地资源利用特点

1. 土地资源总量大，但人均占有量小

从总量看，我国土地资源丰富，根据第三次全国土地调查结果，我国共有耕地 191 792.79 万亩[1]，占世界耕地资源总量的 9.8%；有草地 396 795.21 万亩，占世界草地资源总量的 85%；有林地 426 188.82 万亩，占世界林地资源总量的 64%。从人均占有量来看，我国土地资源与其他国家相比处于比较劣的地位。林地资源方面，我国人均占有量为 2.85 亩/人，仅为世界平均水平（8.40 亩/人）的 33.9%；草地资源方面，我国人均占有量为 3.5 亩/人，仅为世界平均水平（720 亩/人）的 43.8%；耕地资源方面，我国人均占有量为 1.50 亩/人，约为世界平均水平的 50%，其中，优质耕地、高产田仅占耕地总量的 30%，2 亿亩耕地后备资源中，适宜开垦的仅占 40%左右。土地开发利用面临着严峻挑战，实现可持续发展也面临着巨大的土地资源压力。更为不利的是，我国人地关系仍处于紧张期，人口基数大且仍然处于上升期，到 2030 年前后将达到峰值；而我国耕地仍处于减少期，且耕地后备资源不足。二者叠加，将进一步加剧我国人地关系紧张的程度。

2. 土地资源类型丰富，但不可利用的荒漠、山地面积大

我国东西和南北的距离均超过 5 000 km，丰富的地形条件和气候条件以及长期的土地利用活动，形成了丰富的土地资源类型。但是，同时也存在山地多、平地少，不可利用的荒漠、山地、冰原面积分布广等特点。综合起来，在我国约 960 万 km^2 的陆地国土上，适合人类生存的宜居空间只有约 300 万 km^2，适宜进行大规模、高强度工业化、城镇化开发的国土面积只有约 180 万 km^2。

3. 季风气候，雨热同季，但旱涝灾害频繁

我国是典型的季风气候，冬季寒冷干燥，夏季炎热多雨，水热同期的气候条件有利于农牧业生产，也有利于发展具有典型区域特征的农业生产和立体农业。但是，我国的季风气候稳定性差，旱涝灾害及其衍生的滑坡、泥石流等地质灾害频发，影响范围广，年际波动大。

4. 集约利用历史长，土地的固化资本多，但进一步发展的潜力有限

经过长期的利用、耕种、开垦和中低产田改造，土地的固化资本多，有效灌溉面积大，土地利用集约度已经达到了比较高的水平。与此同时，我国耕地由于农业用水效率低下，农户土地规模狭小限制了农业机械化的发展，化肥、农药等外源性物质投入达到了较高水平，土地集约利用水平持续提升的空间有限。

5. 土地生产力较高，但耕地质量整体偏低

根据农业农村部发布的《2019 年全国耕地质量等级情况公报》，我国耕地质量划分为 10 个等级，全国耕地平均质量等级为 4.76 等，总体偏低。一至三等的耕地面积为 6.32 亿亩，占耕地总面积的 31.24%；四至六等的耕地面积为 9.47 亿亩，占耕地总面积的 46.81%；

---

[1] 1 亩 = 1/15 hm^2，下同。

七至十等的耕地面积为4.44亿亩,占耕地总面积的21.95%。

由此可见,我国土地开发利用面临着严峻挑战,实现可持续发展也面临着巨大的土地资源压力。为了合理利用现状条件不佳的土地,我国实行了世界上最严格的土地管理制度,将"十分珍惜、合理利用土地和切实保护耕地"作为必须长期坚持的一项基本国策。

(二)土地资源利用中存在的问题

我国在长期的土地资源开发利用活动中,积累了丰富的经验,做出了成绩。但不可否认的是,在我国的土地资源利用中也存在许多问题,主要表现在以下几个方面。

1. 土地荒漠化有扩大趋势

我国的华北北部、东北北部、西北地区由于滥垦草原、过度放牧,导致不少土地荒漠化。据统计,在人类活动干预下,我国已有37.1万 km^2 的土地成为荒漠化土地,占我国土地面积的3.9%。

目前,我国有近1 000万 hm^2 的农田和草场,有近2 000 km长的公路和铁路不同程度地受到沙漠化威胁。更令人担忧的是,近20多年来我国的沙漠化土地仍有扩大趋势。就发展速度看,近10年年均增加2 100 km^2,大于20世纪50年代末70年代中期年均增加1 560 km^2 的速度。

2. 水土流失严重

我国水土流失的严重程度依次为西北、黄土高原、长江流域的丘陵山区、北方土石山区和东北黑土区。我国由于植被破坏,水土流失的面积已从20世纪50年代的153万 km^2 发展到90年代的1 796.6万 km^2,每年丧失的表土达50亿t。水土流失导致河道淤塞、湖泊缩小,使土壤肥力下降。据估算,水土流失造成的植物营养素的损失相当于全国化肥的年产量。

3. 土地盐渍化和潜育化严重

在不合理耕作灌溉条件下,地下水位上升,易溶盐类在表层积聚引起的土壤盐渍化,使我国干旱、半干旱地区次生盐渍化严重,我国现有81.8万 km^2 盐渍化土地,其中现代形成的次生盐渍化土地面积达36.9万 km^2。

发生潜育化的土地,由于通透性不良,还原性物质多,不利于作物生长,我国土地潜育化主要发生在南方稻田地区,目前已有420万 hm^2 稻田发生了次生潜育化。

4. 环境污染和污水灌溉导致土壤污染和酸化

由于农业系统外的"三废"污染,农业系统内过量化肥、农药、农膜残留污染,未经处理的有机肥污染,以及有害病原物污染,时常会进入耕地土壤。当这些污染物累积残留超出土壤自净化能力后,就会"溢出",直接造成耕地土壤的重金属、有机化合物和致病生物污染。由于长期过量使用生理酸性肥料和化学氮肥,土壤中的酸性物质不断增加并积累,土壤中的钙、镁等碱性物质被作物吸收利用或淋洗而减少,缺乏必要的补充调节,使土壤出现酸化现象。土壤酸化会加速土壤贫瘠化、使土壤有害重金属活化,土壤有害微生物特别是寄生真菌增加,土传病害严重发生。

5. 生产和城镇建设大量毁坏与占用耕地

经济高速发展,城乡建设和生产建设规模不断扩大,对土地的毁坏和占用日益严重,我国仅煤炭开采每年破坏的土地就达1.3亿~2亿 hm^2,砖瓦生产每年破坏耕地近1万 hm^2。全国每年有近50万 hm^2 的耕地被国家建设、乡镇集体建设和农民建房占用。由于土地大量毁坏和被占用,再加上人口不断增加,我国人均耕地面积呈持续下降趋势。

任务四 土地利用规划任务和内容

一、土地利用规划任务

根据我国当前存在的主要土地利用问题,在一定时期内,我国土地利用规划的主要任务是对土地利用进行控制、协调、组织和监督,为满足人们的物质生活需要和国民经济建设需要服务,为创造良好的生态环境服务。

(一)控制土地利用

控制土地利用即从数量上控制其他用地,如城乡建设、工矿建设、水利工程建设等占用农业用地,保护耕地资源;从质量上控制土地的退化,防止水土流失、土地沙漠化、土地因经济发展造成的污染等,提高土地生产力。

(二)协调土地利用

土地资源的短缺造成各部门、各用地单位之间的争地,所以土地利用规划可以根据国民经济发展战略,从宏观上协调各部门土地利用需求的矛盾,杜绝土地利用存在的不合理和浪费现象,提高土地利用率;微观上可以进行各用地单位间的用地调整,消除飞地、插花、用地界限不清等土地利用上的缺点。

(三)组织土地利用

1. 土地利用宏观组织

国家通过土地利用规划从宏观上为国民经济各部门和农业各业分配土地资源,选择用地位置,即确立各类用地的结构和布局,包括农业用地、牧业用地、水产用地、城镇建设用地、工矿用地、交通用地、水利工程用地等其他非农建设用地和自然保护区、风景旅游区等专项用地的规划与布局。同时,还要为土地资源的合理开发、利用、整治和保护制定相应的战略措施与政策,以提高土地资源的利用率和产出率。

2. 土地利用微观组织

国家通过各种形式的土地利用专项规划和土地利用详细规划,为土地资源的开发、利用、保护、整治制定具体措施和进行用地规划设计。如基本农田保护区规划、低产田改造规划、土地复垦规划、后备资源开发规划、农村道路和渠系建设规划、农村居民点规划、耕地规划、林地规划、牧草地规划、建设项目用地选择、田间地块调整等。

(四)为土地利用监督服务

根据《中华人民共和国土地管理法》,国家对违反土地管理法规的行为进行监督。土地利用监督是通过对土地利用单位进行定期、定点的检查,及时掌握土地类型的数量、质量的动态变化趋势和规律,使土地资源得到保护,一旦土地使用违反规定,就要及时制止甚至惩罚。由于通过土地利用规划,一来可以清查土地资源利用状况,二来指导未来土地利用结构、布局和方向,所以土地利用规划可以为土地利用监督提供科学依据,对各部门的土地利用状况进行监督和检查,使之能够合理、充分地利用土地。

二、土地利用规划内容

某一地区土地利用规划的具体内容,往往因为各种客观环境条件的差异,侧重点会有所不同。例如,在农区,土地利用规划要以农业用地规划、农田水利规划、居民点规划和交通干线规划为主要内容;在牧区,则要以放牧用地及生产经营中心的规划为主要内容;在新垦区,确定或调整土地使用范围为规划的控制性项目;在土地破坏严重的地区,搞土地复垦规划;在占用农地严重的地区,搞基本农田保护规划等。总体来说,从宏观到微观,从整体到局部,土地利用规划可分为下列规划项目:

(1)国民经济各部门的用地结构调整、用地配置和调理。

(2)农业各业的用地结构确定、用地配置和调整。

(3)城镇和农村居民点的用地布局规划。

(4)交通用地布局规划。

(5)水利工程用地布局规划。

(6)工矿用地、福利设施用地等其他大型骨干工程用地布局规划。

(7)土地开发、整治、保护等专项规划,如:①土地开发规划;②土地整治规划;③土地复垦规划;④基本农田保护区规划;⑤名特优农产品基地规划;⑥菜地保护区规划;⑦风景区规划等。

(8)土地利用详细设计,包括:①确立和调整各级土地利用范围,消除土地利用缺点;②进行农田水利和农村主干道规划设计;③耕地内部规划设计;④园地内部规划设计;⑤林地内部规划设计;⑥水面养殖规划设计;⑦牧草地内部规划设计;⑧居民点内部规划设计。

由于各地自然经济条件不同,土地利用规划的范围、类型、性质和任务也不同,上述土地利用规划的内容必须因地制宜地加以选择。

任务五　土地利用规划体系和程序

一、土地利用规划体系

土地规划体系

土地利用规划的体系是由不同类型、不同级别、不同时序的土地利用规划所构成的相互联系的网状系统。体系划分可以有不同标准,有不同的立脚点。

历史上,曾根据土地规划的性质、任务的不同,将土地规划划分为企业间土地规划和企业内土地规划。企业间土地规划主要是解决国民经济各部门具有不同性质的多个企业间土地资源分配问题,调整土地关系,确定和调整土地使用范围。应当说,土地的调整多数还局限于企业之间,所以称为企业间土地规划。企业内土地规划只是在农业企业内(乡、国有农场,农村合作经济组织等)对所使用的土地进行合理利用的空间组织。工业、交通和其他非农业企业内的土地组织不在企业内土地规划的范畴。

随着企业经济的发展,土地资源开发、利用、治理和保护在宏观管理上得到加强,我国农业经济改革也出现新形势,因此对土地利用规划的种类应重新研究和划分。

(一)按土地利用规划的性质划分

从我国当前土地事业的新形势需要和土地利用规划面临的历史任务出发,可将土地利用规划分为以下几类。

1. 土地利用总体规划

土地利用总体规划在我国当前的土地管理事业中具有重要作用。它有以下特点:

(1)土地利用总体规划是按国家行政管理体系编制,分全国、省、市、县、乡五级。上一级规划是下一级规划的依据,下一级规划是上一级规划的具体体现,从而形成全国范围的严密且协调的土地利用宏观控制网络。

(2)土地利用总体规划以规划地区国民经济发展战略为依据,是国家对农业用地及建设用地实行的宏观控制、协调、组织和监督。

(3)各级土地利用总体规划必须以行政区划为单位编制,覆盖区域内全部土地。这是区别于其他类型土地利用规划的重要特征。

(4)土地利用总体规划一经上级主管部门审核批准,将具有一定的法律效力,代表国家利益控制国民经济各部门的土地利用。从这个意义上讲,其他部门或专业的规划、跨地区的总体规划,都受土地利用总体规划的约束。

2. 土地利用专项规划

土地利用专项规划是为特定目的而制定的部门或跨行政区界限的区域性专项规划或单项规划。如黄淮海平原盐碱地综合治理、三江平原沼泽地治理、东北防护工程规划、交通规划、菜地保护区规划等。土地利用专项规划以土地资源的开发、利用、整治和保护为主要内容,是土地利用总体规划的深化、继续和补充。它必须在土地利用总体规划的控制与指导下组织和安排。在没有条件编制或尚未编制土地利用总体规划的情形下,为了保护或整治土地资源,解决迫切需要解决的土地问题,可以先行编制土地利用专项规划,这些规划实质上是土地利用总体规划的组成部分,兼有微观和宏观规划的性质。

3. 土地利用规划设计

土地利用规划设计是微观土地利用,是土地利用总体规划和专项规划的继续与深入,是各项用地的具体安排,是规划实施的最终依据。如耕地内部规划设计、林地内部规划设计、牧草地内部规划设计、水面利用规划设计、居民点内部详细设计等,它是土地利用规划的最末一段,通过它完成土地利用规划的任务,达到土地利用规划的目的。

(二)按规划时间期限划分

土地利用规划按规划时间期限可分为土地利用长期、中期、短期规划。土地利用长期规划一般属于战略性规划,年限一般为10年或20年,土地利用总体规划即是土地利用长期规划。中、短期规划多属过渡性规划,是长期规划的深入和补充,是由宏观向微观过渡的规划,是长期规划的实施规划。

(三)按空间范围划分

1. 区域性土地利用规划

区域性土地利用规划一般是在一个行政区、自然区和经济区范围内进行的规划。按行政区所进行的土地利用规划即为土地利用总体规划,分为五个层次。按自然区所进行的土地利用规划也有不同的级别,有的是跨省的,如"三北"防护林地区的土地规划、京津唐地区的土地规划、黄土高原地区的土地整治规划等。也有的是在一个省区内跨市的区域性土地利用,如吉林省松花江地区的土地利用规划。

这类性质的土地利用规划都属于宏观控制性的战略安排,主要是解决区域土地利用战略和国民经济各部门间及农业的农、林、牧、副、渔对土地资源的分配和布局,为领导决策与编制下一级土地利用规划及其他有关发展规划提供依据和基础。

2. 城乡土地利用规划

城乡土地利用规划是在城镇市区或乡村的范围内进行土地组织的综合性措施，它应用的比例尺度要大，要落实到地块，规划内容更具体，甚至要达到设计水平。这种规划不仅要涉及国民经济各部门间、农业各业间，还要涉及各企业间、各土地使用者间的用地组织、土地关系的调整，有的还要按生产、生活、生态的要求，具体组织土地的利用。

城镇市区土地规划由城市规划部门完成。乡村土地利用规划多在乡或村两级进行，完成村庄范围界限的确定，包含村庄居民点的规划，村庄道路、渠系、林网的规划，村庄田块的规划等。

二、土地利用规划程序

土地利用规划是一个复杂的系统工程，涉及自然科学、社会科学和技术科学等众多领域。编制土地利用规划的方法，除常规的技术手段外，尚有模型及遥感和地理信息系统等新技术的运用，在实际工作中，往往是多种方法同时运用，使其发挥系统的整体效益。土地利用规划程序框图如图 1-2 所示。

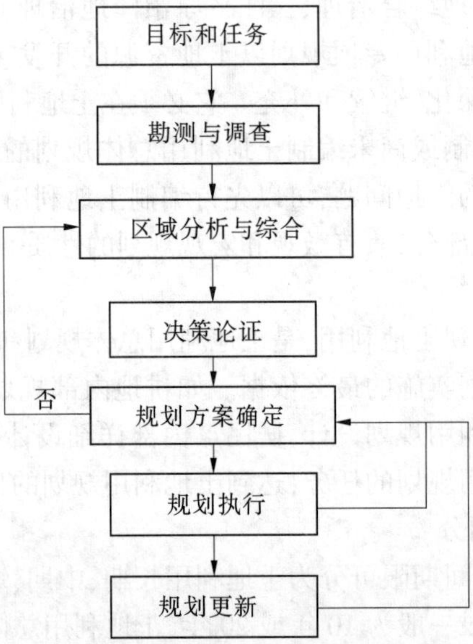

图 1-2　土地利用规划程序框图

小　结

本项目主要介绍了土地、土地利用、土地利用规划的基本概念及其特性，土地利用规划学的基本理论体系和土地利用规划编制的基本程序，为进一步了解和认识土地利用规划的具体内容奠定了基础。

思政小课堂

落实国土空间规划制度,促进土地资源可持续利用

新《土地管理法》落实党中央、国务院关于建立“多规合一”的国土空间规划制度的改革精神,将“经依法批准的国土空间规划是各类开发、保护、建设活动的基本依据”写入法律,首次明确了国土空间规划的法律地位,并对国土空间规划与土地利用总体规划、城乡规划之间的衔接做出规定。2021 年 7 月 2 日发布新修订的《土地管理法实施条例》(简称新《条例》),进一步细化落实新《土地管理法》关于建立国土空间规划体系的要求,明确了国土空间规划编制、实施的具体路径。

一、进一步明确土地开发、保护、建设活动应当坚持规划先行,强化空间规划意识

以规划引领经济社会发展,是党治国理政的重要方式,是中国特色社会主义发展模式的重要体现。习近平总书记说过,规划科学是最大的效益,规划失误是最大的浪费,规划折腾是最大的忌讳。《中共中央 国务院关于建立国土空间规划体系并监督实施的若干意见》已经明确,国土空间规划是国家空间发展的指南、可持续发展的空间蓝图,是各类开发保护建设活动的基本依据。

新《条例》进一步规定,土地开发、保护、建设活动应当坚持规划先行。土地是国土空间的载体和重要组成部分,按照“把每一寸土地都规划得清清楚楚后再开工建设”的要求,新《条例》特别强调在土地管理领域应当强化空间规划意识,发挥好国土空间规划的统筹布局作用,对土地开发、保护、建设活动做出科学安排。坚持先规划、后实施,严禁违反国土空间规划进行开发建设活动。国土规划一经批复,就具有法律效力,任何单位和个人不得随意修改、违规变更,坚决防止出现换一届党委和政府改一次规划的现象。坚持按法定条件和程序修改规划,严格审批。对国土空间规划编制实施过程中的违规违纪违法行为,要严肃追究责任。

二、进一步明确在国土空间规划中落实“三条控制线”的要求,构建空间管控边界

党的十九大报告明确要求:完成生态保护红线、永久基本农田、城镇开发边界三条控制线划定工作。2019 年 3 月 5 日,习近平总书记参加十三届全国人大二次会议内蒙古代表团审议时强调,要坚持底线思维,以国土空间规划为依据,把城镇、农业、生态空间和生态保护红线、永久基本农田保护红线、城镇开发边界作为调整经济结构、规划产业发展、推进城镇化不可逾越的红线。新《条例》按照党中央、国务院决策部署,坚持底线思维、保护优先,首次将划定落实“三条控制线”写入法规,规定国土空间规划应当细化落实国家发展规划提出的国土空间开发保护要求,统筹布局生态、农业、城镇等功能空间,划定落实生态保护红线、永久基本农田保护红线和城镇开发边界。

“三条控制线”以底线约束方式体现了科学有序统筹布局生态、农业、城镇等功能空间的要求。生态保护红线是生态安全底线,对在生态空间范围内具有特殊重要生态功能的区域,必须实行强制性严格保护。永久基本农田是粮食安全底线,在严守耕地红线的基础上,必须对保障重要农产品供给、达到质量要求的耕地实行永久特殊保护。城镇开发边界体现了国土安全底线的要求,划定可以集中进行城镇开发建设、以城镇功能为主的区域边界,框

定总量,限定容量,防止城镇无序蔓延。目前,以资源环境承载能力和国土空间开发适宜性评价为基础,全国自然资源系统正在牵头开展“三条控制线”划定和落地。下一步,要运用全国统一、多规合一的国土空间基础信息平台,切实落实好以“三条控制线”为基础分类分空间的管控措施。

三、进一步明确国土空间规划中关于土地管理方面的内容,细化空间约束指标

近年来,全国自然资源系统持续加快推进“五级三类”国土空间规划编制工作。《条例》修订案进一步明确了国土空间规划编制实施的内容、要求、目标等,规定国土空间规划应当包括国土空间开发保护格局和规划用地布局、结构、用途管制要求等内容。建立全国统一、责权清晰、科学高效的国土空间规划体系,首先要按照整体谋划新时代国土空间开发保护格局的要求,在资源环境承载能力和国土空间开发适宜性评价工作基础上科学布局。

落实最严格的耕地保护制度和节约用地制度是国土空间规划编制实施的重要目标。《条例》修订案特别细化了土地管理有关的规划指标,规定国土空间规划应当明确建设用地规模、耕地保有量、禁止开垦的范围等要求,统筹基础设施和公共设施用地布局,综合利用地上地下空间,合理确定并严格控制新增建设用地规模,提高土地节约集约利用水平,保障土地可持续利用。这一规定既细化了国土空间规划中土地管理方面的底线约束、控制性指标,又指明了在土地开发、保护、建设活动必须遵循的基本目标,即提高土地节约集约利用水平,保障土地可持续利用。

国土空间规划制度的建立实施,是党中央、国务院作出的重大改革部署。新《土地管理法》和新《条例》迈出了空间规划改革在法律制度顶层设计方面的第一步。今后,我们要继续按照党中央、国务院决策部署,坚定不移推进和实施“多规合一”,形成“一本规划、一张蓝图”,建立统一的编制审批体系、实施监督体系、法规政策体系和技术标准体系,构建统一的基础信息平台,形成全国国土空间开发保护“一张图”。同时,抓紧推进《国土空间开发保护法》《国土空间规划法》等法律法规和配套政策的制定,加快构建上下协调、科学有序的国土空间法律制度体系,为坚持以人民为中心、实现高质量发展和高品质生活,促进国家治理体系和治理能力现代化、实现“两个一百年”奋斗目标中华民族伟大复兴中国梦提供更高质量、更有效率、更加公平、更可持续的国土空间规划。

(引自 https://m. thepaper. cn/baijianhao_13983866)

习题演练

单选题

判断题

项目二 土地利用规划理论和原则

知识目标

1. 了解土地利用规划相关理论的科学原理。
2. 认识各种理论对编制土地利用规划的指导意义。
3. 掌握土地利用规划编制的基本原则。

能力目标

使学生能够在编制土地利用规划过程中灵活运用土地利用规划理论和原则。

素质目标

1. 增强保护耕地、节约集约和依法依规用地的意识。
2. 培养创造力、决策力、批判性思维能力等高阶思维能力。

项目重点

1. 土地利用规划各种理论的具体内涵和科学原理。
2. 土地利用规划中遵循的基本原则。

项目难点

地租地价理论、区位理论、人地协调理论在规划中的应用。

任务一 土地利用规划理论

一、地租地价理论

地租的原意有报酬或收入的意思。它是一个历史范畴,是随着有组织的土地利用和土地所有权的出现而产生的。地租地价理论是土地利用规划的重要理论之一。土地作为一种资源,又是土地所有者的一种资产,而地租与地价就是土地资产价值的表征。

(一)古典地租理论

威廉·配第(Willian Petty,1623—1687)早在三百多年前出版的名著《赋税论》中提出,地租是使用农地生产农作物的一种剩余或净报酬,即收获的生产物扣除生产费用以后的剩余部分。他认为地租的差异是由土地肥沃程度和耕作技术水平的差异,以及土地距市场远近的不同造成的。配第还首次确定了土地价格,它是购买一定年限的地租总额。这种理论的缺陷是没有把利润与地租分开,没有把土地的价值与使用价值分开,并且认为地租是土地的恩赐,而不是人类投入劳动的结果。

亚当·斯密(Adam Smith,1723—1790)在1766年出版的著作《国民财富的性质和原因的研究》(简称《国富论》)中指出,地租是“作为使用土地的代价”,“是使用土地而支付的价格”。他认为,地租是因使用土地而支付给地主的代价,其来源是工人的无偿劳动。他肯定了绝对地租的存在，但没有明确提出级差地租的概念，并且其地租理论前后矛盾。斯密领先于同时代人的又一成就是他对城市地租的研究，同时他还将房租区分为建筑物租和地皮租。

大卫·李嘉图(David Ricardo，1772—1823)在其1817年出版的名著《政治经济学与赋税原理》中指出，地租不仅只是为了使用土地而付给地主的金额。他运用劳动价值理论研究地租，对级差地租理论做出了突出贡献。他认为，地租是为使用土地而付给土地所有者的产品，是由劳动创造的。他认为地租产生的两个条件是：土地的有限性和土地肥沃程度及位置的差异。他在土地肥力和位置差异的基础上，建立了级差地租的初步体系，但由于他未弄清产品价值和生产价格的差别以及土地所有权的垄断，因此否认了绝对地租的存在。

杜能(Thunen Johann，1783—1850)认为，地租不是劳动和投资的产物，而是田庄所处的位置和土地性质的偶然优势带来的。

(二)马克思主义地租理论

马克思的地租理论是在批判和继承前人特别是李嘉图的地租理论基础上创立的，他科学地揭示了资本主义土地私有制及其地租的本质。马克思的地租理论提出了以劳动价值论为基础的地价理论；指出土地价格是虚幻形式的价格；称土地价格为“虚幻的价格”，没有价值的物品可以有价格，土地价格是没有价值的价格。马克思把土地分为土地物质和土地资本，“土地价格无非是出租土地的资本化收入”，“土地价格是地租的资本化，即土地价格=地租/利息率”。

马克思认为一切形态的地租都是土地所有权在经济上的实现，一切地租都是剩余劳动的产物，是以土地所有权的存在为前提的。在合理组织土地利用中应遵循地租理论，努力获取最大的地租收入。马克思按照地租产生的原因和条件的不同，将地租分为级差地租、绝对地租和垄断地租。

1. 级差地租

级差地租是经营较优土地的农业资本家所获得的，并最终归土地所有者占有的超额利润。形成级差地租的条件有三种：①土地肥沃程度的差别；②土地位置的差别；③在同一地块上连续投资产生的劳动生产率的差别。

级差地租

马克思按级差地租形成的条件不同，将级差地租分为级差地租第一形态(级差地租Ⅰ)和级差地租第二形态(级差地租Ⅱ)。级差地租Ⅰ，是指等量资本投入到等面积的不同地块上，由于土地肥沃程度不同和位置优劣不同所产生的超额利润转化的地租。级差地租Ⅱ，是指对同一地块上连续追加同量投资，由于各次投资的生产率不同而产生的超额利润转化的地租。级差地租Ⅰ和级差地租Ⅱ虽各有不同的产生条件，但二者的实质是一样的，它们都是由产品的个别生产价格低于社会生产价格的差额所产生的超额利润转化而成的，都是由劣等土地个别生产价格决定的。级差地租Ⅰ是级差地租Ⅱ的前提、基础和出发点。级差地租产生的根本原因是土地经营权的垄断。

2. 绝对地租

由于土地资源的数量有限性及经济供给上的稀缺性和用途的多样性必然产生土地资源的垄断性，从而产生绝对地租。绝对地租是指由于土地所有权垄断，农业资本家无论租种何种等级的土地都需要向土地所有者缴纳的地租。它是由于农产品的价值高于社会生产价格的差额形成的超额利润转化而来的。绝对地租形成的根本原因是土地所有权的垄断，它的实质和来源是农业工人创造的剩余价值。

社会主义市场经济条件下，虽然实行土地公有制，但这只是改变了土地所有权的权属，并未改变土地所有权的垄断性质。因此，当前我国社会主义市场经济条件下仍然存在绝对地租。它是土地公有制借以实现的经济形式，来源于劳动者为社会创造的纯收入，归国家和集体所有，最终仍直接或间接用于劳动者。社会主义绝对地租不仅可以从经济上维护土地公有制，而且可以调节人们在土地使用上的物质利益关系，促进对土地的经营管理和使用。

3. 垄断地租

垄断地租是指从具有独特自然条件的土地上所获得的超额利润转化而来的地租。比如，由于某些土地具有独特的自然条件，能够生产出独特的、名贵的、稀有的产品，这种产品可以按照高于社会生产价格和高于价值的垄断价格出售，由这一垄断价格所产生的超额利润归土地所有者所有，这样就形成了垄断地租。垄断地租不同于级差地租，也不同于绝对地租，它不是资本主义的正常地租形式，而是一种特殊地租形式，是资本主义生产关系中的一种特殊现象。

为了获得土地利用的最大经济效益，合理配置土地资源，必须应用经济杠杆对其加以调节和控制。地租和地价理论对于土地资源的综合评价和合理开发利用、制定土地利用政策具有重要的指导作用。通过合理组织土地利用，不断提高土地肥力和改善土地质量状况、修筑交通运输网络、改变土地的经济地理位置和交通运输条件、追加物化劳动和活劳动的投入、实行土地集约化经营，必将导致土地级差地租条件的变化。这就是常说的“规划即地价”。规划是影响地价的重要因素，应根据地价的空间分布规律合理规划（配置）各业用地。

在地租和地价理论的指导下，根据土地用途与地租之间的关系，应把位于和接近城市中心区的土地规划用作高价用地，如商业用地、居住用地等。把其他类型用地，如工业用地、行政办公用地，规划于远离城市中心的地段上。对于农用地而言，应把集约经营用地，如果品、蔬菜等产品生产用地，规划在城市近郊区，而将粗放经营用地，如大田作物生产用地等，规划在远离城市的地段上。从另一角度而言，土地利用规划条件是影响土地价格形成的重要因素。土地使用种类与地价高低有密切的关系，通常商业用地的地价最高，农业用地的地价最低。另外，不同用途对土地条件的要求是不一样的，在土地条件一定的情况下，规定土地用途对土地价格有着重大的影响。就某一块土地而言，规定用途会降低地价，而从总体上看，由于有利于土地的协调利用而具有提高地价的作用。但如果规定用途不妥，缺乏科学的依据，既降低单块土地的价格，也会降低整个土地的利用效率而使地价下降。规定用途对地价的影响在城市郊区表现得尤为显著。在城市郊区，由于城市发展而使郊区某些适宜土地作为城市用地，但由于政府规定只能维持农业用途，地价必然很低，一旦政府允许改变上地用途，地价则会成倍上涨。

二、土地区位理论

区位理论

不同地理位置的土地具有不同的物理、化学和生物学特性，与中心城市、交通枢纽或干道距离不同的土地或同一城市内部到商贸中心的距离不同的土地具有不同的经济价值或用途，这就是土地的区域性或土地的区位。区位理论是关于人类活动的空间分布及其空间中的相互关系的学说。具体来讲，是研究人类经济行为的空间区域选择及空间区域内经济活动优化组合的理论。区位理论主要包括杜能的农业区位论（孤立国）、韦伯的工业区位论、克里斯·泰勒的中心地理论、廖什的市场区位论等。

杜能的农业区位论指出，农业土地利用类型和农业土地经营集约化程度，不仅取决于土地的自然特性，而且更重要的是依赖于其经济状况，其中特别取决于它到农产品消费地(市场)之间的距离。杜能从农业土地利用角度阐述了对农业生产的区位选择问题。在此基础上，杜能为了阐述农业生产地到农产品消费地的距离对土地利用类型产生的影响，提出了著名的“孤立国”模式，证明市场(城市)周围土地的利用类型以及农业集约化程度(方式)都是以城市为中心，呈圈层分布的。围绕城市形成一系列的同心圆，称为“杜能圈”。距城市最近的圈层为高度集约经营的圈层；随着距城市距离的增加，土地利用越粗放，即呈现出如下的变化规律：精细城郊农业—林业—集约种植业—栅栏农业—粗放的三年轮作—牧业与粗放种植业。由于实际上不存在杜能假设的国家，它的土壤肥力和土壤的物理性质到处一样，而且实际上不可能拥有唯一的城市，既不在河流边，也不在可通航的运河边，这些前提条件的变化会对“孤立国”的作用产生影响，各圈的位置和范围大小均会发生变化。杜能理论的核心部分，从经济上看就是农业生产者所处位置的级差地租。土地位置级差地租为土地经济利用时的价格，与需求之间呈正相关关系。杜能的农业区位论对土地的利用及其规划起着十分重要的作用。

1909年，韦伯《论工业的区位》的发表，标志着工业区位论的问世。韦伯首次引用了“区位因素”，即指一个地理点上能对工业生产起积极作用和吸引作用的因素。韦伯工业区位论中排除了社会文化方面的区位因素，只考虑原材料、劳动力和运费，甚至把原材料费用及其地区差异纳入运费之中，因此“孤立的工业生产”的区位就取决于运输费用和劳动费用，并从两项因素的相互作用分析中，推导出工业区位分布的基础网，继而利用集聚因素，对基础网进行进一步的位置变换。韦伯研究了运费对工业区位选择的影响，认为吨公里总和的最低点可使工业生产取得最低成本的效果，因为运输费用与吨公里总和是成正比的。依据原材料系数条件选择企业定向，即原材料系数大的企业以原料定向，原材料系数小的企业则应以消费定向。在此基础上，韦伯认为，当劳动力费用(表现为工资)在特定的区位对配置企业有利时，这样可能使一个工厂离开或者放弃运费最小的地区，而移向有廉价劳动力的地区，条件是原材料和成品的追加费小于节省下来的劳动力费用，从而使韦伯的区位图形产生“第一次变形”。一个工厂如果集聚所节省的费用大于因离开运费最小或劳动力费用最小的位置需追加的费用，则其区位由集聚因素定向。韦伯在以上分析中首次运用“区位因素”这一概念，将运费分析作为理论推导的重点，首次提出并运用等费线(费用等值线)方法进行分析。

克里斯·泰勒吸取杜能、韦伯区位理论的基本特点，于20世纪30年代初提出“中心地理论”，即“城市区位论”，深刻地揭示了城市、中心居民点发展的区域基础及等级与规模的空间关系，为城市规划和区域规划提供了重要的方法论依据。克里斯·泰勒认为，空间中的事物从中心向外扩散，区域的中心地点即区域核心，就是城镇，大多数情况是：一个国家或地区，如果从大到小对城市进行分级，各种等级城市均有，规模最小的那一级城镇的数量最大，等级愈高，数量愈小。

廖什在杜能、韦伯等的区位理论基础上，从工业配置寻求最大市场和总体均衡的角度来揭示整个系统的配置问题，以利润来判明企业配置的方向，并且把利润的原则同产品的销售范围联系起来。廖什对工业区位理论研究的贡献之一，是他提出的关于工业企业配置的总体区位方程，当方程的约束条件得到满足，解出方程以后，也就确定了整个区域总体平衡的配置点。

进行土地规划时，必须充分研究土地区位，以便发挥土地的最大效益。土地区位理论为土地最佳利用提供了基础，同时根据区域发展的需要，合理地确定土地利用方向和结构，根据区域发展的需要，将一定数量的土地资源科学地分配给农业、工业、交通运输业、建筑业、商业和金融业以及文化卫生教育部门，以谋求在一定量投入的情况下获得尽可能高的产出。在具体组织土地利用时，不仅要依据地段的地形、气候、土壤、水利、交通等条件状况，确定适宜作为农业、工业、交通、建筑、水利等的用地，而且要从土地利用的纯经济关系入手，探讨土地利用最佳的空间结构。

三、可持续发展理论

所谓可持续发展，就是既要考虑当前发展的需要，又要考虑未来发展的需要，不要以牺牲后代人的利益为代价来满足当代人的利益。对一个地区来说，可持续发展包括社会、经济和环境资源等三个相互关联的重要方面。一是社会可持续发展。通过居民消费、教育和社会服务，提高人口的健康水平和整体素质，从而实现人口的再生产。实施以可持续发展为目标的政策，改善居住环境，力图消除贫困，提高人口的生活质量。社会可持续发展可以为经济环境的可持续发展奠定良好的社会基础。二是经济可持续发展。应该包括第一产业、第二产业和第三产业三个方面，通过调整产业结构、优化经济发展机制，才能以相对少的资金物质投入，实现较高的经济产出，最终达到经济长期、稳定的可持续增长。三是环境资源的可持续利用。依靠环境资源法规体系的建立，实现生态平衡和控制环境恶化局势，提高资源环境的综合利用效率。上述分析表明，可持续发展的基本观点可以概括为以下两点：首先应该保持人类与自然相和谐的方式，从而让人类可以享受到健康而富有生产成果的生活，这可以认为是人类的基本权利；其次要努力保障自己和后人的机会相平等，也就是当代人在创造和追求现在的发展与消费时，考虑到后人的需要。

土地资源作为人类活动、生存和生产的场所与空间，是人类社会赖以生存的基本资源。土地数量的有限性和土地需求的增长性构成土地资源持续利用的特殊矛盾。土地持续利用是指以经济、社会和环境相协调为宗旨，综合运用技术、政策或其他相关手段，努力实现土地利用的生产性、稳定性、保护性、可行性和可接受性。具体来说，就是保持或提高土地的生产服务功能；保护自然资源潜力，防止土壤和水质退化；降低生产的风险水平；经济上可行；社会可以接受。土地资源持续利用的目的在于具有持续性特点的利用。通过对土地资源的持续性利用，人类可以从中获取产品和劳动的满足。土地数量有限性为土地资源的可持续利用提供了客观必要性，土地可更新性和利用永续性使土地资源持续利用成为可能。协调土地供给与土地需求是土地资源持续利用的永恒主题，也是土地规划的重要内容。

根据可持续发展理论的要求，在进行土地利用规划时，必须做到以下几点：①要有系统和整体观念。把土地资源的可持续利用与区域人口-资源-环境-经济发展构成的区域系统的可持续发展相结合。②将眼前利益与长远利益、局部利益与整体利益相结合。③强调土地的社会效益和生态效益。在当前就是要保证我国的粮食安全和保护生态环境，切忌为了追求经济发展而乱占耕地、围滩造田、毁林造田、开垦坡地和牧草地等。④强调土地的稀缺性，促进土地的高效率、高效益使用。在规划实践中，就是要严格控制城镇、村庄、独立工矿等各项建设用地的规模和范围，促进建设用地的高效集约利用。

四、生态经济理论

生态经济学的主要研究对象是生态系统和经济系统所构成的复合系统，主要研究内容为该复合系统的结构、功能及其运动规律。所以，生态经济学是由生态学和经济学相结合形成的一门边缘学科。

生态经济学认为，人类社会、经济过程与自然界是一个整体。生态经济系统是生态经济学的主要研究对象，是生态系统和经济系统在人类的劳动过程中通过技术中介耦合而成的有机整体。因此，生态经济系统可以认为是一个复杂整体和综合立体网络，具有多层次、多要素和多侧面。而人类则在其中起着调控主体的作用，尤其是协调其中有关对立的复杂关系，并且人类还决定着系统发展的核心。

生态经济学的主要观点，首先是认为应该从生态与经济结合的角度，去分析和研究资源价值观、社会经济价值观和区域发展战略观。现代经济社会可以看成是一个生态经济有机整体，其实质是生态经济持续发展过程。于是，社会再生产也应该把物质资料再生产在内的生态再生产包含进来，且其基础是生态系统自然再生产，而发挥主导作用的是物质资料再生产。人类除了对物质和文化有需求，对优美舒适的生态环境的要求同样也是不断增长的，这就要求经济社会发展过程中应该实施经济-社会-生态同步协调发展战略，尤其是在目标的选择上更要重视生态环境的改善和环境质量的提高。需要指出的是，目标也存在着多样性。因此，生态与经济协调发展是生态经济学最主要的核心研究内容。生态系统和经济系统的不协调主要是两者的内在负反馈稳定机制和正反馈机制之间的矛盾造成的，随着经济的发展，矛盾在不断加剧。可以这么认为，现在世界各国普遍存在的人口剧增、环境容量变小、能源不足及生态平衡被破坏等问题就是生态系统和经济系统不协调的表现。其本质其实就是生态系统物质能量的更新、储量等跟不上，甚至限制了经济增长的加速进行。根据上述分析，经济社会的可持续发展的前提就是生态经济的协调发展。这就要求协调好三种基本关系：首先要协调好经济发展—资源环境—人口之间的关系，努力实现相互促进，这不仅包括经济发展（速度和效率增长同步）与资源的关系、资源开发与生态环境的关系，还包括人口增长与环境容量之间的关系；其次要协调好经济增长-技术进步-生态平衡的关系，技术进步是经济增长的动力，但是技术进步要以不破坏生态平衡为前提，也就是在一定的技术和经济发展水平下，建立相应的生态平衡关系；最后要协调好资源开发规模和强度的控制，计划-市场-价格-资源更新能力之间的关系。

土地资源是一切经济社会发展的载体，是一种无法替代的最重要的自然环境资源。土地资源是环境的重要组成部分，但其对其他自然环境资源和社会经济资源提供着承载的作用。因此，仅仅就土地本身而言，已经是一个由自然、社会、经济、技术等多种要素组成的生态经济系统，并且在要素的不同组合类型下形成了多种结构。科学的土地利用不仅要把土地利用看成是自然技术问题，也是社会经济问题，更是关系到自然资源合理利用和生态环境保护的生态经济问题，客观上不可避免地承受着自然、经济和生态规律的制约。

土地生态经济系统是由土地生态系统与土地经济系统在特定的地域空间里耦合而成的生态经济复合系统。土地生态经济系统及其组成部分以及与周围生态环境共同组成一个有机整体，其中任何一种因素的变化都会引起其他因素的相应变化，影响系统的整体功能。一个相对稳定的土地生态经济系统，对于外界的干扰、破坏，在一定范围内有一定的自我调节能力,但是一旦外界的干扰超出了土地生态系统本身的自我调节能力,就可能破坏这个系统的平衡和稳定,不仅是土地资源本身,甚至整个区域的生态环境都要遭到破坏和毁灭。因此,人类利用土地资源时,必须要有一个整体观念、全局观念和系统观念,考虑到土地生态经济系统的内部和外部的各种相互关系,不能只考虑对土地的利用,而忽视土地的开发、整治和利用对系统内其他要素和周围生态环境的不利影响。不能只考虑局部地区土地资源的充分利用,而忽视了整个地区和更大范围内对其的合理利用。

五、人地关系协调理论

人地关系是人类系统与自然系统间的相互作用,一方面反映了自然条件对人类生活的影响与作用,另一方面表达了人类对自然现象的认识与把握,以及人类活动对自然环境的顺应与抗衡。土地数量的有限性和土地需求日益增加之间的矛盾,从地理学人地关系理论角度来看,属于人类社会发展与自然环境之间的矛盾。

人地协调论就是谋求人与地的、人与自然的高度和谐及统一。人地关系协调的内涵有三层含义:一是在人地关系中,人类利用自然界时要保持自然界的平衡与协调。二是在开发利用自然的过程中,要保持人类与自然环境之间的平衡与协调。三是在人地关系中,人类要保持自身的平衡与协调。人地关系协调的本质是妥善解决社会总需求与环境承载力之间的矛盾,从而与自然环境和谐相处,达到可持续发展。

人地协调论重新观察和思考人类与自然的关系。认为自然界的一切都是由物质组成的,而各种物质又都是由化学元素组成的。人类是地球环境演变到一定阶段的产物,人体毫无例外地也由各种化学元素构成,从而证明了人与自然环境之间存在着“奇妙”的相关关系。人类在漫长的进化过程中,通过自身的新陈代谢,同周围环境进行物质和能量的交换,使得人体与人类生存环境之间的物质和能量形成了某种动态平衡关系。人类要维持人体组成与其生存环境之间的“奇妙”关系,防止由于人类活动造成环境突变而给自身带来的巨大灾难,就必须协调好人与环境的关系。处理好人与自然、人与环境的关系,集中表现在以下两个方面:①人类的一切活动必须保持生态系统的平衡。如:向环境排放污染物不能超过环境的自净能力,对土地利用结构的调整不能超过合理界限等。②人口必须控制在一定限度。多数科学家研究认为,100 亿的世界人口是接近适宜人口的最高极限,超过这一极限人口,人类必将面临更大的危机。

六、系统工程理论

系统工程(systems engineering)是一门统筹全局、综合协调研究系统的科学技术,是系统开发、设计、实施和运用的工程技术,是在系统思想指导下,综合运用自然科学和社会科学中有关的先进思想、理论、方法和工具,对系统的结构、功能、要素、信息和反馈等进行分析、处理和解决实际问题,以达到最优规划、最优设计、最优管理和最优控制的目的。系统工程是系统科学中直接或间接地改造世界的组织管理技术。系统工程以运筹学、控制论、信息论、大系统理论和系统学为基础科学,它们的创立和广泛应用大大促进了系统工程的发展和运用。

系统工程把对象系统看成是一个整体,同时把研究过程也视作一个整体。人们把系统作为若干子系统有机结合成的整体来设计,对每个子系统的技术要求都首先从实现整体技术协调的观点来考虑,对研究过程中子系统与子系统之间矛盾或子系统与系统整体之间的矛盾都要从总体协调的需要来选择解决方案。同时,把系统作为它所从属的更大系统的组成部分来研究,对它的所有技术要求,都尽可能从实现这个更大系统技术协调的观点来考虑。如对于土地资源十分紧缺的地区,有限的土地资源如何分配给各个产业和部门,就需要从全局来协调考虑。在实践中,某项技术措施从子系统来看效果很好,但从全局来看就不一定好,同样有些技术措施从局部来看效果不太理想,但从整体来看却有应用的价值。因此,为了保证系统的整体性效益,就需要运用现代管理技术,特别是运用系统工程方法来统筹规划,综合平衡,以期取得最大的效益。

把系统工程的理论和方法应用于土地利用领域,就形成了土地利用系统工程。土地利用系统工程是系统工程的理论和方法与土地利用科学有机结合的产物,是合理研制和运用土地利用系统而采取的各种组织管理技术的总称。它以土地利用系统为对象,以系统科学的观点为指导,以土地利用的生态经济规律为依据,以土地利用系统的整体优化为目标,对土地利用系统进行最优设计、最优建立、最优控制和最优管理,实现土地资源合理利用、社会经济协调发展、生态环境不断改善的良性循环,获得最优的系统效益,即土地利用的社会效益、经济效益和生态效益。

土地利用系统工程的实施过程由两个并行的过程所构成,即工程技术过程和组织管理过程。组织管理过程指导工程技术过程的进行,给工程技术提出任务和要求;工程技术过程实现组织管理过程所提出的目标,两者相互作用、相互联系、并行运作、不可替代,共同作用于土地利用全过程,从而成为土地利用系统工程实施过程中的两个基本组织部分。

具体来说,所谓工程技术过程,是指利用土地这种生产资料进行社会生产,以创造人类所需要的物质财富的过程,即向土地资源系统投入劳动力、资金、物资、技术、信息、能量等各种资源,或改变土地的用途,或提高土地的质量,或改善土地利用的条件等,创造人类所需的物质财富。这种工程技术过程亦称为土地资源利用过程。组织管理过程是指对土地利用活动进行系统管理的过程,包括土地利用规划、土地利用微观管理、土地利用动态监测及土地利用效益评价。土地利用规划是对如何合理利用土地进行时间上、空间上的总体布置和安排;土地利用微观管理是以土地利用规划为依据,对土地进行宏观控制和微观管理;土地利用动态监测是对土地利用状况进行动态检查、监视和实测;土地利用效益评价是对土地利用状况进行系统的综合评价,其结果作为规划修正的依据。

对土地利用系统实施系统工程,还必须建立一组相互协调、相互补充、相互配套的模型体系。土地利用系统工程的模型化体系是由解决复杂土地利用问题的模型群组成的模型综合体。它是土地利用系统的同态映像,反映了系统内部结构、外部联系和活动规律,由预测模型群、定位模型群、检测模型群及评价模型群构成。

任务二　土地利用规划原则

一、维护社会主义公有制原则

我国是社会主义国家,社会主义土地公有制为土地的合理利用与保护创造了良好的条件和基础。《中华人民共和国宪法》对土地所有制和土地所有权、使用权都进行了明确规定:矿藏、水流、森林、山岭、草原、荒地、滩涂等自然资源,都属于国家所有,即全民所有;由法律规定属于集体所有的森林和山岭、草原、荒地、滩涂除外。城市的土地属于国家所有,农村和城市郊区的土地,除由法律规定属于国家所有的以外,属于集体所有;宅基地和自留地、自留山也属于集体所有。这些规定是土地利用规划的根本指导原则,是合理组织土地利用的重要依据。

我国人多地少,土地后备资源不足,必须节约和集约利用土地,保护土地资源。《中华人民共和国土地管理法》第三条规定:十分珍惜、合理利用土地和切实保护耕地是我国的基本国策。各级人民政府应当采取措施,全面规划,严格管理、保护、开发土地资源,制止非法占用土地的行为。

依据《中华人民共和国土地管理法》等法律法规和国家有关土地利用的方针、政策,在调查研究、总结经验的基础上,对《全国土地利用总体规划纲要(1986—2000年)》进行修订,制定了《全国土地利用总体规划纲要(1997—2010年)》。这两轮国土全覆盖的土地利用总体规划工作的实践证明,合理组织土地利用不能离开维护和巩固社会主义土地公有制这项重要原则,不能离开生产力和生产关系的任何一方。其中任何一方发生变化,都会引起土地利用规划形式、内容和任务的重大变动,中华人民共和国成立以来的历史有力地说明了我国在生产力和生产关系上的每一次变革,都给土地利用规划提出新的要求和任务。基于这点,土地利用规划所研究的内容和所肩负的任务不是一成不变的。在不同社会生产方式下,甚至在同一生产方式下,生产力和生产关系发展的不同历史阶段,土地利用规划的内容、原则和方法都不尽相同,但合理组织土地利用的根本任务始终不变。

二、因地制宜原则

因地制宜是编制土地利用规划应遵循的重要原则之一。因地制宜原则具体体现在土地特性和用地要求的协调上。土地适宜性是土地利用合理组织和协调土地利用需要与可能的客观物质基础。编制土地利用规划时,遵循因地制宜原则,具体地讲就是揭示了土地适宜性,把客观上已存在的土地质量及其利用适宜性借助土地评价方法加以评定。从一定意义上讲,土地评价是落实因地制宜原则的重要途径和手段。土地适宜性是指针对特定用途的土地质量水平。土地适宜性离不开特定的土地用途。土地适宜性可以从自然角度和经济角度加以评定。土地适宜性评价就是对土地质量相对于各种可能用途的综合评定,评价结果告知人们各种可能用途的适宜土地的等级、数量和分布。在此基础上,综合考虑社会经济发展和科技进步水平,最终编制出组织土地利用的供选方案,并提供决策依据。土地利用与土地适宜是相互关联的对立统一。人类对土地的利用不断地改变着土地的适宜性,它一时一刻也不能离开土地适宜性而存在。随着社会生产力的发展和科技的进步,人类改变土地适宜性的程度在不断提高。当今世界上人类已经改变了自然环境,干预了自然界的物质循环,但人类不可能离开土地而存在,人类对于土地的依赖关系随着时间的推移会发生变化。

土地质量是一个动态概念,随着社会生产力的发展,合理地组织土地利用,土地质量也在不同程度地发生变化。为此,必须建立经常性的土地数量和质量统计制度,建立土地资源信息系统,即在计算机软件和硬件的支持下,土地空间数据的储存、变换、派生、综合、分析和显示系统,从而把土地评价与土地规划两项过程系统地结合,把土地评价成果作为制定土地利用规划的重要基础,把土地利用规划视为土地评价及其成果应用的延续,使土地利用规划方案表现为各类土地适宜性的最佳组合。

土地利用规划没有固定的模式和标准，必须坚持因地制宜原则，以得出紧密结合当地的自然和社会经济条件与特点的规划方案。土地利用规划具有鲜明的地域性，不同地区有着不同的规划方针、任务、内容和方法，如城市土地利用规划不同于农村土地利用规划，平原地区不同于山区，灌溉农业地区不同于旱作农业地区。同一项规划由于地区的不同特点，其规划方法也不一样，不同地区土地利用规划的主攻方向、规划重点也不尽相同，如经济技术开发区规划的重点是建筑物和线形工程项目的规划；丘陵山区的重点是合理安排农、林、牧、副、渔业用地，坡地改梯田，防治水土流失，植树造林、荒山绿化等。总之，土地利用规划过程中，要深入实地调查研究，反对"一刀切"的做法，协调主观愿望与客观可能两者之间的关系，只有这样，才能充分发挥土地利用规划促进合理利用土地和整个国民经济发展的积极作用。

三、综合效益原则

人类合理地组织土地利用的目的在于获取最大效益和最佳服务。由于现代科学技术发展具有明显的整体化特征，土地利用所追求的效益绝对不是单项效益，而是融社会、经济、生态三效益为一体的综合效益。

土地利用综合效益原则要求人们在组织土地利用过程中追求的最终目标是使土地利用寓于社会经济发展和维持生态系统平衡之中，最终谋求社会、经济、生态三效益的统一。具体来讲，应当保证社会效益（E_1）、经济效益（E_2）和生态效益（E_3）最大，相应的损失（S_1、S_2、S_3）最小，总效益（CB）最大，总损失（CL）最小，即

$$CB = \sum_{i=1}^{3} E_i \rightarrow \text{最大}$$

$$CL = \sum_{i=1}^{3} S_i \rightarrow \text{最小}$$

土地资源利用效率系数：

$$R = \frac{CB}{CL} > 1$$

式中　CB——土地利用效益（所得）；

CL——土地利用费用（所费）。

土地利用综合效益原则要求处理好近期与远景土地利用两者之间的关系。不合理的利用土地所带来的危害，有时需要经过一段时间方能显现出来，因此必须对未来效益和周围生态环境影响加以科学预测。此外，应当指出的是，在上述诸效益中，除经济效益外，社会效益和生态效益均属难以度量和非货币化的，是隐蔽的。因此，经济效益往往掩盖土地利用对社会和生态环境所造成的损失，导致偏离三效益协调的轨道，对此应予以足够的重视。

四、动态平衡原则

土地本身是自然产物，投入于社会生产活动之后，就成为社会物质生产必备的物质条件，为了保证国民经济各部门的协调发展，客观上要求提供适合用途的土地，但土地总面积相对地讲是一个常数，土地利用规划时要满足各部门的用地要求，使规划区域内土地总面积

达到平衡,合理地进行部门间的土地分配和再分配,实现耕地总量动态平衡。

动态平衡原则要求规划时,在摸清现状的基础上,估算规划期内可能新增加的土地数量和土地需求量,从供需双方进行反复平衡。一方面,应根据计划安排的投资和消费需求来估算所需土地数量;另一方面,从土地开发和节约以及调整土地利用结构,提高其生产力来估算土地的可能供给的数量,至两方面平衡为止。

土地资源既是一个自然综合体,又是一个经济综合体。它作为农业生产的基本生产资料利用时,与劳动力、资金、技术之间有机结合,构成一个农用地生态经济系统;它作为非农业生产用地时,非农业部门各企业之间又是一个在地域上相对集聚的社会经济系统。事实上,社会经济发展中,土地这一自然综合体一旦与人类经济活动发生联系,不论其联系形式如何,人地相互作用系统或土地利用系统便建立起来。由于土地自然要素和社会经济要素是动态变化的,随着这些影响因素的改变,原土地利用规划方案可能随之发生变化甚至不再合理。因此,土地利用规划方案的合理性是相对的,它需要在动态发展中不断进行适时调整,以保持相对合理状态。这一原则要求在进行土地利用规划时,必须充分考虑到规划期内各种不可预测因素可能造成的土地供需变化,对规划指标留有余地,使规划方案具有一定的弹性和灵活性,保证土地供需能够长期平衡。需要强调的是,为了维护社会稳定,保障全国粮食能够在出现各种灾难和不可预测的突发性事件下,仍能满足全国人口的最低需求,必须保证一定数量的耕地,并且要能够维持和提高现有耕地质量,即在全国范围内实现耕地占补平衡。

五、逐级控制原则

土地利用规划是在一定地域范围内进行的。我国依照不同的标志,例如成因类型、土地利用现状等将土地资源划分成不同的地区和区域。土地资源的行政管理的层次性决定土地利用规划的类型、范围、任务和内容的多样性,从上到下构成结构有序的、等级分明的土地利用规划系统。遵循逐级控制的原则,由于上下层次之间存在紧密的联系,上一层次土地利用规划有关项目完成以后才可能着手进行下一层次的土地利用规划。各层次土地利用规划均对其下一层次土地利用规划起着控制作用,同时它本身也接受其上一层次土地利用规划的控制。每一层次土地利用规划在受制于上一层次土地利用规划的同时,也对其加以修改、补充、落实,使其更加完善和可行。

由于土地利用规划涉及的内容相当繁杂,按照逐级控制原则的要求,应当首先进行关系到全局的具有控制作用项目的规划,如各种用地结构优化与布局,主要水利、道路工程项目和居民点用地规划等,然后进行土地利用细部规划和专项规划。

六、集约利用原则

由于土地数量的有限性和土地需求的增长性,导致现有土地资源难以满足不断增长的经济发展的用地需求。为了解决上述矛盾,唯一的出路就是实施土地集约利用。土地利用集约水平通常应用集约度来衡量。所谓土地利用集约度,是指单位土地面积上所投入的劳资数量。例如,在耕地利用上,为了获得单位土地面积上更多的产量而不断追加投放大量的劳资,这就是集约耕作;在市地利用上,市中心区建设高层建筑,提高建设密度和建筑容积率,这就是市地集约利用。

在土地利用规划编制过程中，既要考虑合理开发土地后备资源以增加土地供给量，来满足社会经济发展对用地的需求，同时必须关注和提高土地利用集约度，借以达到土地供需平衡的目的。例如，在农用地尤其是在耕地利用上，应在一定的技术经济条件下，追加投入其他生产因素（如化肥、农药、良种、灌溉等）作为耕地替代物，以提高单位土地面积上的农作物产量，并以提高耕地利用集约度来弥补耕地数量的不足。在市地利用上，也应在一定技术经济条件下，提高建筑密度和建筑容积率来增加建筑面积占地空间，以市地利用集约度来弥补建筑占地的不足。

七、公众参与原则

公众参与是土地利用规划中的一个重要的组成部分，是实现土地资源的优化配置与合理布局，保障社会经济环境的持续发展和土地资源的持续、高效、有序利用目标的重要一环，只有建立在公众参与基础上的土地利用规划，才能正确地反映规划区域的客观实际，才能针对规划区域的社会经济环境协调发展的要求，做出合理的用地布局。

土地利用规划中，规划区有关部门和公众参与规划的全过程，而不只对已定决策做出反应。规划的公众参与不仅包括参与范围、参与人员、互动过程和参与结果，更重要的是，它不是事后的参与，而是贯穿在整个规划编制和实施的全过程，其最终目的是让具有法律效力的规划文件成为社会各阶层在谋求自身利益时必须遵守的共同“契约”。土地利用规划是对一定区域未来土地利用超前性的计划和安排。在土地利用规划中，需要协调社会目标与部门目标以及个人目标，这就涉及国家、集体和个人之间权力与利益问题，必须在土地利用规划编制和实施过程中让所有相关权益人共同参与。通过公众参与，让公众了解规划的性质、内容和职能，并参与规划编制和实施监督，这样可以制定更切合实际并为大众所接受的规划，同时有利于各利益主体间的平衡和协调。

小　结

本项目主要介绍土地利用规划的理论依据。地租和地价理论是土地资源配置中如何获得土地利用最大经济效益的依据；土地区位理论是土地利用空间布局及其选址的依据；可持续利用理论是实现土地永续利用的理论依据；生态经济理论是实现土地利用系统最佳功能的重要依据；人地协调理论是土地利用中协调人与自然关系的重要依据；系统工程理论是土地利用规划编制中科学编制规划的重要思想和方法。同时，还介绍了土地利用规划中应遵循的基本原则。

案　例

江西省金溪县政府违法批地建陆坊工业区案

江西省金溪县政府违法批地建陆坊工业区案

金溪县陆坊工业区位于金溪县秀谷镇与陆坊乡交界处，无成立批文，占地453.55亩（其中6.65亩不符合土地利用总体规划，不涉及永久基本农田，城乡规划未覆盖），区内企业均为金溪县政府招商引资项目企业，与金溪县工业园区管委会签订入园协议。金溪县政府明确企业达到一定建设强度后再办理用地手续，2002 年发文要求任何单位和个人不得对区内企业进行检查、罚款等，2009 年县政府第 7 次常务会议要求由工业园区管委会代替建设局核发企业建设“两证一书”。多年来，土地、建设部门未对该区履行监管职责，工业区内 4 个企业均存在用地在前、批地和供地在后问题，2020 年 11 月仍在以“先上车、后补票”的方式招商引资。金溪县政府存在涉嫌违法批地等问题。工业区内，241.19 亩土地已办理用地手续；174.38 亩土地未办理用地手续，其中，晨飞铜业占地 67.01 亩、斯普瑞药业占地 10.21 亩、欧诺亚克力和赛菱光电占地 66.04 亩；园区道路及空地 31.12 亩；37.98 亩坑塘水面维持原状，由晨飞铜业租为循环水塘。中央环保督察通报后，金溪县自然资源局对企业违法用地进行立案查处，仅对违反土地利用总体规划的 6.65 亩地上建筑物及 2.08 亩耕地进行了拆除复耕。（该案件选自中华人民共和国自然资源部官网）

案例小结

土地利用总体规划是法定的国家权力，是依法实行土地用途管制制度的重要依据。做好土地利用规划工作，是土地管理依法行政的重要内容，也是基本依据。土地利用规划在整个土地管理和土地利用工作中处于先行、综合地位。要想把土地管理好、利用好，就必须高度重视和抓好土地利用规划工作，切实发挥规划的“龙头”作用。

思政小课堂

全国土地日是宣传我国土地资源国情国策，引导社会关注土地资源保护利用、牢固树立耕地保护意识的重要宣传平台。2021 年 6 月 25 日是第 31 个全国土地日，主题是“节约集约用地　严守耕地红线”（“十四五”期间沿用此主题）。各地区、各单位要聚焦习近平总书记对耕地保护的重要指示批示精神和党中央决策部署，紧紧围绕土地日宣传主题，大力宣传节约集约用地和耕地保护的极端重要性，大力宣传坚持党政同责、保护耕地的举措和成效，引导全社会进一步增强底线思维和法治观念，提升全社会保护耕地、节约集约和依法依规用地的意识。

（选自中华人民共和国自然资源部官网）

习题演练

单选题

判断题

项目三　土地利用总体规划概述

知识目标

1. 熟悉土地利用总体规划的特点、目标和任务。
2. 理解土地利用总体规划的概念和程序。
3. 掌握土地利用总体规划的内容。

能力目标

1. 能够进行资料的收集、分析、整理。
2. 能够进行规划基数的转换。
3. 能够熟练使用办公软件进行表格的编辑及计算。

素质目标

1. 锻炼学生的沟通能力。
2. 加强学生归纳分析能力。
3. 培养学生认真、细心、负责的工作态度。

项目重点

土地利用总体规划的概念、内容和程序。

项目难点

资料的收集、分析、整理。

任务一　土地利用总体规划的概念和特点

一、土地利用总体规划的概念

土地利用总体规划的概念

土地利用总体规划是在一定规划区域内，根据当地自然和社会经济条件以及国民经济发展的要求，协调土地总供给与总需求，确定或调整土地利用结构和用地布局的宏观战略措施。土地利用总体规划是由各级人民政府组织编制的，土地利用总体规划的核心是确定或调整土地利用结构和用地布局，它的作用是宏观调控和均衡各业用地。

土地利用总体规划的实质是对有限的土地资源在国民经济部门间的合理配置，即土地资源在部门间的时空分配（数量、质量、区位），具体借助于土地利用结构加以实现。因此，土地利用结构和布局是土地利用总体规划的核心内容。

土地资源是一种供应有限且有益于人类的重要资源，社会经济发展对土地需求的增长性与土地资源的稀缺性之间的不协调历来是土地利用规划的永恒主题。土地资源配置是指对土地资源在时间和空间上部门之间(用途之间)数量、质量、区位的分布状态。时间、空间、用途和数量是构成土地资源配置的四项要素。土地资源配置状态具体借助于土地利用结构和布局加以表现和反映。

土地利用结构是指国民经济各部门占地的比重及其相互关系的总和。土地利用结构可视为土地利用类型按照一定的构成方式所组成的集合。一定的经济结构和生产结构(产业结构)可以通过相应的土地利用结构得到反映。产业结构的调整,在土地利用领域,就是土地利用关系和结构的调整。土地利用结构是客观存在的事物,无时不在,关键在于其结构的合理性。根据系统论的观点,结构决定功能。只有合理的土地利用结构,才能保证一定地域内土地利用系统的良性循环,优化结构,合理配置,强化功能,以达到以较少的消耗或投入取得较高的效益或产出。

二、土地利用总体规划的特点

土地利用总体规划具有整体性、长期性、战略性和控制性。

(一)整体性

土地利用总体规划的对象是规划区域内的全部土地资源,而不是某一种用地,在总体规划中要全面考虑土地资源的合理配置,要把时间结构、空间结构、产业结构与土地的开发、利用、整治、保护进行统筹安排和合理布局。综合各部门对土地的需求,协调部门用地矛盾,对土地利用结构和土地利用方式进行调整,使之符合经济和社会发展目标,以促进国民经济持续、快速、健康发展。

(二)长期性

土地利用总体规划一般以 10 年或更长的时间为时段,要与土地利用有关的重要经济和社会活动(如工业化、城镇化、农业现代化、旅游事业的发展,国内外贸易的发展和人口增长等)紧密结合,并对土地利用作出远景预测,制定长远的土地利用方针、政策和措施,并将其作为中、短期土地利用计划的基础。

(三)战略性

土地利用总体规划的战略性表现在它所研究的问题具有战略意义,如经济、社会各部门的用地总供给与总需求的平衡问题、土地利用结构与用地布局的调整问题、土地利用方式的重大变化等。

(四)控制性

土地利用总体规划的控制性主要表现在两个方面:从纵向来讲,下一级土地利用总体规划受到上一级土地利用总体规划的指导和控制,下一级土地利用总体规划又是上一级土地利用总体规划的反馈,这是按行政区域分级的规划,在全国范围内形成一个有机联系的土地利用总体规划体系;从横向来讲,一个区域的土地利用总体规划,对本区域内国民经济各部门的土地利用起到宏观控制作用。

任务二　土地利用总体规划的目标和任务

一、土地利用总体规划的目标

土地利用总体规划目标的确定是一个带有全局性的问题。总体规划目标确定的正确与否，是关系到今后土地利用结构调整方向和途径的问题。土地利用结构是各类用地的组成和比例，它是土地利用总体规划的核心，体现土地利用的总体布局和安排。

土地利用目标

土地利用总体规划的目标是在土地利用结构研究的基础上，根据国民经济发展的长期规划对土地资源的需求、土地资源的供给状况、土地的人口承载潜力和土地利用战略的研究成果，提出规划年所应实现的土地利用目标。根据《河南省土地利用总体规划(2006—2020年)》，规划期内努力实现以下土地利用目标：耕地和基本农田得到有效保护。全省耕地保有量到2010年保持在791.47万 hm^2 以上，2020年保持在789.80万 hm^2 以上；基本农田保护面积稳定在678.33万 hm^2 以上。土地节约集约利用水平明显提高。充分利用闲置和低效建设用地，提高各业各类建设用地的容积率和经济产出率。2010年城镇工矿存量用地盘活面积达到0.85万 hm^2，2020年达到2.15万 hm^2；2005年单位建设用地国内生产总值和二、三产业增加值分别为49.19万元/hm^2、40.40万元/hm^2，2010年分别达到76万元/hm^2、66万元/hm^2，2020年分别达到150万元/hm^2、135万元/hm^2；人均城镇工矿用地由2005年的134.07 m^2 分别降到2010年的125.07 m^2 和2020年的123.36 m^2。土地利用的主要调控指标见表3-1。

表3-1　土地利用的主要调控指标

指标	2005年	2010年	2020年	指标属性
总量指标(单位：万 hm^2)				
耕地保有量	792.53	791.47	789.80	约束性
基本农田面积	689.47	678.33	678.33	约束性
园地面积	31.81	32.85	34.12	预期性
林地面积	301.91	314.89	338.30	预期性
牧草地面积	1.44	1.45	1.46	预期性
建设用地总规模	215.22	225.20	240.73	预期性
城乡建设用地规模	180.57	186.00	194.00	约束性
城镇工矿用地规模	40.14	48.00	66.00	预期性
交通、水利及其他用地规模	34.65	39.20	46.73	预期性
增量指标(单位：万 hm^2)				
新增建设用地总量	—	10.40	—	预期性
新增建设占用农用地规模	—	8.20	—	预期性
新增建设占用耕地规模	—	6.33	—	约束性
整理复垦开发补充耕地规模	—	6.65	—	约束性
效率指标(单位：m^2)				
人均城镇工矿用地	134.07	125.07	123.36	约束性

注：1. 2005年现状数来源于土地利用变更数据；

2. 2005年人口数来源于2006年河南省统计年鉴。

城乡和区域统筹的土地利用格局基本形成。按照河南省城镇体系规划确定的城镇体系空间结构和产业空间分布体系，不断优化城乡空间布局，2010 年城镇工矿用地面积占城乡用地总面积的比例由 2005 年的 22.2%增加到 25.8%，2020 年达到 34.0%。其中，中原城市群城镇工矿用地面积占全省城镇工矿用地面积的比例由 2005 年的 53.0%增加到 2010 年的 53.7%，2020 年达到 54.7%。土地利用结构得到优化。农用地面积由 2005 年的 1 229.00 万 hm^2 增加到 2010 年的 1 239.33 万 hm^2，2020 年达到 1 257.30 万 hm^2，期内净增加 28.30 万 hm^2；城乡建设用地规模 2010 年控制在 186.00 万 hm^2，2020 年控制在 194.00 万 hm^2；交通、水利及其他用地 2010 年增加到 39.20 万 hm^2，2020 年增加到 46.73 万 hm^2。土地整理复垦开发全面推进。规划期内，整治基本农田面积达到 250.00 万 hm^2。至 2010 年，全省土地整理复垦和未利用土地开发增加耕地面积 6.65 万 hm^2，保质保量完成"占一补一"任务。水土流失和土地污染状况明显改善。按照国家退耕还林规划，稳步推进退耕还林工程，进一步巩固和发展退耕还林成果。每年治理水土流失的面积不少于 6 000 hm^2，森林覆盖率 2010 年达到 26%以上，2020 年达到 30%以上，农用地特别是耕地污染的防治工作得到加强，农村生态环境质量基本保持稳定。

二、土地利用总体规划的任务

编制土地利用总体规划是我国现阶段土地管理的重要任务之一。土地利用总体规划作为国家措施，其任务可概括为以下三个方面：

(1)土地利用的宏观调控。为了加强国家对土地利用的宏观管理，必须建立一个土地利用宏观管理体系，如用地计划体系、土地信息系统等。土地利用总体规划则是土地利用宏观管理体系的重要基础，是土地利用宏观控制的主要依据。国家通过土地利用总体规划协调国民经济各部门的土地利用活动，从而建立适应经济、社会和市场发展需要的合理的土地利用结构，合理配置土地资源，有效地利用土地资源和杜绝土地资源的浪费。

(2)土地利用的合理组织。国家通过土地利用总体规划在时空上对各类用地进行合理布局，如对农业用地(如农、林、牧、渔用地)和建设用地(如城镇居民点、工矿、交通和水利设施用地等)以及自然保护区、风景旅游区等专项用地的布局，并对后备土地资源潜力进行综合分析研究，制定相应的配套政策，实施寓利用于保护之中的策略，引导土地资源的开发、利用、整治和保护，以保证充分、合理、科学、有效地利用有限的土地资源，防止对土地资源的盲目开发。

(3)土地利用的规范监督。根据《中华人民共和国土地管理法》中关于"土地利用总体规划一经批准，必须严格执行"的规定，土地利用总体规划具有法律效力，任何机构和个人不得随意变更规划方案，各项用地审批必须依据规划，土地利用总体规划是监督各部门土地利用的重要依据。规划方案的修改也必须按编制规划的法定程序进行。

任务三　土地利用总体规划的内容和程序

一、土地利用总体规划的内容

土地利用总体规划涉及范围广，内容丰富，不同级别、不同区域的土地利用总体规划由于区域差异和级别不同，而侧重点和内容深度不同。但一般来讲，土地利用总体规划主要包括以下几个方面的内容：

土地利用总体规划的内容

（1）土地利用现状分析。通过土地利用现状分析和评价，提供土地利用的基础数据，分析土地利用现状结构和布局，找出土地利用变化的规律，在此基础上归纳土地利用现状分析中反映出的土地利用特点和土地利用问题，分析规划期间可能出现的各种影响因素，分清轻重缓急，提出规划要重点解决的土地利用问题。

（2）土地供给量预测。科学地评价土地质量是编制好土地利用总体规划的基础，在编制规划时，应当充分运用土地质量评价资料。在土地质量评价基础上，对区域建设用地（城镇、水利、交通、特殊用地等）利用潜力和农业用地（耕地、园地、林地、牧草地、水面）利用潜力进行测算。同时，对未利用地的分布、类型、面积进行分析，评价未利用土地适宜开发利用的方向和数量。

（3）土地需求量预测。依据区域国民经济发展指标，土地资源数量、质量、自然和社会经济条件，由各用地部门提交规划期间用地变化预测报告和用地分布图，并对预测进行必要的分析和校核，对区域建设用地需求量和农业用地需求量进行具体预测。

（4）确定规划目标和任务。在土地利用现状分析和土地供需预测的基础上，揭示规划区域土地利用现状存在的问题和未来时期国民经济发展对用地的需求。确定规划目标和任务的前提是发现问题，进而分析产生问题的原因，在此基础上有针对性地提出规划目标和任务。问题是规划中理想目标与利用现状之间的差距，目标与实际相脱离，就是存在的问题。问题是科学规划过程的起点，是编制科学规划的根本原因。确定的规划目标是经过努力能够达到的，最好以数量指标加以表述。规划指标可分为约束性指标和预期性指标。约束性指标是规划期内必须完成的指标。

（5）土地利用结构与布局调整。根据规划目标和用地方针，对各类用地的供给量和需求量进行综合平衡，依据土地利用调整次序和土地利用结构与布局调整的步骤及方法，合理安排各类用地，调整用地结构和布局。统筹协调土地开发、利用、保护、整治措施，拟订重点建设项目用地布局方案，土地整理、复垦和开发方案，以及区域土地结构调整方案。根据区域土地利用调整指标和规划分区，结合区域土地利用现状、土地资源潜力和经济发展目标，在与部门规划相衔接的基础上，分解下达下一级规划各类用地的控制性指标，为编制下一级规划提供依据。

（6）土地利用分区。通过土地利用分区与土地利用控制指标相结合的方法，把规划目标、内容，土地利用结构和布局的调整及实施的各项措施，落实到土地利用分区，有利于规划的实施。省级以上规划的土地利用分区，提出各区土地利用的特点、结构和今后利用的方向及提高土地利用率的主要措施；县级以下的土地利用分区，提出土地利用的具体用途，制定各分区土地利用管制规则；市（地）级规划分区可结合具体情况，参照省级或县级规划要求进行。

（7）制定实施规划的措施。土地利用总体规划是一项具有战略意义而又十分艰巨复杂的规划，要实施这一规划，必须有相应的政策措施作保障，土地利用总体规划要根据实现土地利用目标和优化土地利用结构的要求，提出相应的实施政策和措施，包括法规、行政、经济和技术措施等。土地利用总体规划在获得批准后，即具有法律效力，有关部门必须认真遵守,同时应该把年度土地利用计划纳入地区国民经济计划中,这样才能保证规划的顺利实现和落实。

二、土地利用总体规划的程序

土地利用总体规划和其他各项土地利用规划一样,在不同层次的规划之间有着先后的次序。就全国范围来讲,在正常的工作秩序下,应该是全国土地利用总体规划先于省级土地利用总体规划,省级土地利用总体规划先于地(市)级土地利用总体规划,地(市)级土地利用总体规划先于县(市)级土地利用总体规划。

土地利用总体规划的编制主要经过准备工作、方案编制和规划审批三个阶段。

(一)准备工作阶段

1. 组织准备

主要任务是形成土地利用规划的领导组织和业务班子,具体内容有:

(1)成立规划领导小组,其主要职责是:研究确定工作计划,协调各部门关系,研究解决规划中的重大问题,审查规划方案。

(2)成立规划工作组,负责规划的具体编制工作。

2. 制订工作计划

制订工作计划包括规划指导思想、工作内容、步骤与方法、工作人员组成与分工、工作经费等。

3. 制订技术方案

制订技术方案包括规划依据、规划内容与方法、技术路线、成果要求等。

4. 收集资料

收集资料是开展规划最主要的技术准备。

(二)方案编制阶段

1. 土地利用现状评价与规划后评价

土地利用现状评价与规划后评价即规划的前期研究,主要有两个方面内容:①对规划区域的土地利用状况进行评价;②对规划实施开展规划后评价。

土地资源评价是确定合理的土地利用结构的客观依据,其主要内容为土地适宜性评价、后备资源评价和城镇土地经济评价。在进行土地适宜性评价时,不仅要评价土地资源适宜的利用方式,还要评价其对不同利用方式的适宜程度。同时,要开展与土地利用有关的其他自然资源评价,以全面确定土地利用的限制因素。规划前已开展土地资源评价的地区规划时,可直接应用已有成果。

土地后备资源评价是对那些尚未开发利用的土地,如工矿、道路、废弃地、空隙地等的开发利用潜力、利用方向、开发改良措施等进行研究。开发后备资源是土地利用的"开源节流"原则中"开源"的主要内容,是提高土地利用率的主要手段。

土地利用现状评价是通过对土地利用结构和布局,土地利用率,土地生产率,土地利用的生态效益、社会效益等的分析评价,总结土地利用的经验教训、土地利用变化规律,发现土地利用中存在的问题,是进行土地利用结构和布局调整的依据。

规划后评价是指规划实施结束后,对规划的目标、效益、影响和守法等情况进行分析与评价。

2. 土地供需预测与平衡分析

土地利用潜力分析就是要预测规划地区规划期内的土地利用,主要是建设用地和农用地的利用潜力,测算各类用地供给量和未利用土地的开发潜力。这是确定农用地和建设用地的数量及调整用地布局的重要依据。土地需求量预测是通过对人口预测、未来农业用地需求量和建设用地需求量的预测来发现未来土地利用的要求和趋势。

土地供需状况是确定土地利用目标的主要依据。土地供需平衡分析,就是在土地利用现状及潜力分析、土地适宜性评价和土地需求量预测的基础上,测算各类用地预期的供给量和需求量,通过供给量和需求量之间的比较,从总体上分析各类用地的供需状况。土地供需平衡分析的关键,是测算各类用地预期的供给量和需求量。

测算各类农用地的供给量,就是把规划基期已有用地面积,加上规划期间该类用地由于各种原因可能增加的面积,减去规划期间该类用地受各种因素影响可能减少的面积。对耕地而言,规划期间可能增加的面积,主要包括荒地新垦殖面积和废弃地复耕面积及当前技术条件下开发利用的可能性。此外,也可以包括园地、林地、牧草地改变为耕地的面积,但对多数地区来说,这部分面积较少,且要慎重选择。规划期间可能减少的耕地面积,包括各类建设需要占用的耕地面积、农业结构调整需要退耕的面积以及各类灾害可能损毁的耕地面积。对园地、林地、牧草地和水域而言,规划期间可能增加的面积,包括各类后备土地资源计划开发的这些用地面积和退耕还林、还牧等面积;规划期间可能减少的面积,则包括各类建设用地占用面积和调整变更为其他农用地的面积。各类用地的需求量,即为预测的规划目标年各类农用地需求面积。

建设用地对土地条件的要求一般不如农用地那样严格,其供给量可由土地总面积减去各类用地需求面积得到。不少地区现有各类建设用地内部闲置或未充分利用的面积相当可观,这部分面积也可以计入建设用地的供给量。建设用地的需求量为预测的规划期间各类建设用地需求面积。

各类用地供不应求的状况将长期存在。各类用地的供给量和需求量是相互关联、彼此制约的,一类用地需求面积的增加势必导致另一类用地供给面积的减少。规划中必须做好各用地部门的协调工作,强调各类生产和建设要尽可能节约用地,保证重要用地的供给。

3. 确定土地利用目标

明确了规划需要解决的土地利用问题,掌握了土地供需的总体状况,即可以着手拟定土地利用目标,但在拟定目标的过程中,还要注意做好“两个估计”和“两个协调”。“两个估计”是指:①对规划期内土地利用问题所能解决程度的估计;②对实施规划所能取得的社会、经济、生态效益的估计。这“两个估计”必须建立在对主客观条件进行充分分析、论证的基础上。“两个协调”是指:①与上级规划目标、指标的协调;②与本地区社会经济发展计划的协调。做好这“两个协调”是实现土地利用目标的保证。

4. 编制规划供选方案

土地利用目标和战略确定后,即可根据目标和战略要求,选择规划项目,确定优化土地利用系统的基本原则,进行关键规划项目的重点研究,设计供选方案。

土地利用总体规划主要是完成土地利用控制目标的确定、土地利用分区、重点工程项目布局及用地概算、拟定土地利用的基本原则和规划实施政策等规划内容。其中,土地利用目标的确定是规划的关键内容。

供选方案一般应有2~3个。方案设计有两种方法:①综合平衡法;②数学方法。综合平衡法是以各用地部门的具体要求为基础,结合土地利用规划方案的有关要求,进行土地利用结构的综合平衡,并在此基础上确定土地利用总体规划方案。数学方法是用数学模型来模拟土地利用活动和其他社会活动的关系,借助计算机技术,得到多种可供选择的解式,揭示土地利用系统对各种政策、措施的反映,从而得出各种规划方案。

5.规划方案择优与评价

各种供选方案由于考虑问题的角度不同,其效益和特点也不同。择优时,要对各种供选方案全面评价,对比优选,选择效益较好、最有可能实施的方案作为规划方案。规划方案确定之后,要组织有关部门进行论证和协调。

6.编制规划成果资料

规划方案选定之后,即可编制规划成果,先编制草稿,在经过有关部门、地方政府和专家的论证、审议并修改后,形成规划送审稿等文本和图件资料。

(三)规划审批阶段

1.土地利用总体规划成果评审

为了保证规划成果质量,应规定相应的成果质量评定标准和建立成果验收制度,并由上级土地管理部门组织规划成果评审小组对规划成果进行评审。

2.土地利用总体规划审批

土地利用总体规划审批是对土地利用总体规划成果的确认阶段,由同级人民政府组织技术鉴定后,提请规划领导小组审批,然后由同级人民政府审议,审议修正后由同级人民政府行文上报有权审批的上级人民政府审批,并报上一级土地行政管理部门备案。

土地利用总体规划需分级审批。按照自然资源部的规定,土地利用总体规划分三级审批:国务院、省级人民政府、设区的市人民政府。

任务四　基础资料的收集、分析、整理

土地利用总体规划在编制前,必须要弄清楚几个基础问题:①土地利用总体规划的内涵;②土地利用总体规划的层次体系,各级规划的异同;③土地利用总体规划的期限,近期和远期如何划分;④土地利用总体规划指标类型哪些是约束性的,哪些是预期性的;⑤土地利用总体规划专题研究需从哪几个方面来做;⑥政府职能部门有哪些;⑦土地利用总体规划与其他部门规划是什么关系。

初步了解规划区概况,明确规划区的行政级别、上级单位和管辖范围;了解规划区当前拟编制土地利用总体规划的期限和正在实施的土地利用总体规划期限。

一、资料收集

(1)资料收集方法以实地收集为主,在规划区组织召集相关部门召开土地利用总体规划前期调研工作会议,部署资料的准备与收集工作后,部门按照土地利用总体规划编制的资料清单要求进行准备,专班人员上门收取。

(2)在规划区召集相关部门(政府办、发改委、财政、统计、规划、建设、交通、水利、农业、林业、环保、粮食、计生、公安、工业、旅游、开发区、人武部、乡镇、街道办)召开土地利用总体

规划前期工作会议。

(3)要收集的资料多而杂(主要是两块,一是各相关部门资料,二是自然资源部门内部各科室的资料。各部门的资料又分历年的和规划预测的,还可分为基本情况、人口、相关规划),要求用表格的形式,分清部门,应列出具体的资料名称,不能含糊笼统。要注意部门以及资料要与当地的实际情况相吻合,与当地国土资源部门规划科共同拟定,多征求他们的意见,详细了解规划区行政部门的设置与职能。比如哪些工作与资料在当地归哪个部门负责,不然会给相关部门带来不便,也会影响资料收集的效率。

(4)相关部门土地利用总体规划表格主要有两类,一类是历年的土地利用表格,另一类是规划期间的建设项目预测表格。表格应按各部门不同的要求大致分类编制,如城镇与园区、项目、居民点等。列出项目名称、性质、投资金额、占地面积、其中占用耕地面积、建设年份等内容,并注明填写要求和说明。一般制定完毕应自己试着填一下,看有无问题,若发现问题则修改。

(5)部门送交以及自行上门收集的资料都应对照清单检查一下是否齐全,不齐全的应要求尽量继续收集;应核实的,如表格填写等是否符合要求,不符合要求的能当面指出的尽量当面交流,效果更好。

对于已收集的部分资料,应先进行分析、找出问题,以便进行下一阶段资料的收集。

按部门资料功能不同,应采取不同要求进行审查:

①对于规划资料,应看其时间是否与规划修编时段相符,不相符的应做好记录,以便要求提供补充规划方案。

②对于发改、卫生和计划生育、公安、财政、自然资源等部门的统计资料要有比较长的时段,而且应成系列,对于欠缺的应做好记录以便落实;对发改、卫生和计划生育、公安等部门还应审查其提供的预测资料以及各级政府相关的政策和预测情况。不符合要求的应做好记录,以便落实。

③对于交通、水利、林业、环保、旅游、军事等部门的预测资料,重点审查是否有明确的行业发展目标作依据,依据行业发展目标确定的措施、具体的用地项目、项目总体规模、新占地规模、其中占用耕地面积,确定占地面积所依据的用地定额或政策依据;提供数据大小是否符合常理,不符合常理的要找出原因,不符合要求的做好记录,以便进一步落实。

④对于城镇、园区(包括村庄)等的预测资料,应重点审查对现状(人口、用地面积、人均用地)的调查情况、政府主要领导对发展规模和布局的意见以及对规划目标年的预测(人口、用地规模、用地定额)情况,看其用地定额是否符合相应的标准。不符合要求或有疑问的应做好记录,以便落实。

资料审查总的原则是,首先与资料清单一一核对,然后设想一下如果将来要用这个部门的资料进行相关分析,那么它所提供的资料是否足够,哪些还需要完善。

二、资料整理

收集与整理同时进行,才能及时发现收集的资料存在的主要问题,以便与联络员交流,进一步补充收集或修改调整。

(1)对照资料收集清单进行核对,对于欠缺的应做好记录。资料收集后,应及时分类整理,对于比较散乱的应进行装订。对于市级各部门的资料应按部门为单位归类,对各乡镇资料应按乡镇为单位归类。由于乡镇较多,各乡镇资料应用档案袋装好,并在袋上注明。对于收集到的资料应如实在电脑上进行登记,而不应认为是无用的便不登记;需要归还的资料应区别开来(如将字的颜色改为红色等),并按分类单位建立已收集到的资料目录。

(2)应整体浏览一下资料内容,按照建立项目资料汇编的要求对其中相关内容在电脑上做好摘录。应达到资料收集完毕,资料汇编成册(电子版),提交相关专题研究人员使用。

(3)数据的归类整理。主要是整理成各种数据表格,如历年人口、规划指标分解与使用、历年建设用地(包括占用耕地)、历年变更调查平衡表,土地利用现状面积构成表,历年GDP、固定资产投资、财政收入等情况表,交通、水利、旅游、环保等规划项目表,这样前期工作才算告一段落。

三、资料补充与落实

资料审查完毕后,应针对不同情况采取不同方法予以落实:

(1)对于欠缺的,应及时通知联络员补足,不能补足的,要寻找替代方案。

(2)对于数据有疑问的,要及时上门详细了解,如果联络员对相关业务不了解,就要求熟悉业务的人员,对其过程应从不同方面进行详细咨询,避免浅尝辄止,直至获得满意答案。

四、野外补充调查

从各部门收集到的资料往往存在现势性不足的问题,有一些新近变更的利用类型需要到实地进行补充调查。

五、土地利用总体规划调研资料汇编

通过上述步骤,将收集到大量的资料。这些资料将来能否被高效地利用,资料汇编是关键环节。下面是常见的汇编建档方案。

(一)地理位置和自然条件

对规划区域的行政、自然地理情况进行汇集,概述辖区自然地理特点。资料主要来源是自然资源部门的土地资源详查、民政部门相关资料或县志等。

(二)社会经济条件

对规划区内的人口组成情况、劳动力情况、经济发展情况、社会发展情况等资料进行系统收集整理,形成完整的社会经济构成情况。资料主要来源是统计部门的历年年鉴、人口普查等,卫生和计划生育、公安的户籍人口年报,发改、经济等部门年报等。

(三)土地利用现状

土地的基本构成,各地类的数量构成及分布情况特点,从土地管理的角度对地类构成情况进行描述。资料主要来源是自然资源部门年报台账等。

(四)上轮规划目标与实施进展

对上轮规划的主要指标及布局进行整理叙述,对上轮规划基期年与本次规划基期年各地类的构成进行对比,以客观反映上轮规划实施期间地类总量变化及各主要指标的完成情况。资料主要来源是上轮土地利用总体规划及历年上报台账。

(五)土地利用变更情况

对上轮规划实施期间变更资料汇总情况进行汇总分析,总结实施期间各地类间的变化去向与来源,为本次规划的指标分配提供依据。资料主要来源是自然资源部门历年变更调查台账。

(六)土地开发整理潜力及实施情况

土地开发整理是土地利用总体规划的主要指标,也是考核土地管理的主要指标。通过对规划实施期间土地开发整理潜力调查与实施情况进行分析,查找规划范围内的土地开发整理的成效与不足,寻找有针对性的措施。资料主要来源是《土地开发整理规划》、土地利用变更台账、土地整理项目验收情况汇总等。

(七)建设用地审批情况

对规划实施期间建设用地的使用情况,主要是对新增建设用地的情况进行汇总分析,对其来源与布局(时间与空间)进行汇总分析,了解规划实施期间的建设用地指标使用情况,为本次规划提供依据。资料主要来源是自然资源部门建设用地审批资料、年报,违法占用查处情况等,以及规划实施期间各(建设用地)部门建设统计情况等。

(八)社会经济发展战略

通过了解政府、发改、工业、农业等各政府部门对规划目标年的发展情况,为土地资源的分配利用,即各类用地指标的确定提供依据。资料主要来源是政府工作报告,各期五年计划和远景目标纲要,发改、经济等部门规划资料,上级对本区域的任务安排和相关文件等。

(九)人口发展规划

人口是土地利用总体规划编制的重要基础数据,未来的土地利用总体规划实质就是对区域内人口生活需要的土地进行分配与布局,查清过去人口的变化全过程和人口的组成情况,资料主要来源是卫生和计划生育、公安、城市规划、发改、政府等部门的相关报告和文件。

(十)城镇体系规划

城镇体系是土地利用总体规划中建设用地的主要布局内容,包括城镇人口预测、用地规模、城镇体系建设等。资料主要来源是城市规划、村镇规划和政府经济社会发展目标纲要等。

(十一)交通发展规划

交通用地的现状及发展建设目标等的确定,影响交通用地和交通新增建设用地的数量及指标,应包括区域范围内各主要道路、机场、港口码头的升级改造和新建等。资料主要来源是交通规划(五年计划和远景目标)。

(十二)水利建设发展规划

水利用地的现状及发展建设目标等的确定,影响水利用地和水利新增建设用地的数量及指标。资料主要来源是水利规划(五年计划和远景目标)及主要河流治理规划。

(十三)农业发展规划

农业生产现状包括主要的种植方式、各种主要农副产品的产量和单位产量、农业生产基地的建设,未来农业的生产发展方向和建设布局,以及主要农产品的需求量预测等。资料主要来源是农业土壤普查、农业区划、农业种植规划和农业发展规划、村镇农业产业布局意见等。

(十四)林业发展规划

林业发展规划包括林业生产现状、林业生态建设现状和规划(森林覆盖率、林业发展布局等)等。资料主要来源是林业普查、林业发展规划和林业部门的林业发展意见。

(十五)旅游业发展规划

旅游业发展规划包括旅游业用地(景点建设现状、旅游生态建设等)、旅游发展规划(新增景点建设等)。资料主要来源是旅游建设规划。

(十六)生态环境保护规划

生态环境保护规划包括生态环境保护现状(森林覆盖率、绿化率、环境监测主要指标情况)、生态环境建设规划和主要环境、环境工程建设(污染治理工程、生态建设用地等)指标。资料主要来源是历年环境监测报告、环境质量评价、环境保护规划(五年计划和远景目标)及林业、水利、旅游等相关内容。

(十七)工业发展规划

工业生产现状包括主要的工业类型布局、产值、经济效益及工业生产发展规划(工业布局与主导产业、工业用地政策、经济发展目标)等。资料主要来源是工业方面的年度报告和规划,政府年度工作报告、发改部门的工业发展目标规划、城镇建设规划等。

(十八)农村居民点规划

农村居民点规划包括农村居民点现状(人口、用地规划、布局及闲散地等)、农村居民点规划用地定额、农村人口预测、中心村建设规模、农村居民点布局与整治等。资料主要来源是村镇建设规划、农村人口、中心村建设规模、农村居民点布局与整治等。资料主要来源是村镇建设规划、土地利用开发整理规划、村镇意见等。

(十九)矿产资源规划

矿产资源规划包括矿产资源现状(生产现状及矿产资源储量、分布、潜力),主要生产方向和布局。资料主要来源于矿产规划。

(二十)独立工矿用地规划

独立工矿用地规划包括独立工矿生产现状(规模与分布)、工矿用地发展规划(规模与布局)。资料主要来源是矿产规划、乡镇企业发展规划、政府工作计划等。

(二十一)上级规划要求

上级规划要求包括上级对历次规划的要求、政策、文件,本区域的发展目标等。资料主要来源是上级土地利用总体规划和国家、省、市、县等各级政府相关意见。

(二十二)国家政策

国家政策包括国家影响规划的主要政策、技术规程、法律法规、定额指标等,基本农田保护、生态退耕等,各种土地利用用途管制措施等。资料主要来源是各类规划规程和政策规定等。

小　结

本项目通过对土地利用总体规划概念、特点，土地利用总体规划目标、任务，土地利用总体规划内容的学习，以对土地利用总体规划有初步的整体认识。

案　例

乡级规划基数
转换案例

乡级规划基数转换

土地规划分类一般采用三级分类。一级类3个，分别为农用地、建设用地、其他土地；二级类10个，其中，农用地分为耕地、园地、林地、牧草地、其他农用地，建设用地分为城乡建设用地、交通水利用地、其他建设用地，其他用地分为水域、自然保留地（见表3-2）。收集到的资料是土地利用现状调查数据，一级类为12类［见《土地利用现状分类》(GB/T 21010—2007)］，所以需要对规划基数进行转换。下面以乡级规划为例进行规划基数转换。

一、规划基数转换的目的与要求

1. 乡级规划编制中，应在土地利用现状调查数据的基础上，根据土地规划分类对土地利用现状数据进行转换，形成规划基期年各类用地基数。

2. 规划基数转换工作中，应遵循依法核定、综合平衡、衔接可行等原则，确保规划基数客观准确、图数一致，保障规划目标任务的落实。

3. 充分利用遥感等手段，结合实地补充调查，开展规划基数转换工作。

二、规划基数转换方法

1. 农用地的转换，按照表3-2、表3-3和图3-1的土地规划分类体系进行归并，分别纳入耕地、园地、林地、牧草地和其他农用地。

2. 建设用地转换，按照表3-2、表3-3和图3-1的土地规划分类体系进行调整，分别纳入城市、建制镇、农村居民点、采矿、其他独立建设、交通、水利等用地。其中，城乡建设用地中，应对土地利用现状数据的独立工矿用地进行区分，依空间属性分别纳入城市、建制镇、采矿用地和其他独立建设用地。

3. 其他用地转换，按照表3-2、表3-3和图3-1的土地规划分类体系进行调整，分别纳入水域和自然保留地。

4. 在ArcGIS 10.2中，对土地利用现状数据库中的土地利用现状数据图层通过增加“规划地类名称”“规划地类代码”“备注”三个“Text”型字段，长度分别为20、5和200。“规划地类名称”字段值为将土地利用现状分类转化后的土地规划分类名称，“规划地类代码”值为土地规划分类代码，“备注”为其他需要描述的内容。

三、具体任务

1. 提供××镇的土地利用现状调查数据，按上述转换方法转换为土地规划分类基数。

表 3-2　××镇土地利用规划基数转换

一级分类	二级分类	土地现状分类	面积	规划基数分类	面积
农用地	耕地	水田		耕地	
		水浇地			
		旱地			
	园地	果园		园地	
		茶园			
		其他园地			
	林地	有林地		林地	
		灌木林地			
		其他林地			
	牧草地	天然草地		牧草地	
		人工草地			
	其他农用地	农村道路		其他农用地	
		坑塘水面			
		沟渠			
		设施农用地			
		田坎			
建设用地	城乡建设用地	建制镇		建制镇	
		村庄		农村居民点	
		采矿用地		采矿用地	
	交通水利用地	铁路		铁路	
		公路		公路	
		水库水面		水库水面	
		水工建筑		水工建筑	
	其他建设用地	风景名胜及特殊用地		其他建设用地	
其他土地	水域	河流水面		水域	
		内陆滩涂			
		湖泊水面			
	自然保留地	荒草地		自然保留地	
合计				合计	

2. 提供××镇的土地利用现状数据图层，将土地利用现状分类转化为土地规划分类。

表 3-3　土地规划分类及含义

<table>
<tr><th>一级类</th><th>二级类</th><th>三级类</th><th>含义</th></tr>
<tr><td rowspan="15">农用地</td><td colspan="3">指直接用于农业生产的土地,包括耕地、园地、林地、牧草地及其他农用地</td></tr>
<tr><td rowspan="4">耕地</td><td colspan="2">指种植农作物的土地,包括熟地、新开发复垦整理地、休闲地、轮歇地、草田轮作地;以种植农作物为主,间有零星果树、桑树或其他树木的土地;平均每年能保证收获一季的已垦滩地和海涂。耕地中还包括南方宽度<1.0 m、北方宽度<2.0 m 的沟、渠、路和田埂</td></tr>
<tr><td>水田</td><td>指用于种植水稻、莲藕等水生农作物的耕地,包括实行水生、旱生农作物轮种的耕地</td></tr>
<tr><td>水浇地</td><td>指有水源保证和灌溉设施,在一般年景能正常灌溉,种植旱生农作物的耕地,包括种植蔬菜等的非工厂化的大棚用地</td></tr>
<tr><td>旱地</td><td>指无灌溉设施,主要靠天然降水种植旱生农作物的耕地,包括没有灌溉设施,仅靠引洪淤灌的耕地</td></tr>
<tr><td>园地</td><td colspan="2">指种植以采集果、叶、根茎等为主的集约经营的多年生木本和草本作物(含其苗圃),覆盖度大于 50%或每亩有收益的株数达到合理株数 70%的土地</td></tr>
<tr><td>林地</td><td colspan="2">指生长乔木、竹类、灌木、沿海红树林的土地,不包括居民点内绿化用地,以及铁路、公路、河流、沟渠的护路、护岸林</td></tr>
<tr><td>牧草地</td><td colspan="2">指生长草本植物为主,用于畜牧业的土地</td></tr>
<tr><td rowspan="6">其他农用地</td><td colspan="2">指上述耕地、园地、林地、牧草地以外的农用地</td></tr>
<tr><td>设施农用地</td><td>指直接用于经营性养殖的畜禽舍、工厂化作物栽培或水产养殖的生产设施用地及其相应附属用地,农村宅基地以外的晾晒场等农业设施用地</td></tr>
<tr><td>农村道路</td><td>指公路用地以外的南方宽度≥1.0 m、北方宽度≥2.0 m 的村间、田间道路(含机耕道)</td></tr>
<tr><td>坑塘水面</td><td>指人工开挖或天然形成的蓄水量<10 万 m^3 的坑塘常水位岸线所围成的水面</td></tr>
<tr><td>农田水利用地</td><td>指农民、农民集体或其他农业企业等自建或联建的农田排灌沟渠及其相应附属设施用地</td></tr>
<tr><td>田坎</td><td>主要指耕地中南方宽度≥1.0 m、北方宽度≥2.0 m 的地坎</td></tr>
</table>

续表 3-3

一级类	二级类	三级类	含义
建设用地			指建造建筑物、构筑物的土地，包括居民点用地、独立工矿用地、特殊用地、风景旅游用地、交通用地、水利设施用地等
	城乡建设用地		指城镇、农村区域已建造建筑物、构筑物的土地，包括城市、建制镇、农村居民点、采矿用地等
		城市	指城市居民点，以及与城市连片的和区政府、县级市政府所在地镇级辖区内的商服、住宅、工业、仓储、机关、学校等单位用地
		建制镇	指建制镇居民点，以及辖区内的商服、住宅、工业、仓储、学校等企事业单位用地
		农村居民点	指农村居民点，以及所属的商服、住宅、工矿、工业、仓储、学校等用地
		采矿用地	指独立于居民点之外的采矿、采石、采砂(沙)场和砖瓦窑等地面生产用地及尾矿堆放地(不含盐田)
		其他独立建设用地	指采矿地以外，对气候、环境、建设有特殊要求及其他不宜在居民点内配置的各类建筑用地
	交通水利用地		指城乡居民点之外的交通运输用地和水利设施用地。其中，交通运输用地是指用于运输通行的地面线路、场站等用地，包括公路、铁路、民用机场、港口、码头、管道运输及其附属设施用地；水利设施用地是指用于水库、水工建筑的土地
		铁路用地	指用于铁道线路、轻轨、场站的用地，包括设计内的路堤、路堑、道沟、桥梁、林木等用地
		公路用地	指用于国道、省道、县道和乡道的用地，包括设计内的路堤、路堑、道沟、桥梁、汽车停靠站、林木及直接为其服务的附属用地
		民用机场用地	指用于民用机场的用地
		港口码头用地	指用于人工修建的客运、货运、捕捞及工作船舶停靠的场所及其附属建筑物的用地，不包括常水位以下部分
		管道运输用地	指用于运输煤炭、石油、天然气等管道及其相应附属设施的地上部分用地
		水库水面	指人工拦截汇集而成的总库容≥10 万 m^3 的水库正常蓄水位岸线所围成的水面
		水工建筑用地	指除农田水利用地以外的人工修建的沟渠(包括渠槽、渠堤、护堤林)、闸、坝、堤路林、水电站、扬水站等常水位岸线以上的水工建筑用地
	其他建设用地		指城乡建设用地范围之外的风景名胜设施用地、特殊用地、盐田
		风景名胜设施用地	指城乡建设用地范围之外的风景名胜(包括名胜古迹、旅游景点、革命遗址等)景点及管理机构的建筑用地
		特殊用地	指城乡建设用地范围之外的，用于军事设施、涉外、宗教、监教、殡葬等的土地
		盐田	指以经营盐田为目的占用的土地，包括盐场及附属设施用地

续表 3-3

一级类	二级类	三级类	含义
其他土地	指农用地和建设用地以外的土地		
	水域	河流水面	指天然形成或人工开挖河流常水位岸线之间的水面，不包括被堤坝拦截后形成的水库水面
		湖泊水面	指天然形成的集水区常水位岸线所围成的水面
		滩涂	指沿海大潮高潮位与低潮位之间的潮浸地带，河流、湖泊常水位至洪水位间的滩地；时令湖、河洪水位以下的滩地；水库、坑塘的正常蓄水位与最大洪水位间的滩地；生长芦苇的土地
	自然保留地		指水域以外，规划期内不利用、保留原有性状的土地，包括冰川及永久积雪、沼泽地、荒草地、盐碱地、沙地、裸地、高原荒漠、苔原等

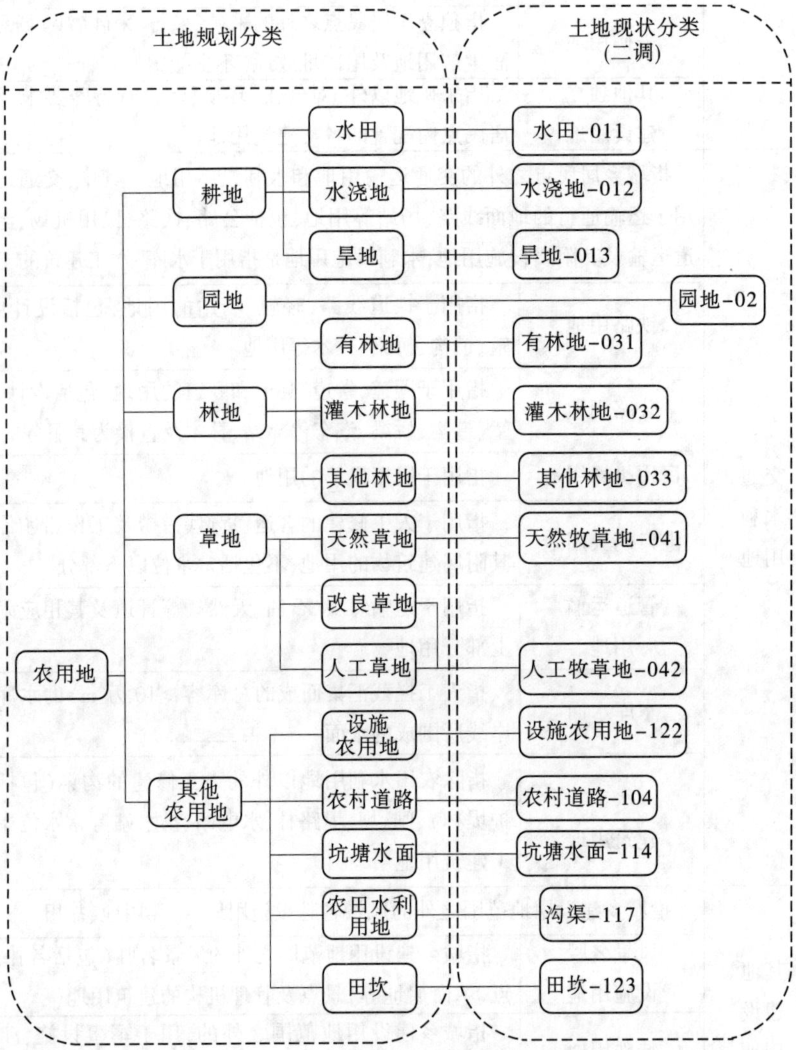

(a)农用地

图 3-1　土地规划分类与土地现状分类(二调)对应关系

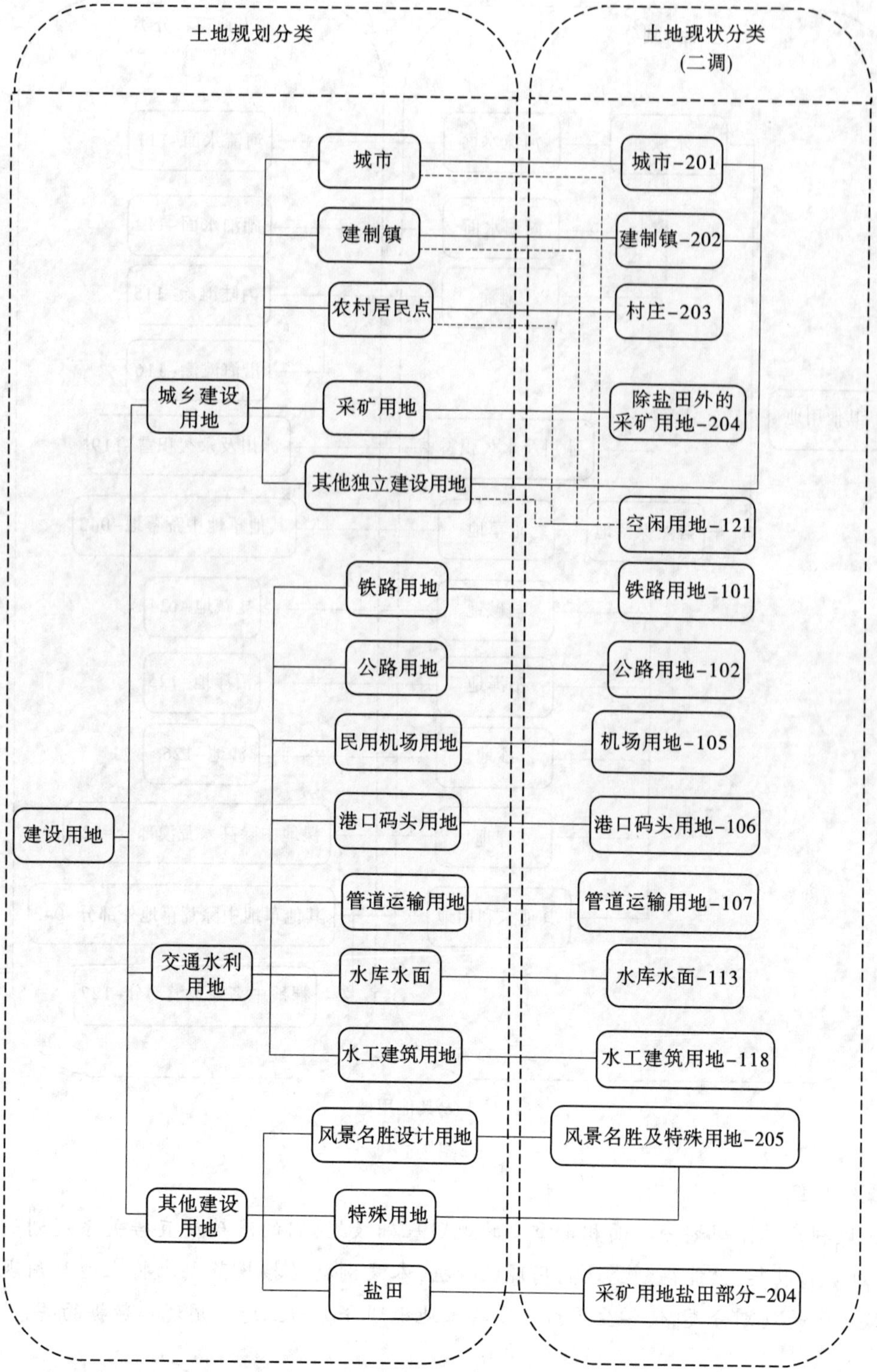
土地规划分类
土地现状分类
(二调)
建设用地
城乡建设用地
城市
建制镇
农村居民点
采矿用地
其他独立建设用地
城市-201
建制镇-202
村庄-203
除盐田外的采矿用地-204
空闲用地-121
交通水利用地
铁路用地
公路用地
民用机场用地
港口码头用地
管道运输用地
水库水面
水工建筑用地
铁路用地-101
公路用地-102
机场用地-105
港口码头用地-106
管道运输用地-107
水库水面-113
水工建筑用地-118
其他建设用地
风景名胜设计用地
特殊用地
盐田
风景名胜及特殊用地-205
采矿用地盐田部分-204

(b)建设用地

续图 3-1

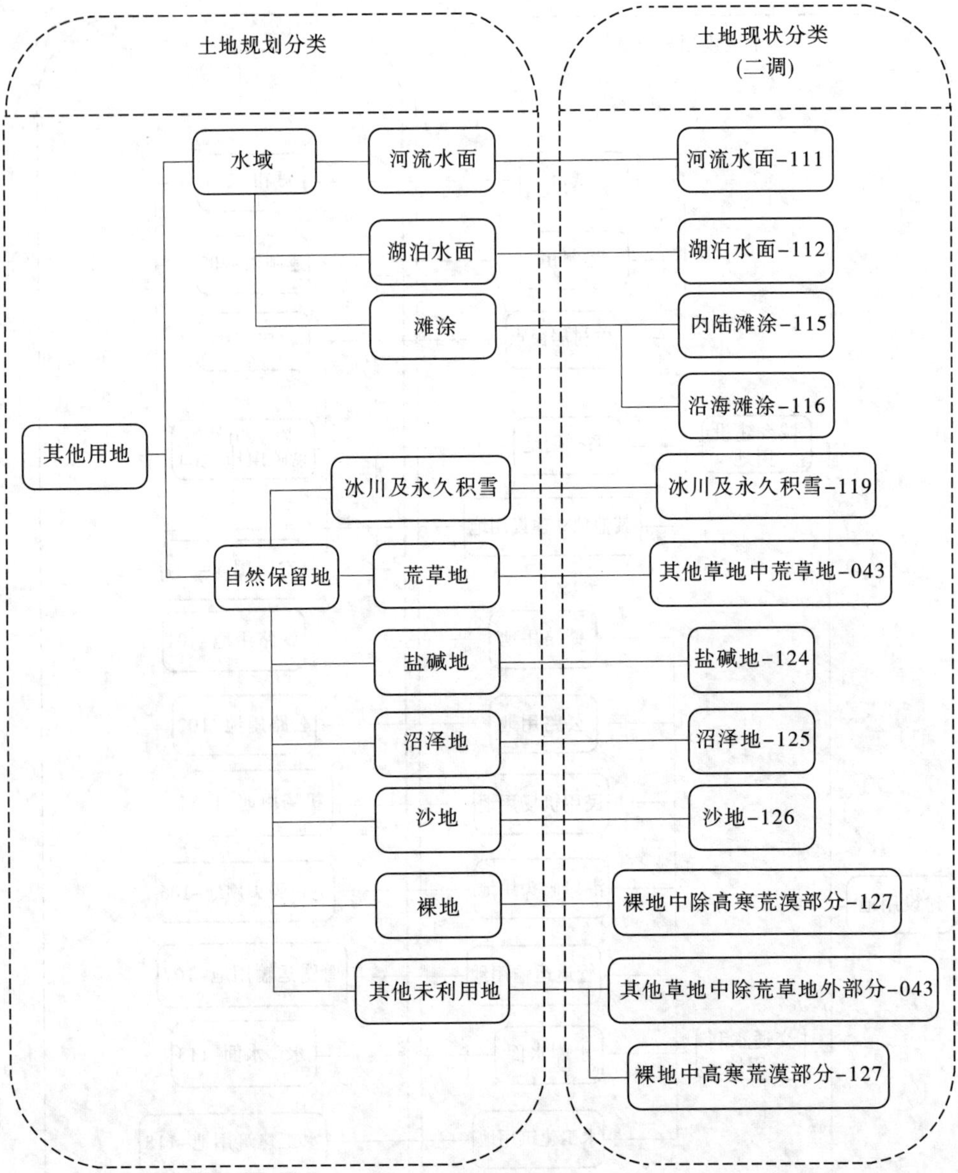

(c)其他用地

续图 3-1

案例小结

土地利用总体规划分类面积是重要的规划基础数据，它的准确度直接关系规划的正确性，通过资料收集，只能得到土地利用现状数据，本案例就是按规范要求将土地利用现状数据转换为土地规划分类，使学生更好地掌握土地规划分类与土地利用现状数据的关系。

思政小课堂

沟通是人人都需要的，在生活、工作中，良好的沟通十分重要。同学们收集资料要和各

行各业的人员打交道,提高沟通技巧非常重要,下面介绍几种方法:

笑容:学会微笑,让你变得更加容易接近。真诚的笑容,是会让对方感受到的,笑容也能解决聊天中遇见的尴尬问题,还不失礼貌。

生动:多用一些生动的词语,可以在他人询问你的工作时,生动地进行描述,让对方对你的工作产生兴趣,从而想要更多地了解。

焦点:如何让沟通的对象成为焦点十分重要,关键是找到对方的兴趣点。

准备:如果是比较正式的场合,最好提前准备好需要谈到的内容。

热情:与人聊天,要积极热情,让人感受到你的热情,愿意和你说话,和热情的人聊天,会使人身心愉快。另外,和他人聊天最好少涉及个人隐私,否则会使愉快的聊天变得尴尬。

换位思考:大家习惯站在个人的角度上思考问题,良好的沟通需要换位思考,站在对方的角度考虑问题。

习题演练

单选题　　多选题　　判断题

项目四　土地利用现状分析和规划后评价

知识目标

1. 熟悉土地利用现状分析的目的、规划后评价的含义和作用、规划后评价的特性和原则。

2. 理解土地利用综合效益指标、评价系数法、规划后评价的内容和方法。

3. 掌握土地利用数量分析、土地利用结构分析、土地开发利用程度主要指标、土地集约利用程度主要指标。

能力目标

1. 能熟练使用 ArcGIS 制作图表进行土地利用数量分析和土地利用结构分析。

2. 能熟练进行土地开发利用程度主要指标和土地集约利用程度主要指标的计算。

3. 能熟练运用办公软件进行文本编辑和汇报。

4. 能运用评价系数法进行区域评价。

素质目标

1. 培养学生分析和解决问题的能力。

2. 强化学生的动手能力和创造能力。

3. 提高团队合作意识。

项目重点

1. 土地利用数量分析。

2. 土地利用结构分析。

3. 土地开发利用程度主要指标。

项目难点

1. 土地利用综合效益指标。

2. 评价系数法。

3. 土地集约利用程度主要指标。

任务一　土地利用现状分析

土地利用现状分析

一、土地利用现状分析的目的

土地利用现状分析是在土地利用现状调查的基础上进行的。通过土地资源系统的数量与质量、结构与分布、利用现状与开发潜力等方面的分析，明确规划区域土地资源的整体优势与劣势、优势土地资源在全局中的战略地位、制约优势土地资源开发利用的主要因素，揭示各种土地资源在地域组合上、结构上和空间配置上合理和不合理、匹配和不匹配的关系，明确土地资源开发利用的方向与重点，为制定人地协调发展与强化地域系统功能的土地利用规划提供科学依据。

土地利用现状是土地利用规划的基础和出发点，土地利用现状分析则是编制土地利用规划的重要依据。土地利用现状分析是对规划区域现时土地资源的特点、利用结构与布局、利用程度、利用效果及存在问题的分析。通过分析应掌握以下情况：①区域土地利用的自然条件与社会经济条件；②土地利用的历史演变及其变化趋势；③土地利用现状结构和布局特点；④土地的开发利用程度；⑤土地利用的效果；⑥土地利用中存在的主要问题等。

在土地利用现状分析中，要注意防止为评价而评价，只摆不评，或摆得多评得少，或单一目的评价等倾向。决不能把土地利用现状分析完全局限于经济方面，而忽视社会和生态方面，这是因为制定土地利用规划的最终目的是协调经济发展、人口增加与资源开发、环境保护之间的关系，使全部土地资源得到充分合理的利用，从而强化土地利用整体功能，追求经济、社会、生态整体优化的综合效益。也不要把土地利用现状分析仅局限于某个经济领域如从农业生产角度进行分析，而要开展广义的土地利用现状分析，即对农业用地、城镇用地、工矿用地、交通用地、旅游用地、水利用地、军事用地等进行具体的、全面的分析。土地利用现状分析也不应从局部利益和本部门、本地区的角度来进行，而应站在地域整体功能优化的高度，把本地域置于更大范围内进行分析，通过广泛的横向和纵向对比来明确优势土地资源的战略地位与开发价值。为了做好土地利用现状分析，要求分析人员有明确分析的指导思想和具体要求，在熟悉本地域土地资源的基础上，广泛查阅可供比较的外部资料，尽可能多地掌握外部信息，把局部置于更大整体中认真进行分析、比较。

二、土地利用现状分析的内容

土地利用现状分析的内容包括土地利用数量分析、土地利用结构分析、土地利用现状评价等。

（一）土地利用数量分析

土地利用均以一定量的土地存在于地表空间。土地利用数量分析，首先分析农用地、建设用地和其他用地的数量及其占规划区域土地总面积的比重。其次，掌握各种地貌类型、土壤类型和不同坡度等自然状况下的土地资源的数量。对于土地资源数量，既要用绝对量表示，还要用相对量即人均拥有的数量，以及人均拥有宜农地、宜林地、宜牧地、宜建筑地的数量来表示。

1. 农用地

农用地指直接用于农业生产的土地，包括耕地、园地、林地、牧草地及其他农用地。主要分析现有农用地的面积、分布及占土地总面积的比重。

1）耕地

耕地应着重分析耕地占土地总面积的百分比，耕地内部水田与旱地的比例关系，人均耕地占有量，耕地生产力水平结构，耕地的地域分布、利用差异，制约耕地利用的主要因素等。例如，根据《河南省土地利用总体规划（2006—2020 年）》，耕地面积为 792.53 万 hm^2，占全省土地总面积的 47.88%。其中，旱地面积 405.51 万 hm^2，占耕地总面积的 51.17%；灌溉水田、水浇地和菜地面积 381.95 万 hm^2，占耕地总面积的 48.19%。河南省耕地集中分布在黄淮海平原、南阳盆地及豫西黄土丘陵区。

2）园地

园地主要分析园地所占的百分比，园地内部各种果园、茶园、桑园等的比例及分布，园地生产情况等。例如，根据《河南省土地利用总体规划（2006—2020年）》，园地面积为31.81万 hm^2，占全省土地总面积的1.92%。园地分布面积2万 hm^2 以上的有南阳、三门峡、信阳、商丘和平顶山5市，占全省园地总面积的58.49%。

3）林地

林地主要分析现有林地面积、宜林地面积、林地的生产情况等，要求计算森林覆盖率。例如，根据《河南省土地利用总体规划（2006—2020年）》，林地面积为301.91万 hm^2，占全省土地总面积的18.24%。林地分布面积最大的是南阳市，达81.98万 hm^2，占全省林地面积的27.15%。

4）牧草地

牧草地主要分析现有牧草地的面积、分布、产草量、载畜量、发展潜力等。例如，根据《河南省土地利用总体规划（2006—2020年）》，牧草地面积为1.44万 hm^2，占全省土地总面积的0.09%。河南省牧草地主要分布在丘陵山区，分布面积最大的是信阳市。

5）其他农用地

其他农用地主要分析现有其他农用地的面积、分布及设施农用地、农村道路、坑塘水面、农田水利用地、田坎各自所占比重。

2. 建设用地

建设用地指建造建筑物、构筑物的土地，包括居民点用地、独立工矿用地、特殊用地、风景旅游用地、交通用地、水利设施用地等。主要分析现有建设用地的面积、分布及占土地总面积的比重。

1）城乡建设用地

城乡建设用地主要分析区域城乡建设用地的空间分布、占地面积及城市、建制镇、农村居民点、采矿用地及其他独立建设用地各自所占比重。

2）交通水利用地

交通水利用地主要分析交通、水利用地占土地总面积的比重。铁路用地、公路用地、民用机场用地、港口码头用地、管道运输用地、水库水面、水工建筑用地的结构及布局等。

3）其他建设用地

其他建设用地主要指城乡建设用地范围之外的风景名胜设施用地、特殊用地、盐田。主要分析其占土地总面积的比重。

3. 其他用地

其他用地指农用地和建设用地以外的用地，包括水域和自然保留地。主要分析现有其他土地的面积、分布及占土地总面积的比重。

1）水域

水域包括河流水面、湖泊水面和滩涂。主要分析水域占土地总面积的比重及分布特点。河流水面、湖泊水面和滩涂占水域的比重。

2）自然保留地

自然保留地指水域以外，规划期内不利用、保留原有性状的土地，包括冰川及永久积雪、荒草地、盐碱地、沼泽地、沙地、裸地、高原荒漠、苔原等。主要分析自然保留地占土地总面积的比重及分布特点。

在土地利用数量分析中,计算不同土地利用类型变化速率、土地利用变化的区域差异和土地利用变化的流向。土地利用变化速率可以单一土地利用类型动态度来表示,具体计算公式为

$$K = \frac{V_b - V_a}{V_a} \times \frac{1}{T} \times 100\%$$

式中 K——土地利用类型动态度;

V_a——基期某一土地利用类型的数量;

V_b——报告期末某一土地利用类型的数量;

T——研究时段。

土地利用变化的区域差异计算公式为

$$R = \frac{|K_b - K_a|}{|C_b - C_a|}$$

式中 K_a、K_b——区域某一特定土地利用类型基期和报告期末的面积;

C_a、C_b——全区域某一特定土地利用类型基期和报告期末的面积;

R——单一土地利用类型相对变化率。

(二)土地利用结构分析

土地是国民经济各部门重要的物质条件,各部门生产活动都离不开土地,都是以占用一定面积土地作为其活动范围,国民经济各部门之间存在着用地上的比例关系。土地利用结构是指国民经济各部门占地的比重及其相互关系的总和,是各种用地按照构成方式的集合。土地利用结构是客观存在的,它伴随着土地利用活动而产生,是无时不在、无处不在的,问题在于分析其合理性。土地利用结构的合理性集中表现为其综合效益最大化。

土地利用结构分析可以分为农用土地利用结构和城市土地利用结构。农用土地利用结构可以反映耕地、园地、林地、牧草地、养殖水面、其他农用地之间数量比例关系。城市土地利用结构可以反映城市内部居住用地、公共设施用地、工业用地、仓储用地、对外交通用地、道路广场用地、市政公用设施用地、绿地和特殊用地之间的数量比例关系。

对城市土地利用结构进行分析时,可依据不同时点城市土地利用结构状况开展纵向分析,也可依据不同城市包括国内外城市在同一时点土地利用结构开展横向分析,通过比较显化规划城市土地利用结构的优势与不足,找出差距,以便在今后规划中使之趋于完善。

结构变化率是衡量结构变化程度的指标,其计算公式为

$$D = \sum_{t=1}^{n} |G_t - G_0|$$

式中 D——结构变化率;

G_t——t 时期某类用地的比重(%);

G_0——基期某类用地的比重(%)。

土地利用结构分析时,可以采用静态分析和动态分析方法相结合,依据基期年各类用地面积数据分析各类用地之间数量比例关系,也可以依据多年各类用地面积数据分析各类用地之间数量比例关系的动态变化情况。

(三)土地利用现状评价

土地利用现状评价是一个相当复杂的问题。所谓评价,一般是指按照明确目标测定对象的属性,并把它变成主观效用的行为,即明确价值的过程。具体地讲,对于系统的评价,首先应从明确评价目标开始,通过评价对象的功能、特性和效果等属性进行科学的测定,最后由测定者根据给定的评价标准和主观判断把测定结果变成价值,供决策时参考。

土地利用现状评价指标体系由土地开发利用程度(A)、土地集约经营程度(B)和土地利用综合效果(C)3方面32项指标组成。

1. 土地开发利用程度(A)

(1)土地垦殖率(A1) $=\frac{\text{耕地面积}}{\text{土地总面积}}\times100\%$;

(2)土地利用率(A2) $=\frac{\text{已利用土地面积}}{\text{土地总面积}}\times100\%$;

(3)农业用地率(A3) $=\frac{\text{农业用地(耕地、园地、林地、牧地、养殖水面)面积}}{\text{土地总面积}}\times100\%$;

(4)建设用地率(A4) $=\frac{\text{建设用地(居民点、工矿、交通、水利等用地)面积}}{\text{土地总面积}}\times100\%$;

(5)耕地复种指数(A5) $=\frac{\text{全年农作物播种面积}}{\text{耕地总面积}}\times100\%$;

耕地复种指数

(6)草原载畜量(A6) $=\frac{\text{各类放牧牲畜头数}}{\text{草原面积}}$;

(7)水面利用率(A7) $=\frac{\text{已利用水面面积}}{\text{水面总面积}}\times100\%$;

(8)人口密度(A8) $=\frac{\text{人口总数}}{\text{土地总面积}}$,可以分别计算城市和乡村人口密度;

建筑密度

(9)林地覆盖率(A9) $=\frac{\text{林地面积(不包括果园面积)}}{\text{土地总面积}}\times100\%$;

(10)建筑密度(A10) $=\frac{\text{建筑物基底面积}}{\text{用地总面积}}\times100\%$;

(11)建筑容积率(A11) $=\frac{\text{建筑总面积}}{\text{用地总面积}}\times100\%$;

容积率

(12)人均居民点用地面积(A12) $=\frac{\text{居民点用地总面积}}{\text{人口总数}}$,可以分别计算城市和乡村居民点人均用地面积;

(13)绿地率(A13) $=\frac{\text{各类绿地总面积}}{\text{居住区用地面积}}\times100\%$;

(14)绿化覆盖率(A14) $=\frac{\text{乔、灌木和多年生草本植物冠幅的垂直投影面积}}{\text{相应区域土地面积}}\times100\%$。

建筑密度和容积率

2. 土地集约经营程度(B)

(1)单位耕地功率数(B1)=$\frac{\text{拖拉机年平均在册功率数}}{\text{耕地面积}}$;

(2)耕地灌溉率(B2)=$\frac{\text{有效灌溉面积}}{\text{耕地面积}}\times100\%$;

(3)单位耕地化肥施用量(B3)=$\frac{\text{化肥施用量}}{\text{耕地面积}}$;

(4)单位耕地耗电度数(B4)=$\frac{\text{生产用电总度数}}{\text{耕地面积}}$;

(5)单位耕地用工量(B5)=$\frac{\text{用工总量}}{\text{耕地面积}}$;

(6)单位土地资金集约度(B6)=$\frac{\text{土地总投资}}{\text{土地总面积}}$,此项指标可以按各类用地分别计算;

(7)土地利用投入产出率(B7)=$\frac{\text{土地产出总值}}{\text{土地投入总值}}$,此项指标可以按各类用地和按货币、实物、能量分别计算;

(8)单位用地产值率(B8)=$\frac{\text{土地产出价值}}{\text{用地面积}}$,此项指标可按各类用地分别计算;

(9)单位产值占地率(B9)=$\frac{\text{用地面积}}{\text{土地产出价值}}$,此项指标可按各类用地分别计算;

(10)交通密度(B10)=$\frac{\text{交通线总长度}}{\text{土地总面积}}$;

(11)城镇化水平(B11)=$\frac{\text{城镇人口总数}}{\text{人口总数}}\times100\%$。

3. 土地利用综合效益(C)

(1)单位播种面积(或收获面积)产量(或产值)(C1)=$\frac{\text{作物总产量(或总产值)}}{\text{作物总播种面积(或收获面积)}}$;

(2)粮食耕地年单产(C2)=$\frac{\text{粮食总产量}}{\text{粮食作物播种面积}\times\text{复种指数}}$;

(3)单位耕地(或园地、林地、牧地、水面和建设用地)面积产值(C3)=$\frac{\text{种植业产值(或各业产值)}}{\text{耕地(或园地、林地、牧地、水面和建设用地)面积}}$;

(4)单位农用地总产值(C4)=$\frac{\text{农业总产值}}{\text{农业用地面积}}$;

(5)单位建设用地总产值(C5)=$\frac{\text{建设部门总产值}}{\text{建设用地面积}}$,此项指标可按城建、交通、水利等产业分别计算;

(6)单位土地净产值(国民收入)(C6)=$\frac{\text{产品总产值}-\text{消耗的生产资料价值}}{\text{土地面积}}$,此项指标可按农业用地和建设用地或乡村土地和城市土地分别计算;

(7) 单位土地纯收入(土地盈利率)(C7) = $\frac{产品总产值-生产成本}{土地面积}$,此项指标可按农业用地和建设用地或乡村土地和城市土地分别计算。

在逐项计算上述各项指标的基础上,应对规划区域土地利用现状进行综合评价,或对于不同规划区域土地利用现状水平进行评价排序,为此必须解决不同量纲评价指标的处理问题。评价系数法是借助评价系数把不同量纲的指标化为无量纲系数,经过系数加总得出总评价系数来比较优劣的方法。通过评价综合评定规划区域或单位的土地利用水平,及其在所在地区内的地位,找出土地利用上的薄弱环节,明确未来土地利用有待提高和完善的方向。

评价系数的计算公式为

$$P_{ij} = \frac{X_{ij}}{\overline{X}_j}$$

式中 P_{ij}——第 i 区域第 j 项指标的评价系数;

X_{ij}——第 i 区域第 j 项指标数值;

$\overline{X}_j$——第 j 项指标的平均值。

评价系数法

应用上述公式,逐项计算各项指标的评价系数,分别确定各项指标的权重 W_i,最终以加权评价系数总和 $\sum P_{ij}W_j$,对规划区域或单位土地利用现状进行综合评价,以评定其优劣(见表 4-1)。

表 4-1 加权评价系数计算

评价区域 i	评价指标 j			
	指标 1	指标 2	指标 3	指标 4
	W_1	W_2	W_3	W_4
区域 1	X_{11}	X_{12}	X_{13}	X_{14}
区域 2	X_{21}	X_{22}	X_{23}	X_{24}
指标平均值 $\overline{X}_j$	$\overline{X}_1$	$\overline{X}_2$	$\overline{X}_3$	$\overline{X}_4$
加权评价区域 1	$P_{11}W_1$	$P_{12}W_2$	$P_{13}W_3$	$P_{14}W_4$
系数 $P_{ij}W_j$ 区域 2	$P_{21}W_1$	$P_{22}W_2$	$P_{23}W_3$	$P_{24}W_4$

指标权重的确定可应用经验法、等差法、标准回归系数法、灰色关联度法、层次分析法、主成分分析法等。

通过土地利用现状分析评价,全面评价土地利用的经济效果和合理程度,发掘和提高土地利用率与生产率的潜力,从而为今后土地合理利用指明方向。例如,《河南省土地利用总体规划(2006—2020 年)》指出,当前和未来一个时期,是河南省加快推进城镇化、工业化和农业现代化,实现由经济大省向经济强省、文化资源大省向文化强省跨越的关键时期,人口增加、经济社会发展、生态环境改善,对全省土地利用结构和布局提出新的更高的要求,受资源环境条件限制,河南省土地利用中的供需矛盾和各种深层次问题将进一步显现。补充耕地难度加大,耕地保护形势更加严峻。经济社会持续快速发展对建设用地的需求不断增长,建设用地供给压力更加突出。土地资源开发利用与生态环境保护的矛盾日益突出,保护和改善土地生态环境的任务更加艰巨。行业和区域间用地矛盾加剧,统筹各业和协调城乡区域土地利用的任务相当艰巨。

■ 任务二 土地利用规划后评价

一、规划后评价的含义和作用

规划后评价是指在规划实施一段时间或规划结束后,对规划的目标、效益、影响和守法等情况所进行的系统的、客观的总结和分析。主要内容包括:通过对规划活动实践的总结分析,明确规划预定目标的执行或完成情况、主要的效益指标完成情况、规划对经济发展和社会进步的影响、规划执行中的守法情况等;通过分析评价,找出规划执行过程中出现的问题并提出改进意见,分析规划成败的原因,总结经验教训,并通过及时有效的信息反馈,为未来新规划的决策和提高新规划的科学性提出建议,从而提高规划的合理性、有效性、科学性和预见性,全面贯彻土地利用规划的意图。

一般来说,规划后评价即对规划编制成果和实施效果的评价和总结,对规划的这种评估和总结可以全面系统地检讨、分析规划的实施过程和结果,从中汲取经验教训。规划后评价是对空间规划实施一定阶段的动态反馈,科学精确的评估结论是新一轮规划编制的重要依据。作为政府职能的主要部分,规划的制定体现了国家的意志;规划实施过程也就是国家的方针、政策贯彻执行的过程。规划进展情况如何,执行的结果如何,直接关系到经济的发展和社会的进步。

有了科学的规划只是规划工作的第一步,只有在规划的执行过程中,及时了解规划任务的落实情况和执行中存在的问题,加强对规划执行情况的监督检查,使规划方案得以实现,才是一个科学的、完整的规划过程。例如,根据《河南省土地利用总体规划(2006—2020年)》,《河南省土地利用总体规划(1997—2010年)》批准实施以来,在经济社会发展用地需求快速增长、土地供给约束日益加大的形势下,坚持最严格的土地管理制度,强化规划的控制和引导,妥善处理保障发展和保护资源的关系,土地利用和管理取得了显著成效;加强了对耕地特别是基本农田的保护,维护了国家粮食安全。加强了规划的引导和调控,积极、有序地为经济建设提供用地保障。加强了建设用地内涵挖潜,推进了土地节约和集约利用。加大了土地整理复垦开发补充耕地力度,总体上实现了建设占用耕地的占补平衡,减缓了耕地下降的态势。加大了生态保护和建设力度,促进了全省生态环境质量的总体稳定和局部好转。通过规划实施机制的建立和完善,进一步规范了用地秩序,推动了土地利用方式向集约利用转变,促进了经济社会的协调发展。

因此,对规划的执行情况进行追踪评价及对规划结果进行综合评价,是规划方案产生以后头等重要的任务。由于规划是一种主观思维的产物,人的认识有限以及其他条件的制约,规划能否反映这种规律性及在多大程度上反映这种规律性,均有待于在实践中验证,随着客观环境的不断变化,规划也必须随之进行调整。规划后评价是为决策服务的,是规划管理的一个重要组成部分。规划后评价可以总结规划实施的成果和经验,通过与规划成本相比较,得出规划的实际效益。规划后评价又是一个向实践学习的过程,通过规划后评价找出问题,对问题进行分析和归纳,为规划的调整、改进和新规划的制定提出建议,从而更好地推动政府工作的进行。

二、规划后评价的特性和原则

规划后评价可分成不同的层次和方面。一般来讲,规划后评价的对象就是总体规划、详细规划和专项规划。

规划后评价是整个规划工作的一个独特的和重要的组成部分,要发挥其应有的作用,必须对规划后评价的特性有一个理性的认识。具体来讲,规划后评价具有独立性、可信性、建设性、透明性和反馈性等特性。其独立性表明规划后评价必须保证公正性和独立性,应从规划制定者和执行者以外的第三者的角度出发,独立地进行,特别要避免完全的自我评价。其可信性取决于资料信息的可靠性和评价方法的适用性,不是主观推测,而是基于事实的分析,因此规划后评价报告的分析和结论应有充分可靠的依据。其建设性要求评价者认真负责,不辱使命,提出具有针对性和可操作性的建议,促进规划改进,使规划后评价成为完善规划工作的一个组成部分。规划后评价的透明性在于引起公众的关注,以起到监督作用,在可能的情况下向社会公布后评价报告。规划后评价的结果需要及时反馈到决策部门,作为新规划制定和评价的基础,以及时调整规划,这是规划后评价的最终目标。

为了发挥规划后评价的应有作用,必须坚持真实性、合理性、民主性、历史性和效率性原则。要求评价者必须实事求是,敢于面对现实,客观地指出规划所取得的成绩及存在的问题。依据科学理论进行考察,全面听取规划制定者和执行者的陈述与说明。规划后评价必须坚持历史地看问题,不能苛求前人,评价中恪守"对事不对人"原则。由于规划后评价是一项耗费大量人力、物力和财力的活动,必须遵循成本-效益原则,讲求规划后评价工作效率。

三、规划后评价的内容和方法

规划后评价的内容和方法由各项规划的特点加以选用。

(一)规划后评价的内容

一般来讲,规划后评价的内容包括目标评价、效益评价、影响评价和守法评价四项内容。

1. 目标评价

目标评价是指规划完成以后规划目标的完成情况,可用一个总指标来反映目标的完成情况,即规划完成程度(D)= 实际完成数/规划规定数。在计算时,实际完成数必须在指标的内容、范围、价格计算等方面与规划规定的相一致;否则,不具有可比性。当 $D\geqslant 1$ 时,说明规划目标已得到完全实现;当 $D<1$ 时,说明规划目标尚未实现,要分析此种情况的原因,总结经验教训。

2. 效益评价

效益评价指规划的产出和规划的投入之比,可以从不同的角度来分析规划的效益,如侧重从规划的产出方面来看规划对国民经济的影响,说明规划对国民经济的贡献度;或侧重从投入的角度来看为达到规划目标所付出的代价和费用,分析投入的结构、合理性和节约途径。在计算规划的产出时,最科学的方法是把规划给部门或行业经济带来的贡献剥离出来,精确地而不是一般地反映规划的效益，可惜的是，目前暂无有效方法解决这一问题，可以考虑借用评价国民经济效益的指标来评价规划的效益。规划的投入包括制定规划的投入和为实施规划的全部投入。

3. 影响评价

影响评价应从宏观和微观两个层次进行分析：①研究土地利用对整个经济社会的影响，包括环境、收入、就业、地区发展等，属于宏观层面的影响分析；②土地利用类型之间的互相影响，因为土地利用系统是相互联系的多个土地利用类型的有机整体，任何一种土地用途都离不开另一种土地用途，以此研究各类土地利用类型之间的动态变化情况。

4. 守法评价

守法评价指规划执行者遵守有关法律、法规和条例的情况，在规划实施过程中出现多占少用、早征晚用、征而不用等违法现象和次数以及处理情况及其效果的说明。

规划后总评价是指在分别进行目标、效益、影响和守法评价之后，对规划实施过程进行总体评价，可将分类评价评定等级乘以其相应权重得到综合评分，据此评定规划后评价总体等级。

（二）规划后评价的方法

规划后评价常用的方法有定性评价法、定量评价法、对比评价法和因素分析法等。组织规划部门专家、学者和其他部门的有关人员对规划及其执行情况进行分析、评论，客观地评定成绩，找出差距，进而研究改进的方法。定性评价时，也可以采用通信、发调查表征询的方式。定量评价的最大优点在于有理有据，使人信服，一目了然，其前提必须是具有充分准确的信息和统计资料，可以设计一套科学的评价指标体系，作为参照系，以保证评价结果的真实性。一般来讲，可将定性评价和定量评价两者相结合，取长补短，综合应用。对比评价时，遵守对比基本原则，包括规划前与规划后对比、预测值与实际值对比、有无规划对比、特定规划与参照规划对比，目的在于找出变化和差距，为提出问题和分析原因提供依据。因素分析法是基于规划的目标和指标受制于多种因素，为了确定其完成程度必须分析具体原因和症结。具体应用因素分析时，先确定某项指标及其影响因素，确定它们之间的数量关系，再确定各个影响因素所占份额，以确定其对规划的影响程度。

小　结

土地利用现状分析是规划的基础，通过本项目的学习，使学生掌握土地利用数量分析和土地利用结构分析及土地现状评价，理解规划后评价的含义、作用及内容和方法，为土地利用总体规划工作的开展打下坚实基础。

案　例

土地利用数量结构分析

土地利用数量结构分析

一、基于静态分析法的土地利用数量结构

（1）各用地类型的面积及所占比例用于分析某一个时点某个区域土地利用现状的特点（见表4-2）。表4-2增加了一个规划目标年的土地利用结构栏,以两个时点来分析区域土地利用结构的变化特点和方向。

表 4-2　土地利用结构调整

地类			基期年		规划期间	规划目标年	
			面积(hm^2)	比重(%)	增减量(hm^2)	面积(hm^2)	比重(%)
农用地	耕地	耕地	4 150.72				
	园地	园地	0.00				
	林地	林地	154.22				
	草地	牧草地	0.00				
	其他农用地	其他农用地	2 397.54				
	小计		6 702.48				
建设用地	城乡建设用地	建制镇	86.10				
		农村居民点	886.84				
		采矿用地	5.56				
	交通水利用地	铁路	0.00				
		公路	12.53				
		水库水面	0.00				
		水工建筑	0.00				
	其他建设用地	其他建设用地	36.08				
	小计		1 027.11				
其他土地	水域	水域	536.88				
	自然保留地	自然保留地	6.34				
	小计		543.22				
合计			8 272.81				

(2)根据区域土地规划用途分类面积制作饼状图反映结构关系(见图 4-1)。

二、基于动态分析法的土地利用数量结构分析

运用多年的土地利用变更统计资料来分析区域各种土地利用类型的面积、土地利用结构变化规律,并分析产生的主要原因。主要借助 Excel 提供的"插入图表"功能,用形象的柱状图、折线图或其他类型的图表示区域土地利用数量结构变化的趋势。以某县 1996~2005 年农用地面积结构变化为例进行分析(见图 4-2)。

三、基于对比分析法的土地利用数量结构分析

在单项或综合用地分析的基础上,可以运用纵向对比法与横向对比法开展分析,具体的方法包括发展过程纵向对比法、发展过程纵向相关分析法、发展过程地域对比法、同类地域横向对比法、不同地域横向对比法和不同级别地域对比法等。主要通过 Excel 中的图表表达,如对某乡各村间人均耕地面积进行对比,见图 4-3、图 4-4。

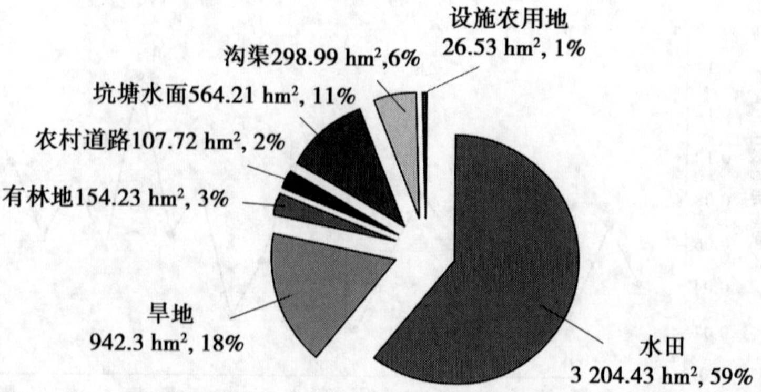

图 4-1 农用地结构图

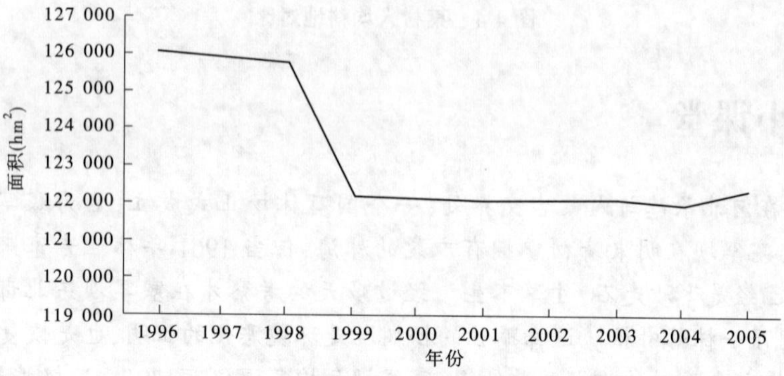

图 4-2 农用地面积结构变化

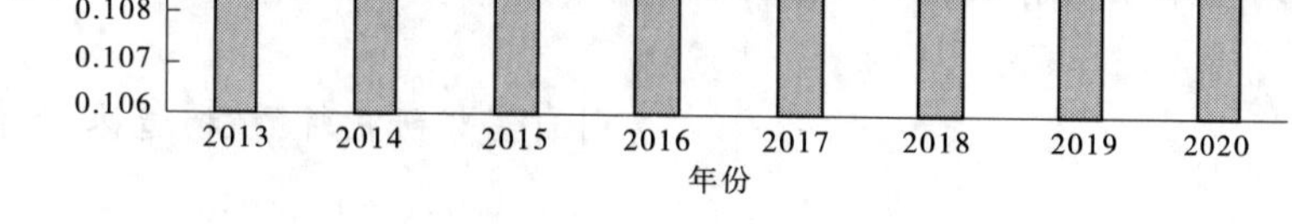

图 4-3 某县 2012~2020 年人均耕地面积变化

案例小结

本案例通过土地利用结构调整表、农用地结构饼图、农用地面积变化图、人均耕地图四个具体实例的操作，让学生动手动脑，更好地理解静态和动态土地利用结构分析及基于对比分析法的土地利用数量结构分析。

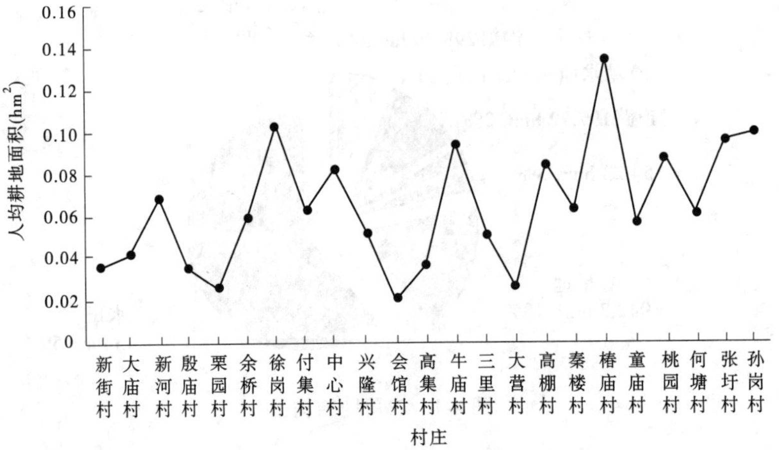

图 4-4　某村人均耕地对比

思政小课堂

思政小课堂

1962 年，在河北承德与内蒙古交界处，一个国有林场正式成立，名为塞罕坝机械林场。塞罕坝在明末清初曾拥有广袤的林海，但当 1961 年林业专家来此考察时，却已经是飞沙走石、寸草不生。经过多天的考察才在塞罕坝东北部红松洼内发现了一株落叶松。这株孤独的松树既是环境恶化的证明，也是恢复生态的希望。但要在此种树，首先面对的难题就是低温，塞罕坝年均气温仅有-1.2 ℃，极端最低气温低至-43.3 ℃。低温、大风及干旱让从外地运来的树苗栽种后成活率还不到 8%。解决问题的关键在于自主育苗。从精心选育种子开始，采用全新的育苗技术提高树苗的质量。当冬季严寒到来时，将育成的树苗埋在冰雪之下，待到春天来临时再迅速栽种，提高树苗的成活率。树苗的栽植也首次采用了来自波兰的拖拉机和来自苏联的植树机，首开机械栽树的先河，大大提升了造林的效率。早期的塞罕坝大多在相对平坦的区域植树，而随着技术的提升，人们开始向较难处理的石质陡坡攻坚。这些石质山坡山高坡陡、土壤贫瘠，在这里造林需要花费更多的人力和时间。最终，从一个个小坡到整个一面大山坡，这些塞罕坝的“硬骨头”也被解决。如今的塞罕坝已有人工林 112 万亩，阻止了流沙的扩大，6 级以上大风日数也大大减少。

（引自星球研究所《植树造林，如何改变中国》）

习题演练

单选题　　多选题　　判断题

项目五 土地资源质量评价

知识目标

1. 掌握土地质量评价的内容。
2. 理解国土空间规划双评价的知识储备。
3. 理解土地适宜性评价与生产潜力评价的方法。
4. 理解《土地评价纲要》土地适宜性划分。

能力目标

1. 会运用 ArcGIS 完成农用地、建设用地适宜性评价。
2. 编写土地质量评价报告。

素质目标

1. 进行实地土地资源质量评价时学会团队合作。
2. 提高发现问题、提出问题、解决问题的能力。

项目重点

1. 土地质量评价概念。
2. 土地适宜性评价方法。
3. 土地生产潜力评价方法。

项目难点

1. 土地评价单元的选择。
2. 土地生产潜力评价计算方法。

任务一 土地质量评价概述

土地质量评价概述

一、土地质量评价的概念

土地质量评价是指在特定目的的前提下,对土地的自然和社会属性进行综合鉴定和划分等级的过程。

二、土地质量评价的原则

(1) 土地质量评价要将土地利用对土地的要求与土地的质量进行比较。
(2) 土地质量评价要将土地利用的效益和所需的投入进行比较。
(3) 土地质量评价要因地制宜,即根据研究区的具体情况进行。
(4) 土地质量评价要考虑不同土地利用方式,并对它们进行比较。

(5)土地质量评价要以土地的持续利用为前提。

三、土地质量评价的方法

土地质量评价的方法可分为直接评价法和间接评价法两大类。

直接评价法,是指通过试验去了解土地对于某种用途的适宜性及适宜程度。这类方法在农业部门使用较多,其优点是评价结果比较准确和可靠。但严格来说,这种准确性和可靠性只局限于试验地点或试验区。如要将这类试验结果外推,使之代表整个土地质量评价单位,可能会出现较大的误差。此外,直接质量法也常受到资料和时间的限制,尤其在大范围地区进行土地质量评价,这种方法的局限性是显而易见的。因此,迄今的土地质量评价,大多采用间接评价法。

间接评价法,就是通过分析土地的各组成要素的属性对土地利用的影响,然后加以综合,去评定土地的等级,其依据是土壤、地形、气候等土地组成要素对任何一种土地利用方式的成败均有深刻的影响,而且这些影响是可加以量度或估计的。间接质量评价法又可分为两类,一类是归类法(Categorical System),它针对一定土地利用方式的潜力大小或适宜性及适宜程度,以定性方式将评价结果表示成不同类别等级。另一类是数值法(Numerical System),或称参数法(Parametric System)。其原理是,选出决定土地生产能力的诸要素,根据这些要素的特点制定出评价标准,并对某种土地利用方式的潜力或适宜性求得不同的指数,然后对各项指数进行数学运算得出总指数,借此对土地进行等级评定。根据运算方法,数值法可分为加(减)法、乘(除)法和代数法三种。

四、土地评价单元的选择

土地评价单元是土地评价的基本单位。一般有3种土地评价单元的确定方法。

(一)以土壤图的图斑为基础确定土地评价单元

以土壤图为基础,把基本制图单元如土种、变种或土系、土相等按其土地利用性能重新组合归类为土地评价单元。这种方法源于美国的土地生产潜力分类,该分类是将对农业生产影响一致的土壤类型归并为一个土地生产潜力单元,它是以解释土壤调查制图成果为特征的。这种方法的优点是,能充分反映土壤在土地综合体中的作用,同时能够充分利用土壤普查资料,节省大量的野外调查工作量。只要将土地评价地区的土壤连同土壤调查报告收集起来,就可以确定土地评价单元以及单元的数量和位置。这种方法的主要问题是在地面上缺乏明显的界线,评价单元的界线往往和耕作田块、行政界线不同,更重要的是,与地块权属界线不一致,评价成果在土地管理应用中受到一定限制。

(二)以土地利用现状为基础确定土地评价单元

以土地利用现状为基础确定土地评价单元,是按土地利用现状图的基础制图单元,即自然地块(地段)或耕作规划单元及种植地段等划分土地评价单元,实际上是以田间末级固定工程(路、渠、沟、林等)所包围的地形、土壤、水利状况基本一致,生产环境、管理水平、常年产量相近的范围为评价单元。土地利用现状图中的地块是由线形地物和行政区划界线围割而成的土地单元,也往往是农民进行生产活动的基本生产单位。按地块进行土地评价与农民生产习惯一致,便于进行土地登记、统计和建立土地档案,有利于为土地管理提供基础资料,便于农民对土地承包、转让计算土地补偿费用,可鼓励农民对土地投资、改良和提高土地生产力，具有较大的实际意义和应用价值。同时，不同比例尺土地利用现状图齐全，还可以简化土地评价图的综合编制过程，将土地利用现状调查面积量算结果作为成本控制，减少量算面积工作量。

（三）以土地类型图为基础确定土地评价单元

土地类型堪称是一定气候条件下的地貌、土壤、植被等土地要素组成的不论面积大小但性质均一的综合体。它反映了土地的全部自然特征，也包括了人类活动的结果，因而它不仅能表现土壤和土地利用的差异性，而且能表现其他土地要素及人为活动结果的相对均一性和差异性。常见的有 3 种土地类型制图单元：单一类型的土地类型制图单元、组合式土地类型制图单元、复区式土地类型制图单元。

从土地类型图上可以直观地看出地貌、土壤、植被的组合情况及不同土地类型的差异，但土地类型侧重于对土地自然形状和形状一致性的研究，在地理学界用于大面积、大范围、中小比例尺土地评价较多，而对于不同目的和不同比例尺的土地评价特别是大比例尺的土地评价，仅有的土地类型图不能满足土地评价的要求，主要问题是土地类型划分得不够细，对土壤性质考虑较少。由于土地类型单元与土壤单元的划分方法往往不相同，存在单元界线与行政界线、地块权属界线不一致的现象，其评价成果在土地管理应用中受到一定限制。

五、土地评价的种类

土地评价的侧重点不同，其类型不同：

（1）按用地类型和评价对象分类，土地评价可分为农业用地评价、建设用地评价、其他用地评价，即耕地评价、林业用地评价、牧业用地评价、水面利用评价、园地评价、城镇用地评价、交通用地评价、旅游用地评价、自然保护区评价及未利用土地评价等。

（2）按土地评价主要目的分类，土地评价可分为多目的评价和单目的评价两大类。

（3）按评价的主要参评项目指标体系分类，土地评价可分为土地自然评价与土地经济评价。土地自然评价包括土地适宜性评价、土地潜力评价、土地生产力评价等。土地经济评价包括土地国民经济评价、土地农业（林业、牧业）经济评价、土地单项或综合经济评价等。

（4）按评价的方法分类，土地评价可分为土地定性评价与土地定量评价。土地定性评价是在大量调查研究和确定参评项目限制等级的基础上，由评价者根据理论与经验逐一判定土地评价单元的质量高低（土地单元质量等级）。土地定量评价则是在定性评价基础上，将所有参评项目数量化，并形成一个连续的或完整的指标体系，通过（数学）评价模型（公式）对被评价土地单元数据进行加工分析。每一个土地评价单元的质量由分析出的数值结果确定等级水平。土地定量评价方法包括层次分析法、回归分析法、聚类分析法、多元分析法、模糊数学模型分析法等。

六、土地质量评价程序

采用直接法进行土地质量评价时，只需要在待评价土地上先选好样点，然后进行土地适宜性实验，根据实验结果分析得出土地适宜性的大小，从而判定土地质量状况。

采用间接法进行土地质量评价时，一般按以下步骤进行。

（一）准备阶段

准备阶段主要为整个土地质量评价进行必要的基础性工作，包括明确评价目的、确定评价方法和收集资料。评价目的直接决定了评价范围、评价重点、精度要求、成果形式等,它是确定评价方法的主要依据之一。根据评价目的和当地土地质量特点、资料获取的可行性、各种评价方法的适用条件和优缺点、结果的精度等因素选定评价方法。根据评价方法的要求,收集所需的各种资料,包括反映土壤各种自然属性的文字资料和图件,以及反映投入—产出收益、利用方式、经营管理水平等社会经济条件的资料和水土流失状况、土壤中污染物的种类和含量等生态环境方面的资料。

(二)处理阶段

处理阶段为土地质量评价的关键阶段,包括对所采集资料的整理、分析、处理,建立评价指标体系或设计评价模型,评价单元的划分,得出评价单元的初步评价结果等。对于准备阶段所收集的资料进行弃伪存真、弃粗取精、相互比较鉴别,以保证所获取资料的可信、准确和符合实际,为评价单元划分和评价指标体系设计提供可靠依据。在对资料处理完毕后,结合评价目的、评价方法和土地特点,确定评价单元的划分标准和方法,并划定评价单元。同时,根据对资料的分析,找出对当地土地质量影响显著的因子,建立评价指标体系,或根据一定的数学方法,设计出有关评价模型。根据评价指标体系或评价模型,按评价方法对评价单元进行数据处理,综合得出评价单元的初步评价等级。

(三)结果阶段

结果阶段主要是对评价结果进行分析和校正。首先,需要对评价地区总体质量等级进行分析,确定该地区土地质量总体上的优劣和存在的主要问题,以及影响土地质量的主要因素。其次,对该地区土地质量的空间分布组合特征进行分析,找出其中的规律,并挑出评价结果有疑问的评价单元,对其进行校正。通过对评价结果的验证校核,还可以检验评价方法及设计的指标体系或模型是否合理。如果初评结果与实际结果的差异在误差允许范围内,便认为该评价方法是科学可行的,结果经个别修订就可以作为最后的土地质量评价结果。在实际操作中,只要条件允许,常常选用几种不同的方法对同一地区的土地质量进行评价,并比较各种方法的评价结果,从中确定最适合本地区的评价方法,并以其评价结果为主,参考其他评价方法的结果,对照实际情况,确定出各单元最后的土地质量等级(见图 5-1)。

在确定了土地质量评价结果后,还要根据评价目的和评价结果的用途,编制最后的评价成果。评价成果包括文字报告和有关的图件。文字报告包括评价结果报告、评价技术方案报告、评价工作报告和有关附件(原始数据等)。图件主要是评价单元土地质量等级图,也可编制有关的适宜性分区图、潜力分区图等。土地质量评价主要是为规划区域土地利用类型调整决策提供依据,而调整又主要通过存量和增量两种途径进行,即已利用土地间用地类型调整和开发未利用荒地。其中,已利用土地的现状用地类型是长期生产实践的结果,大多具有良好的经济、社会、生态效益,其持续性强,一般只对局部且主要是适宜性低的部分进行调整;而具有多宜性的未利用荒地,则是满足各类用地需求增长的主要来源。

因此,评价应达到如下两个目标:

(1)揭示已利用土地及其现状利用方式的适宜性大小,初步确定需进行利用方式调整的土地分布、类型和数量。

(2)揭示各未利用荒地对耕、园、林、牧等利用方式的适宜性程度,阐明后备土地资源开发利用潜力、方向、分布和数量。

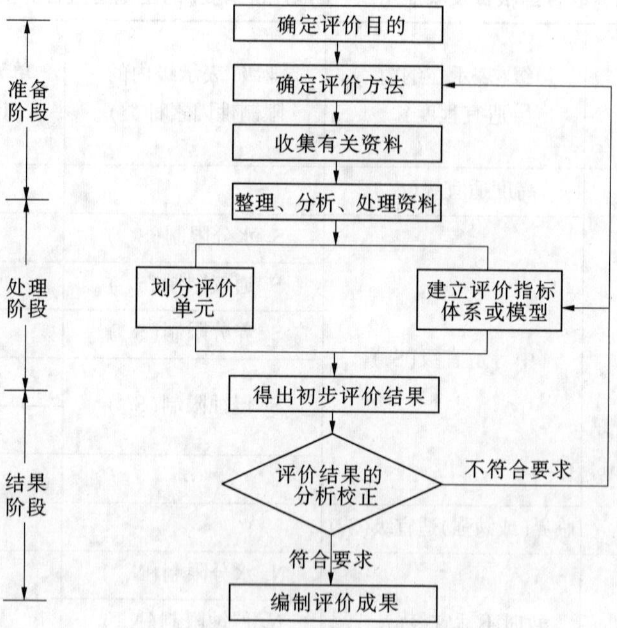

图 5-1 土地质量评价程序

任务二 土地适宜性评价

土地适宜性评价就是评定土地对于某种用途是否适宜以及适宜的程度,它是进行土地利用决策、科学地编制土地利用规划的基本依据。规划工作中进行土地适宜性评价,就是要通过评定,把土地利用现状与土地的适宜用途进行比较,以便对土地用途是否应该调整,调整后的土地用途可能会产生怎样的后果和影响,应如何进行调整等进行科学决策。

土地的适宜性是针对土地的用途来说的,不同的用途对土地质量有不同的要求,同一块土地对不同的用途有不同的适宜性,土地的适宜性不仅与土地的自然属性有关,也受到其社会经济条件的影响,如自然属性相似的两块土地,位于城镇郊区的适宜于蔬菜种植,而远离公路的偏僻地块则不宜于蔬菜种植。

一般而言,土地适宜性评价应对一定区域范围内全部土地和相应的各种土地利用方式进行评定。但是由于评价的工作量较大,为满足规划工作的需要,实践中可只对后备土地资源的开发利用的适宜性和需要改变用途的土地适宜性进行评价。评价不仅要对各种农业用途进行评定,对于非农业用途的适宜性也应进行评定。目前,国际上影响最大、使用最广泛的土地适宜评价方案是联合国粮食及农业组织 1976 年正式公布的《土地评价纲要》。

一、土地适宜性分类体系

联合国粮食及农业组织《土地评价纲要》的土地适宜性分类系统如表 5-1 所示。

土地评价纲要

表 5-1　联合国粮食及农业组织《土地评价纲要》的土地适宜性分类系统

纲(表示适宜性种类)	级(表示在纲内适宜程度)	亚级(表示级内的限制性因素种类)	单元(表示级内限制性因素的微小差异)
适宜纲(S)	高度适宜级(S_1)		
	中等适宜级(S_2)	S_2 水分限制(S_{2m})	…
		S_2 通气限制(S_{2o})	…
		S_2 养分限制(S_{2n})	…
		S_2 侵蚀限制(S_{2e})	S_{2e} 侵蚀 1(S_{2e-1})
			S_{2e} 侵蚀 2(S_{2e-2})
		…	…
	临界(或勉强)适宜级(S_3)	…	
不适宜纲(N)	暂时不适宜级(N_1)	N_1 水分限制(N_{1m})	
		N_1 侵蚀限制(N_{1e})	
		…	
	永久不适宜级(N_2)		

(一)土地适宜纲

土地适宜纲表示土地对一定的土地利用方式的满足状况。土地适宜性分为适宜纲(S)或不适宜纲(N)。

适宜纲是指在此土地上按所考虑的用途进行持久利用,而土地不会产生不可接受的破坏危险。

不适宜纲是指土地质量显示不能按所考虑的用途进行持久利用。不适宜纲通常可分为两类:

(1)当前不适宜级(N_1):土地有限制性,而在目前的技术和现行成本下不宜加以利用;或限制性相当严重,以致在一定条件下不能确保对土地进行有效而持久的利用。

(2)永久不适宜级(N_2):土地的限制性相当严重,在一般条件下根本不可能加以任何利用。对不适宜纲土地一般不需作经济上的定量分析,因为它们所指定的用途从经济角度看都是不合算的。

(二)土地适宜级

土地适宜级反映土地对某些利用方式的适宜程度。土地适宜纲分为以下 3 类适宜级。

(1)高度适宜级(S_1):土地可持久应用于某种用途而不受重要限制,或受限制较小,不至于降低生产力或效益,不需增加超出可承担水平的费用。

(2)中等适宜级(S_2):土地有限制性,持久利用于规定的用途,会出现中等程度的不利,降低生产力或效益并增加投资及费用,但仍能获得利益。

(3)临界(或勉强)适宜级(S_3):土地有限制性,对某种用途的持续利用有严重的限制,将降低生产能力或效益,或者需要增加投入,这种投入从经济上说只能算勉强合理。

（三）土地适宜亚级

土地适宜亚级反映土地限制性类别的差异，如水分亏缺、侵蚀危害等。亚级用英文小写字母表示，附在适宜级符号之后。高度适宜级（S_1）无明显限制因素，因此不设亚级。在实际工作中，设置亚级一般可遵循两条原则：

土地适宜亚级

（1）亚级的数目愈少愈好，只要能区分开适宜级内不同质量的土地（经营管理条件有明显差别及针对限制因素进行改良的可行性不同的土地）即可。

（2）对于任何亚级而言，在符号中应尽可能少用限制因素。一般只用一个（偶尔用两个）字母就够了，如果可能，只列出主要符号（决定亚级的符号）。如果两种限制因素同样重要，就同时列出。

不适宜纲内的土地也可按其限制性划分为亚级，但是实际上这种划分是没有必要的，因为这种土地不投入经营使用，同样也没必要再将其划分为适宜单元。

（四）土地适宜单元

土地适宜单元是适宜亚级的续分，每一适宜亚级内的所有适宜单元具有同样程度的适宜性和相似的限制性。不同适宜单元之间在生产特点或经营管理要求的细节方面是不同的。适宜单元用阿拉伯数字表示，置于适宜亚级之后，如 S_{2-1}、S_{2-2} 等。

二、土地适宜性评价程序

土地适宜性评价程序如图 5-2 所示。

（一）土地用途的确定

土地用途的确定是评价工作的前提，所有的评价都是针对指定的土地用途而进行的。土地用途的确定可以根据当地的实际情况，因地制宜地加以确定，也可以根据规划目标的要求进行设定。

（二）土地评价单元的划定

土地评价单元是土地质量性状相对一致的地段。不同的评价目的、不同的土地用途或不同的土地利用方式有其不同的评价单元，农业土地评价单元的划分主要考虑土地的自然特征与社会经济特征的一致性，而建设用地评价单元的划分则主要考虑土地的区位特征。在为土地利用规划而进行的评价中，评价单元有三种类型：①以土壤类型作为评价单元；②以土地类型作为评价单元；③以土地利用现状图斑作为评价单元。

（三）土地用途对土地质量的要求

土地用途对土地质量的要求通常包括土地的自然条件与社会经济条件，如农业土地主要考虑农作物的生态要求、经营管理要求、生态环境保护要求及区位与投入水平等。非农业建设用地则主要考虑土地的区位、建筑立地条件、环境条件、交通条件等。

（四）土地评价因子赋分

土地用途确定之后，选择不同用途的土地质量因子，编制土地质量因子分级表，据以对不同评价单元的土地质量因子赋分。

（五）土地用途与土地质量比配

把土地用途及其对土地质量的要求与土地评价单元的评价因子分值和之间加以比配，依据土地评价分类系统确定土地评价单元的等级。

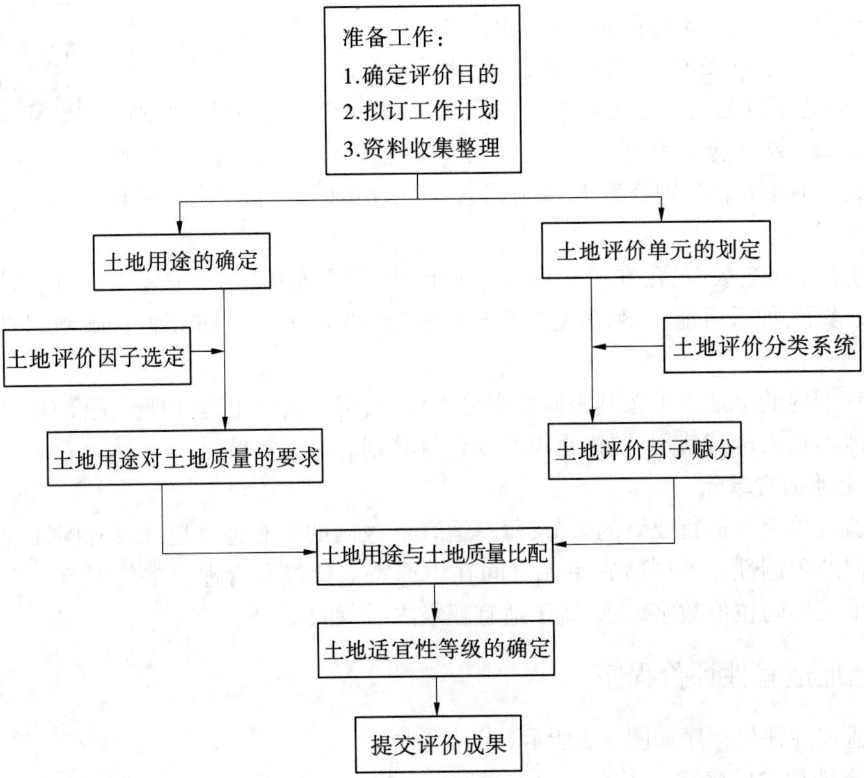

图 5-2　土地适宜性评价程序

三、土地适宜性评价方法

土地适宜性评价时，常用指数法。指数法是一种综合定量比较方法，又可称为多目标决策方法，即将不同计量单位转化为统一计量单位，将多目标转化为综合的单目标，再据其数值加以综合评价。

由于参评因子对土地质量等级具有不同的重要性（权重），一般来讲，土地适宜性评价中确定参评因子的权重显得尤为重要和复杂。常用参评因子权重的确定方法有经验法（又称特尔斐法）和标准回归系数法等。

（1）经验法。此法的实质就是以有经验的专家为索取信息的对象，对专家们提出的参评因子的权重加以分析、整理、综合，经几次反复，使经验法确定的权重趋于一致。

（2）标准回归系数法。此法是借助于土地质量与参评因子之间建立的回归方程中的回归系数，经标准化和归一化后，最终确定参评因子的权重。

将土地质量或表示土地质量的其他因素，如农作物产量作为因变量（Y），土地质量的参评因子为自变量（X_i），建立多元回归方程：

$$Y = \beta_0 + \beta_1 X_1 + \beta_2 X_2 + \cdots + \beta_n X_n \tag{5-1}$$

式中　β_0——常数项；

$\beta_1, \beta_2, \cdots, \beta_n$——回归系数。

回归系数标准化的公式为

$$\beta_i' = \beta_i \frac{S_X}{S_Y} \tag{5-2}$$

式中　S_X——X 的标准差，$S_X = \sqrt{\dfrac{\sum X^2}{n-1}}$；

S_Y——Y 的标准差，$S_Y = \sqrt{\dfrac{\sum Y^2}{n-1}}$；

β_i——标准回归系数。

依据标准回归系数计算参评因子的可比权重 W_i：

$$W_i = \frac{\beta_i'}{\sum \beta_i'} \times 100\% \tag{5-3}$$

在此基础上，计算土地评价单元的加权指数和，依据各等级土地的指数和确定评价单元的土地适宜性等级。

任务三　土地生产潜力评价

土地生产潜力评价

土地生产潜力是指在一定的技术投入条件下，土地所具有的潜在生产能力和提供效用的能力。它是比较不同类型土地之间生产力水平差异的基础。土地生产潜力通常被定义为由绝对（或相对）产量或者由一个产量级表示的特定作物的多年平均产量。土地潜力评价按其评价对象可分为农业用地生产潜力评价与非农业建设用地利用潜力评价；按土地利用状况划分，土地潜力评价包括已利用土地的潜力评价与后备土地资源的潜力评价。为满足规划的需要，后备土地资源的潜力评价不仅包括未利用土地中可开发利用土地、工矿废弃地和零星闲散地等的潜力评价，也包括已利用土地方式不合理且需调整的土地潜力评价。

评定土地生产潜力的方法主要如下。

一、经验公式法

（一）迈阿密模型（Miami Model）

迈阿密模型根据年平均温度和降水量来估算生物生产量，有温度生产潜力模型（Ⅰ）和降水生产潜力模型（Ⅱ）。

温度生产潜力模型（Ⅰ）：

$$Y = \frac{3\,000}{1 + e^{1.315 - 0.119t}} \tag{5-4}$$

降水生产潜力模型（Ⅱ）：

$$Y = 3\,000(1 - e^{-0.000\,664P}) \tag{5-5}$$

式中　Y——生物生产量，$g/(m^2 \cdot a)$；

t——年平均温度，℃；

P——年降水量，mm。

当应用式(5-4)、式(5-5)计算同一地区土地生产潜力出现不同数值时，取其低者作为土地的气候生产潜力。

(二)桑斯维特纪念模型(Thornthwaite Memorial Model)

桑斯维特纪念模型是依据蒸散量模拟陆地生物生产量的一种方法,公式为

$$Y = 3\,000[1 - e^{0.000\,969\,5(E-20)}] \tag{5-6}$$

式中 Y——生物生产量,g/(m^2 · a);

E——年实际蒸散量,mm。

因蒸发量受太阳辐射、温度、降水、饱和差、风等环境因子的影响,此模型较迈阿密模型更准确。

(三)格思纳-里思模型

格思纳-里思模型是根据生物生产量与生长期长度之间的相关关系推测产量的一种方法,公式为

$$Y = -157 + 5.17S \tag{5-7}$$

式中 S——光合作用季节的日数。

二、理论计算法

土地生产潜力是由土地肥力决定的,即由光、热、水、养分等土地肥力因子与作物本身的光合作用过程形成土地生产潜力,可将土地生产潜力依次分为光合生产潜力、光温生产潜力、气候生产潜力和土地生产潜力四个层次。这些生产潜力分别代表了不同的生产水平。光合生产潜力是产量的理论上限,是生产潜力的最高层次,具有空间分布特征;光温生产潜力是投入水平下特定作物可能达到的作物产量上限;气候生产潜力是自然降水条件下可能达到的作物产量上限;土地生产潜力是作物实际可能实现的产量水平。它们都具有时空分布的特征。由光合生产潜力到土地生产潜力是倒置金字塔排列。

(一)光合生产潜力

光合生产潜力是假定影响作物生长发育的四个环境因素中,除阳光外其他三个因素不影响产量形成(处于理想状态),而仅由阳光这一因素决定的生产潜力。阳光在这里与光合有效辐射是同义语。美国的卢未斯(Loomis)和威廉姆斯(Williams)公式为

$$Y = 0.154Q \tag{5-8}$$

式中 Y——光合生产潜力,g/(m^2 · d);

Q——总辐射,为到达地面的直接辐射与散射之和,J/cm^2。

光合生产潜力是一个理论值,在目前的大田生产条件下尚达不到,只有在植物的生活环境得到全面改善的控制下方能实现。因此,光合生产潜力是作物产量的上限。

(二)光温生产潜力

光温生产潜力是指作物在水肥条件保持最适宜时,由光、温两个因子共同决定的产量。它是高投入水平下特定作物在一地可能达到的作物产量上限。

1. 瓦赫宁根法(Wageningen)

瓦赫宁根法的前提条件是当前作物和水分管理标准很高、水分和营养没有限制、病虫害很轻的条件下作物所能获得的最高产量。其计算公式为

$$Y = K \cdot CH \cdot CT \cdot G[F \cdot Y_a + (1 - F)Y_b] \frac{ET_m}{e_a - e_d} \tag{5-9}$$

式中　Y——光温生产潜力；

K——作物种类校正系数；

CH——经济产量校正系数；

CT——温度校正系数；

G——农作物生育天数；

F——日间阴天所占比例；

Y_a——一定地区某种标准作物在一全阴天里干物质生产率；

Y_b——一定地区某种标准作物在一全晴天里干物质生产率；

ET_m——最大蒸散率；

e_a——平均饱和水汽压；

e_d——平均实际水汽压。

瓦赫宁根法的特点是：在一定地区选定标准作物，确定其他作物与标准作物产量的关系，即在求得标准作物生产潜力的基础上可求得其他作物的生产潜力。

2. 农业生态区法(Agro-Ecological Zone，AEZ)

农业生态区法为联合国粮食及农业组织推荐采用的计算作物光温生产潜力的方法。每个农业生态区内的土地自然特性基本一致，是以标准作物为基准，然后分别进行作物种类与温度校正、发育时间与叶面积校正、净干物质产量校正及收获指数校正。总的来说，一种高产的、气候适应的作物的光温生产潜力的计算公式分别为

当 $Y_m \geq 20\ \mathrm{kg/(hm^2 \cdot h)}$ 时，有

$$Y_{mp} = CL \cdot CN \cdot CH \cdot G[F(0.8 + 0.01Y_m)Y_0 + (1 - F)(0.5 + 0.025Y_m)Y_e]$$

当 $Y_m < 20\ \mathrm{kg/(hm^2 \cdot h)}$ 时，有

$$Y_{mp} = CL \cdot CN \cdot CH \cdot G[F(0.5 + 0.025Y_m)Y_0 + (1 - F)(0.5Y_m)Y_e]$$

式中　Y_{mp}——作物的光温生产潜力；

CL——作物叶面积校正数；

CN——干物质生产校正数，当平均温度<20 ℃时，为0.6，当平均温度>20 ℃时，为0.5；

CH——作物收获指数校正数；

G——全生育期日数；

F——白天中阴天所占比重；

Y_m——一定气候条件下某作物叶片的最大干物质总产率；

Y_0——一定地区某种标准作物在一全阴天中的总干物质生产率；

Y_e——一定地区某种标准作物在一全晴天中的总干物质生产率。

光温生产潜力经过人为努力是可以实现的，它是水浇地作物产量的上限。

(三)气候生产潜力

气候生产潜力是在实际存在的气候条件下，采用先进的栽培管理和施肥技术，充分利用自然的气候资源(太阳辐射、温度、降水)所能获得的产量。气候生产潜力是对光温生产潜力进行水分校正，在考虑光、温因子的同时，进一步考虑降水对产量形成的贡献。它是优化管理及自然降水条件下一地可能达到的作物产量上限，是旱地作物的产量上限。其计算公式为

$$Y = Y_{光温} \cdot F_{\omega} = \left(\frac{0.123Qn}{365}\right) \cdot F_{\omega} \tag{5-10}$$

式中 Y——气候生产潜力,kg/hm^2;

$Y_{光温}$——光温生产潜力,kg/hm^2;

F_{ω}——水分校正系数;

n——无霜期天数,d;

Q——光合潜力值,J/cm^2。

在评价水分供应条件优劣时,除考虑降水外,还应考虑蒸发力。在相同降水条件下,因蒸发力不同,对作物的作用也不同。如果降水与蒸发力的差值小于当地径流深度,表示降水大于蒸发力,因为有径流产生,但又不过湿,这对作物生长最有利,即水分条件下不影响光温生产潜力的发挥,取 $F_{\omega}=1$;当降水大于蒸发力与径流深度之和时,则过于湿润,反而影响产量形成,取 $F_{\omega}<1$;当降水小于蒸发力时,作物或多或少实际处于缺水状态, F_{ω} 值可直接使用降水与蒸发力的比值。

(四)土地生产潜力

土地生产潜力是大田生产条件下的现实生产力,是在气候生产潜力的基础上进行土壤肥力的函数订正。其公式为

$$Y_n = Y_0 \cdot f(n) \tag{5-11}$$

式中 Y_n——土地生产潜力,kg/hm^2;

Y_0——气候生产潜力,kg/hm^2;

$f(n)$——土地质量影响函数。

土地生产潜力是在一定管理条件下可能达到的作物产量,由于接近现实生产力,也称为土地自然生产潜力。土地生产潜力是由光、温、水、土等条件综合作用所决定的,根据土地生产潜力分层衰减的“倒金字塔”模型,土地生产潜力可直接用土地生产力指数对光温生产潜力或气候生产潜力加以订正而获得。确定土地生产潜力的关键在于土地生产力指数的计算。

土地生产力指数是一种重要的土地质量等级的表示方法,它是对某一特定土地用途而言的,所评价的土地相对于最佳土地的自然生产力,这种与最佳土地的单位面积产量相比的相对产量通常以百分数或小数(取值范围为 0~1)表示。

确定土地生产力指数的方法有产量法、类别法、参数法和模型法。产量法是指直接评定土地单元产量或收益,确定土地单元与产量的关系,不用考虑土地单元的质量,进而根据土地单元的标准产量,相互对比转换为土地生产力指数;类别法是一种以定性为主的土地评价方法,以土地生态类型划分为基础,将土地作为一个功能整体,综合分析土地各要素之间的相互作用、相互联系,分析系统物质和能量的转入、转出与转换,由此决定该土地类型所应划归的土地质量等级;参数法是依据有关土地特性和其他社会经济因素特征,并根据在其内部或相互之间的重要性分别给出数值,以数字代替评价要素,产生性能指数,最后得到土地等级,用以反映土地质量的高低;模型法是通过土地质量和土地因素之间的数学模式,对土地进行分类与评价。

任务四 土地人口承载力评价

土地人口承载力又称土地承载力或资源承载力。它是指一定地区的土地所能持续供养的人口数量。随着当今世界人口、资源、环境之间的矛盾日益尖锐,如何协调人口、资源、环境之间的关系,合理地开发利用土地及其他资源成为十分紧迫的问题。土地人口承载力的研究正是从三者之间的关系入手,研究生产与生态、土地资源开发利用与保护的关系。

土地人口承载力研究是熔评价、规划、预测为一炉的综合研究,它以土地适宜性评价为基础,以土地生产潜力为核心,以人口资源和环境协调发展为目标,其研究流程如图 5-3 所示。

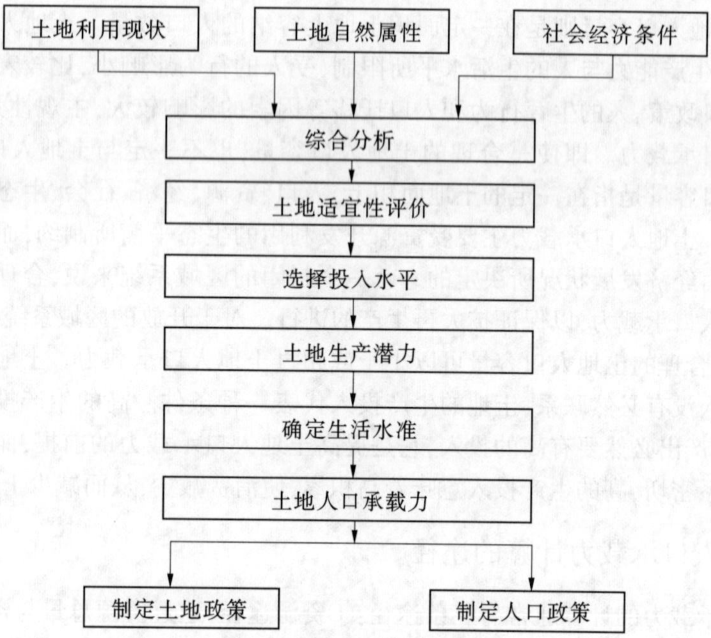

图 5-3 土地人口承载力研究流程

一、土地人口承载力的基本概念

(一)土地生产能力不是土地生产潜力

土地生产潜力是根据生产条件与农业生物产量的形成机制,从理论上对土地生产能力可能达到产量的估算,而土地生产能力是土地现实的或在预定的时间内达到的实际生产力。土地生产潜力主要受制于土地质量的影响,而土地生产能力是自然、人口、社会、技术、经济条件等相互作用、相互制约的产物。土地质量相同,具有相同的土地生产潜力,有时却因劳动者不同质量的经营、土地开发利用水平差别,使之有不同的土地生产潜力。土地生产潜力从光合生产潜力、光温生产潜力、气候生产潜力直至土地生产潜力,依次考虑温度、水分、土肥条件在农业生物生产量形成中的衰减作用,其产量值依次减少。而土地生产能力则随着灌溉条件、耕地施肥条件、保温条件的实施,它可以超过土地的农业生态潜力和气候生产潜力,逼近土地光温生产潜力。

(二)人的生活需要与人的生活水平不同

人的生活需要是人们为了生存所必需的需求量,而人的生活水平是由经济发展水平、经济收入、物资供应、生活消费习惯等多因素决定的。就食品消费而言,人们生长发育的营养需要是根据营养学理论和研究具体确定的,它是一个定值,而人的食品消费水平则不同,经济发展快、收入多、物资供应充足、服务设施完善,则消费水平高。生活消费水平可以超过人的需要量,人均生活水平是一个动态值。人对生活质量的要求不同,人的生活需要与人的消费水平也具有不同的内容,应当用发展的观点来考察和处理两者之间的关系。

(三)土地人口承载力不能与土地人口容量相提并论

土地人口承载力是指在未来不同的时间尺度上,以预期的技术、经济和社会发展水平及与此相适应的物质生活水平为依据,一个区域利用其本身的土地资源所能持续稳定供养的人口数量;而土地人口容量则是在一定面积土地上容纳的人口数量。土地人口承载力相对稳定,它受土地生产能力与人的生活水平所限制,受人的行为影响小,比较宏观。而土地人口容量则受人口政策、人的生育行为和人口迁移等因素的影响较大,主观性强,它可以大于或小于土地人口承载力。即使是合理的土地人口容量,也不一定与土地人口承载力相符。合理的土地人口容量是指在一定的土地面积上,人口、资源、经济、社会、生态协调发展前提下的人口规模。土地人口承载力主要受资源开发利用的生态平衡所制约,而合理的土地人口容量主要是由经济发展状况所决定的。就一个封闭的区域系统来说,合理的土地人口容量应小于土地人口承载力,以保证扩大再生产的进行。对于开放的区域系统,经济贸易有着很重要的意义,合理的土地人口容量可以小于或超过土地人口承载力。土地人口承载力与土地的生产投入没有必然联系,土地的生产投入代表一种条件。高的生产投入不一定有高的产出,但高的产出必然要有高的投入,它是提高土地人口承载力的前提,而土地人口容量与生产投入联系密切,高的生产投入意味着高积累,使消费减少,从而减少土地的人口容量。

二、土地人口承载力计算的途径

土地人口承载力的计算通常有三条途径:①资源途径,通过资源总量与资源的人均占有需求量下限的比例来求取。②环境途径,通过环境自净能力与人均排污、制污能力(扣除人工净化后)的平衡来计算。③生产途径,通过土地的物质生产能力与一定的人均消费标准来得出结论。目前,仍以生产途径为土地人口承载力计算的主要途径。

由于土地上生产的物质多种多样,用生产途径求取土地人口承载力的计算方法也多种多样,其中最简捷和准确的方法应该以粮食为约束条件,通过土地粮食消费标准来求取土地的人口承载力。其依据是:①民以食为天,农业是国民经济的基础,粮食又是基础的基础。粮食具有广泛的社会经济联系,同人类的需要密切关联。②在可预计的时期内,土地是人类获取食品最重要的资源,土地生产粮食具有不可替代性。③粮食作为土地的第一性生产,受自然规律约束,其上限为光温生产潜力,是不以人们的主观意志为转移的。

三、土地人口承载力的确定方法

目前,土地人口承载力的确定方法归结起来主要有三种。

(一)以粮食为标志的人口承载力

以粮食为标志的人口承载力是通过计算一定地区土地所能生产的粮食能养活多少人口

来推算土地的人口承载力。计算公式为

$$P = \frac{Y}{L} \tag{5-12}$$

式中　P——土地人口承载量；

Y——该地区土地可生产的粮食总量；

L——人均生活水准量。

总产量的确定一般是在土地适宜性评价的基础上根据其适宜的土地利用方式及可能达到的投入水平综合确定的。

（二）农业生态区法

农业生态区法是通过对每一个具有相同气候和土壤的同质农业生态区的土地生产潜力进行估算，来确定在不同投入水平和生活水准条件下土地的人口承载力。具体来讲，通过气候图和土壤图叠加生成农业生态单元和农业生态区，计算农业生态单元的土地生产潜力，最后按照人对粮食及其他农产品提供的热量和蛋白质的需求，给出最优种植结构及相应的农业产出，得出每公顷土地所能承载的人口数量。

（三）系统动力学法

系统动力学法是通过建立系统动力模型，模拟不同策略下人口变化与承载力之间的动态变化，从整体上来反映人口、资源与环境的关系。英国马尔科姆·斯莱塞（Malcom Slesser）教授提出的资源承载力估算的系统动力学法，将人口、资源、环境与发展之间的相互关系纳入今后发展规划，通过建立系统动力学模型，模拟不同的策略下，人口与资源承载力之间相互关系的动态变化。系统动力学主要用于分析研究复杂大系统的内部结构，内部结构不仅包括其组成部分的子结构及相互关系，而且更重要的是包括系统内部的反馈环的结构及其相互作用的关系。系统的动态行为正是由这些主要反馈回路及其相互之间的作用决定的。

运用系统动力学研究土地承载力，首先对土地资源承载力组成要素进行深入的研究分析，在此基础上找出决定土地资源承载力的主要因素，进一步分析该因素之间的相互作用即因果关系，而后画出各个变量之间的因果关系图，以此为框架勾绘出系统动力学流程图（系统流图）。它是整个模型的直观表象，也是建立 Dynamo 方程的基础和依据，最后参照系统流图研究流位变量、流率变量和辅助变量及其他一些参数和函数，写出系统动力学方程，即建立土地资源承载力模型，经上机调试运算后，便可得出土地资源承载力动力系统的一系列仿真模型。对这些结果进行比较分析，评价各种决策方案的优劣，进而提出适于社会经济发展的政策措施。

小　结

土地资源质量评价是土地利用规划的重要内容。本项目主要介绍土地质量评价的概念、土地适宜性评价的概念、土地生态评价和土地人口承载力评价的概念，以及土地适宜性评价与土地生产潜力评价的方法。

土地资源评价又可称土地评价，是在土地资源调查、土地类型划分完成以后，在对土地各构成因素及综合体特征认识的基础上，以土地合理利用为目标，根据特定的目的或针对一定的土地用途来对土地的属性进行质量鉴定和数量统计，从而阐明土地的适宜性程度、生产潜力、经济效益和对环境有利或不利的后果，确定土地价值的过程。

案　例

基于“双评价”技术，借助 ArcGIS 平台对某省农业生产适宜性进行评价

某省位于中纬度欧亚大陆东侧，属于温带季风气候，四季分明，雨热同季，地势由西北向东南倾斜，呈现明显的东南低、西北高的特征。该省土地资源空间差异比较显著，表现为“东林、中农、西牧”的格局。

评价过程：

(1)土地资源评价指标体系。面向农业生产适宜性的土地资源评价是指土地资源适宜于农业生产的程度，以农业耕作所要考虑的地形条件、气候条件和土壤条件为主要指标，参考“双评价”技术指南，从地形条件、土壤条件、气候条件三个方面选取坡度、土壤粉砂含量、土壤类型、年平均气温4个因子，对某省土地资源农业生产适宜性进行评价。评价指标体系见表5-2，对各评价因子打分，按适宜程度高低分别赋予9分、5分、1分，分值越高，适宜性程度越好。

土地适宜性评价农用地的坡度评价

表 5-2　评价指标体系

因素	评价因子	分级标准	打分
地形条件	坡度(°)	0~6	9
		6~15	5
		>15	1
土壤条件	土壤粉砂含量(%)	20~40	9
		40~50	5
		>50	1
	土壤类型	棕壤	9
		水稻土	5
		盐碱土	1
气候条件	年平均气温(℃)	<0	9
		0~15	5
		>15	1

(2)指标权重的确定。根据专家意见构建层次分析判别矩阵，计算各因子权重，得到各因子的权重因子表，见表5-3。

表 5-3 权重因子体系

因素	权重	评价因子	权重	综合权重
地形条件	0.4	坡度	1	0.4
土壤条件	0.5	土壤粉砂含量	0.7	0.35
		土壤类型	0.3	0.15
气候条件	0.1	年平均气温	1	0.1

(3)土地资源农业生产适宜性评价。获得各指标因子的权重后，在 ArcGIS 10.8 平台支持下实现多因子复合分析，得到某省土地资源农业生产适宜性评价结果，将农业生产的土地资源等级按照从高到低区分为适宜、较适宜、一般适宜、较不适宜、不适宜五个等级。

(4)评价结果修订。根据我国发布的农业耕作条件可知，在我国土地坡度大于25°的地方不允许种植农作物。因此，最后要对得到的农业生产适宜性评价结果进行修订，将坡度>25°的区域修订为不适宜区。另外，由于城区、河流和湖泊及水库水面区域不具备农业耕作条件，在进行农业生产功能指向的土地资源评价时，直接将这些区域修订为不适宜区。

案例小结

基于 ArcGIS 软件，运用综合评定方法实现农用地适宜性评价，体现现代技术与实际相结合。对影响农用地的各项因素划分，按照权重赋分综合评定，根据各项得分得出对于影响农用地的各项因素的排序，为该地区农用地适宜性评价做出判断，进行最优布局。

■ 思政小课堂

国土空间规划“双评价”

2018 年，习近平总书记在深入推动长江经济带发展座谈会上提出，在开展资源环境承载能力和国土空间开发适宜性评价的基础上，抓紧完成长江经济生态保护红线、永久基本农田、城镇开发边界 3 条控制线划定工作，科学谋划国土空间开发保护格局，建立健全国土空间管控机制。习近平总书记的重要讲话不仅明确了“双评价”在国土空间保护与开发中的基础性作用，也进一步确定了其在我国国土空间规划编制中的地位。

“双评价”在主体功能区研究中首次提出并得以应用，是中国人文与经济地理学家面对新时期国家发展需求，对人地关系地域系统理论开展的创新性研究与应用。通过综合分析自然本底条件和区域空间结构关系，“双评价”科学评估区域对不同人类活动的适宜程度，为主体功能区划、规划、战略和基础性制度的制定起到了有力支撑。随着可持续发展不断推进，“双评价”研究也在不断深化完善。

（引自周道静，徐通，王亚飞等《国土空间格局优化中的“双评价”方法与作用》）

习题演练

单选题

判断题

项目六 土地供需预测

知识目标

1. 熟悉预测的基本程序。
2. 掌握土地利用规划基础数据预测的对象和方法。
3. 理解和掌握土地需求量预测的基本原理。
4. 掌握土地资源潜力分析的内容和方法。

能力目标

1. 培养学生在弄清楚土地需求量预测的实质基础上,运用恰当的方法和手段,进行基础数据预测和各类土地需求量预测。
2. 能够通过土地供需平衡分析找出供需问题。

素质目标

1. 培养学生分析和解决土地供需预测中存在问题的能力。
2. 提高学生的动手实践能力。
3. 提高严谨细致、规范操作的意识。

项目重点

1. 人口数据预测方法。
2. 农用地和建设用地需求量预测的内容和方法。
3. 土地利用潜力分析的内容。
4. 土地供需平衡分析的基本原理。

项目难点

1. 人口数据预测方法。
2. 农用地和建设用地需求量预测的内容和方法。

任务一 预测概述

一、预测的概念

预测是指预先或事先的推测或估计。预测是人们利用已经掌握的知识和手段,预先推知和判断事物未来或未知状况。

预测作为一个系统,包括预测对象、预测者和预测手段三个主要组成元素。由于客观系统的发展过程是复杂多变的,而现有的理论和方法还不完善,所以预测不可能完全与未来的情况吻合。因此,需要根据系统发展的新情况,随时进行调整和修改。

预测的作用在于:第一,帮助人们认识和控制未来的不肯定性,使人们对未来的无知降到最低限度;第二,使计划的预期目标同可能变化的周围环境与经济条件保持一致;第三,事先了解计划实施后可能产生的结果。

预测是土地利用管理的重要手段。预测是人类合理的创造性活动的起点,经过计划、决策和组织等步骤使其得以实施。预测和决策不同,预测侧重于对客观事物的科学分析,为决策提供各种可能的方案;而决策则要根据利用的时机和条件在多种方案中选择最佳方案。预测和计划有着密切的联系,预测重视科学依据,提供的是参考方案,是计划的科学工具;而计划则有明显的指令性质,提供的是执行方案,更重视领导艺术。因此,预测、决策和计划是一个有机整体,它们之间存在着严格的程序,预测应在决策之前,计划则在决策之后。计划是预测、决策在时间上的安排、在空间上的布局。预测是计划、规划的重要依据和手段。

土地利用规划作为土地利用的重要决策过程,科学、准确的预测起着不可替代的作用,它是编制土地利用规划的基础,同时也是评价规划的重要手段。

二、预测程序

土地预测研究必须遵循一定的工作程序。预测工作程序又随着预测的目的和所采用的预测方法的不同而有所区别,但一般来讲,可以参考下列预测工作程序。

(一)确定预测目的

在开展预测工作之前要根据社会要求、数据资料等确定预测的目的、对象、内容,提出预测的课题。土地预测的目的要对于预测地域的未来土地利用结构比例、农用地(包括耕地面积)和非农用地的规模等作出预计和推测,以指导当前土地资源管理工作和控制未来的土地利用。

(二)制订预测计划

预测计划的内容应包括预测工作组织领导、收集资料的途径和方法、预测期限(近期为1~2年,中期为3~5年,长期为5年以上)和预测范围(如省、市、县等)。其中,预测期限的长短与资料的收集和预测方法的选择有密切的关系。

(三)收集基础资料

基础资料的收集是做好预测工作的前提。要求收集与预测目的有关的大量背景资料,包括科学技术、经济生产和社会文化等方面的资料。预测基础资料包括纵向资料(如历年数据、历史演变数据和现状动态数据等)和横向资料(如同一预测对象的各种分组数据资料、不同预测对象的同一类基础数据等)。若资料残缺不全,则可应用重点调查、典型调查和抽样调查方法加以补全。此外,还要收集国内、国外同类预测的研究成果。

(四)检验现有资料

对资料的统计指标口径、指标核算方法、统计时间、价格的计算、计算单位等逐项进行复查,若发现有不一致的地方,应当作出必要的调整和统一。对于历史资料残缺不全之处,应当设法填缺补齐,以保证资料的连续性和完整性。

此外,还必须对现有资料进行科学的分析,运用辩证唯物主义的基本原理,吸收其中各种有益的数据,在推理判断的基础上发现所预测现象的结构变化机制和内在规律性。

(五)选择预测方法,实施预测过程

根据预测目的、占有资料、精度要求和预测费用等情况,选定合适的预测方法和模型实施预测,可采用多种预测方法进行,以互相验证。

(六)分析预测误差,评定预测结果

预测往往同实施不符而产生预测误差。预测误差的大小决定着预测的可靠性程度。若误差大,就需要分析产生误差的原因,从而改进预测方法和修改预测数学模型,使预测结果尽可能符合和接近实际,确保预测成果的质量。

预测研究工作程序如图6-1所示。

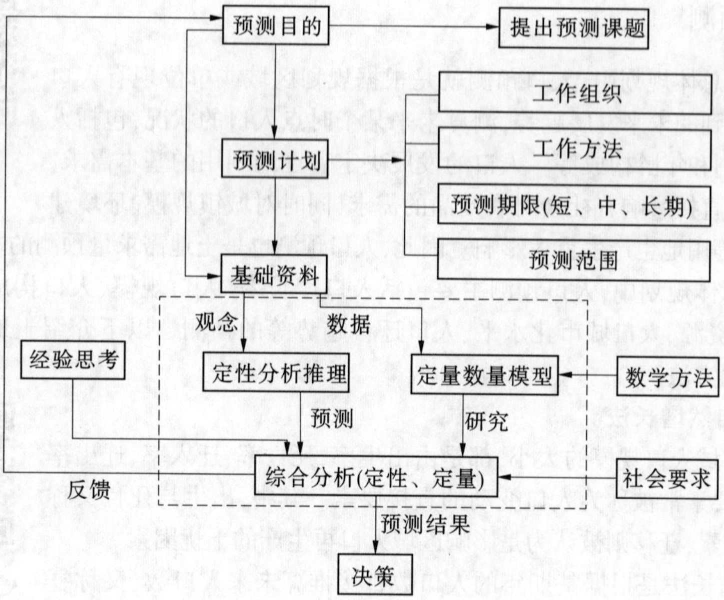

图6-1 预测研究工作程序

三、预测方法

预测方法一般分为定性预测、定量预测和综合预测三种。

定性预测主要根据预测对象的性质、特点、过去和现状的延续情况等,对土地进行非数量化的分析,然后根据这些分析,对土地利用的未来发展趋势作出预测和判断。定性预测是依靠人们的主观判断来取得预测的结果。在定性预测方法中,常用因素分析法。例如,对城镇建设用地发展趋势分析时,就要依据城市人口增长、改善城镇环境的要求、城市职能综合化、城镇人民生活设施水平的提高等项因素,参考过去和国外类似因素的变化幅度,在此基础上推断其未来发展趋势。

定量预测主要是通过建立数学模型和应用电子计算机运算,对土地利用进行定量分析,然后根据这种分析,对未来土地利用的发展趋势作出预测和判断。这种方法不直接依靠人们的主观判断,而主要依靠充分的历史资料,计算出未来土地利用可能出现的结果,因此定量预测一般比定性预测精确。定量预测所用的方法主要是各种数学模型。

综合预测主要是指两种以上方法的综合运用。这种综合有时是定性方法和定量方法的综合,有时是定量方法和定量方法的综合。但在大多数情况下,是定性方法和定量方法的综合,这种预测兼有定性预测和定量预测的长处,因此预测方法更加灵活,预测结果精度和可靠性更高。

任务二　基础数据预测

土地需求量与人口规模、消费水平、经济发展水平、城市化水平和作物产量等项因素有着密切的联系。因此,在具体进行土地需求量预测之前,应先对上述相关因素进行预测。

一、人口预测

人口预测

在土地利用总体规划中,人口预测就是根据规划区域或单位现有人口状况和可以预计到的未来发展趋势,测算未来某个时点人口的状况,包括人口数量、人口性别和年龄构成等。人口的发展决定着土地利用的基本需求。人口规模及结构直接影响着社会对农产品的需求,同时对城镇规模、环境建设和交通、旅游等用地也产生重大影响。因此,人口预测也是土地需求量预测的基础。

土地利用总体规划中,人口预测主要包括人口增长率、人口规模、人口构成、人口分布、消费人口、劳动资源、人口城市化水平、人口迁移趋势等的预测。以下介绍土地利用规划中常用的人口预测方法。

(一)人口自然增长法

人口自然增长法

人口自然增长率

任何一个区域人口规模的大小,都是由出生率、死亡率、迁入率、迁出率决定的,这4个要素常被称为人口变动的直接要素。其中,出生与死亡又称为人口再生产要素,迁移则被认为是影响区域人口再生产的干扰因素。

人口自然增长法是根据基期年的人口数直接推算未来人口数,又称复利公式。使用这种方法的前提条件是,规划区域的人口数基本上按照一定比例增长,并假定该地区人口今后仍按此平均增长率继续增长下去,这样即可推算规划年的人口数。人口自然增长法包括人口自然增长和人口机械增长两个部分。

人口自然增长是指一个地区人口的自然增长,是由出生率和死亡率共同决定的。回顾历史,世界人口数量变化的总趋势是不断增长的,但是不同的历史时期,人口数量增长的特点不同。人口自然增长预测宜由卫生和计划生育部门为主进行。人口自然增长率应根据计划生育政策,分析多年来的自然增长情况予以确定。

人口机械增长是指一国或一地区在一定时期内(通常为一年)由于人口迁入和迁出而引起的人口数量变化。人口机械增长预测应根据公安部门统计的多年人口实际净迁入(出)数量,并分析影响人口机械增长的因素予以确定。机械增长基本上不是一个自然变量,而是受控于户籍受理部门的人口控制计划。

人口自然增长法的计算公式为

$$P_t = P_{t_0}(1 + K)^{(t-t_0)} + (c - d) \tag{6-1}$$

式中　P_t——规划年人口数;

P_{t_0}——基期年人口数；

$t-t_0$——预测年期；

K——人口自然增长率；

c——规划期内迁入人数；

d——规划期内迁出人数。

【例 6-1】 某地区 2019 年人口数为 100.15 万人。若按 2019 年自然增长率 4.0‰计算（迁移增长率略而不计），要求预测 2025 年总人口。若要将 2025 年人口控制在 103.5 万人之内，试求人口自然增长率应控制在多少？

解 $$P_{2025}=P_{2019}(1+K)^6=100.15\times(1+4.0‰)^6=102.58(\text{万人})$$

$$K=\sqrt[n]{P_t/P_{t_0}}-1=\sqrt[6]{\frac{103.5}{100.15}}-1=5.50‰$$

答：预测 2025 年总人口为 102.58 万人；若将 2025 年人口控制在 103.5 万人之内，人口自然增长率应控制在 5.50‰。

若要考虑到未来社会经济发展等因素对人口变动的影响，则可按预见到的趋势每年改变 K 值加以测算或隔几年改变一次 K 的数值，分段测算。

【例 6-2】 某地区 2016 年总人口为 80 万，据预测 2017~2021 年的自然增长率为 6‰，2022~2027 年的自然增长率为 4.8‰，据预测此后每年机械人口均增加 5 000 人，求 2027 年该地区的总人口（迁移增长率略而不计）。

解 $$P_{2021}=P_{2016}(1+K)^5=80\times(1+6‰)^5+0.5\times5=84.92(\text{万人})$$

$$P_{2027}=P_{2021}(1+K)^6=84.92\times(1+4.8‰)^6+0.5\times6=90.40(\text{万人})$$

答：2027 年该地区的总人口为 90.40 万人。

（二）劳动平衡法

劳动平衡法是在按一定比例分配社会劳动力的基础上建立的，其建模思想是将某个区域的总人口划分为基本人口、服务人口和被抚养人口三类，然后根据有关预测或资料确定出区域内的基本人口数，利用人口调查资料和类比等方法，确定出区域内的服务人口和被抚养人口的比例，在此基础上推算出区域内的人口总数。劳动平衡法一般适用于城市和城镇居民点的人口预测。

劳动平衡法的计算公式为

$$P=\frac{A}{1-(B+C)} \tag{6-2}$$

式中 P——规划年人口数；

A——基本人口数；

B——服务人口数占总人口的比重(%)；

C——被抚养人口数占总人口的比重(%)。

基本人口是指直接参加生产活动的劳动力人数，其数据可根据规划区域的社会经济发展计划加以计算汇总而得；服务人口是指从事行政管理和服务性行业的劳动力人数，它与居民的生活水平、生活福利设施的完善程度、居民点性质功能等因素有关；被抚养人口是指未成年或丧失劳动能力和没有参加生产活动的人数。基本人口、服务人口和被抚养人口构成可参考表 6-1。

表 6-1　不同城市人口构成

城市分类	人口规模(人)	人口构成(%)		
		基本人口	服务人口	被抚养人口
特大城市	100 万	27~32	21~26	42~52
大城市	50 万~100 万	28~33	20~25	42~52
中等城市	20 万~50 万	29~34	19~24	42~52
小城市	20 万以下	31~35	18~23	42~52
工矿区		31~36	17~22	42~52

(三)职工带眷系数法

职工带眷系数法适用于新建城市人口预测,是主要依据新建工业项目的职工数及带眷情况测算城市人口的方法。

计算公式为

$$P_t = P_0(1 + K) + P_1 \tag{6-3}$$

式中　P_t——规划年人口数;

P_0——带眷职工人数;

P_1——单身职工人数;

K——带眷系数,指每个带眷职工所带眷属的平均人数。

职工带眷有关指标可参照单身职工占职工总数比重 40%~60%,带眷职工占职工总数比重 40%~60%,非生产性职工比重 10%~20%,带眷系数为 3~4。

(四)模型法

人口预测是通过建立数学模型,借助计算机求解的方法进行的。大型的、完整而严格的人口增长模型,需要考虑众多因素对人口增长的影响,预测结果比较准确,但需要相关学科如人口学、城市规划、计算机等方面专家共同配合完成,在国内外已取得许多应用数学模型法预测人口的成果。

1. 一元线性回归模型

一元线性回归模型是假定在基期年以后的年份人口年增长保持稳定不变,其标准式为

$$y = a + bx \tag{6-4}$$

式中　y——规划年人口数;

x——年份;

a、b——系数,可通过由 x、y 构成的方程组求得

$$a = \frac{\sum x^2 \sum y - \sum x \sum xy}{N\sum x^2 - (\sum x)^2} \tag{6-5}$$

$$b = \frac{N\sum xy - \sum x \sum xy}{N\sum x^2 - (\sum x)^2} \tag{6-6}$$

其中,N 为样本数据的个数。

求得 a、b 后,即可建立一元线性回归模型,并借以预测规划区域总人口数。为了检验所建立的模型是否可用,应计算变量 x、y 的相关系数 r。相关系数 r 值为 $-1 \leqslant r \leqslant 1$,可决系数

$R=r^2$,其值为$0\leqslant R\leqslant 1$。根据相关系数或可决系数的大小,就可判断所建回归模型的优劣。一般来说,相关系数或可决系数越大,说明变量之间的相关关系越强或所建立的回归模型的拟合程度越好。

2. 多元线性回归模型

在分析研究中常常会发现,影响人口增长的因素很多,如工业总产值、人均收入、人均住房面积、居民点用地、能源消耗、食品消费等,无法找出一个重要因素却忽略其他因素的影响。在这种情况下,就要应用多元线性回归分析,在预测对象与众多影响因素之间建立一个方程以描述多个因素对人口增长的共同作用。

多元线性回归模型建立的步骤与一元线性回归模型大致相同,只是选择的回归模型不同,运算过程更复杂。多元线性回归方程的基本形式为

$$y = a + b_1x_1 + b_2x_2 + \cdots + b_nx_n = a + \sum_{i=1}^{n} b_ix_i \tag{6-7}$$

式中　y——因变量(预测对象);

x——自变量(影响因素);

a、b——回归系数。

建立多元线性回归模型的关键问题在于求出回归系数,即$a,b(i=1,2,3,\cdots)$。确定回归系数的原则仍然是最小二乘法原则,即剩余平方和最小。

3. 灰色系统 GM(1,1)模型预测

灰色系统理论将随机量当作是一定范围内变化的灰色量,按开集拓扑定义数列的时间测度,进而定义信息浓度;灰色模型是考虑残差 GM 模型的补充和修正后,进而变成微分模型。系统模型的建立,一般要经历思想开发、因素分析、量化、动态化和优化五个步骤,即五步建模。

二、城市化水平预测

城市化

城市化(又称都市化或城镇化)是指人类社会逐渐向城市方式的生存状态不断推进的过程。城市化一般包括以下三层内容:①一定地区城市人口占总人口的比例增加;②城市居民点数量的日益增加;③单个城市人口和用地规模日益增大。现代城市的成长、城市地域的扩展和加强是由整个社会产业结构和城市经济状况及文化面貌的新发展促成的。表现最突出的是第二、三产业的形成和聚集,人口的增殖和进一步的聚居。一般来说,城市化水平是区域经济发展程度的重要标志。农业专业化生产和农村劳动力过剩,导致城市化的形成;现代工业、商业和交通运输业的发展,加速城市化的进程。

(一)城市化指标及测度方法

城市化现象涉及范围广泛,对城市化进行测度并非易事。综合各方面的研究成果,目前确定城市化指标及测度方法主要有两种,即主要指标法和复合指标法。

主要指标法,是选择对城市化表征意义最强的又便于统计的个别指标,来描述城市化达到的水平。这种指标主要有两个:人口比例指标和土地利用状况。人口比例指标是城市人口占总人口的比例。其中,城镇人口占总人口的比例是最常用的城市化测度指标。因为人口比例比土地利用指标在表达城市成长状况方面更典型、深刻,更便于统计。土地利用指标,是从土

地性质和地域范围上来说明城市化水平的一个指标。测度方法主要是统计一定时间内非城市用地(如农业、草原、森林、海滩等)转变为城市用地(如工厂、商业、住宅、文教等)的比率。

复合指标法,是选用多种指标对城市的某项特征予以综合分析,以考察城市发展的不同侧面。复合指标法采用反映城市化水平的四方面指标:①规划区域的城市人口占其所在区域总人口的百分比;②人口密度,即单位城市土地面积的人口数;③城市(建成区)的大小;④城市(建成区)之间的平均距离。

城市(建成区)之间的平均距离为

$$S = 2\left(\frac{A}{N\pi}\right)^{1/2} \tag{6-8}$$

式中 S ——城市(建成区)之间的平均距离;

A ——规划区域的面积;

N ——规划区域内城市(建成区)的数量。

(二)城市化水平预测方法

城市化水平预测方法有商品粮供应率预测法、国民生产总值预测法、基建投资规模预测、农业人口转化预测法和多指标综合预测法。

1. 商品粮供应率预测法

商品粮供应率预测法的理论依据是农村人口转变为城镇人口、农业人口转变为非农业人口的规模和速度取决于农业生产水平和粮食商品率。

2. 国民生产总值预测法

国民生产总值预测法的理论依据是某地区的城市化水平与其相应的国民经济发展水平(国民生产总值、人均国民生产总值)之间存在相关性。根据有关参数建立回归模型,借以预测城市化水平,回归模型为

$$y = 40.551\lg x - 74.96 \tag{6-9}$$

式中 y ——城镇人口占国家总人口的比重(%);

x ——该国人均国民生产总值,美元/人。

相关系数 $r = 0.907\,9$,标准差 $s = 9.8$。

根据国际经验,人均国民生产总值为 1 000 美元时,城市化水平均超过 40%。根据我国目前实际情况,城市化水平定为 30%较合适。

3. 基建投资规模预测法

基建投资规模预测法的理论依据为,每位新增城镇人口平均基建投资为 6 000~7 000 元,若增加 1.6 亿人,则增加基建投资达 9 600 亿~11 200 亿元。按规划期 18 年计,每年需投资 545 亿~620 亿元,再将其与可能增加基建投资额相比,以确定新增城镇人口和计算城市化水平。

4. 农业人口转化预测法

农业人口转化预测法是根据城市人口的自然增长率、机械迁移人口数和农业人口转移为城镇人口数进行推算,其公式为

$$Y_n = Y_0(1 + r)^n + Cn + \left[A_0(1 + r)^n d - \frac{S}{t}\right]\beta R \tag{6-10}$$

式中 Y_n ——规划年城镇人口;

Y_0——基期年城镇常住人口；
C——机械迁移量；
n——预测年限；
r——人口自然增长率；
A_0——基期年农业总人口；
d——劳动力系数；
S——规划年耕地面积；
t——每个劳动力负担耕地面积；
β——剩余劳动力转化率；
R——带眷系数。

5. 多指标综合预测法

常采用农业生产发展水平预测（商品粮增长量预测和农业劳动力转移数量预测）、工业增长速度预测、国民收入增长率预测和基建投资数额预测等多指标综合预测法，根据预测结果加以综合，得出高、中、低三种方案，再结合其他相关因素，最终预测城市化水平。

三、食物消费水平预测

人类对食物的需求是维持生存的必要条件，没有一定数量食物的支撑，人就无法存活下去。消费水平预测归结为人口对食物需求量预测，为此，①确定每人每天（或每人每年）为维持正常生活所需的食物数量，如粮食、蔬菜、肉、鱼、蛋、油等数量。这种方法可从当地实际情况出发，但由于各地人民食品种类不一，计算缺乏统一标准。②计算每人每天应摄入的热量（kJ）、蛋白质（g）和脂肪（g），根据规划区域所需的热量、蛋白质和脂肪总量，依据各种食物的营养成分（热量、蛋白质和脂肪）折算成粮食、肉类、蔬菜等数量。这种方法具有统一量纲，便于比较。

《中国食物与营养发展纲要（2014—2020 年）》明确了到 2020 年食物与营养发展目标，从食物生产、食品加工业发展、食物消费、营养素摄入、营养性疾病控制等 5 个方面，细化了 21 个具体的、可考核的指标。其中，全国粮食产量稳定在 5.5 亿 t 以上，全国食品工业增加值年均增长速度保持在 10%以上，人均年口粮消费 135 kg，人均每日摄入能量 2 200~2 300 kcal，全人群贫血率控制在 10%以下，居民超重、肥胖和血脂异常率增长速度明显下降，等等。

四、农作物产量预测

农作物产量预测是指对未来农作物的产量水平进行预计和推算。常用预测方法有年平均增长率法、趋势外推法、产量系数法等。

（一）年平均增长率法

年平均增长率法依据历史资料应用式（6-11）计算：

$$a_n = a_0(1 + r)^n \tag{6-11}$$

式中 a_n——预测期末作物单产水平，kg/hm^2；
a_0——预测基期作物单产水平，kg/hm^2；
r——年平均增长率；
n——预测年期。

(二)趋势外推法

趋势外推法主要将产量的过去变动趋势外延到未来,根据历年产量资料,绘制出历年产量动态变化趋势图,再依据图形选择适合的线性趋势预测模型,如直线型 $y = a + bx$,指数曲线型 $y = ab^x$,二次抛物线型 $y = a + bx + cx^2$,加以模拟,借以预测产量。

如根据某地 1974~2000 年作物产量资料,应用最小二乘法进行数据处理,得到直线型模型 $y = 7.48 + 0.32x$,代入 x 值即可预测当地作物产量。

(三)产量系数法

由于影响产量的因素多种多样,且与产量之间存在相互制约、相互依存的关系,这种依存关系表现为函数相关和统计相关。函数相关反映了变量之间严格的依存关系,如圆面积与其半径之间的关系;统计相关表现为变量之间的非确定性的数学函数关系,即给出自变量(x)一定的数值,便可出现因变量(y)的许多个与之相应的数值,如农作物产量与施肥量之间的关系。在其他因素不变的情况下,在一定施肥量的范围内,施肥量越多,则单产越高。但表现在各个地块上,单产高低除受施肥量影响外,还受土壤、种子、雨量、气候和耕作深度等因素的影响,因而施肥量相同的地块可能获得不同的单产。在这种情况下,要通过统计的大量观察,消除无关因素的影响,揭示相关因素的数量规律性。

产量与其影响因素之间的数学关系式为

$$y = b_0 + b_1x_1 + b_2x_2 + b_3x_3 + \cdots + b_nx_n + u \tag{6-12}$$

现有 m 组数据:

$$\begin{cases} y_1, x_{11}, x_{21}, x_{31}, \cdots, x_{n1} \\ y_2, x_{12}, x_{22}, x_{32}, \cdots, x_{n2} \\ \vdots \\ y_m, x_{1m}, x_{2m}, x_{3m}, \cdots, x_{nm} \end{cases}$$

式中 x_{ij} ——自变量 x_i 的第 j 个值;

y_j ——自变量 y 的第 j 个观察值。

则有

$$\begin{cases} y_1 = b_0 + b_1x_{11} + b_2x_{21} + \cdots + b_nx_{n1} + u_1 \\ y_2 = b_0 + b_1x_{12} + b_2x_{22} + \cdots + b_nx_{n2} + u_2 \\ \vdots \\ y_m = b_0 + b_1x_{1m} + b_2x_{2m} + \cdots + b_nx_{nm} + u_m \end{cases}$$

上述模型代入有关数据,借助电子计算机,分别求出 $b_0, b_1, b_2, \cdots, b_n$ 参数的估计值,建立产量预测模型,然后输入相应参数值,可实现产量预测。

任务三　土地需求量预测

一、土地需求量预测概述

土地需求量是土地供需平衡的依据,是土地资源合理配置的关键。所以,科学、准确的土地需求量预测是做好土地利用总体规划的关键之一。

土地需求量预测是根据区域可持续发展需要,在分析影响土地利用的各个因素基础上,预测规划期间各业用地的需求量和用地规模。土地需求量预测以国民经济各部门的生产发展规划及人口发展规模为依据,在充分考虑各业协调发展与人们生活需要、土地利用率和生产力不断提高的情况下,对一定区域和一定时期内各业用地的需求量进行测算,弄清各业发展所需的用地数量及各业用地之间的发展状况,为合理安排农业用地和非农建设用地及编制土地资源规划方案提供科学依据。

土地需求量预测可分为农业用地需求量预测和建设用地需求量预测两大部分。农业用地需求量预测的主要依据是人口发展预测、消费水平(包括工农业消费农产品)及土地生产潜力(包括农产品单产)预测。农业用地需求量预测的主要内容是耕地、园地、林地、牧业地和水产用地需求量预测。建设用地需求量预测的主要依据是国民经济发展及其预测指标、人均各类建设用地需求量、建设用地自身发展要求等数据。建设用地需求量预测包括各类建筑用地,如城镇用地、农村居民点用地、交通用地、水利用地、工矿用地、旅游用地和其他特殊用地需求量预测。建设用地还可按用地性质分类预测,主要包括国家建设土地、城乡集体建设用地、农民个人建房用地预测。

二、农业用地需求量预测

农业在我国国民经济中居于基础地位,农业用地的安排,尤其耕地安排事关区域持续发展的命脉,因此对于农业用地需求预测务必力求谨慎、准确、科学。农业用地需求量预测主要包括耕地、园地、林地、牧业地和水产用地等的需求量预测。

(一)耕地需求量预测

耕地需求量包括大田作物用地、人工饲料种植用地、蔬菜作物种植用地需求量。耕地需求量预测首先确定规划目标年各类农产品需求量和预测各类农耕地单产,然后结合当地的耕作制度得到各类农作物的耕地需求量,最后得到该地区的耕地需求量。各类农产品的需求量包括当地消费需要量和调出农产品量,可根据粮食或农业部门的规划确定。

1. 大田作物用地需求量预测

大田作物包括粮食作物、经济作物、绿肥作物和特种作物等。下面以粮食作物用地需求量预测为例说明大田作物用地需求量预测,其预测程序如下:

(1)确定粮食作物的内部需要量(V)。

(2)确定粮食作物的商品率(P)。

(3)确定粮食作物的总产量(W)。

$$W = \frac{V}{1 - P} \tag{6-13}$$

(4)确定粮食作物加权平均单产($\overline{Y}_F$)。

依据当地粮食作物种植结构(权重 F)、作物的平均先进单产($\overline{Y}$),求得粮食作物加权平均单产($\overline{Y}_F$),见表 6-2。

$$\overline{Y}_F = \frac{\sum(\overline{Y}F)}{100} \tag{6-14}$$

表 6-2　粮食作物加权平均单产计算

作物	F(%)	$\overline{Y}$ (t/hm²)	$\overline{Y}F$ (t/hm²)
1. 稻谷	43	19	817
2. 小麦	24	10	240
3. 玉米	28	11	308
4. 大豆	5	2	10
合计	$\sum F = 100 \quad \sum(\overline{Y}F) = 1\ 375$		

注:1. 因地制宜地确定粮食作物种植结构,作为权重;

2. 平均先进单产($\overline{Y}$)=[地区平均单产($\overline{Y}_{地区}$)+先进单位平均单产($\overline{Y}_{单位}$)]/2;

3. 加权平均单产 $\overline{Y}_F = \sum(\overline{Y}F)/100$。

(5)确定粮食作物种植面积(S_1)。

$$S_1 = \frac{W}{\overline{Y}_F A} \tag{6-15}$$

式中　A——复种指数。

(6)确定粮食作物轮作地净面积(S_2)。

$$S_2 = \frac{S_1 N}{n} \tag{6-16}$$

式中　S_2——粮食作物轮作地净面积,hm²;

S_1——粮食作物种植面积,hm²;

N——粮食作物轮作田区总数;

n——粮食作物所占田区数。

(7)确定粮食作物轮作地毛面积(S_3)。

$$S_3 = S_2(1 + K) \tag{6-17}$$

式中　K——道路、沟渠、林带面积占大田作物轮作地净面积比重,一般取 K=3%~4%。

最终确定的大田作物轮作地毛面积为大田作物用地需求量的预测值。

2. 人工饲料种植用地需求量预测

(1)根据畜产品的内部需求量和商品率,确定畜产品总产量,再根据各类牲畜平均先进单产(每头牛、羊、猪、鸡等)确定各类牲畜头数。

(2)确定各类畜群结构,并根据其饲料需要量计算牲畜饲料总需要量(W)。

(3)确定扣除其他饲料来源的农副产品(包括秸秆、蔓藤、落叶)、野生饲料资源(如苋菜、根头、水萍、水浮莲、榆、杏等)及加工农副产品(麦麸、油饼、酒糟、糖渣、粉渣等)之后的人工种植饲料量,即

$$W_1 = W - W_2 \tag{6-18}$$

式中　W_1——人工种植饲料量;

W_2——其他饲料来源量。

(4)确定饲料作物加权平均单产($\overline{Y}_F$)。

$$\overline{Y}_F = \frac{\sum(\overline{Y}F)}{100} \tag{6-19}$$

（5）确定饲料作物种植面积（S_1）。

$$S_1 = \frac{W_1}{\overline{Y}_F A} \tag{6-20}$$

式中　A——复种指数。

（6）确定饲料作物轮作地净面积（S_2）。

$$S_2 = \frac{S_1 N}{n} \tag{6-21}$$

式中　S_2——饲料作物轮作地净面积，hm^2；

S_1——饲料作物种植面积，hm^2；

N——饲料作物轮作田区总数；

n——饲料作物所占田区数。

（7）确定饲料作物轮作地毛面积（S_3）。

$$S_3 = S_2(1 + K) \tag{6-22}$$

式中　K——道路、沟渠、林带面积占饲料作物轮作净面积比重，一般取 $K=2\%\sim3\%$。

最终确定的饲料作物轮作地毛面积作为人工饲料种植用地需求量的预测值。

3. 蔬菜作物种植用地需求量预测

（1）确定蔬菜内部需要量（V）。

（2）确定蔬菜的商品率（P）。

（3）确定蔬菜作物总产量（W）。

$$W = \frac{V}{1 - P} \tag{6-23}$$

（4）确定蔬菜作物加权平均单产（$\overline{Y}_F$），见表 6-3。

表 6-3　蔬菜加权平均单产计算

种类	F	$\overline{Y}$	$\overline{Y}F$
1. 白菜类（矮脚黄高梗白）	25	2	50
2. 叶菜类（菠菜、苋菜）	25	2	50
3. 甘蓝类（包菜、花菜）	5	3	15
4. 茄果类（辣椒、茄子）	10	2	20
5. 瓜类（黄瓜、南瓜）	10	3	30
6. 豆类（四季豆、豇豆）	10	2	20
7. 根菜类（萝卜）	5	2	10
8. 葱蒜类（葱蒜）	10	1.5	15
合计	$\sum F = 100$　$\sum(\overline{Y}F) = 210$		

注：1. 确定各类蔬菜作物种植结构，作为权重；

2. 平均先进单产（$\overline{Y}$）=［地区平均单产（$\overline{Y}_{地区}$）+先进单位平均单产（$\overline{Y}_{单位}$）］/2；

3. 加权平均单产 $\overline{Y}_F = \sum(\overline{Y}F)/100$。

$$\overline{Y}_F = \frac{\sum(\overline{Y}F)}{100} \tag{6-24}$$

(5)确定蔬菜作物种植面积(S_1)。

$$S_1 = \frac{W}{\overline{Y}_F A} \tag{6-25}$$

式中　A ——蔬菜复种指数(%)。

(6)确定蔬菜轮作地净面积(S_2)。

根据蔬菜作物种植面积(S_1),并考虑蔬菜增产、培养地力、调节劳动力和饲料供应等因素,制订蔬菜作物轮作方案,其中尽可能安排其他非蔬菜的养地轮作作物。

$$S_2 = \frac{S_1 N}{n} \tag{6-26}$$

式中　S_2——蔬菜轮作地净面积,hm^2;

S_1——蔬菜种植面积,hm^2;

N ——蔬菜轮作田区总数;

n ——蔬菜所占田区数。

(7)确定蔬菜轮作地毛面积(S_3)。

$$S_3 = S_2(1 + K_1 + K_2) \tag{6-27}$$

式中　K_1——蔬菜轮作地上林带、道路、沟渠用地占蔬菜轮作地净面积比重,K_1 取 5%~7%;

K_2——温床、温室占地面积占蔬菜轮作地净面积的比重, K_2 取 2% ~ 3% 。

最终确定的蔬菜轮作地毛面积作为蔬菜作物种植用地需求量的预测值。

4. 耕地需求量预测

我国耕地需求量是以满足一定时期一定人口数量对粮食需求量为基础,分别测算影响粮食需求量的各种因素,以达到预测耕地需求量的目的。这些因素包括粮食播种面积单产、复种指数、粮经比(粮食作物播种面积与经济作物播种面积之比)和粮食自给水平。

耕地需求量预测首先确定规划目标年各类农作物产品需求量和预测各类农作物耕地单产,然后结合当地的耕作制度求各类农作物的耕地需求量之和。各类农产品的需求量包括当地消费需要量和调出农产品量,可根据粮食或农业部门的规划确定。各类农作物的耕地单产,根据实际情况采用平均增长法、回归预测法或增产因素法确定。

耕地需求量预测步骤如下:

(1)确定粮经比:

$$粮经比 = \frac{粮食作物播种面积}{经济作物播种面积}$$

(2)计算经济作物占用耕地面积:

$$经济作物占用耕地面积 = \frac{粮食作物轮作地毛面积}{粮经比}$$

(3)供选方案:

根据规划人口数、人均粮食需求量、单位面积产量、粮食自给率、粮经比预测耕地需求量:

$$耕地最低需求量 = \frac{规划人口数 \times 人均粮食需求量 \times 粮食自给率}{单位面积产量 \times 复种指数} \times \left(1 + \frac{1}{粮经比}\right)$$

$$= 粮食作物用地 + 经济作物用地$$

【例 6-3】　某地预测到规划年本地人口将达到 100 万人,人均粮食占有量 500 kg,预测到规划年本地粮食作物平均播种单产将达到15 000 kg/hm²,该地区的复种指数为2.5,规划年将粮食作物和经济作物播种面积调整到7:3,试测算该地耕地需求量多少?

解　$粮食用地=\frac{总人口\times人均粮食占有量}{粮食播种单产\times复种指数}$

$=(100\times500)/(15\ 000\times2.5)$

$=1.33(万\ hm^2)$

$经济作物用地=\frac{1.33\times3}{7}$

$=0.57(万\ hm^2)$

因此,规划年耕地需求量=粮食用地+经济作物用地

$=1.33+0.57$

$=1.90(万\ hm^2)$

答:该地耕地需求量为1.90万 hm^2。

(二)园地需求量预测

(1)确定果品内部需要量(V)。

(2)确定果品的商品率(P)。

(3)确定果品总产量(W),其计算公式为

$$W=\frac{V}{1-P} \tag{6-28}$$

(4)确定果品加权平均单产($\overline{Y}_F$)(见表8-4),具体确定方法如下:

①将本地各类果树的比例结构作为权重F;

②确定本地区各类果树的平均先进单产,其公式为

$$\overline{Y}=\frac{地区平均单产+高产单位平均单产}{2}$$

③根据各类果树平均先进单产和各类果树所占比重,求果树加权平均单产($\overline{Y}_F$),其计算公式为

$$\overline{Y}_F=\frac{\sum(\overline{Y}F)}{100} \tag{6-29}$$

果品加权平均单产计算见表6-4。

表6-4　果品加权平均单产计算

种类	F(%)	$\overline{Y}$(t/hm^2)	$\overline{Y}F$(t/hm^2)
1.仁果类(梨、苹果)	60	5	300
2.核果类(桃、李)	20	4	80
3.浆果类(葡萄等)	5	2	10
4.坚果类(核桃)	5	3	15
5.杂果类(柿、枣)	10	4	40
合计	$\sum F=100$　$\sum(\overline{Y}F)=445$		

(5)确定成年果树栽植面积(S_1)。

$$S_1 = \frac{W}{\overline{Y}_F} \tag{6-30}$$

(6)确定果园面积(S_2)。

$$S_2 = \frac{S_1}{1-(K_1+K_2)} \tag{6-31}$$

式中　K_1——果园内林带、道路、沟渠占果园总面积的比重,一般 K_1 取 10%;

K_2——幼年果树占果园总面积比重,一般 K_2 取 15%。

(三)其他农业用地需求量预测

1. 副业用地需求量

副业生产项目繁多,因各地自然经济条件的不同而有所差异,一般包括养蚕、养蜂、采集野生植物、编织等,副业生产用地实际上是指副业原料生产用地,如发展养蚕,需要桑叶,据此确定人工栽植桑园面积,每张蚕子食 500 kg 左右,每公顷桑园桑叶年产量为 11 250 kg,即每公顷桑园可养 22.5 张蚕。再如蓖麻叶,每公顷蓖麻产叶 7 500 kg,可养 15 张蚕。

2. 渔业用地需求量

凡水深 1 m 以上、水源充足、水质良好的水面(包括池塘、水库、湖泊)均可作为渔业生产用地,在可能条件下,还可发展稻田养鱼。

3. 林地需求量

林业基地规模大小,主要取决于国家的需要和客观条件的可能。根据林业发展规划的要求,南方各省中,凡有大片宜林地的地方都要积极地建立用材林基地。基地有大有小,有全省的重点基地,也有地区、市、县的基地。若将南方各省的县划分为四个类型(Ⅰ、Ⅱ、Ⅲ、Ⅳ),基地面积分别为 4 万 hm^2、3 万 hm^2、2 万 hm^2 和 1 万 hm^2;25 年后的林木蓄积量分别为 600 万 m^3、450 万 m^3、300 万 m^3 和 150 万 m^3;25 年后的年伐量分别为 20 万 m^3、15 万 m^3、10 万 m^3、5 万 m^3。第Ⅰ类县是林业重点县,第Ⅱ、Ⅲ类县是在一般山区县总面积中划出 20%~30%作为林业基地,以上三类县都应向国家提供商品木材,第Ⅳ类县主要解决地方用材自给。在少林地区,规划的重点要放在实现木材自给的问题上,规划时应解决如下问题:要有多少木材才能达到自给?生产这么多木材需要多少林地?这些林地能在多少年之后达到多少蓄积量?什么时候可能提供达到自给要求的年伐量?为了确定林业用地面积,需要计算下列技术经济指标:平均单产(单位面积蓄积量)、地方用材自给水平、主伐年龄和轮伐期、年伐量。各地应根据具体情况加以确定。

三、建设用地需求量预测

建设用地需求量预测包括居民点、交通运输、水利工程等用地需求量的预测。

(一)居民点用地需求量预测

1. 指标概算法

常用指标有每户宅基地指标、每人用地指标或按耕地面积概算指标。将上述指标分别乘以总户数、总人口和总耕地面积即可概算居民点内居住用地面积,再按居住区与生产区占地比来推算生产区面积,两者相加即为居民点用地面积。

依据人均用地定额指标(J_2)(见表 6-5)计算居民点用地面积:

$$Z_2 = NJ_2 \tag{6-32}$$

式中　Z_2——居民点规划占地面积；

N——规划人口数；

J_2——人均用地指标。

表 6-5　现有城市的规划人均建设用地指标

现状人均建设用地水平（m^2/人）	允许采用的规划指标		允许调整幅度（m^2/人）
	指标级别	规划人均建设用地指标（m^2/人）	
≤60.0	Ⅰ	60.1~75.0	+0.1~+25.0
60.1~75.0	Ⅰ	60.1~75.0	>0
	Ⅱ	75.1~90.0	+0.1~+20.0
75.1~90.0	Ⅱ	75.1~90.0	不限
	Ⅲ	90.1~105.0	+0.1~+15.0
90.1~105.0	Ⅱ	75.1~90.0	-15.0~0
	Ⅲ	90.1~105.0	不限
	Ⅳ	105.1~120.0	+0.1~+15.0
105.1~120.0	Ⅲ	90.1~105.0	-20.0~0
	Ⅳ	105.1~120.0	不限
≥120.0	Ⅲ	90.1~105.0	<0
	Ⅳ	105.1~120.0	<0

注：1. 现有城镇的规划人均建设用地指标应根据现状人均建设用地水平按表的规定确定。所采用的规划人均建设用地指标应同时符合表中指标级别和允许调整幅度双因子的限制要求。调整幅度是指规划人均建设用地比现状人均建设用地增加或减少的幅度。

2. 人均耕地面积小于 667 m^2 的地区，在现状人均建设用地水平允许采用的规划指标等级中，只能采用最低一级。

3. 新建城镇的规划人均建设用地指标宜在第Ⅲ级内确定，当城镇的发展用地偏紧时，可在第Ⅱ级内确定。

4. 首都和经济特区城市的规划人均建设用地指标宜在第Ⅳ级内确定；经济特区城市人均耕地小于 667 m^2 的，可在第Ⅲ级内确定。

5. 边远地区和少数民族地区中地多人少的城镇，可根据实际情况确定规划人均建设用地指标，但不得大于 150.0 m^2/人。

2. 需求推算法

根据规划期间需建房户数推算农民建房需新增用地面积，其公式为

$$H = \frac{(N/P - F_0)n}{2de} \tag{6-33}$$

式中　H——规划期农村个人建房需占用土地面积；

N——规划目标年农村人口数；

P——户均人口数；

F_0——规划基期农村总户数；

n——规划年限；

d——规划期间建房户所占比例；

e——每户宅基地占地定额标准。

再考虑到农村居民点内部的公共建筑、道路和乡镇企业生产占地，推算农村居民点新增占地面积：

$$Z = H(1 + K) \tag{6-34}$$

式中　Z ——规划期新增农村居民点占地面积；

K ——公路、道路和乡村企业生产占地系数，一般取 0.3~0.6。

3. 两区累加法

先分别计算生活区和生产区的占地面积，然后两区占地面积累加即可得到居民点用地面积。要依次计算居民点内居住建筑、公共建筑和生产建筑面积，再行累加。居住建筑面积应依据住宅建筑标准和单方造价以及户室比，公共建筑通常以千人指标（如 1 000 人中应有医院病床 4~6 张等）和远景人口数进行计算。生产建筑面积一般依据其生产规模占地指标（如年产 3 万 t 水泥占地 1.4 hm^2 等）进行计算。居民点用地概算公式为

$$M = M_1 + M_2 = (m_1 + m_2 + m_3 + m_4)K + S\sum_{i=1}^{n} P_i \tag{6-35}$$

式中　M ——居民点用地面积；

M_1——生活区用地面积；

M_2——生产区用地面积；

m_1——居住建筑面积；

m_2——公共建筑面积；

m_3——农村自留地面积；

m_4——生活区内不宜利用的土地面积；

P_i ——各种生产建筑物面积；

K ——系数，K 取 1.2~1.3；

S ——系数，S 取 10~15。

【例 6-4】　某地预测到规划年本地人口将达到 450 万人，城市化水平达到 70%，城市规划人均建设用地指标为 90 m^2，村镇规划人均建设用地指标为 120 m^2，试测算该地建设用地需求量。

解　城市居民点用地 = 总人口×城市化水平×城市人均用地指标

= 450×70%×90 = 2.84（万 hm^2）

村镇居民点用地 = 总人口×（1−城市化水平）×村镇人均用地指标

= 450×30%×120 = 1.62（万 hm^2）

居民点用地 = 城市居民点用地+村镇居民点用地 = 2.84+1.62 = 4.64（万 hm^2）

（二）交通运输用地需求量预测

交通运输用地包括铁路用地、公路用地、港口码头用地、民用机场用地及农村道路用地，各类用地特点不同，因而有不同的预测方法。

1. 铁路用地需求量预测

铁路用地需求量预测按照规划期内所需要的铁路货物和旅客运输能力，确定新建或改造铁路的规模和等级，可按有关的技术标准计算需要新占用地的数量，计算公式为

$$Q = \sum_{i=1}^{n} D_i L_i \tag{6-36}$$

式中　Q ——新增铁路用地总量，hm^2；

D_i ——规划期内计划修建或改建的第 i 条铁路宽度，m；

L_i ——规划期内计划修建或改建的第 i 条铁路长度，km；

n——新建或改建铁路条数。

2. 公路用地需求量预测

公路用地需求量预测除可按与铁路用地需求量预测类似的方法外，还可以通过分析区域内社会总产值与路网密度的关系，通过预测规划年社会总产值来确定各等级路网的密度，从而预测出规划年公路用地规模，计算公式为

$$Q = \sum_{i=1}^{n} \omega_i S D_i \tag{6-37}$$

式中 Q——规划年公路用地总量，hm^2；

ω_i——规划年第 i 等级公路的密度，km/km^2；

S——区域土地总面积，hm^2；

D_i——第 i 等级公路宽度，m；

n——公路等级数。

(三)水利工程用地需求量预测

1. 渠道工程用地

渠道工程用地面积为其长度和宽度的乘积加渠道建筑物工程用地面积。渠道长度按设计线路在地形图上截取。渠道宽度包括过水断面和渠堤两部分，按设计要求确定。表 6-6 列出了干渠和支渠的占地宽度。

表 6-6 干渠和支渠的占地宽度

渠道流量(m^3/s)	占地宽度(m)
1.0 以下	10.0~15.0
1.0~5.0	15.0~20.0
5.0~10.0	20.0~30.0

注：半挖方渠道用较小值，填方渠道用较大值。

2. 水库工程用地

水库工程用地可依据水位-库容关系曲线(根据水位求出相应的库容)和水位-面积关系曲线(根据水位求出相应的库水面积)估算。水库库容估算方法有地形图法、断面法和系数法。地形图法依据库区实测地形图和拟建坝高，求出水库的淹没面积和库容。断面法是沿一定的方向施测断面，据以估算水库库容和库水面积。系数法是根据经验公式估算库容，即

$$V = \frac{HBL}{K} \tag{6-38}$$

式中 V——水库库容；

H——近坝处水库蓄水深度；

B——近坝处水面宽度；

L——水库内水面长度；

K——系数，对狭窄地形，K 取 6，对开敞地形，K 取 4。

任务四 土地利用潜力分析

一、土地利用潜力的概念

土地利用潜力是指一定自然条件和生产力水平条件下，一定区域内，针对某种土地用途，

土地具有的潜在利用能力和生产能力。

土地利用潜力影响因素包括以下内容。

土地利用潜力预测

(一)科学技术水平

一般来说,土地的利用潜力是无限的。随着社会的进步、科学技术水平的提高,土地的生产能力或使用能力可以不断提高。但在一定历史阶段的经济技术条件下,土地的利用潜力又是有限的,是可以估算的。

(二)土地用途

土地利用潜力大小与一定的土地用途相联系,同样一块土地,对于不同用途(或不同作物)其潜力不同。如我国北方地区种植甜菜可获得高产,潜力大,但种植甘蔗则不能成活,几乎没有潜力。只有因地制宜,合理利用土地,才能发挥土地的最大潜力。

(三)对土地的投入

一般而言,土地潜力与投入成正比,对土地的投入越多,土地的潜力越大。研究某地区的土地潜力时,要与可能达到的投入水平相联系。

二、土地利用潜力分析

土地利用潜力分析包括:①目前利用土地提高土地生产率和利用程度的潜力;②未利用土地开发为各类用途后备土地资源的潜力。土地利用潜力主要包括农业用地的利用潜力、建设用地的利用潜力和后备土地资源的利用潜力。

(一)农业用地的利用潜力

农业用地的利用潜力指在目前利用的基础上,提高土地生产率和利用程度潜力。如耕地的中低产田改造与改良,林地中的次生林更新、中幼人工林抚育,天然牧草地的改造和人工草场建设。挖掘农业用地利用潜力的途径主要有:

(1)农地整理。由于耕地中道路、沟渠及田埂等布局不合理,造成有效的土地利用程度不高,可以通过农地整理实现有效利用面积的增加,提高农用土地的利用潜力。

(2)土地治理。由于农用土地存在各种限制因素,造成土地生产力低下,通过科学的治理消除障碍因素,改善农业生产条件,提高土地生产力。

(3)提高经营管理水平。在现有的科技水平下,通过增加投入,合理的灌溉、施肥、植保及提高复种指数和合理的间作、套种,提升农业的经营管理水平,提高农田产量水平,挖掘土地生产潜力。

(4)增加科技含量。通过提高农业科技水平,增加农业生产的科技含量,如通过品种改良、保护农地设施、土地立体种植、多功能开发及生物产量的综合加工利用,提高农产品产量、品质和效益,挖掘土地的生产潜力。

以上各种途径增加的有效土地利用面积及通过增加生产能力折算成的一定面积的耕地的总和,就是土地利用潜力挖掘的土地经济供给量。除此之外,还可以分别估算低产园地、林地和水面的增产潜力,借助于所增产的果蔬产品、林产品和水产品折算成相应用地面积,以反映各类农用地的利用潜力。

(二)建设用地的利用潜力

我国城镇土地使用效率不高,如果对其加以集约利用,可以节约大量的土地。挖掘城镇建设用地的潜力,控制城市发展规划,盘活存量建设用地是提高建设用地,利用潜力的主要途径。挖掘建设用地利用潜力的途径主要有：

(1)城镇土地整理。调整城镇用地布局，实行旧城改造，合理功能分区，可以大大提高城镇土地利用的效益，挖掘存量土地的利用潜力。

(2)合理控制城乡人均建设用地标准。目前我国城镇和农村居民点用地共 1 813 万 hm^2，人均 153 m^2，大大超过了城乡居民用地标准。若按城市人均用地 100 m^2 为限，可节约 1/3 城市建设用地。

(3)提高城镇土地利用集约度。目前我国挖掘建设用地利用潜力最为关键的解决途径是提高城镇土地利用集约化水平，提高土地利用率和建筑容积率。今后城市建设用地的扩展必须最大限度地走内涵挖潜之路，改造旧城市，提高建筑层数，向空中发展，取得更多的建筑空间。

(4)开发城市地下空间。随着城镇化建设的加快发展，城市人口迅速膨胀，导致城市土地资源紧缺、交通拥堵、环境污染等矛盾日益凸显，严重制约了城市的可持续发展，而开发利用地下空间成为破解这一难题的必然选择。例如，地下商场、地下过街道、地下停车场等配套公共服务设施，在节约城市土地、缓解城市交通、改善城市环境、完善城市功能、服务经济社会发展等方面发挥了独特作用。

(5)村庄土地整理。随着我国工业化、城市化水平的提高，农村人口不断向城镇流动，布局零散、占地较大的农村居民点既可转化为农业用地，也可以作为农村城市化建设的折抵指标，这不仅大大减少了建设占用耕地数量，而且在一定程度上相当于补充了耕地总量。

(三)后备土地资源的利用潜力

狭义的后备土地资源仅指未利用土地中可以开发利用的土地，如工矿废弃地和零星闲散地；广义的后备土地资源除上述内容外，还包括已利用土地中可能改变用途的那些土地，如适宜垦为耕地的林地、草地、滩涂地和适宜造林的草山草坡等。

后备土地资源的开发利用潜力估算应在生态环境保护的前提条件下进行，包括各类后备资源的数量、质量和分布状况等的预测。此外，要根据不同用地的具体条件和拟开发某种用地的要求，进行必要的投入产出分析。例如，在干旱地区开发耕地资源，必须考虑水资源状况与可能提供的水资源数量，以及水利设施和农田基本建设的投资及其效益。

任务五　土地供需平衡分析

土地供需平衡分析，是在认真研究当地国民经济和社会发展长期规划及上级土地利用总体规划确定的目标任务的前提下，结合当地土地资源条件，充分分析规划期内的土地资源的可能供给量，并据此对各类用地的需求量结果进行综合平衡与协调，确保各类用地在规划期内的需求不超过土地资源可供给量的要求。其主要任务是在充分研究土地资源可能供给量的前提下，统筹协调各类用地需求及布局，为调整土地利用结构和布局、挖掘土地利用潜力、划定土地用途提供科学依据。

土地供需平衡分析主要包括三个环节：一是土地资源可供给量的分析；二是土地利用需求量的分析；三是土地资源的供需平衡分析。

一、土地供需平衡分析的原则

土地供需平衡分析需遵循以下原则：

(1)确保实现耕地总量占补平衡，原则上不得占用基本农田。

(2)优先安排农业用地，在确保耕地面积不减少的前提下，因地制宜地发展林、牧、渔业。

(3)坚持供给引导和制约需求，统筹兼顾，合理安排，确保重点建设项目的用地需求。

(4)必须与上级土地利用总体规划衔接，并且注意与其他专项规划相协调。

(5)兼顾社会效益、经济效益和生态效益，坚持眼前利益服从长远利益、局部利益服从整体利益。

二、土地供需平衡分析的主要内容

根据土地供给量和土地需求量之间的数量比较，就可以判断区域土地利用是供不应求、供过于求或者是供需平衡的其他状态。可以采用经验方法增减供需，以达到供需平衡；也可以采用其他数学方法，借助优化土地利用结构及各类用地数量比例关系，协调土地数量供需平衡的同时，也可以使土地利用效率最大化(见图 6-2)。凡能够同时兼顾数量平衡和利用效率最大两项条件的土地利用结构才为合理，才真正做到了土地供需平衡。

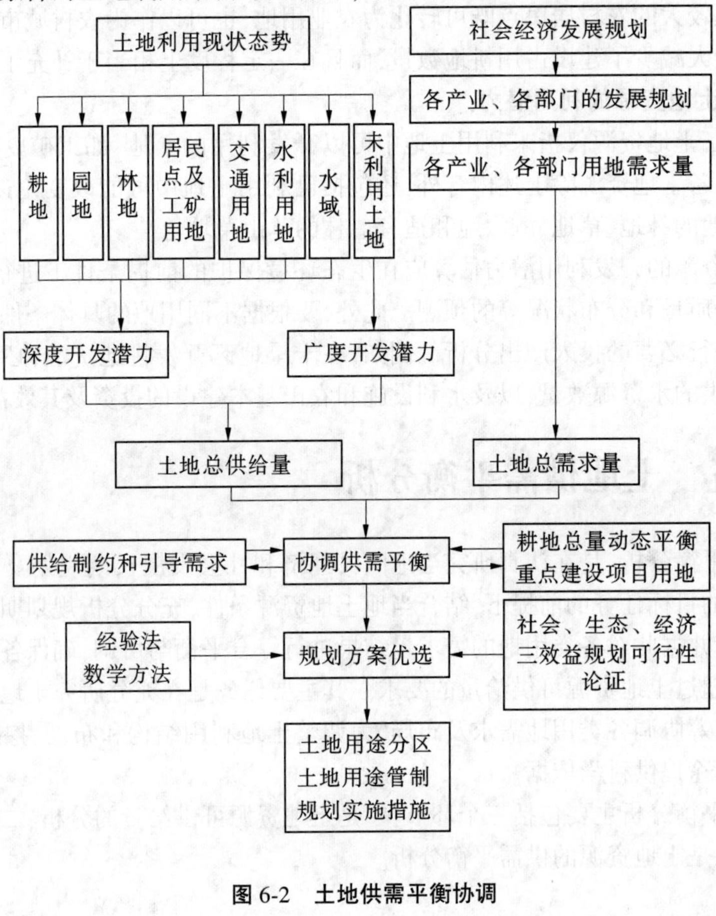

图 6-2　土地供需平衡协调

小　结

土地利用总体规划是对未来一定时期土地利用结构和布局的总体部署，因此对有关基础数据的预测是规划编制的重要内容，对未来土地满足各项用地的需求是调整土地利用结构和布局的依据。本项目主要介绍土地利用总体规划中有关人口、城市化、消费水平、作物产量的预测方法，农业用地需求量、建设用地需求量的预测方法，土地供给潜力分析及供需平衡的基本内容和原则。

案　例

某市耕地供需量预测案例

一、人口预测

根据统计年鉴资料，某市人口增长情况如表6-7所示，某市总人口从2006年的约77.31万人增加到2016年的约83.13万人，11年仅增加了约5.82万人，人口自然增长率基本处于4.6‰左右，人口自然增长情况变化比较稳定，因此可以选用自然增长模型进行预测。其公式为

$$P_t = P_{t_0}(1+K)^{(t-t_0)} + (c-d)$$

经综合计算得出，全市人口2025年为86.67万人，2035年为91.98万人。

表6-7　某市人口增长情况

年份	总人数(人)	自然增长人数(人)	自然增长率(‰)
2006	773 150	7 544	9.7
2007	775 586	2 742	3.54
2008	779 479	1 290	6.53
2009	784 024	4 182	5.34
2010	789 362	1 643	6.58
2011	801 647	1 996	6.44
2012	806 738	4 985	6.20
2013	819 545	5 220	6.70
2014	820 589	2 910	6.76
2015	822 741	2 916	4.05
2016	831 293	3 340	5.78

二、耕地需求量预测

耕地主要是指用于粮食生产的土地，它是农业发展的物质基础。耕地需求量的多少主要是由规划期内国民经济发展和人民生活水平提高对粮食生产的需求量及耕地的生产水平

所决定的。

（一）粮食需求总量预测

粮食需求总量=人均用粮×规划年期总人口。根据粮食需求总量计算公式，可计算出 2025 年和 2035 年粮食需求总量。某市的人均用粮根据本市社会经济发展和人民消费水平实际情况，预测 2025 年人均用粮 487 kg，2035 年人均用粮 550 kg。因此，某市粮食需求总量预测结果见表 6-8。

某市耕地供需量预测案例

表 6-8　某市粮食需求总量预测结果

年份	人均用粮(kg)	总人口(万人)	粮食需求总量(万 t)
2025	487	86. 67	42. 21
2035	550	91. 98	50. 59

（二）粮食播面单产预测

根据某市历年统计年鉴上的粮食播面单产水平，预测某市 2025 年粮食播面单产为 6 185. 72 kg/hm^2，2035 年粮食播面单产为 7 540. 36 kg/hm^2。

（三）复种指数的确定

复种指数是指某地区全年农作物总播种面积与耕地面积的比值。根据某市近 10 年来的农业生产情况，农业种植面积复种指数为 1. 75 左右。因此，2007～2035 年的复种指数确定为 1. 75。

（四）粮经比的确定

粮经比是粮食作物播种面积与经济作物播种面积的比值，它反映了种植业的结构比例关系。根据基期年粮经比和经济发展情况，在规划期内，种植业内部结构将得到优化。结合本地区的“十四五”规划及 2035 年远期目标纲要，确定规划期粮经比为 7/3 比较适宜。

（五）耕地需求量的确定

耕地需求量由人口和上述四个因素共同决定，可由下式计算：

$$耕地需求量=\frac{粮食需求量}{粮食播种单产\times复种指数}\times(1+\frac{1}{粮经比})$$

耕地需求量预测结果见表 6-9。

表 6-9　耕地需求量预测结果

年份	粮食需求量(万 t)	粮食播面单产(kg/hm^2)	复种指数	粮经比	耕地需求量(hm^2)
2025	42. 21	6 185. 72	1. 75	7/3	55 704. 34
2035	50. 59	7 540. 36	1. 75	7/3	54 769. 21

根据上式及式中参数计算得出，2025 年全市耕地需求量为 55 704. 34 hm^2，2035 年全市耕地需求量为 54 769. 21 hm^2。

三、耕地供给量预测

土地的供给能力是在一定的自然条件下，投入一定劳动进行开发以后，成为人类直接用于农业生产或其他建设的土地数量，它包括已利用的土地资源和未来一定时间内可供农业及其他利用的土地资源。要实现耕地总量动态平衡,必须在严格控制耕地面积的基础上,积极补充新的耕地,其途径有三条,即土地整理、土地复垦和土地开发。

(一)土地整理

土地整理是指采用工程、生物等措施,对田、水、路、林、村进行综合整治,增加有效耕地面积,提高土地质量和利用效率,改善生产、生活条件和生态环境的活动。土地整理包括农田整理和居民点整理两方面的内容。估算土地整理补充耕地的数量按以下步骤进行:①根据2015~2019年的土地整理情况,确定2020~2025年的土地整理规模。②根据待整理土地资源的情况及近年来土地整理的实际情况,分析评价土地整理的潜力。③综合分析土地整理的适宜性、历年开发规模、资金投入可能性及建设占用耕地占补平衡的需要等因素,确定土地整理可增加耕地的年均规模,进而测算出2035年的整理补充耕地规模。经统计计算,通过对田坎、沟渠、农村道路、坑塘等农田的整理,全市农田综合整理潜力为1 189.04 hm^2。农村居民点到规划期末整理总潜力为904.04 hm^2。

(二)土地复垦

土地复垦是指采用工程、生物等措施,对在生产建设过程因挖损、塌陷、压占造成破坏、废弃的土地和自然灾害造成破坏、废弃的土地整治、恢复利用的活动。估算土地复垦补充耕地的数量按以下步骤进行:①根据2015~2019年的土地复垦情况,确定2020~2025年的土地复垦规模。②根据待复垦土地资源的情况及近年来土地复垦的实际情况,分析评价土地复垦的潜力。③综合分析土地复垦的适宜性、历年开发规模、资金投入可能性及建设占用耕地占补平衡的需要等因素,确定土地复垦为耕地的年均规模,进而测算出2035年的复垦补充耕地规模。经统计计算,到规划期末通过土地复垦可以增加的耕地面积为299.08 hm^2。

(三)土地开发

土地开发是指对未利用的后备土地资源采取工程、生物等措施,使其投入经营与利用的活动。估算土地开发补充耕地的数量按以下步骤进行:①根据2015~2019年的土地开发情况,确定2020~2025年的土地开发规模。②分析评价土地后备资源开发为耕地的潜力。可参照农用地后备资源调查平均相关成果和近年来土地开发的实际情况分析确定。③综合分析后备耕地资源的适宜性、历年开发规模、资金投入可能性及建设占用耕地占补平衡的需要等因素,确定年均后备耕地的开发规模,进而测算出2035年的开发补充耕地规模。经统计计算,规划期内由于受资金、政策等因素的制约,总开发潜力为10 550.94 hm^2。

综上所述,通过土地整理、土地复垦和土地开发等措施,根据本市社会经济发展状况及科学技术水平,确定2017~2035年全市土地整理复垦开发总规模是12 943.06 hm^2。

案例小结

随着我国社会经济的发展、人口数量的增长、城镇化水平的不断提高,城镇建设及交通、水利等非农建设用地逐年增加,导致我国的耕地,无论从数量上,还是质量上,都呈下降趋势。因此,做好耕地需求量预测,对于保护耕地,实现耕地总量的动态平衡,使经济得以可持续发展具有重要意义。

思政小课堂

第三次全国国土调查主要数据成果公布

2018 年 9 月,国务院统一部署开展第三次全国国土调查(简称“三调”),以 2019 年 12 月 31 日为标准时点汇总数据。“三调”全面采用优于 1 m 分辨率的卫星遥感影像制作调查底图,广泛应用移动互联网、云计算、无人机等新技术,创新运用“互联网+调查”机制,全流程严格实行质量管控,历时 3 年,21.9 万调查人员先后参与,汇集了 2.95 亿个调查图斑数据,全面查清了全国国土利用状况,建立了覆盖国家、省、市、县四级的国土调查数据库。数据显示,我国耕地面积 19.179 亿亩,园地 3 亿亩,林地 42.6 亿亩,草地 39.67 亿亩,湿地 3.5 亿亩,建设用地 6.13 亿亩。数据还显示,10 年间,生态功能较强的林地、草地、湿地、河流水面、湖泊水面等地类合计增加了 2.6 亿亩,可以看出我国生态建设取得了积极成效。

“三调”成果是国家制定经济社会发展重大战略规划、重要政策举措的基本依据。要加强“三调”成果共享应用,将“三调”成果作为国土空间规划和各类相关专项规划的统一基数、统一底图,推进国家治理体系和治理能力现代化。

(引自中华人民共和国自然资源部官网)

习题演练

单选题

判断题

项目七　土地利用结构与布局

知识目标

1. 掌握土地利用结构的含义。
2. 理解土地利用分区的含义。

能力目标

1. 会编写土地利用结构总结报告。
2. 运用各种方法完成土地利用结构变化分析。
3. 掌握各类用地的配置。

素质目标

1. 培养团结协作能力。
2. 培养吃苦耐劳精神。

项目重点

1. 土地利用供选方案编制方法。
2. 土地利用布局。

项目难点

数学模型法。

任务一　土地利用结构概述

土地利用结构概述

土地利用总体规划的核心是确定或调整土地利用结构与布局，以达到宏观调控和均衡各业用地的目的。因此，土地利用结构调整是土地利用总体规划的中心内容之一。

一、土地利用结构的概念

土地利用结构是指国民经济各部门占地的比重及其相互关系的总和，是各种用地按照一定的构成方式的集合。经济结构与用地结构之间存在着关联性，通过两者之间关联性的研究和揭示，更好地发挥土地作为宏观经济调控手段的作用，也为土地资源科学管理、促进社会经济可持续发展提供科学依据。

土地利用结构研究可以解决以下两个相关的问题，即国民经济各部门之间合理分配土地资源和实现土地利用效率最大化。土地利用效率可用平均单位土地面积的产出大小或平均单位产出的占地大小来表示。土地利用效率最大化就是要尽可能地降低平均每单位产出的占地量或提高平均每单位土地的产出量。

二、土地利用结构系统的组成

土地利用是由相互联系的土地利用类型子系统组成的系统，是一个土地质量特性上存在差异，人类社会经济发展对土地功能的需求上多种多样的多目标系统。同时，它又是生态环境系统和社会经济系统的重要组成部分。

土地利用结构系统可以表达为

$$A = \{a_1 \quad a_2 \quad a_3\} \tag{7-1}$$

式中 A——土地利用系统；

a_1、a_2、a_3——农用地、建设用地、未利用地三大类用地类型子系统。

三、土地利用结构调整的任务

土地利用总体规划是对土地资源利用在时间上和空间上的分配与组织，分配土地的实质就是调整土地利用结构。因此，土地利用结构调整是土地利用总体规划的中心内容之一。土地利用结构调整的目的是促进土地的合理利用，其具体目标可从以下几方面得到体现。

（一）充分发挥土地资源利用的潜能

充分利用土地必须从土地资源本身的特点出发，合理确定主要用地类型及其用地面积，使用地结构能够体现地区生产优势，尤其需要充分考虑开发名、特、优、新产品的生产用地。要达到这一目标，在进行土地利用结构调整之前，必须充分了解地区土地资源的特点，研究土地质量状况和土地适宜性条件，这样才能掌握土地利用的潜力水平和地区生产优势，为合理确定土地利用类型及其用地面积打下基础。

（二）提高土地利用的经济效益

影响土地利用经济效益的因素有两个方面：一是土地利用过程中的投入产出关系；二是土地利用类型本身。由于不同的土地利用类型之间的经济效益相差悬殊，导致不同的用地结构也会体现出不同的经济效益水平。因此，在调整用地结构过程中，必须充分考虑不同土地利用类型及其用地面积对土地利用的经济效益的影响，以确定一个具有最佳经济效益的土地利用结构。

（三）促进国民经济各部门的综合发展

国民经济各部门、各行业的生产和发展都离不开土地，因此土地利用结构对国民经济发展有着重大影响，国民经济发展必然要求建立与之相适应的土地利用结构。占有土地的数量关系是制约国民经济发展的一个重要因素，而一个国家或一个地区内土地总面积是有限的，因此如何分配土地、如何处理土地的内部比例关系，也就是如何确定土地利用结构成为保证国民经济各部门均衡发展的重要问题。确定了合理的土地利用结构，也就为国民经济各部门综合发展奠定了基础。

（四）保护生态环境，提高土地利用的生态效益

土地利用总体规划是土地资源开发利用的长期计划，因此在进行土地利用结构调整过程中，必须充分考虑建立一个良好的土地利用生态环境，从地区土地资源的特点出发，以土地资源本身的适宜条件为依据，合理确定土地利用类型及其用地面积，为提高土地利用的生态效益打下基础。

任务二 土地利用供选方案拟订

一、土地利用供选方案的拟订原则

土地利用供选方案的拟订是确定规划用地方案,从而制订土地利用结构调整方案的前提和基础。科学合理地拟订有关的供选方案,需要遵循有关原则和运用适当的方法。

(1)土地利用供求平衡原则。将各类用地的需求预测与供给分析进行比较,分析其差距及原因,寻找弥补差距的可能性和现实性。对于确实难以满足需求的土地利用,应该对造成的后果进行预测和充分评估,预留弥补措施。在分析了各类用地的需求和供给之后,进行总量平衡,使所有的土地利用面积之和等于现状的土地利用总面积。

(2)重点照顾原则。既然土地供给难以满足全部的土地需求,那么在土地利用供求平衡时,必须有选择地重点照顾和优选满足某些土地利用的需求。这些需要重点照顾、优先保证的土地利用需求应该根据区域的社会经济可持续发展目标而确定。

(3)方案可行性原则。所制订的供选方案不能只是数据上的总量平衡,而必须具备现实的可行性。主要是考虑各类用地的规划数量和布局能否在规划期内实现,实现的难易程度和代价如何,民众能否接受,等等。

(4)贯彻落实上级规划意图原则。上级土地利用总体规划为了更大范围的社会经济可持续发展,对于本地区的土地利用必然有一个总体安排和指导方针,对于一些重要的土地利用甚至以指标的形式进行总量控制。因此,对于上级土地利用总体规划分配给本地区的任务、规定的有关指标,应该在土地利用供选方案中得以体现和落实。

(5)耕地占补平衡原则。这一原则是今后相当长一段时期内我国的土地规划必须遵守的一个原则,为了确保粮食安全,维护国家长治久安和社会稳定,在现有的生产条件和技术水平下,必须保证一定的耕地数量。由于我国人口的持续增长、城镇建设对耕地的侵占和耕地后备资源的不足,今后我国的耕地数量仍然面临减少的压力;而水土流失、盐碱化、养分失调、投入减少等导致耕地质量仍在下降。因此,维护耕地数量稳定、确保耕地总体质量上升是当前土地利用的一项战略任务,必须得到切实的贯彻执行。所以,在制订土地利用供选方案时,应该确保耕地数量和质量的总体动态平衡。

(6)遵守土地利用政策和法规原则。国家和地方政府为了长远利益和加强土地利用管理,通过制定有关的法律、法规和政策,限制和约束某些土地利用行为,在制订土地利用供选方案时,必须充分考虑和严格遵守相关法律、法规和政策。

二、供选方案的评价与效益分析

供选方案的评价主要是根据规划所确立的目标,对各供选方案满足目标的程度进行衡量和比较。要对供选方案进行评价,首先需要确定评价的标准,然后进行效益分析,最后采用合适的方法进行评价。

(一)评价标准

(1)土地利用方案能否满足人口发展对土地利用的要求。这不仅指未来的土地利用能否为未来的人口提供必要的粮食、蔬菜、水果等基本生活需要的物质,还包括未来的土地利用的布局是否与未来的人口分布相适应,未来的土地利用结构是否与未来的人口年龄结构、劳动力资源相平衡。另外,城镇化人口比例、外来流动人口等人口发展因素是否在土地利用供选方案中得到充分的考虑也是衡量方案是否合理的重要方面。

(2)土地利用方案能否满足社会经济发展对土地利用的要求。主要是方案中规划的土地利用能否满足当地的社会经济规划所确立的要求,能否充分保证一些重点发展的产业和行业的用地需要,能否满足随着经济发展和社会生活水平提高而对于住房、教育、科研、体育娱乐、旅游度假等用地的需求,能否满足未来交通用地发展的需要。

(3)土地利用方案能否满足生态环境改善对土地利用的要求。这些要求包括改善整个区域的土地覆盖状况,如增加园地、林地和草地面积;防止或减轻大气、水、土壤等各种污染。

(4)土地利用方案能否满足土地资源持续利用的要求。即评价方案能否在防止土地退化、提高土地现有生产力、促进土地的持续健康利用方面发挥积极作用。

(二)效益分析

对土地利用方案的效益分析可以从资源利用效率、社会经济效益和环境改善程度几个方面进行。

资源利用效率可以从土地利用率、土地垦殖率、土地产出率、城镇土地容积率、农业气候潜力利用率、中低产田改造率、土地综合整治面积、可利用地开发面积等方面进行分析,比较各方案在上述指标上的差异。一般而言,除土地垦殖率指标外,其他指标值越大,表明该方案对土地资源的利用越有效。

社会经济效益分析既包括农业用地(耕地、林地、牧草地、养殖水域)产出效益、城镇用地产出效益、独立工矿用地产出效益、旅游用地产出效益、交通用地产出效益等经济效益指标的比较,也包括城镇人均居住面积、城镇人均绿化面积,以及文化体育设施、休闲娱乐设施、旅游度假设施用地面积等反映社会进步指标的比较。规划用地的社会经济效益分析需要结合规划期内的各种用地的投入产出分析进行,需要较多的资料。

环境改善程度分析包括对以下指标进行分析:森林覆盖率、有林地面积、水土流失率。对于一些特殊地区,如受流沙或沙尘暴威胁的地区,或潜在的沙漠化或荒漠化的地区,还需要专门对防风固沙林面积或地表植被覆盖率等进行详细分析。

土地利用方案的效益评价不仅指对方案的规划用地在资源利用效率、社会经济效益和环境改善程度方面进行比较,还要分析论证各方案的可行性,比较方案实施的总体效益,即比较各方案所需要的总投入和总产出。由于许多因素难以量化,尤其社会效益和环境效益目前还没有很完善的可以操作的计算方法,因此给方案的总体效益评价比较带来很大困难,目前大多只能依赖于专家的知识和经验进行主观性的评价。

(三)评价方法

确定有关的评价标准并进行了方案的效益分析后,可以根据制定的标准和效益分析结果,对各个供选方案进行评价。评价既可以采用定性方法,也可以采用定量方法。前者邀请有关专家组成评审小组,对各方案进行总体评价,并写出有关评语,然后根据评语的好坏决定方案的取舍。后者则根据有关数学方法对各方案按拟定的标准进行评价打分,以得分高低评价方案的优劣。定量方法主要有层次分析法、专家打分法和模糊数学法等。

三、方案编制方法

土地利用结构供选方案编制方法有综合法、土宜法和模型法。

(一)综合法

综合法是在单项用地计算的基础上采取逐项逼近,借以达到土地面积综合平衡,即达到面积数量平衡和空间布局平衡。

土地利用结构方案编制方法

各类土地面积之间存在着相互联系,在数量上和空间上具有平衡关系。由于土地总面积是固定的,不能增加也不能减少,土地面积的总体性表现为其内部构成的各类用地之间的此消彼长。土地内部构成的平衡关系为

$$A = B \tag{7-2}$$

式中 A——期内各类用地面积增加量之和;

B——期内各类用地面积减少量之和。

如表 7-1 所示,基于面积均衡性的综合法所运用的土地利用综合平衡表,反映了规划区域的基期和规划期用地面积及规划期内各类用地转换的面积和方向。

表 7-1　土地利用综合平衡表

地类	基期用地面积	规划期用地面积									
		1	2	3	4	5	6	7	8	…	n
1	P_1	$P_1-E_5-F_6$				E_5	F_6				
2	P_2		P_2-C_2	C_2							
3	P_3			P_3-D_4	D_4						
4	P_4			C_3	$P_4-C_3-H_4$				H_8		
5	P_5	A_1				$P_5-A_1-F_6$	F_6				
6	P_6			C_3			P_6-C_3				
7	P_7							P_7-H_8	H_8		
8	P_8	A_1		C_3			F_6		$P_8-A_1-C_3-F_6$		
⋮	⋮										
n	P_n										
	$\sum P$	P_1'	P_2'	P_3'	P_4'	P_5'	P_6'	P_7'	P_8'	…	P_n'

注:$P_1,P_2,\cdots,P_8$ 为基期各类用地面积;$P_1',P_2',\cdots,P_n'$为规划期各类用地面积;$P_1+P_2+\cdots+P_n=P_1'+P_2'+\cdots+P_n'=\sum P$;$A_1,B_2,C_3,\cdots,H_8$ 为期内各类用地的变化值。

规划期内各类用地面积变动情况为:

$$B_t = B_0 + C - D \tag{7-3}$$

式中 B_t——期末用地面积;

B_0——期初用地面积；

C——期内用地增加量；

D——期内用地减少量。

上述公式适用于耕地、园地、林地、牧草地、居民点及工矿用地、交通用地、水域和未利用土地的平衡计算。

(二)土宜法

土宜法建立在土地质量评价的基础之上，依据土地质量评价成果资料(见表7-2)，结合国民经济各部门发展对土地的需求和区域土地适宜性特点，对于宜农、宜林、宜牧地和适宜种植各种农作物、树种和草种地，以及适宜建筑用途土地加以合理的归并，在土地需求量和土宜阈值范围加以比配，最终借以确定较为满意的土地利用结构。

表7-2　规划区域内土地适宜性面积及其类型　(单位：hm^2)

适宜类别	适宜上限面积	适宜下限面积
宜农	62 159.3	33 521.3
宜林	27 723.1	21 341.6
宜牧	6 151.2	2 206.9
宜建筑	5 031	2 451.0

注：表中的数据为假定数据。

应用土宜法的前提条件是已经完成土地质量评价工作，否则应用此法必须从土地质量评价开始。土地适宜性评价成果反映规划区域宜农、宜林、宜牧和宜建筑地上、下限面积，综合考虑国民经济发展对土地的需求，两者之间加以合理的协调比配，达到确定土地利用结构的目的。此法的优点在于各类用地面积和布局符合土地质量条件和土地适宜性条件。

对以上两种方法可以做出如下评价：综合法简便易行，操作方便；土宜法的应用以土地质量评价成果为前提，能使最终用地配置符合土地面积适宜性阈值，便于做到因地制宜安排用地。但两种方法均存在共同的问题，即难以定量评价，无法鉴别最终采用的土地利用结构方案的最优性(满意性)，这也是我国规划实践中经常遇到的难题和普遍存在的问题。由于土地利用的多目标性、多宜性和外部性，并受制于多种因素的约束，不同用地的利用效益悬殊，如何在多目标规划中寻求最佳结合点，以达到土地利用社会、经济、生态综合效益最大，规划实践迫切要求寻找新的方法思路，于是基于思维系统性的模型法应运而生。

(三)模型法

模型法就是依据调查提供的基础资料，建立数学模型，反映土地利用活动与其他经济因素之间的相互关系，借助计算机技术求解，获得多个可供选择的解式，揭示土地利用活动对各项政策措施的反映，从而得到数个供选方案。在土地利用系统中，许多因素的发展既受客观因素的制约，又受决策者主观因素的影响，确定科学的土地利用结构，就是具体确定土地利用结构系统中最优的主观控制变量，使总体目标优化。

在国内外土地利用规划实践中，常用的数学模型有线性规划模型、多目标规划模型、动态规划模型、模糊线性规划模型和灰色线性规划模型等。

任务三　土地利用布局

土地利用结构一经确定,应当将其在土地上加以布局,以达到全面实施土地资源的合理配置。土地利用结构的时空布局形式常称作土地利用总体规划模式。常见的土地利用总体规划模式有土地利用分区模式和土地利用类型模式。土地利用分区在规划区域内是唯一的,不可重复出现;而土地利用类型则允许在规划区域内重复出现。

一、土地利用分区模式

(一)土地利用分区的概念

土地利用分区也称为土地利用规划分区。土地利用分区是以土地利用现状和土地资源的适宜性为基础,根据土地利用条件、利用方式、利用方向和管理措施的相似性和差异性,将规划区内土地划分为不同的土地利用区域,为土地利用调控和管理提供依据。

土地利用分区可以划分为土地利用综合分区、土地利用功能分区和土地用途分区 3 种类型。在不同级别的土地利用总体规划中,土地利用分区有不同的表现形式(见表 7-3)。其中,国家和省级土地利用总体规划由于规划区域广,规划内容和目标比较宏观,一般进行土地利用综合分区,主要为了明确土地综合利用方向;地(市)级土地利用总体规划,主要开展土地利用功能分区;而县级和乡(镇)级土地利用总体规划,一般只进行土地用途分区。

表 7-3　不同级别土地利用总体规划中的土地利用分区

规划级别	分区
国家级土地利用总体规划	土地利用综合分区
省级土地利用总体规划	土地利用综合分区
地(市)级土地利用总体规划	土地利用功能分区
县级土地利用总体规划	土地用途分区
乡(镇)级土地利用总体规划	土地用途分区

(二)土地利用分区的原则

由于土地利用分区是土地利用总体规划参与土地资源管理尤其是土地用途管制的最重要依据,在分区的过程中,除必须坚持保护耕地、保护生态环境及节约集约利用土地的原则外,还需要遵循以下原则。

1. 区内自然条件和社会经济条件的相似性

自然条件指土地的物理、生化属性,地表覆盖,地形,水源状况等。相同的自然条件保证了区内土地的适宜性基本相同。社会经济条件主要指区内社会经济发展对土地的利用要求及对土地的投入,包括劳动力、资金、物质能量投入。社会经济条件的相似性保证了对土地的开发利用条件、方向和强度基本相同。

2. 区内土地利用结构和土地利用主导方向的相对一致性

土地利用开发和整治、改善土地生态环境的措施基本相同,保证了土地利用功能的相同,有利于用途管制的实施。

3. 土地利用存在的主要问题及解决问题途径的相对一致性

制定统一的土地利用政策和措施，有利于在区内寻求共同的土地利用问题解决方案，而且便于方案、政策和措施的实施。

4. 综合分析与主导因素相结合、定性分析与定量分析相结合、土地利用现状与利用开发相结合的原则

考虑到土地利用的复杂性，只有综合考虑各方面的因素，同时善于抓住主要矛盾，才能真正理解土地利用的问题、特点和规律。

5. 保持行政界线完整性和分区界线连续性的原则

这主要是为了使土地利用分区易于操作和分区结果具有实用性。由于许多土地利用的资料，包括反映土地利用的自然条件和社会条件的资料大多数是按行政单位统计的，所以以行政单位作为分区单元，有利于资料的收集和处理。而保持行政界线完整性和分区界线连续性便于各级行政部门对土地利用的管理，尤其是土地用途管制的实行，从而使分区结果易于执行实施。

(三)分区方法

土地利用主要采用的分区方法有综合分析法、主导因素法、叠置法和聚类法。

1. 综合分析法

综合分析法又称经验法，是一种定性分区法，主要适用于土地利用方式区域差异显著、分区界限明显易定的情况，要求具体操作人员非常熟悉当地的实际状况。

2. 主导因素法

主导因素法是在基层乡镇土地利用方式划分的基础上，适当加以归并，逐步扩大土地利用类型区，再将地域相连的类型区合并为用地区域，以主导土地用途作为用地区域名称。

3. 叠置法

叠置法适用于规划图和区划图齐全的情况。具体操作时，将有关图件上规划界线重叠在一起，以确定共同的区界。对于不重叠的部分，要具体分析其将来的主导土地用途并据以取舍。

4. 聚类法

聚类法是一种定量的分区方法，是根据“物以类聚”的道理，对土地利用指标进行分类的一种多元统计分析方法。由于模糊数学和灰色系统理论的引进，常常应用模糊聚类法和灰色多元聚类法。模糊聚类法是一种多因子综合分析法，其基本思路是应用相似性尺度来衡量事物之间的亲疏程度，据以确定分类关系，在选定分类指标后，模糊聚类法可按数据标准化、标定和聚类三步加以实现。

(四)土地利用综合分区

土地利用综合分区是依据区内自然、社会、经济条件相似性、土地利用方式和整体功能基本一致性、综合分析与突出主要因素相结合的原则，在保持行政区域界线相对完整的基础上，划定的土地利用综合分区。

《全国土地利用总体规划纲要(2006—2020年)》中，根据各地资源条件、土地利用现状、经济社会发展阶段和区域发展战略定位的差异，把全国划分为9个土地利用区，明确各区域土地利用管理的重点，指导各区域土地利用调控，包括西部地区(西北区、西南区、青藏区)、东北地区、中部地区(晋豫区、湘鄂皖赣区)、东部地区(京津冀鲁区、苏浙沪区、闽粤琼

区),其土地利用方向分别是:

(1)西部地区。稳定耕地面积,提高耕地质量,确保基本口粮田。统筹安排基础设施生态环境建设、特色优势产业发展和承接产业转移用地,重点支持依托中心城市和交通干线的开发,逐步提高集约用地水平。

(2)东北地区。保障先进装备、精品钢材、石化、汽车和农副产品深加工、高新技术、能源等产业发展和加强基础设施建设等用地,促进现代农业发展和资源枯竭城市转型,提高土地资源综合效益。适度增加年均新增建设用地规模,加快城镇工矿建设用地整合,盘活利用存量建设用地。重点保障东部铁路通道和跨省区公路运输通道等建设用地。开展土地利用政策与机制创新,为阜新、大庆、伊春、辽源、白山、盘锦等资源型城市经济转型和发展接续替代产业提供用地保障。加强基本农田整理和建设,强化粮食基地建设的支持力度。加强天然林、牧草地和湿地的保护,积极支持黑土地水土流失治理、东北西部荒漠化综合治理。加大工矿废弃地再利用力度,加强采煤沉陷区治理,改善矿区土地生态环境。

(3)中部地区。加大耕地整理力度,促进粮食生产基地建设。合理安排装备制造业、高新技术产业、新型建筑材料、农产品深加工等产业和大型煤炭能源基地、综合交通运输体系建设的用地,适度增加年均新增建设用地规模,促进中部地区崛起。

(4)东部地区。严格保护现有耕地和基本农田,加强水田等优质耕地的保护和建设,促进现代农业发展。优化整合建设用地,降低年均新增建设用地规模,控制城镇和工业用地外延扩张,积极盘活存量土地,提高土地利用效率。

(五)土地利用功能分区

土地利用功能分区是指为合理利用土地,控制和引导土地利用的主要功能,依据区域土地资源特点和经济社会发展需要划定的空间区域,主要包括基本农田集中区、一般农业发展区、城镇村发展区、独立工矿区、生态环境安全控制区、自然与文化遗产保护区等。

(六)土地用途分区

县级土地利用总体规划和乡(镇)土地利用总体规划一般划分土地用途区。土地用途区是以土地适宜性为基础,结合国民经济、社会发展和环境保护的需要,按照土地主导用途的不同来划分的。一般而言,结合实际管理需要,县级土地利用总体规划应结合实际划为基本农田保护区、一般农地区、城镇村建设用地区、独立工矿用地区、风景旅游用地区、生态环境安全控制区、自然与文化遗产保护区、林业用地区和牧业用地区。而乡(镇)土地利用总体规划则一般划为基本农田保护区、一般农地区、林业用地区、牧业用地区、城镇建设用地区、村镇建设用地区、村镇建设控制区、工矿用地区、风景旅游用地区、自然和人文景观保护区、其他用途区等。

二、土地利用类型模式

土地利用类型模式是依据土地利用结构调整方案,在考虑土地适宜性条件和各类用地对土地质量要求的前提下,在时空中选择适宜各种用地的地段。

土地利用类型模式既是土地利用布局模式之一,又是土地利用分区模式的细化。具体来讲,土地利用分区的划分以主导土地用途为依据,在同一分区内尚存在非主导用途的地类。为了实施土地用途管制,除划区和用地指标为控制外,必须落实到图斑——地类上进行二级地类分类统计。

任务四　各类用地配置

各类用地配置

用地布局和用地分布是相互联系又有区别的两个概念。用地分布是指已经形成的土地利用空间形式,是已经实现的现象,通常又称作土地利用现状;用地布局则指土地利用的再分布,是规划中的设想,是有待实现的现象,是实现规划的结果。

用地布局具有重要的国民经济意义,由于土地是任何物质生产部门不可或缺的物质条件,用地布局常常同生产布局互相联系在一起,合理的用地布局对于区域经济与社会发展、地区优势的发挥、资源合理利用与保护均有重大影响。用地配置可分为农业用地配置和建设用地配置。

一、农业用地配置

(一)蔬菜地的配置

蔬菜是一种高度集约经营的产品,具有费工多、投资大的特点,由于蔬菜含水分多(一般为85%~95%),脆弱柔嫩,一般不耐储藏或不宜储藏和运输。因此,应尽可能把蔬菜地配置在居民点和畜牧场附近。就地形而言,蔬菜地不宜过于平坦或坡度过大,以免积水和不利灌溉。蔬菜是喜温热的作物,蔬菜地最好配置在南坡和西南坡上,北坡完全不适于配置蔬菜地。蔬菜地要求外形规整,以便于蔬菜地内部规划和机械作业。

(二)大田作物用地的配置

大田主要生产粮食作物、经济作物和油料作物。一般大田作物用地应满足下列条件:①土壤肥沃、土层深厚和水源充足;②地形坡度条件便于耕作,一般来讲,45°以上的坡地,人行走已很困难,30°以上坡地大牲畜难于活动,15°以上不利于拖拉机耕作;③土地集中连片,外形规整,以便发挥机械作用和便于其内部规划设计。

(三)林业用地的配置

1. 果园配置

果树具有花工多,需水、肥量高,不宜储藏和运输的特点。为了便于组织果树生产和管理,通常把果园配置在居民点附近,具有便利的交通条件。果园附近应有良好的水源,以便于灌溉和喷药。

2. 桑园配置

在山区建立桑园时,对地势、坡向、坡度、土层厚度的选择较为重要。不同的地势和坡向对桑树的生长发育差异很大。一般来说,阳坡上的桑树发芽早、生长快、产量高,阴坡的日夜温差大,易遭晚霜冻害。阴坡日照短、温度低、桑树发芽晚、生长较差,但秋叶硬化也迟。桑树一般要求表土厚0.7 m即可。

3. 茶园配置

在配置茶园时,应考虑下列诸项条件:茶树适宜酸性土壤,最适宜的pH为4.5~6.5,要求土层深厚,至少在1 m以上,土质疏松,富含有机质,土壤含水量在60%~80%。茶树好湿,对于茶树生长,空气湿度越高越好。

4.水土保持林用地配置

地处丘陵山区的乡(镇),应根据地形起伏情况设置水土保护林,以吸收和调节地表径流,防止土壤侵蚀,调节河川流量和丰富地下水源。

二、建设用地配置

(一)居民点用地选址

一般来说,选择居民点用地时,应考虑下列各项要求。

1.组织生产和生活的要求

(1)应把居民点布置在其服务范围内的适中位置,以保证居民点对外具有方便的联系,缩短运输距离。

(2)应避免行车密度较大的高级公路横穿乡镇,最好两者之间保持150 m的距离。

(3)居民点用地应具有水量充足、水质良好的水源。选址时,应考虑未来的供水方式。

2.建筑要求

(1)地形朝向。用地要求地形平坦,具有良好的朝向,具体地讲,居住区的坡度一般不应大于6%(相当于4°左右)。

(2)水文和水文地质条件。建筑用地的地下水位不应过高(见表7-4),一般要离地面不小于1.5 m,距埋藏较深的基础底面应保持0.5 m,以确保建筑物的安全,降低工程造价,并为居住卫生创造良好的条件。在选择用地时,洪水最高水位以0.5%~1.0%的频率考虑,以保证50~100年一遇的洪水发生时不被淹没。

表7-4　建筑物对地下水位深度的要求　(单位:m)

建筑类型	地下水位应低于基础地面
低层建筑	0.8~1.0
三层以上建筑	1.0~1.5
有地下室的建筑	1.5~3.0
道路	1.0

(3)土质条件。用地土质要求坚固,在不经人工处理的条件下能承载建筑物的压力,对于一般住宅要求土壤的承压力为:一层建筑应不小于0.5~0.7 kg/cm^2,二层建筑应不小于0.7~1.2 kg/cm^2,三、四层建筑应不小于1.2~1.5 kg/cm^2。

(4)安全条件。用地应不受洪水威胁,不应选在地层断裂带、滑坡回填地上面,也不应选在大型水利工程、水库的下方。此外,还应注意避免选在蕴藏有地下矿藏的地段上,或由于地下开采而会导致沉陷的地带。

(5)节约用地条件。选择用地时,尽可能利用原有村庄的基础,少占或不占好地,并在节约用地的原则下,保证乡镇有足够的土地面积。

3.卫生保健要求

(1)用地应尽可能选择风景优美,环境舒适,靠近河流、湖泊、水库和天然林木处,不受风、雨、雪水的危害。一定要和周围自然环境有机结合起来,对周围自然景观尽可能加以“借景”,从而构成一个完整的生态系统。

(2)用地不宜选在沼泽、死水塘等蚊虫滋生的地方,应当远离墓地和行车密度较高的公路,以保持居民点内的清洁卫生。

(3)用地应在工厂的上风、上游,避免工厂"三废"的污染。同时,应避开高压线和易燃易爆的仓库区。

(4)当在居民点内布置畜牧场时,应注意使牧场和其他生产建筑处于住宅区的下风向,在地形上处于下坡,以使居民免受臭气和污水的危害。

4. 兽医防疫要求

(1)畜牧场距最近的公路最好在 100 m 以上,以防止病菌带入畜牧场,如设有绿化、围墙,其间距可以适当缩短。

(2)在居民点内设置畜牧场,不应让畜群放牧时穿过住宅区。死亡畜群埋葬地应距居民点、畜牧场 1 km 以上。

(二)工业用地选址

工业布局是一项相当复杂的规划工作,要求考虑许多方面和要求,一般来讲,工业企业选址要求如下:

(1)厂址应选择产品到达消费地的完全计划费用最小的地点。完全计划费用包括产品生产费用、产品流通费用和生产流通环节资金占用量×平均资金利用率或基本建设投资标准效果系数。由于各企业产品的特点不同,落实这项要求的具体做法不尽相同。

①对于多数农产品、矿产品的初步加工业(如轧花厂、榨油厂、制糖厂、洗煤厂、选矿厂等),一般趋向接近原料地即所谓原料指向,因为这些产品在生产过程中,原料的失重程度很大,单位产品的原料消耗量数倍甚至十几倍于成品数量。有些农产品原料在运输和储藏过程中损失较大,靠近原料产地建厂,外运成品比工厂建在消费地大量运输原料更合算。

②对原料失重程度小,甚至增重,成品不便运输或运输过程损耗大,不便利用管道等廉价运输方式的工厂,如硫酸厂、玻璃厂、家具厂、食品厂、日用消费品厂、专门设备制造厂和一部分炼油厂等,一般多靠近消费地建厂,即所谓消费地指向。

③许多耗电的大工业厂,如铝、镁、钛冶炼厂,铁合金厂、电石厂、人造纤维厂等,应选择在动力基地特别是能提供廉价电能的大型水电站附近,即所谓能源指向。这些产品成本中电费占 20%~30%,甚至高达 50%,这类厂若靠近电站,可以减少输电损失,且完全可以补偿原料半成品调运过程中的劳动消耗。

④劳动密集型行业的工厂,如纺织厂等,资金有机构成低,工资开支占产品成本的绝大部分,厂址应选在劳动力充裕、待业人员多的地方,即所谓劳动力指向。

⑤知识密集型、技术密集型的工厂,如精密仪表、电子计算机等,为了创造技术协作条件,一般多选在科学技术中心设置的城市近邻处,即所谓技术指向。

(2)在布局和选址时,必须因地制宜,发挥优势,充分利用地区分工的绝对利益和比较利益,使企业的生产费用和基本建设投资费用达到最小。

(3)符合生产和建筑的要求。

①厂区占地外形应能满足厂房和各种建筑物布置的要求。

②厂区地形力求平坦而略有坡度(不超过 5%~10%),以减少土地平衡的土方工程量,便于地面排水。

③工程地质、水文地质条件较好的地段,地下水位应尽可能低于地下建筑物的基准面,

在1.5 m以上。

④尽可能靠近水源，并便于污水排放。

⑤便于供电、供热和其他协作条件的取得。

⑥需铺设铁路专用线的企业，应尽量接近铁路线，并便于与距离最近的车站接轨。

(4)维护生态系统平衡的要求。工业企业布局应遵守生态系统平衡的原则。这是因为非农业用地单位的扩建会影响或改变该地区的生态系统的原来面貌，形成人工生态系统。例如，建设煤炭基地不仅需要建筑许多矿井群，占用大量土地。随着生产的增长，人工石山煤炭厂、洗煤厂等还要占去大量土地，在不间断采煤排水和大量洗煤、发电用水条件下，会引起地下水位下降，而在地面上必须建筑排污渠道。除此以外，还要建设仓库、运输系统和为生产、生活服务的其他建筑。这一切将改变该区生态系统的面貌。

(三)公路选线

1. 现有公路网的调查

对现有公路网的调查，其目的在于全面了解进一步利用现有公路及其附属建筑物的可能性，以减少修建新路的费用。具体调查内容应包括：①现有公路的位置和长度；②路面状况；③公路附属建筑物的种类和状况；④筑路需用建材(沙子、黏土、砾石等)的地方；⑤现有公路网存在的问题；⑥现有公路网经营情况(单价等)。

2. 确定主干道路的走向

为了确定主干道路的走向，必须了解掌握货运和非货运的数量与方向，为此，根据远景规划确定各点(如农业企业中心、村、车站、码头、农畜产品加工地点等)的货运和客运数量。农业货运量可分为两类：①农业企业中心、村与农田之间的货运，包括运送种子、肥料、农药、燃料和农畜产品等；②农业企业中心与农畜产品加工储存和销售地点、车站、码头之间的货运，包括工业品、生活日用品、商品粮食和畜产品等。

3. 公路选线的原则

(1)应贯彻工程经济与运营经济相结合的原则。充分利用有利地形，尽量避开不利地形和工程地质不良的地段，做到路线短捷平直，保证行车安全，注意工程经济效果。

(2)充分利用现有道路及各种附属建筑物，在可能的条件下，应尽量结合过境的国家公路。少占或不占耕地，把筑路、造田、建村、治水有机地结合起来。尽可能与主干渠道相结合，沿着农田边界布置，避免斜穿农田，为田间各项规划和机械作业创造良好条件。公路相交尽可能成正角或交角不应小于45°。

(3)道路与林带结合布置时，为了保证路面的干燥，应把道路设在林带南面、西面或东南面。对于南北走向的林带，林带两面受阳光的程度大体相等，道路最好布置在迎风一面。在山区的道路尽可能布置在林带地势较高的一侧。

(4)主干道路最大纵坡不应大于8%(大约7°)，最小平曲线半径在平原微丘区不应小于50 m，山岭、重山区不应小于15 m。当坡度大于8%，而纵坡较长时，必须每隔400 m左右设一段坡度比较平缓的路段以便车辆恢复能力(不应大于3%，长度不小于50 m)。在沿河流选线时，还要考虑洪水水位因素，对于四级和等外级公路来说，则可根据一般年景洪水水位考虑以保证路基高出一般年景的洪水水位0.5 m以上。

(5)主干道路应远离人口密集的居民点和大型畜牧场，以保证居民区的安静、卫生条件和牧畜的兽医防疫条件。一般来讲，主干道路应距离居民点150 m以上、距离畜牧场100 m

以上。

(四)渠道配置

渠道规划布置时,应考虑以下各项基本原则:

(1)灌溉排水渠道在水源和容泄区水位既定的条件下,尽可能获得最大的自流灌溉和排水面积,即所谓“居高临下”。根据这项原则,灌溉干渠应尽可能布置在灌区的最高地带或沿着分水岭。

(2)渠道布置应保证工程费用少、渠道输水损失小。布置渠道时,应紧密结合地形,在设计流量已定的条件下,如选用较大的纵坡,则会加大流速,断面尺寸可减小,节省工程量和投资。但这样一来,水位大的渠段易坍塌,松散岩层和风化坡会积成土石地带。

(3)渠道选线应尽量少占或不占耕地。把开沟挖渠与新造农田结合起来,扩大农田面积,保证较高的土地利用率。

(4)上级渠道的布置应为下级渠道的合理规划和其他土地规划项目的合理规划创造良好的条件。上、下级渠道最好是垂直相交,但根据地形、地势条件,允许有一定的偏角(20°~30°)。同级渠道最好同向等距平行布置,以保证其所控制地段外形规整。

在布置渠道时,尽可能避开岗丘、洼地、池塘、山溪和高级公路,若沿着等高线随弯就弯,这样势必增长渠线,增加输水损失;如果采用直穿的形式通过沟谷地段,必然要修筑填方渠道和地下涵洞、虹吸管、渡槽等建筑物。究竟采用哪种方式为好,需对规划方案的工程量和水量损失等进行全面比较后加以确定。

为了减少渠道输水损失,防止渠道坍塌,保证工程安全,选择渠线时,要充分注意沿线的地质情况,尽可能避开透水性强的地带,与田块、道路、林带、居民点等规划综合考虑,合理布置。

小　结

土地利用结构与布局是土地利用规划的核心内容,也是为实现规划目标的土地利用的具体落实。本项目主要介绍土地利用结构概述、土地利用供选方案拟订、土地利用布局和各类用地配置。

土地利用结构与布局是否合理,能否实现土地利用结构的优化直接关系到土地利用总体规划的成败,同时也是提高土地利用总体效益、可持续合理利用土地的途径。

案　例

土地利用综合平衡表

如表7-5所示,反映了规划区域的基期和规划期用地面积以及规划期内各类用地转换的面积和方向。

土地利用
综合平衡表

表 7-5 土地利用综合平衡表

地类		2016 年	农用地				建设用地			未利用地	期内面积减少
			耕地	园地	林地	牧草地	居民点及工矿用地	交通用地	水利设施		
农用地	耕地	46 530	(3)				331	122	247		(2)
	园地	454		(5)			3		7		(4)
	林地	2 381			(7)		37	14	36		(6)
	牧草地	867				(8)					
建设用地	居民点及工矿用地	9 060	545		320	60	(10)				(9)
	交通用地	1 936	14				11	(12)	9		(11)
	水利设施	719					21	9	(14)		(13)
未利用地		10 480	371	3 700	1 350	105	26	14	53	(15)	(16)
2020 年规划面积		(1)	(17)	(18)	(19)	(20)	(21)	(22)	(23)	(24)	
期内增加			(25)	(26)	(27)	(28)	(29)	(30)	(31)	(32)	
期内净增加			(33)	(34)	(35)	(36)	(37)	(38)	(39)	(40)	

表格内容计算：

(1)= 2016 年各类用地面积之和；

(2)= 横列：居民点及工矿用地面积(331)+交通用地(122)+水利设施(247)+未利用地，同理可以得(2)、(4)、(6)、(9)、(11)、(13)、(16)的值；

(3)= 2016 年耕地总面积-(2)，同理可得到(5)、(7)、(8)、(10)、(12)、(14)、(15)、(24)的值，其中(15)的值与(24)的值相同；

(17)=(3)+纵列：居民点及工矿用地面积(545)+交通用地(14)+水利设施+未利用地(371)，同理可得(18)、(19)、(20)、(21)、(22)、(23)的值；

(25)=(17)-(3)，(26)=(18)-(5)，(27)=(19)-(7)；

(28)=(20)-(8)，(29)=(21)-(10)，(30)=(22)-(12)；

(31)=(23)-(14)，(32)=(24)-(15)；

(33)= 期内增加(25)-期内减少(2)，同理可得(34)、(35)、(36)、(37)、(38)、(39)、(40)的值。

案例小结

利用土地利用综合平衡表，由基期年份各类用地量求取规划年份各类土地用地量，可掌握表中各个空白处如何计算。土地综合平衡表可在反映出土地用途变更面积增减的同时，也反映出土地面积和空间位置均达到综合平衡。

思政小课堂

1997～2010年全国土地利用总体规划纲要

为了保障规划期内国民经济和社会发展的用地需要，促进土地资源的优化配置，实现土地资源的永续利用，必须加强土地利用的宏观调控，合理调整土地利用结构和布局。到2010年，全国土地利用结构为：农用地占71.36%，其中：耕地占13.47%，园地占1.05%，林地占26.30%，牧草地占28.26%，水面占2.29%；建设用地占3.9%，其中：居民点及工矿用地占2.53%，交通用地占0.64%，水利设施用地占0.73%；未利用地占24.74%。

一、优先安排农用地

规划期间，要加强农用地保护、整治和开发，保证农用地面积有较大幅度增加，合理调整农用地结构和布局，因地制宜发展农、林、牧、副、渔各业。农用地总面积增加2 297万hm^2（3.45亿亩）。

二、合理安排建设用地

规划期间，要确保重点建设项目的用地需求，其他各类建设用地应当以内涵挖潜为主，尽可能利用非耕地，严格控制非农业建设用地规模。根据占补平衡原则，切实落实建设占用耕地与开发、复垦相挂钩的政策。各类建设新增用地规模控制在340.8万hm^2（5 112万亩）以内，其中占用耕地控制在196.67万hm^2（2 950万亩）以内，年均建设占用耕地控制在14.07万hm^2（211万亩）以内。

三、积极开展土地整理、复垦和开发

为缓解土地供需矛盾，应积极推进土地整理，加强土地复垦，适度开发宜农未利用土地资源。

四、加强土地生态保护与整治

（1）加强农田生态环境保护。

（2）加快林业生态体系工程建设。

（3）积极开展土地退化的防治。

（4）加强自然保护区和湿地的保护。

习题演练

单选题　　判断题

项目八 基本农田保护区规划

知识目标

1. 掌握基本农田保护与基本农田保护区的概念。
2. 掌握基本农田保护区规划编制原则和内容。
3. 掌握基本农田保护区规划编制程序。
4. 掌握基本农田保护区划区定界。
5. 熟悉基本农田保护区规划成果资料整理。
6. 熟悉基本农田保护区规划验收内容。

能力目标

1. 能够初步对基本农田保护区进行规划编制。
2. 能够初步对基本农田保护区进行划区定界。
3. 能够初步整理基本农田保护区规划相关验收资料。

素质目标

1. 培养学生具有良好的职业道德,严谨、认真、细心的工作作风。

2. 培养学生动手能力,具有自主学习精神,能自主完成工作,具备分析问题、创新解决问题,善于总结问题的能力。

3. 培养学生成为会沟通、具有协作能力和团队合作精神的高技能复合型人才。

项目重点

基本农田保护区规划概念、内容、编制程序、划区定界、成果资料整理等。

项目难点

基本农田保划区的划区定界。

任务一 基本农田和基本农田保护区的概念

基本农田与基本农田保护区的概念

1994 年我国颁布的《基本农田保护条例》中规定,基本农田是指按照一定时期人口和社会经济发展对农产品的需求,依据土地利用总体规划确定的不得占用的耕地。基本农田内涵包括三个组成部分:①强调基本农田与一般耕地的内在肥力差异,即耕地自然生产力高低;②明确基本农田与一般耕地所处地段的不同,即农田区位条件的优劣;③基本农田是一定时段内人地关系状况的反映,即时段性特征,它赋予了基本农田的动态内容。

基本农田有广义和狭义之分,广义的基本农田是指农田资源,即直接或间接、当前或潜在用于生产基本农产品土地的总称,它包括当前适合条件的耕地和潜在适合条件的林、草地,用于农业生产的沟渠、田间道路等农田建筑物所占用的土地,也包括宜农荒地。狭义的基本农田是指当前耕地的一部分,是按照一定时期人口和社会经济发展对农产品的需求,依据土地利用总体规划确定的不得占用的耕地。

严格来说,农田保护包含了三层意义:一是农田保存,即根据区域社会、经济发展需要,维持区域必需的农田数量和质量动态稳定,保存农田生产力。二是农田利用,即保持拟保存的农田资源的持续开发利用,以便取得合理的生态、社会、经济效益,保证国民经济稳定和社会发展所需基本农产品的供应。三是农田监测和管理,即利用行政、科学手段,对拟保存农田的环境、基础设施、土壤肥力和土地利用状况进行监测和管理。其中,保护的主体是保存农田生产力,保护的前提是明确人地关系和区域发展目标,保护的目的是持续有效地利用农田资源,监测和管理是保护的手段,也是农田可持续利用的保证。

按照我国《土地管理法》和《基本农田保护条例》,下列耕地应列入基本农田保护区:

(1)经国务院有关部门或者县级以上的地方人民政府批准确定的粮、棉、油生产基地内的耕地。

(2)有良好的水利与水土保持设施的耕地,正在实施改造计划及可以改造的中、低产田。

(3)蔬菜生产基地。

(4)农业科研、教学试验田。

(5)国务院规定应划入基本农田保护区的其他耕地。

基本农田保护区是指对基本农田实行特殊保护,并依据土地利用总体规划和依照法定程序而确定的特殊保护区域。

任务二 基本农田保护区规划编制程序

基本农田保护区规划编制的原则和内容

一、基本农田保护区规划编制的原则

(一)切实保护耕地的原则

十分珍惜和合理利用每一寸土地,切实保护耕地是我国的一项基本国策,划定基本农田保护区,其重点是保护耕地资源,以满足人口高峰年对耕地的需求。

(二)综合协调的原则

基本农田保护区划定应以土地利用总体规划为依据,在对区域内的各类用地进行综合协调和统筹安排的基础上,正确处理好吃饭与建设的关系,使非农业建设用地与农业用地得到合理配置,形成最佳的社会经济效益。

(三)双轨并行的原则

基本农田保护区规划必须遵循由上而下和由下而上相结合的双轨并行的原则,基本农田保护控制指标由省、市、县、乡(镇)逐级下达,以乡(镇)行政辖区为基本核定单位。基本农田保护区划定方案经上一级人民政府审核后,提请同级人民代表大会常务委员会审议通过,并报省人民政府备案。基本农田保护区的保护与管理实行由下对上逐级负责的保护办法,逐级签订基本农田保护责任书。

(四)区域完整性的原则

为了便于基本农田保护区的划定、建档和管理,完善和巩固地籍管理体系,基本农田保护区的划定,不宜打破村级行政界线。

二、基本农田保护区规划的编制内容

(一)基本农田保护区控制面积的确定方法

基本农田保护区控制面积的确定方法主要有农产品的耕地需求量预测法和人口预留法等。

1. 农产品的耕地需求量预测法

农产品的耕地需求量是指为满足日益增加的人口对农副产品的需求量必须确保的耕地面积。该方法的技术路线是通过对规划期内人口总量、人均农产品消费水平、农作物的单产水平及耕地复种指数等的测算,求得为满足规划期内人口对农副产品需要的耕地总需求量,将规划基期耕地的总供给量与预测的耕地总需求量进行综合平衡,从而确定当地基本农田保护区的控制面积。

2. 人口预留法

人口预留法是利用区域历年人口增长趋势资料,根据当地国民经济和社会发展计划中的人口发展规划,预测人口增长高峰年基期人口总数,然后按建设部门的人均建设用地标准,测算出人口增长高峰年的建设用地总需求量,采用下式确定当地基本农田保护区的控制面积:

$$A = A_0 - \left(P_1 \frac{m}{10\ 000} + P_2 \frac{n}{10\ 000}\right)$$

式中　A——基本农田保护区的控制面积,hm^2;

A_0——规划基期耕地面积,hm^2;

P_1——人口增长高峰年预测的城镇人口,人;

m——城镇人均建设用地指标,m^2/人;

P_2——人口增长高峰年预测的农村人口,人;

n——农村人均建设用地指标,m^2/人。

m 和 n 参照《城市用地分类与规划建设用地标准》(GB/J 137—1990)和《镇规划标准》(GB 50188—2007)取值。

(二)规划控制指标的确定

当地基本农田保护区的控制面积确定以后,将其与上级下达的基本农田保护区控制指标进行比较,进而确定当地基本农田保护区规划的实际控制指标。根据规划编制原则,所确定的当地基本农田保护区实际控制指标不得低于上级下达的控制指标。

三、基本农田保护区规划编制的程序

基本农田保护区规划编制的程序

(一)准备工作

1. 组织准备

组织准备主要是成立规划领导小组、规划编制技术组以及经费的落实等。

2. 资料收集

收集区域国民经济和社会发展计划、统计年鉴、人口普查、土壤普查、农业区划、重点建设项目、各部门专项规划、土地利用现状调查和土地利用总体规划等有关资料和图件。

3. 制订工作方案

主要是制订编制规划的工作和技术方案,包括:

(1)编制规划的指导思想。

(2)规划编制的内容。

(3)规划编制的程序和方法。

(4)组织实施的方法步骤。

(5)时间安排和经费预算等。

(二)耕地资源现状和潜力分析

利用规划基期土地利用现状变更调查资料,结合土地适宜性评价结果,分析规划区耕地的数量、质量及其分布状况,耕地利用特点与存在的问题,耕地的生产和开发利用潜力等,为编制规划提供基础依据。

(三)耕地需求量预测

根据规划期内人口和国民经济发展对农产品的需求、建设用地的发展需求及上级下达的规划期内非农业建设允许占用耕地的控制指标,对规划期内耕地的需求量进行预测。

(四)基本农田保护控制指标的确定与分解

根据耕地需求量预测结果,联系上级下达的基本农田保护控制指标及当地耕地资源的具体实际,通过综合分析,确定当地基本农田保护的实际控制指标,包括保护耕地面积和保护率。然后,在当地基本农田保护实际控制指标的控制下,联系下一级行政区的自然、经济条件和耕地资源状况,将基本农田保护控制指标逐级分解至乡(镇)。

(五)基本农田布局

在落实非农建设用地允许预留耕地的位置和范围的基础上,根据当地基本农田保护的控制指标及耕地资源的实际状况,遵循一定的原则,确定应划入基本农田保护区的范围标准,通过内业预划定,实地勘察、核对和丈量,具体划定基本农田保护片块,对保护片块编号、登记造册,并在每个保护片上设立保护标志牌。

(六)基本农田保护措施的制定

根据国家和地方人民政府有关基本农田保护的法律、法规和有关政策规定,制定切实可行的基本农田保护措施,从法律、行政和经济措施方面加强对基本农田的保护。

(七)规划成果的整理和制图

整理基本农田保护区规划编制的有关成果资料,撰写基本农田保护区规划报告及工作和技术总结,绘制基本农田保护区分布图。

任务三　基本农田保护区划区定界的方法与步骤

一、划区定界的概念

划区定界是指县级人民政府土地管理部门会同同级农业行政主管部门,组织实施经上一级人民政府批准的基本农田保护区规划，将基本农田保护区规划的一、二级基本农田保护区及建设预留地的范围，在实地确定界线并落实保护标志位置。

基本农田保护区的划区定界

二、划区定界的原则

（一）将高产、稳产农田优先划入基本农田保护区的原则

除土地利用总体规划确定的城镇村建设用地和重点建设项目用地允许预留的耕地外，位于平原地区交通主干道两侧以及城镇村周边的、集中连片的高产、稳产农田必须优先划入农田保护区，避免出现保高不保低、保远不保近、保差不保优、保小不保大等现象。

（二）坚持从实际出发，有利发展的原则

基本农田保护区的划区定界要有利于今后农业发展和布局，有利于对土地增加投入，有利于基本农田建设，有利于基本农田保护责任的落实。

三、划区定界的方法

划区定界的方法，以优先保护耕地为出发点，一般采用圈定城镇、乡村建设留用界线和置换用地的反推法。

四、划区定界的程序

（一）室内初定

在 1:10 000 土地利用现状图上初步圈定建设留用地和置换用地，余下的耕地划为基本农田保护区。

（二）实地踏勘

实地丈量以逐块确定可定位的留用地。基本农田保护区的耕地实行全面定位划定，由专人实地丈量建设留用地面积，划定界线，拐点处埋设界桩，或以明显的地物作为拐点标志，界桩以村为单位统一编号。

（三）绘制图件

在实地踏勘丈量的基础上，对原在室内图纸上确定的基本农田保护区图进行修正，将界桩的实际点位、桩号标注到 1:10 000 的基本农田保护区图上。

（四）登记造册

在图上对划定的基本农田保护片、块、区和建设预留地进行统一编号、统计面积并填写报表。内容包括四至、面积、利用类型、保护级别和用地类型。

（五）签订公约

在土地登记的基础上，签订保护公约，确定保护责任人，明确责任人的保护面积、界线、责任和奖惩制度。

（六）设置标志

在保护片、块、区的界线上设置标志牌，标志牌上应有保护片、块和区分布示意图，包括保护范围，本保护片、块、区内基本农田面积、等级、期限、保护措施（村规民约等）。保护标志牌一般应以县为单位统一制作、复查、检验，保证规划指标、规划图与空间布局三者统一。

任务四　基本农田保护区规划成果

一、图件成果

(一)乡(镇)区域土地利用现状图

比例尺为1:10 000,图上应标明乡(镇)行政区域界线、居民点界线和各类用地界线。

(二)行政村土地利用现状图

比例尺为1:5 000(或1:2 000),图上应标明行政村区域线,村庄建设用地界线、耕地分布状况和其他各类用地界线。

(三)乡(镇)区域基本农田保护区分布图

比例尺为1:10 000,图上应标明建设用地控制规模和界线,一、二级基本农田分布和界线,基本农田保护区位置和编号,其他各类用地界线。

(四)行政村基本农田保护区分布图

比例尺为1:5 000(或1:2 000),图上应标明建设规模和界线,一、二级基本农田分布和界线,一级保护区位置和编号,其他用地界线。

(五)土地分等定级图

一般可在基本农田保护区分布图上标出地块等级,有条件的地区也可单独制图。

(六)基本农田保护区内的工程建设规划图

工程建设规划图比例尺相对较大,一般需单独绘制。

二、文本成果

基本农田保护区划定说明书主要表述划定的成果和依据,特别是图纸无法表述的内容,主要包括:

(1)现状经济社会调查资料、土地资源利用特点及存在问题。

(2)人口(包括小城镇集聚人口)规模的计算方法和依据。

(3)基本农田保护面积的测算方法和依据。

(4)村镇建设发展控制用地的测算方法和依据。

(5)土地利用总体规划布局,主要突出基本农田保护区、村镇建设发展控制用地和道路的布局。

(6)规划的实施措施,包括基本农田建设和保护管理办法等。

(7)其他专题规划说明。

(8)规划成果图件,包括土地利用现状图(1:10 000)、基本农田保护区分布图(1:10 000)。

任务五　基本农田保护区规划的验收

基本农田保护区规划的验收要坚持"全面验收,突出重点,保质保量,注重实效"的原则,通过验收,检查各地落实《基本农田保护条例》、基本农田保护区规划的原则及有关文件精神情况，保质保量完成上级下达的基本农田保护面积控制指标，保证规划划定的基本农田保护区界址清楚、面积准确、图表册一致，使划定的基本农田保护区能适应土地用途管制的需要。验收的内容主要包括以下几个方面。

一、组织准备和宣传发动情况

(1)规划工作的组织领导、宣传发动是否有力。

(2)规划工作的专项经费是否落实。

(3)是否建立规划的工作方案和计划。

(4)基本农田保护的指标是否及时分解下达。

(5)规划编制的工作图件、资料是否准确、齐全。

二、基本农田保护区规划原则的落实情况

(1)重点检查是否将城镇和村庄周边、铁路和公路两侧的耕地及其他区域质量好、产量高的耕地及集中连片的耕地优先划入基本农田保护区。

(2)上级下达的基本农田保护面积控制指标是否完成。

三、外业调绘情况

(1)是否将预划定的基本农田保护区工作底图带到实地核实，核对图上标注地类、界线与实地是否一致。

(2)实地踏勘是否进行记录，实地踏勘人是否签名。

(3)实地踏勘率是否符合要求。

四、数据汇总分析和核查工作成果情况

(1)基本农田规划各类数据分类是否正确，汇总分析是否全面、准确，分析情况是否符合实际。

(2)应提交的表格、图件等资料是否齐全。

(3)规划报告的内容是否全面、客观、具体。

(4)数据表格的填写及规划成果图的编绘、着色是否符合规范要求，图件质量是否符合要求。

五、保护标志的设立情况

(1)保护牌所标示的内容与实地是否一致。

(2)城镇周边、道路两侧和面积在 66.67 hm^2 以上的基本农田保护区是否在明显地方设立保护牌。

六、制度建设情况

(1)是否建立基本农田保护区规划资料、报表、图件等档案。

(2)是否建立基本农田保护区分级监控制度。

(3)各级人民政府是否建立基本农田保护目标责任制，由政府一把手负总责，把基本农

田保护工作落实到村基层组织。

小　结

基本农田保护区是指对基本农田实行特殊保护，并依据土地利用总体规划和依照法定程序而确定的特殊保护区域。本项目主要介绍了基本农田保护区概念、规划原则、编制程序、编制的内容、划区定界方法与步骤、成果资料整理、检查验收。

案　例

全州县基本农田保护区分区

一、全州县概况

全州县位于广西东北部，地处北纬25°29′36″~26°23′36″，东经110°37′45″~111°29′48″，土地总面积3 967.31 km²，地形复杂，有山地、丘陵、岩溶山地、岩溶丘陵、平地、河滩等地貌，山地面积大。2013年，辖18个乡镇，人口63.32万人；耕地面积7.10万hm²，耕地平均利用等别为7等。全州县是农业大县，农业以种植业为主，种植业以粮食生产为主，盛产大米、玉米、红薯等，素有"桂北粮仓"的美称，是全国100个商品粮生产基地县之一。全州县是国家级基本农田示范区和基本农田划定试点县，在基本农田保护方面经验丰富。

二、现有基本农田保护区情况

2013年，全州县基本农田面积6.73万hm²（见表8-1），基本农田保护率为94.87%。基本农田质量较好，且分布较为连片。基本农田中的耕地利用等包括6~11等，其中以7等、8等、9等为主，分别占58.67%、14.3%、13.67%。基本农田分布区域较为平坦，小于等于6等的地块占基本农田总面积的83.65%。

表8-1　全州县基本农田分布情况

乡镇	基本农田面积（hm²）	乡镇	基本农田面积（hm²）
全州镇	2 163.93	永岁乡	3 491.53
黄沙河镇	1 836.61	枧塘乡	3 197.11
庙头镇	2 961.78	咸水乡	3 391.57
文桥镇	5 207.01	凤凰乡	5 869.40
大西江镇	3 092.55	蕉江乡	1 264.35
龙水镇	5 042.42	安和乡	3 166.34
才湾镇	5 539.26	两河乡	3 428.51
绍水镇	4 927.81	白宝乡	2 028.49
石塘镇	6 795.94	东山乡	3 858.30
		合计	67 262.91

三、全州县基本农田保护区分区方案

(一)分区依据

(1)人口高峰期全州县耕地需求量。根据相关统计预测,到2030年,全州县人口为83.79万人,粮食自给率按照历年平均数为0.67,人均用粮采用略高于国家食物与营养咨询委员会提出的我国人民食物消费和营养的基本目标435 kg,粮食播种面积占总播种面积比例和复种指数采用全州历年平均数,分别为0.54和2.02。通过测算,预计高峰年全州县耕地需求面积最少为4.51万hm^2。因此,全州县划入基本农田核心保护区的耕地不能少于4.51万hm^2。

(2)相连耕地地块距离。耕地斑块之间主要是由各种线状地物及各种非农用地利用类型切割所形成的。耕地的连片程度与地块在空间上相隔的距离有关,2个地块在空间上相隔的距离越小,其相连程度越高,当距离小于一定的阈值时,则可认为其是连片的。按照《土地利用现状分类》(GB/T 21010—2007),耕地中包括南方宽度<1.0 m、北方宽度<2.0 m固定的沟、渠、路和地坎(埂);农村道路宽度为2~6 m。这些可以不作为农田基础设施予以考虑。而从其他道路、水利和管线等分割来看,一般高速公路和一级公路的行车道、中央分离带及路肩的总宽度达到20 m以上,一般低等级公路对耕地地块造成的分割对耕地连片程度的影响相对较小。综上,相连耕地地块之间空间距离在20 m以内,即可以认为其具备一定的空间相对相连性,可认为地块是相连的。

(3)连片耕地地块区最小面积规模。有关耕地连片性的计算,国内已有研究。综合国内外各方面规模门槛的分析与比较,广西实行“小块并大块”耕地整治要求最少13.33 hm^2的规模标准符合全州县耕地利用的实际情况,因此将13.33 hm^2作为连片耕地地块区或地块群的面积最低值。

(4)优质耕地标准。广西耕地平均利用等别为8等。在全州县,综合考虑坡度和耕地等别水平,选择地形坡度小于15°、耕地利用等别高于8等水平的耕地作为优质耕地。

(二)分区方法

以MapGIS为平台,编制比例尺为1:1万的全州县土地利用现状图、全州县土地利用总体规划图、全州县基本农田保护区分布图、全州县耕地质量等级分布图、全州县地貌类型分布图,通过对这些专题图叠加分析,将基本农田保护区内质量高于8等水平、集中连片面积13.33 hm^2以上、坡度小于15°的耕地地块划为核心保护区,然后量算面积。核心保护区划定后,剩余的部分即为一般保护区。

(三)全州县基本农田保护区分区方案

以2013年全州县基本农田划定成果为基础,采用前述指标和方法,确定了2013年全州县基本农田核心区和一般区的布局与数量。通过测算,全州县基本农田面积6.73万hm^2,划入核心保护区的耕地面积为4.86万hm^2,占基本农田总面积的72.32%;划入一般保护区的耕地面积为1.86万hm^2,占基本农田总面积的27.68%。全州县基本农田保护区分区方案见表8-2。同全州县人口高峰期生产粮食需求4.51万hm^2耕地相比较,核心保护区数量可以满足耕地需求。

表 8-2　全州县基本农田保护区分区方案

乡镇	基本农田总面积(hm^2)	核心保护区		一般保护区	
		面积(hm^2)	比例(%)	面积(hm^2)	比例(%)
全州镇	2 163.93	1 732.66	80.08	431.27	19.93
黄沙河镇	1 836.61	1 261.15	68.67	575.46	31.33
庙头镇	2 961.78	2 149.71	72.58	812.07	27.42
文桥镇	5 207.01	4 137.77	79.47	1 069.24	20.53
大西江镇	3 092.55	2 416.62	78.14	675.93	21.86
龙水镇	5 042.42	4 196.26	83.22	846.16	16.78
才湾镇	5 539.26	4 528.66	81.76	1 010.60	18.24
绍水镇	4 927.81	4 024.03	81.66	903.78	18.34
石塘镇	6 795.94	4 080.59	60.04	2 715.35	39.96
永岁乡	3 491.53	2 578.16	73.84	913.37	26.16
枧塘乡	3 197.11	1 843.61	57.66	1 353.50	42.34
咸水乡	3 391.57	2 899.42	85.49	492.15	14.51
凤凰乡	5 869.40	4 107.46	69.98	1 761.94	30.02
蕉江乡	1 264.35	751.77	59.46	512.58	40.54
安和乡	3 166.34	2 301.20	72.68	865.14	27.32
两河乡	3 428.51	1 954.89	57.02	1 473.62	42.98
白宝乡	2 028.49	1 185.20	58.43	843.29	41.57
东山乡	3 858.30	2 493.05	64.62	1 365.25	35.38
合计	67 262.91	48 642.21	72.32	18 620.70	27.68

案例小结

基本农田保护区分区是根据基本农田的质量情况、集中连片程度将基本农田保护区划分为不同等级的保护区域,实行分级管控。为了切实有效地保护好基本农田,特别是能切实永久地保护好优质基本农田,将基本农田保护区分为核心保护区和一般保护区。基本农田核心保护区是指基本农田保护区内耕地质量高且集中连片的区域。核心保护区内的耕地实行永久保护,是真正意义上的永久基本农田。核心保护区除按照《基本农田保护条例》保护外,在进行土地利用总体规划修编时,要禁止将基本农田核心保护区调整为建设用地区,只有这样,才能从源头上保护好优质基本农田。根据各地的实际情况,核心保护区面积应占基本农田保护区总面积的60%~80%。基本农田一般保护区是指在基本农田保护区中核心保护区以外的区域。一般保护区内耕地质量一般,零星分散不连片。一般保护区按照《基本农田保护条例》进行保护,在进行土地利用总体规划修编时,根据实际需要可将部分基本农田一般保护区调整为建设用地区。

思政小课堂

聚焦土地日
守住耕地保护
红线　保障
国家粮食安全

守住耕地保护红线　保障国家粮食安全

2021 年 6 月 25 日，是全国第 31 个土地日，主题为“守住耕地保护红线　保障国家粮食安全”。

8 月 26 日，自然资源部公布第三次全国国土调查主要数据成果。数据显示，我国耕地面积 19.179 亿亩，园地 3 亿亩，林地 42.6 亿亩，草地 39.67 亿亩，湿地 3.5 亿亩，建设用地 6.13 亿亩。耕地是人类赖以生存和发展的基础，守住耕地红线是确保国家粮食安全的战略举措，是造福子孙、永续发展的长远大计。

强化意识、加强宣传，营造全民参与氛围。“仓廪实，天下安”。习近平总书记多次强调，粮食生产根本在耕地，必须牢牢守住耕地保护红线。要通过高位推动和广泛宣传耕地政策、鼓励大户流转土地、建设高标准农田和采取托管服务等有力措施，确保粮食播种面积只增不减；鼓励广大农户、种粮大户积极参与水稻政策性保险，降低自然灾害带来的损失；落实农机购置补贴各项政策，提高农业机械化水平。广大党员干部要深知守住耕地保护红线是国家安全的重要基础，牢牢树立人人有责、人人尽责的意识，带头走进田间地头，用百姓言解读有关法律法规，努力提升干部群众保护耕地的法律意识和依法管地、依法用地的能力水平，着力营造保护耕地、粮食安全重要性的良好氛围。

严控严管、完善体系，担当作为真抓实干。按照习近平总书记“实行最严格的耕地保护制度，像保护大熊猫一样保护耕地”的要求，实行最严格的耕地保护制度，依法依规做好耕地占补平衡，规范有序推进农村土地流转，像保护大熊猫一样保护耕地。牢固树立“确保谷物基本自给、口粮绝对安全”的新粮食安全观，引导科学、规模化的粮食生产，从而实现化肥减量提效、农药减量控害，减少农业面源污染。广大党员干部应肩负时代使命担当，将保护耕地红线作为职责使命，敢于担当、主动作为，坚持铁腕执法，对违法用地实行“零容忍”，做到违法占用耕地早发现、早制止、早处理，让土地成为美丽乡村建设的“辅助器”、乡村振兴发展的“加速器”。

立章建制、压实责任，对标对表抓出成效。建立健全党委领导、政府负责、部门协同、公众参与、上下联动的工作格局，坚守土地公有制不改变、耕地红线不突破、农民利益不受损三条底线，推动粮食产业健康发展，确保单产、总量双增计划有序推进，将监督管理延伸到“最后一公里”。扎紧织密守护耕地的“铁篱笆”，着力提升耕地产出效益，广泛应用粮食绿色生产新技术，保持耕地肥力，加速形成保护更加有力、执行更加顺畅、管理更加高效的耕地管理保护新格局。广大党员干部要坚持“眼睛向下”的科学态度、“解剖麻雀”的求真精神、“脱鞋下田”的务实作风，层层分解目标、层层压实责任，为夺取全面建设社会主义现代化国家新胜利提供有力支撑。

习题演练

单选题

多选题

判断题

项目九　土地整治复垦规划

知识目标

1. 理解土地整治的概念和范围。

2. 熟悉土地整治的相关理论知识。

3. 掌握土地整治规划的主要内容。

能力目标

1. 能运用统计分析等方法对项目区相关资料进行数据资料整理。

2. 结合野外调查以及矿产资源分布,进行土地损毁预测与土地复垦适宜性评价,明确选定土地复垦标准、措施和土地复垦目标,掌握编制土地复垦方案报告的方法。

3. 可以利用 ArcGIS 等软件制作土地整治规划的相关图件。

素质目标

1. 提升土地整治项目规划系统化分析、实施方案的能力。

2. 提升资料的收集、整理与分析的能力,培养对规划的方法、项目设置、规划目标等系统综合认识。

项目重点

土地整治规划的相关概念、理论与规划方法。

项目难点

土地综合整治项目的确立、土地综合整治的方案制订与规划编制。

2003 年 3 月,国土资源部颁发的《全国土地开发整理规划(2001—2010 年)》,包含了土地整理、土地复垦和土地开发三项内容,给出了相关的定义:土地整理是指采用工程、生物等措施,对田、水、路、林、村进行综合整治,增加有效耕地面积,提高土地质量和利用效率,改善生产、生活条件和生态环境的活动;土地复垦是指采用工程、生物等措施,对在生产建设过程中因挖损、塌陷、压占造成破坏、废弃的土地和自然灾害造成破坏、废弃的土地进行整治,恢复利用的活动;土地开发是指在保护和改善生态环境、防止水土流失和土地荒漠化的前提下,采用工程、生物等措施,将未利用土地资源开发利用的活动。

《全国土地整治规划(2011—2015 年)》,首先在概念上进行统一,即选择了“土地整治”这一术语。从土地开发整理到土地整治,不仅仅是概念上的变更,其内涵和外延也发生了深刻的变化。在范围上,已由相对孤立的、分散的土地开发整理项目向集中连片的综合整治转变,从农村延伸到城镇;在内涵上,已由增加耕地数量为主向增加耕地数量、提高耕地质量、改善生态环境并重转变;在目标上,已由单纯的补充耕地向建设性保护耕地与推进新农村建设和城乡统筹发展相结合转变;在手段上,已由以项目为载体向以项目、工程为载体结合城乡建设用地增减挂钩、工矿废弃地复垦调整利用等政策的运用转变;从内容上,已由以农用地整理为主,转向农用地、农村建设用地、城镇工矿建设用地、未利用地开发与土地复垦等综合整治活动。

2012 年 3 月,《全国土地整治规划(2011—2015 年)》经国务院批准正式颁布实施,明确了“十二五”期间土地整治的五项主要任务:一是统筹推进土地整治;二是大力推进农用地整治;三是规范推进农村建设用地整治;四是有序开展城镇工矿建设用地整治;五是加快土地复垦。

土地整治规划是重要的土地利用专项规划,对实施土地利用总体规划,落实土地用途管制政策,促进土地的高效节约集约利用,实现耕地总量动态平衡,贯彻“十分珍惜、合理利用地和切实保护耕地”的基本国策,保证社会、经济、生态的可持续发展具有重要意义。

任务一　土地整治规划

土地整治规划
概念发展

一、概念

土地整治规划,在早期又称为土地开发整理规划,是开展较早、相对独立且发展比较成熟的规划。土地整治是指对低效、空闲和不合理利用的土地进行治理,提高土地利用率和产出率的活动,是各类土地整理、复垦、开发及城乡建设用地增减挂钩等活动的统称。土地整治规划是指为了对低效、空闲和不合理利用的土地进行治理和提高土地利用率和产出率的总体安排。

二、土地整治内容

土地整治是农业基本建设的重要内容之一。对土地进行科学整治,有利于合理开发和利用土地资源,提高土地生产力,保持生态平衡,防止水土流失及土壤沙化、碱化。实施土地整治的根本目的在于提高土地的利用率和产出率,实现经济、社会、生态三大效益良性循环。在科学发展与可持续利用的历史新时期,土地整治主要是广义的土地整治,它是对土地进行考察、规划、开发、利用、改良、治理、保护等各项措施的总称,主要包括土地开发、土地整理、土地复垦和土地治理。

(一)土地开发

土地开发指对未利用土地,通过工程、生物或综合措施,使其达到可利用状态的活动,包括开发为农用地和开发为建设用地。

土地开发从广义上来讲是指人类通过采取工程措施、生物措施和技术措施等,使各种未利用土地资源,如荒山 、荒地、荒滩、荒水等,投入经营与使用;或使土地利用由一种利用状态改变为另一种状态的活动,如将农地开发为城市建设用地。从狭义的角度理解,土地开发主要是对未利用土地进行开发利用,要实现耕地总量动态平衡,未利用土地开发是补充耕地的一种有效途径。未利用土地的开发要统一规划,特别是要注意保护生态环境,严禁在生态脆弱的地区进行盲目开发,同时根据开发区域的地域特点和土地适宜性及土地利用总体规划,确定土地的适宜开发规模和使用用途。

土地开发实际上是为合理而有效地利用土地创造必要条件而进行的经济、技术的投入过程。通过土地开发活动,可以有效地扩大土地利用范围,使原来不适合某种用途的土地变为适合该用途的土地,同时,可以有效地改善土地利用条件,提高土地利用率。

(二)土地整理

广义的土地整理是指在一定区域内,按照土地利用规划或城市规划所确定的目标和用途,采取行政、经济、法律和工程技术手段,对土地利用状况进行综合整治、调整改造,以提高土地的利用率和产出率,改善生产、生活条件和生态环境的过程,包括对现有已利用土地的整理和对未利用土地的开发及对已废弃地的复垦,以提高其利用的集约程度,增加耕地总量。土地整理的实质是调整土地关系,合理组织土地利用,其范围广泛,从地域表现形态角度可分为农地整理和市地整理两方面的内容。现阶段我国狭义的土地整理主要指农地整理,包括农用地整理和农村建设用地整理。

(三)土地复垦

土地复垦是指对生产建设过程中,因挖损、塌陷、压占等造成破坏的土地,采取整治措施,使其恢复到可利用状态的活动。土地复垦的范畴包括从事开采矿产资源、烧制砖瓦、燃煤发电等生产建设活动造成破坏和废弃的土地。由于采矿业是破坏土地最严重的行业,因此狭义的土地复垦专指对工矿业用地的再生利用和生态系统的恢复。

土地复垦要因地制宜,以生态效益、社会效益和经济效益并重为原则,确定复垦的方式和规模,结合国民经济和社会发展计划与土地利用总体规划,确定复垦的目标、方向、方法和进度,最大限度地发挥综合效益。

(四)土地治理

土地治理是指通过采取生物、工程技术等综合措施,改变土地的生态环境,以建立新的有利于人类生产活动的生态系统平衡,提高土地的利用率和产出率,使土地资源能永续利用的活动。其目的就是要对已利用或未利用的土地进行治理改造,调整土地生态机制,提高土地生产潜力,使其更好地得到利用。

土地治理一般通过两个途径:一是从自然条件着手,人为改造土地条件,使地形、土壤、水、植被、热量等自然因素处于较好的组合状况;二是从人类活动自身着手,采取有利于保护土地的开发利用技术和方法。

土地整治的内涵比四个方面的叠加更加丰富、层次更高。土地整治不是简单地对某一地块采取单项的物理措施,而是按照经济社会发展的要求,在尊重自然规律、尊重原有产权和农民意愿、尊重市场经济规律的前提下,按照土地利用总体规划重新安排有限的土地资源,以满足社会经济快速发展的综合性事业。

三、土地整治的主要类型

(一)农用地整理

采取平整土地、归并地块,建设灌溉、排水、道路、农田防护与生态环境保持等措施,通过综合整治农用地及其间的零星建设用地和未利用地等,提高耕地质量和增加有效耕地面积,提高农田集中连片程度,促进农田适度规模经营,改善农业生产条件和生态环境的活动。

(二)农村建设用地整理

按照统筹城乡发展和村庄规划建设要求,采取工程技术、土地产权调整等措施,对农村居民点及农村所属特殊用地、工矿用地等进行拆迁、重建、更新、合并,优化农村建设用地布局,促进农村建设用地集约利用,完善农村基础设施和公共服务设施,改善农村生产生活条件和增加有效耕地面积的活动。

(三)城镇工矿建设用地整理

对低效利用的城镇工矿建设用地进行改造,完善配套设施,加强节地建设,拓展城镇发展空间,提升土地价值,改善人居环境,提高节约集约用地水平的活动。

(四)土地复垦

采取工程、生物等措施,对在生产建设过程中因挖损、塌陷、压占、污染或自然灾害损毁(包括地震、洪灾、滑坡、崩塌、泥石流、风沙)等原因造成破坏、废弃的土地进行综合整治,使其恢复到可利用状态,增加农用地和耕地面积的活动。

(五)宜耕后备土地资源开发

对宜耕后备土地资源采取整治措施,增加耕地面积和以改善生态环境为主要目的的活动。

(六)高标准基本农田建设

以建设高标准基本农田为目标,依据土地利用总体规划和土地整治规划,在农村土地整治重点区域及重大工程建设区域、基本农田保护区、基本农田整备区等开展的土地整治活动。

(七)市地整理

为提高城市土地利用效率,优化城市土地利用结构及布局,美化城市环境,采用工程技术、土地产权调整等措施,对城市低效土地进行必要改造的活动。

(八)城乡建设用地增减挂钩

依据土地利用总体规划和土地整治规划,将若干拟复垦为耕地的农村建设用地地块(拆旧地块)和计划用于城镇建设的地块(建新地块),共同组成建新拆旧项目区,通过建新拆旧等措施,实现耕地不减少、质量有提高、建设用地不增加、布局更合理、节约集约用地等目标的土地整治活动。

四、土地整治规划的含义和特点

(一)土地整治规划的含义

土地整治规划是指在规划区内的土地利用总体规划的指导和控制下,对规划区内未利用、暂时不能利用或已利用但利用不充分的土地,确定实施开发、利用、改造的方向、规模、空间布局和时间顺序。土地整治规划是对一定区域内的土地整理、土地复垦和土地开发等土地利用活动的总体部署和统筹安排,是一项重要的土地利用专项规划。土地整治规划体系分为五级:国家级、省级、地(市)级、县级和乡(镇)级。其中,国家级、省级和地(市)级为宏观调控层面,县级和乡(镇)级属于实际操作层面。目前,我国重点编制国家级、省级、地(市)级、县级四级土地整治规划。

(二)土地整治规划的特点

土地整治规划是在土地利用总体规划的指导下,通过对一定区域内自然、社会、经济条件的综合分析和土地整治潜力的调查评价,划分土地整治区域,制定土地整治目标,确定土地整治模式,明确土地整治重点,落实土地整治项目,指导土地整治活动所做的总体安排。土地整治规划具有以下特点。

1. 土地整治规划属于土地利用专项规划

土地利用总体规划的对象是一定区域内的全部土地资源，而土地整治规划的对象主要是利用效率不高和暂时没有开发的未利用地与废弃地。目前，土地整治规划的主要目的是增加有效耕地面积，实现耕地总量动态平衡，确保国家粮食安全和社会稳定。从规划的对象、解决问题的性质来看，土地整治规划属于土地利用规划体系中的专项规划。

2. 土地整治规划是土地利用总体规划的深化与完善

土地整治规划具有一定的独立性，但它是以土地利用总体规划为指导的，是实现土地利用总体规划目标的重要手段。首先，土地整治规划将对土地利用总体规划确定的土地整治内容进行深化、补充和完善；其次，土地整治规划通过确定土地整治项目的位置、范围、类型、规模、建设时序等，使土地利用总体规划制定的土地开发、土地整理和土地复垦目标得到具体落实。因此，土地整治规划是土地利用总体规划的深化与完善。

五、土地整治规划的目的和作用

(一) 土地整治规划的目的

土地整治规划的根本目的是形成合理、高效、集约的土地利用结构，提高土地利用效率，适应社会经济发展对土地的需求。在这一根本目标的框架内，根据不同的发展时期，可将土地整治规划分解出多层次的目的。从现阶段社会经济发展对土地需求层面来看，土地整治规划有五个方面的目的。

土地整治规划的目的

1. 有计划实现耕地总量动态平衡

我国人均耕地面积少，耕地后备资源严重不足，土地利用面临着突出问题，补充耕地的任务主要靠土地整治和土地复垦来完成。科学预测耕地供求状况，充分协调经济建设与生态环境，合理划分土地整治区域，安排土地整治活动的空间和时间序列，通过综合整治措施使我国各类零星废弃和利用率低的土地得到集约利用，体现新时期深化土地管理的特点，也是实现耕地总量动态平衡的重要措施。

2. 提高土地产出率和综合生产能力

通过对土地利用方式、生产强度的调整，改善土地生产、生态条件，保持和提高土地再生产的能力，以持续获得人们生产和生活所需要的产品。土地整治规划是按照现代化的生产要求进行的一种资源再配置过程，为现代化建设提供广阔的土地资源空间，进而提高土地的产出率和综合生产能力。

3. 协调土地整治活动与国家各项建设活动的关系

土地整治活动涉及经济、社会、生态等各个方面，通过编制土地整治规划，充分与国家和地方的经济发展规划，以及农业、林业、水利、交通、环保等部门规划相衔接，避免土地整治的盲目性。按照社会生产力发展的要求，对土地利用中产生的人与地及人与人之间的关系予以调整和适度组织优化再配置，使人们更有序和理性地对土地进行开发、利用和保护。在土地整治中，把短期利益与长远利益、部门利益与整体利益、地方利益与国家利益统一起来，实现土地整治过程中经济效益、社会效益和生态效益的统一。

4. 为制订项目投资计划、组织项目实施提供依据

目前，各地土地整治存在争项目、争资金的现象，带有很大的短期性和盲目性，缺乏对当

地经济、社会、生态的综合考虑,造成部分土地整治活动经济效益低下并引起生态恶化等问题,需要国家对土地整治活动进行指导和规范,编制耕地开发整治投资计划并进行有效的组织和管理。编制土地整治规划有助于国家宏观政策的贯彻落实,明确土地整治的方向和重点,便于组织土地整治活动,有利于引导和规范地方土地整治工作,促进土地整治工作的有序、健康发展。

5. 实现土地资源的景观功能

从可持续发展的角度来看,编制土地整治规划不仅要从经济效益上考虑,还要从社会效益、生态效益上考虑。景观功能是物质文明和精神文明的必然要求,其社会效益和生态效益明显。

(二)土地整治规划的作用

1. 土地整治规划是实现土地利用总体规划的重要措施

土地利用总体规划属于宏观控制性规划,它制定的土地整治内容必须通过专项规划进行深化、细化和完善,它制定的土地整治目标必须通过专项规划逐步分解落实。当前土地利用总体规划实施中存在着宏观控制与微观落实相脱节的问题,因此编制分层次的土地整治规划,来逐步落实土地利用总体规划确定的土地整治任务和目标。

2. 增加耕地面积,提高土地利用率

我国土地利用所面临的问题比较突出。首先,为确保粮食安全、解决十几亿人的"吃饭"问题,现有耕地数量不能再减少。目前,随着人类对农业生物量需求的不断增加,除应加强农业生物本身的改造以增加产量外,积极增加土地生产面积和改造治理土地,提高土地生产潜力,仍然是当今争夺生存空间、缓和土地压力的重要课题。其次,随着我国经济快速发展和工业化、城市化的进程发展,还将占用部分耕地。因此,实现全国耕地总量动态平衡意义重大、任务艰巨。通过编制土地整治规划,有重点、有计划地实施土地整治,提高土地利用率,增加耕地面积,补充建设用地,是实现耕地总量动态平衡的主要途径。

3. 规范土地整治活动

编制各级土地整治规划,明确土地整治的方向、重点,有利于科学指导和规范各地土地整治活动,有助于抑制土地整治过程中的不规范行为和短期行为,对促进土地整治事业的健康、有序发展起到积极重要的作用。

六、土地整治规划的依据

土地整治规划的依据主要有:有关土地开发、土地整理、土地复垦、土地治理的法律法规,如《中华人民共和国土地管理法》《中华人民共和国环境保护法》《中华人民共和国城市规划法》《中华人民共和国矿产资源法》等;各级人民政府制定的有关土地开发、土地整理、土地复垦、土地治理的政策、措施和实施细则;当地国民经济和社会发展规划、土地利用总体规划及农业区域开发规划、城市和村镇规划、工矿企业的生产建设计划等;待开发、复垦土地资源调查资料及为土地开发、复垦而设置的专项研究成果等;土地整理、土地治理潜力调查分析资料;国民经济统计资料等。

七、土地整治规划的基本内容

土地整治规划是土地利用总体规划的深化和补充,是土地利用总体规划的重要组成部分。就土地整治规划工作全局而言,无论是国家级、省级、地(市)级还是县级土地整治规划,一般都包含土地整治规划目标、土地整治分区、重点区域与重点工程、土地整治项目、投资与效益等五个方面的内容。

(一)土地整治规划目标

土地整治规划目标是指为保障经济社会可持续发展对土地资源的需求,在规划期间通过土地整治所要达到的特定目的。主要包括规划期内土地整理、土地复垦、土地开发、土地治理的规模及增加耕地与其他用地的面积。

首先是提出初步规划目标,初步规划目标必须在依据国民经济和社会发展、土地利用总体规划和生态建设与环境保护等要求,以及土地整治潜力的基础上提出。其次是对初步规划目标进行可行性论证,主要是分析影响土地整治规划目标实现的各种因素,包括规划期间补充耕地及各类用地的需求量、土地整治可提供的用地量、投资能力等。再次是确定规划目标,根据论证结果,经过上下反馈、充分协调和修改完善,由规划领导小组审核确定规划目标。最后是总体安排。依据土地整治供需分析和所要达到的规划目标,在与上级规划充分协调的基础上,落实规划期间土地开发、土地整理、土地复垦的规模及整理后可补充耕地、其他农用地、建设用地的数量,并将这些指标分解到下级行政区域。

(二)土地整治分区

土地整治分区是为规范土地整治活动和引导投资方向,在规划期内为有针对性地安排土地整治项目而划定的区域。土地整治分区一般适用于县级土地整治规划。其目的是明确各区土地整治方向和重点,分类指导土地整治活动,引导投资方向,为安排项目提供依据,同时因地制宜地制定土地整治措施。

土地整治分区的区域类型包括土地整理区、土地复垦区、土地开发区、土地整治综合区。土地整理区是指以开展耕地整理、农村居民点整理、其他农用地整理等活动,安排土地整理项目为主的区域。土地复垦区是指以开展土地复垦活动、安排土地复垦项目为主的区域。土地开发区是指以开展土地开发活动、安排土地开发项目为主的区域。土地整治综合区是指包括上述两种或两种以上,且难以区分活动主次关系的区域。

(三)重点区域与重点工程

重点区域是指在土地整治潜力调查、分析和评价的基础上,为统筹安排一定地域内耕地及各类农用地后备资源的开发利用,引导土地整治方向,实现土地整治长远目标所划定的区域。划定重点区域应遵循以下原则:土地整治潜力较大,分布相对集中;土地整治基础条件较好;有利于保护和改善区域生态环境;原则上不打破县级行政区域界线。

重点工程是指在划定重点区域的基础上,围绕实现规划目标和形成土地整治规模,以落实重点区域内土地整治任务,或解决重大的能源、交通、水利等基础设施建设和流域开发治理、生态环境建设等国土整治活动中出现的土地利用问题为目的所采取的有效引导土地整治活动的组织形式。重点工程可以跨若干重点区域,一般通过土地整治项目实施。重点工程应具有以下特点:土地整治规模较大,对实现规划目标起支撑作用,在解决基础设施建设、流域开发治理、生态环境建设等引起的土地利用问题中发挥主导作用,预期投资效益较好,具有能够明显改善区域生态环境。

(四)土地整治项目

项目一般是指在土地整治区内安排的,在规划期内组织实施的,具有明确的建设范围、建设期限和建设目标的土地整治任务。

项目是在时间、资金等约束条件下,具有专门组织和特定目标的一次性任务。它的基本特征有:是一次性的投资执行方案,具有明确的建设目标,具有限定的约束条件,项目管理方法具有规范性和系统性,具有生命周期。

一般的项目运作程序可划分为八个阶段,即项目建议书阶段、可行性研究阶段、规划设计阶段、建设准备阶段、施工安装阶段、生产准备阶段、竣工验收阶段和后评价阶段。

1. 项目类型

为了便于实施和管理,项目一般应按照相对单一活动类型划分,项目的具体名称可在此基础上根据各地实际情况确定。按照不同的标准可以将土地整治项目分为政府投资项目、法定投资项目和社会投资项目,土地开发项目、土地整理项目、土地复垦项目和综合项目,新建、续建、改建、重建和扩建项目。

(1)政府投资项目、法定投资项目和社会投资项目。政府投资项目指各级政府直接投资建设的开发整治项目。目前,政府投资项目主要指国家投资土地开发整治项目和各级地方投资土地开发整治项目两种,简称国家投资项目和地方投资项目。法定投资项目指用地单位和个人履行"耕地占补平衡"或土地复垦义务自行实施的投资项目。社会投资项目是指由企业或个人以营利为目的投资建设的项目。

(2)土地开发项目、土地整理项目(包括耕地整理项目、其他农用地整理项目、农村居民点整理项目)、土地复垦项目和综合项目。土地开发项目是指以荒山、荒地、荒滩等未利用土地资源为主要对象,以增加有效耕地面积为主要目标的土地整治项目。土地整理项目是指按照土地利用总体规划的要求,通过对田、水、路、林、村进行综合整治,以增加有效耕地面积、提高耕地质量、改善农业生产条件和生态环境为目的的土地整治项目。土地复垦项目是指对生产建设过程中,因挖损、塌陷、压占等造成破坏和废弃的土地,采取整治措施,使其恢复到可供利用状态的土地整治项目。综合项目是指具有开发、整理、复垦中两种以上综合性质的土地整治项目。根据土地整治区域内的土地利用或增加的耕地性质不能确定为某一开发、整理、复垦单项项目时,应确定为综合项目。

(3)新建、续建、改建、重建和扩建项目。新建项目是指拟列入投资计划开始实施的新项目。续建项目是指对已经批准实施的项目,提高建设标准或增加建设内容继续建设的项目。改建项目是指对原有建设内容进行部分或全部改动,或对原项目建设内容进行更新改造而设立的项目。重建项目是指由于原有项目建设内容老化,需将老化的原有项目建设内容废除,按照原项目建设内容重新建设而设立的项目。续建、改建、重建项目可以统称为土地再整理项目。扩建项目是指对已经批准实施的项目扩大建设区域范围的项目。

2. 项目选定原则

土地整治项目的选定应遵循以下原则:以土地整治潜力评价结果为基础,注重生态环境影响;集中连片且具有一定规模;具有较好的基础设施条件;具有示范意义和良好的社会经济效益;地方政府和公众积极性高,资金来源可靠;项目建设期一般不超过3年(农村居民点整理除外)。

根据土地整治潜力分析、划区结果和规划目标,初步提出项目类型、范围与规模,进行实地考察,邀请当地干部、群众座谈,分析项目实施的可行性,与有关部门协商,进行综合平衡,确定项目的边界线,量算面积后,进行项目汇总,编绘项目图集。

(五)投资与效益

1. 投资估算

投资估算的目的主要是预测实现规划目标所需的总投资和各项目的投资额。投资估算的步骤如下:

测算典型项目单位面积投资量。分地貌类型和项目性质在本地区或类似地区选择已完成的典型项目的决算材料,分别测算出典型项目单位面积投资量。

(1)估算项目投资量。根据典型项目与规划确定的各个项目在地形、地貌、基础设施(水、电、路)、交通条件、物价水平、劳动力价格等方面的差异,对项目单位面积投资标准进行修正,再根据项目规模计算出项目投资量。

(2)不同类型的土地整治项目,尤其是农村居民点整理和土地复垦项目,它们的新增耕地系数和单位面积投资额的差距是较大的。因此,在测算时,可以分地貌和项目类型分别计算,以提高估算精度。

2. 筹资渠道分析

在进行筹资渠道分析之前,首先应对筹资环境做初步分析。筹资环境分析主要包括社会经济发展水平,基础设施状况,发展前景,土地利用的经济、社会、生态效益对筹资的影响和回报及投资收益的可行性论证等。

目前,土地整治涉及的资金筹集渠道主要有新增建设用地土地有偿使用费、耕地开垦费、土地复垦费、耕地占用税、农发基金、新菜地开发建设基金等来自土地方面的资金及企业和个人投资、农民个人以工代赈、其他投资等。

3. 效益评价

效益评价主要包括经济效益评价、社会效益评价和环境效益评价。

经济效益评价的重点是对土地整治的投入产出进行分析,一般采用静态分析法,主要测算投入量、预期净产出和投资回收期等。

社会效益评价,主要指从土地整治后增加耕地对扩大农村剩余劳动力就业,降低生产成本,增加农民收入,使土地经营规模化、集约化,改善农业生产和农民生活条件,促进农村现代化建设的作用等方面,选择适当的评价指标,采用定性与定量相结合的方法进行评价。

环境效益评价,主要指从植被覆盖率、防治土地退化、治理和改善农田生态环境、提高旱涝保收能力等方面,采用定性与定量相结合的方法进行评价。

八、土地整治规划层级

各级土地整治规划的内容各有侧重:国家级土地整治规划的重点是制定全国土地整治的方针和政策,提出土地整治的重点区域和重大工程;省、地(市)级土地整治规划的重点是提出本行政区域内土地整治的重点区域、重点工程和重点项目,以及补充耕地区域平衡的原则、方向和途径,确定土地整治的投资方向;县级土地整治规划的重点是划分土地整治区,明确土地整理、复垦、开发和治理项目的位置、范围、规模,作为确立土地整理、复垦和开发项目的依据。

各级土地整治规划的主要内容有:省级和地(市)级土地整治规划,主要是分析土地整治的背景与条件,调查评价并测算土地整治的潜力,确定土地整治规划目标和任务,提出土地整治的总体安排,划定土地整治的重点区域,安排重点工程,提出重点项目,制订土地整治补充耕地的区域平衡方案,估算土地整治的投资,评价预期综合效益,最后制定实施规划的政策措施;县级土地整治规划,主要是分析土地整治的背景与条件,调查测算土地整理、复垦、开发的潜力,制定土地整治规划的目标和任务,提出土地整治的总体安排,划定土地整治区,确定各区土地整治的模式、方向和重点,确定土地整治项目的位置、范围和规模,分类分期测算规划期内土地整治投入量,并进行社会效益、经济效益和生态效益分析,最后制定实施规划的技术、经济、组织和政策等方面的保障措施。

九、土地整治规划编制过程

(一)土地整治规划任务

各级人民政府或自然资源行政管理部门,在上级土地整治规划的控制和指导下,确定本级行政区土地整治特别是高标准基本农田建设项目、布局和实施时序,提出土地整治资金投入和安排计划,制定实施规划的保障措施。

主要任务[《县级土地整治规划编制规程》(TD/T 1035—2012)]:

(1)评价上一轮规划期间土地整治相关工作情况。

(2)调查评价土地整治潜力。

(3)调查基本农田整治条件。

(4)提出土地整治目标任务。

(5)确定土地整治项目规模、布局和时序。

(6)进行资金供需分析和效益评价。

(7)制定规划实施的保障措施。

(8)建立土地整治规划数据库。

(二)规划编制的程序

县级土地整治规划在规划编制实践中具有一定的代表性,故以县级土地整治规划为例阐述其编制程序。

1. 准备工作

1)组织准备

(1)建立相应的领导决策机制、组织编制机制和经费保障机制。

如县级土地整治规划的编制应建立以县级政府主要领导负责、相关部门负责人参加的规划编制协调和决策机构,负责审定工作计划、审查规划方案、落实编制经费,及时解决规划编制中的重大问题。

(2)建立规划编制工作机构。规划编制工作机构一般设在各级自然资源管理部门,负责规划编制日常性工作。

(3)确定规划编制技术单位。注重发挥土地整治机构作用,鼓励技术实力强、列入土地规划机构推荐名录的单位参与,负责方案制订、调查评价、成果编制等工作。

2)技术准备

(1)基础资料收集。根据规划编制需要,有针对性地收集相关基础资料。基础资料包括自然条件、资源禀赋、土地利用状况、经济社会状况、生态环境状况及各类规划、标准、调查评价成果等。收集基础资料时,应进行必要的筛选、核查、整理、归档。

(2)规划基数确定。以经确认的基期年全国土地调查和土地利用变更调查成果作为规划基数。

(3)基础图件准备。以基期年全国土地调查和土地利用变更调查成果编制的土地利用现状图作为规划底图,且规划底图应明确反映行政界线、河流水系、道路交通等主要地理要素信息。还须根据整治规划制图要求,选择和准备其他有关基础图件。

2. 调查评价

1)土地整治工作评价

对上一轮土地整治规划实施或土地整治相关工作进行分析评价。内容包括:

(1)总结上一轮规划期间土地整治工作经验。

(2)评价上一轮规划或相关工作目标任务落实情况,重点评价高标准基本农田建设、补充耕地任务和耕地占补平衡等落实情况。

(3)评价规划实施的经济效益、社会效益和生态效益。

(4)评价农用地整理、农村建设用地整理、城镇工矿建设用地整理、土地复垦、宜耕后备土地资源开发等土地整治活动开展情况。

(5)提出新一轮规划编制建议。

2)土地整治潜力调查评价

(1)调查评价原则。以实地调查为主,以空间分析为辅;坚持以确认的土地调查成果为基础;坚持与相关规划成果相衔接。

(2)调查评价内容。土地整治潜力调查评价应针对不同土地整治类型分别开展。

①农用地整治潜力。调查评价可整治农用地规模及分布、可补充耕地面积、新增耕地系数和可提高耕地质量等级,重点调查评价基本农田数量、质量和分布状况及可建设高标准基本农田规模等。

②农村建设用地整治潜力。调查评价可整治农村建设用地规模及分布、可减少建设用地面积和可补充耕地面积等。

③城镇工矿建设用地整治潜力。调查评价旧城镇、旧工矿、“城中村”等可再开发利用的存量城镇工矿建设用地规模、分布和土地利用效率提升程度等。

④土地复垦潜力。调查评价各类建设挖损、塌陷、压占、污染及灾害损毁等可复垦土地规模、分布和可补充耕地面积等。

⑤宜耕后备土地资源开发潜力。调查评价荒草地、盐碱地、沙地和滩涂等可开发的宜耕后备土地资源规模、分布和可补充耕地面积等。

(3)潜力调查。

土地整治潜力调查可采用问卷调查、实地抽样、深入访谈等方法。方式包括全面调查、典型调查或项目调查。全面调查一般应以行政村为单元,对县域内全部土地进行调查;调查应针对不同土地整治类型,有重点地调查相关信息。

(4)潜力评价。

①土地整治潜力评价应在分析各级土地利用总体规划确定的建设用地空间管制要求、重要生态功能区布局、历史文化村镇保护及地形、坡度等条件的基础上,明确可开展土地整治工作的范围及土地整治工作的重点方向。

②农用地整治潜力评价。依照可补充耕地面积、新增耕地系数和提高耕地质量程度分别评价。

③农村建设用地整理潜力评价。可结合农村建设用地整治潜力调查成果，采用人均用地估算法、问卷调查法、规划模拟法等，测算可开展农村建设用地整治的规模、可减少建设用地面积及可补充耕地面积。

④城镇工矿建设用地整治潜力评价。重点评价土地利用总体规划确定的允许建设区中的低度建设用地利用区、中度建设用地利用区的规模和土地利用效率提升程度。

⑤土地复垦潜力评价。可结合土地复垦潜力调查成果，测算可开展土地复垦的规模和可补充耕地面积。

⑥宜耕后备土地资源开发潜力评价。可结合宜耕后备土地资源潜力调查成果，测算可开发的宜耕后备土地资源的规模和可补充耕地面积。

⑦不同类型土地整治潜力评价参照相关要求进行。

(5)潜力分级与汇总。

土地整治潜力分级一般以行政村为单元。潜力等级划分为3~5级，潜力优劣依次为一级、二级、二级、四级、五级。还应根据不同类型的土地整治潜力调查评价结果，进行相应类型的潜力分级，并编制相应类型的土地整治潜力分布图。最后对各类土地整治潜力进行整理汇总，形成潜力汇总表。

3. 方案编制

方案编制内容可参考《市(地)级土地整治规划编制规程》(TD/T 1034—2013)和《县级土地整治规划编制规程》(TD/T 1035—2013)。

4. 成果报批

1) 协调论证

规划成果编制阶段应按照不同的技术、经济和政策条件，拟订若干规划供选方案，在多方案论证比较并与相关规划衔接的基础上，形成科学合理、切实可行、综合效益较好的推荐方案。规划成果应充分征求相关部门意见，对规划目标、项目及有关实施保障措施等进行重点论证；规划涉及的重大问题应组织专家进行深入研究和论证，提高规划的科学性和可行性。规划成果应采取公告、听证等多种形式听取公众的意见和建议，广泛征求社会各界特别是相关权利人的意见。成果应经专家审查后方可报批。

2) 成果批准

县级规划成果(附征求意见及论证材料)报经市(地)级国土资源管理部门审核，并做好衔接后，由县级人民政府批准，报市(地)级国土资源管理部门备案。

3) 成果应用

县级规划成果经批准后，应向社会公告。应加强对县级规划成果实施状况的动态评估、监测和预警，并纳入国土资源管理信息化体系。

任务二　土地复垦规划

一、土地复垦基本概念

土地复垦，是指对生产建设过程中，因挖损、塌陷、压占等造成破坏的土地和自然灾害损毁，采取整治措施，使其恢复到可利用状态的活动。凡从事开采矿产资源、烧制砖瓦、燃煤发电等生产建设活动造成土地破坏和废弃的都属土地复垦范畴。由于采矿业是破坏土地最严重的行业,因此狭义上的土地复垦是专指对工矿业用地的再生利用和生态系统的恢复。土地复垦的最终目的是恢复土地的生产力,保持土地的环境功能,实现土地生态系统新的平衡。

土地复垦是对因采掘、建材工业发展和其他工矿废弃物堆积等而被占用或破坏的土地,通过整治改造使失去的生产能力得到重新再利用。其是国土整治和环境保护工作的重要组成部分,也是解决采掘、建材等工矿企业与农、林、牧、渔业争地的矛盾,防止环境污染、恢复生态平衡的有效途径。随着经济的高速发展,为获得更多矿产品,人类赖以生存的环境和最宝贵的土地资源日益遭受严重破坏,所以应进行矿区土地复垦,提高受破坏土地的复垦率。

据有关资料介绍,国外土地复垦率一般为70%~80%,而在我国的一些地区土地复垦率还不到1%。因此,对于我国这个土地资源相对贫乏的国家,加强土地复垦工作,对于有效缓解人地矛盾、改善被破坏区的生态环境、促进社会安定团结,具有十分重要的意义。

二、土地复垦的主要基础理论

土地复垦,坚持"谁破坏,谁复垦"的原则。土地复垦的基础理论主要有以下三种。

(一)土壤重构理论

土壤重构理论旨在恢复、重建矿区损毁土地的生物生态环境。土壤重构理论是指采用合适的重构技术,运用工程、生物化学等技术手段,在短时间内恢复和提高重构土壤的生产力,提高和改良矿区重构土壤的环境。

(二)生态恢复理论

生态恢复学作为生态理论的一个新的分支,主要反映的是人类对自然界的影响。生态恢复的目标为:恢复生态系统属性,就是将一个生态系统恢复或接近恢复到历史轨迹中的某一状态,使恢复后的生态系统属性与历史轨迹中的某一状态的系统属性相近。

(三)可持续发展理论

可持续发展是20世纪80年代提出的一个新的发展观。它的提出是应时代的变迁、社会经济发展的需要而产生的。1987年,由布伦特兰夫人担任主席的世界环境与发展委员会首次提出"可持续发展"的概念。可持续发展的核心思想是:经济发展、保护资源和保护生态环境协调一致,让子孙后代能够享受充分的资源和良好的资源环境。

三、土地复垦的类型

土地复垦的类型大体包括以下几种情况。

(一)独立工矿废弃地复垦

独立工矿废弃地复垦主要是对因各种原因而荒废的独立工矿用地,包括废弃工厂用地、采矿塌陷地、窑业废弃地等进行复垦开发,使其变成可利用的农业用地或建设用地。

废弃工厂用地复垦是指对一些由于搬迁、倒闭、转产等而废置的厂房用地进行复垦开发,使其变为农用地或重新作为建设用地使用。废弃工厂用地复垦应该因地制宜,根据土地破坏的情况,结合当地的用地需求,复垦成建设用地或农业用地。

采矿塌陷地是指开采地下资源造成地表沉陷形成的废弃土地。由于大面积的农田沉陷,导致土地表层结构破坏,土地无法耕种,给当地人们的生产、生活带来了一系列严重问题。

窑业废弃地,不仅指被窑业挖至废的土地,也包括废弃窑基,形态上多呈点块状。对窑业用地的复垦应与窑业的治理整顿结合起来,依据政策关、停、拆毁大量严重新缺乏土源的小土窑。由于大多数窑业挖地取土深度不一,底部高低不平,且多积水,很难就势利用,复垦时应该区别对待。对取土深度不大的地块,可用废窑基用作填垫物,用推土机整平,补填原剥离熟土层,完善灌排配套设施,实现恢复耕种条件的目标。对取土深度较大的废弃地,充填土源不足,不应一味强求复垦为耕地,可对底部整平,就势改造成鱼塘用于养殖。

(二)居民点废弃地复垦

居民点废弃地复垦是指对一些废弃的农村宅基地、城镇建设用地进行复垦。由于以往缺乏合理的村镇建设规划,农村集镇村落大多数是自然形成的历史产物,住宅分布比较松散,占地较多,村内房屋布局杂乱,不利于生产和生活。农民建房多贪大求宽,占用浪费耕地现象严重,许多地方村内空闲地得不到充分利用;一些农民进城定居或另占用新地建房,造成部分宅基地荒废;农民建房挖土填地基造成许多低洼空闲地。农村居民点废弃地的复垦,应与新村建设紧密结合,科学安排复垦后土地的用途。因地制宜,可用机械方法推平闲散地和废弃宅基地,使之复垦成新农村建设用地,或将低洼处深挖成塘。塘泥可用于其他补填处,配套水利灌溉设施,实现水、田、林、路、村综合治理。

城镇建设中因城镇发展方向和城镇规划的改变而荒废的土地也现实存在着。对城镇居民点废弃地的复垦利用,应与旧城改造和土地置换紧密结合,使复垦后的土地得到合理利用。

(三)水利交通建设废弃地复垦

水利交通建设废弃地主要指筑桥做堤、修筑公路两侧挖废土地,也包括失修的废弃沟渠,因新水利设施的修建而失去作用的旧沟渠、旧堤坝,以及因村庄整理而荒废的农村道路和某些因改线而荒废的公路等。挖废土地常位于路、圩堤与农田连接处,呈狭长带状分布,尤以平原圩区居多,因其地势偏低,建设土源不足,不得已挖废形成。随着农业精细化的深入发展,暗灌明排将得到推广与普及,现有的明沟渠将被埋在地下的暗管道所替代而废弃。这部分废弃地被复垦后,不仅可增加耕地面积,也使耕地更好地连成一片,有利于农业机械化的实施和规模经营,这些废弃地都应该及时复垦出来,以提高土地利用率。

此类废弃地毗邻农田,复垦利用的方向以耕地为主。土地复垦的关键在于能否解决填料来源问题。一些地方因地制宜,采取以下措施解决问题:利用高田抽取田筋,挑田埂,削高填低;结合冬春农田水利基本建设,开挖灌排沟渠取土复田,此举既减少了新占压而产生的废弃地,又填平复垦土地;结合河道疏浚,用挖泥机或挖泥船挖掘河床泥作为复垦填补土源;结合鱼塘清理,用泥浆泵直接吸泥充填;利用城市生活垃圾,经过处理作底部充垫物,其上覆土;定点取土,有计划、有目的地加大加深部分废弃地深度,因势整改成鱼塘,解决复垦土源问题。

其他由于露天采矿、取土、挖沙、采石等生产建设活动直接对地表造成破坏的土地,工矿企业的排土场、尾矿场、电厂储灰场、钢厂灰渣、城市垃圾等压占的土地,工业排污造成对土壤的污染池和其他荒芜废弃地,恢复利用的具体用途,根据《土地复垦规定》,按照经济合理的原则和自然条件、土地破坏状态来确定,宜农则农、宜林则林、宜渔则渔、宜建则建,尽量将破坏的土地恢复利用。

四、土地复垦技术

土地复垦技术

土地复垦是一项综合工程技术。它通常包括工程复垦和生物复垦两个过程。其中，工程复垦的任务是建立有利于植物生长的地表和生根层，或为今后有关部门利用采矿破坏的土地进行前期准备。

生物复垦的任务是根据复垦项目区土地的利用方向采取相应的生物措施，以维持矿区的生态平衡，其实质是恢复破坏土地的肥力及生物生产效能。由于废弃地的类型不同，其复垦后的用途要求也不同，所以采用的复垦技术也不一样，主要有以下几种类型。

（一）砖瓦窑取土坑的复垦

砖瓦窑是破坏土地、侵占耕地的大户。砖瓦行业的原料是土壤，取土制砖瓦留下了大坑。其复垦方式有两种：一是利用其蓄水作为水塘或鱼塘；二是将其垫平或覆土种植植物或压实作为建筑基地。充填取土坑的物料可用无毒无害的固体废弃物，如粉煤灰、矿山废渣、城市垃圾等。如复垦后用于种植作物，一般要在其上覆盖至少 50 cm 厚的土壤；如用作绿化地，则覆土厚度可小些。取土坑充填后，作为建筑地基必须经过一段时期的沉降，并经过压实或夯实后，才可开槽施工。

（二）煤矿塌陷区的复垦

在煤矿开采区常出现塌陷，特别在平原区，塌陷深度大、塌陷面广，造成严重的土地破坏。煤矿塌陷区的复垦分为充填复垦和非充填复垦两种。充填复垦的物料有煤矸石、坑口电厂的粉煤灰及矿区的生活垃圾和建筑垃圾等。一般矿区固体废弃物只能充填约 1/4 的塌陷区。因此，煤矿塌陷区的复垦技术最常用的还是非充填复垦，通过蓄水将其用于水产养殖或作为矿山城市公园水域。

（三）煤矸石堆场的复垦

煤矿开采区不仅有塌陷区，还有煤矸石堆场，煤矸石堆场压占大片土地。煤矸石堆场的复垦有两种途径：一种是清除煤矸石后复垦土地，另一种是在煤矸石堆上覆土植树造林。清除煤矸石不但可以空出土地复垦，而且可以利用煤矸石充填塌陷地，具有事半功倍之功效。在煤矸石堆上覆土造林，可以为矿山城市增添绿地，特别是在平原上可以增添人工山水景观。

（四）城市垃圾场的复垦

城市垃圾场的复垦有两个步骤，首先是清除垃圾，然后是复垦土地。清除垃圾要找到垃圾填埋地，而且要避免垃圾污染地下水。垃圾填埋地一般选在地下径流的下游，最好是封闭洼地；或者用熟土衬底填埋坑，以防污物渗入地下水。垃圾填埋地可以覆土用于植树造林，还可以复垦为农田。

（五）污染地的复垦

污染地的复垦办法一般是将被污染的土挖取移走，然后填上新土。这种办法在转移污染土壤时，要避免二次污染，要将污染土堆放在不引起污染扩散的地点。另一种污染地的复垦办法是通过栽种抗污染的树木，让植物吸收毒素并利用微生物慢慢降解毒素。

（六）建筑地基的复垦

旧建筑地基可以直接用于建设。在建筑用地审批时，要充分利用闲置的旧地基。这里所谓建筑地基的复垦，是指将其复垦为农用地。随着城镇化的进程，腾出的旧宅基地需复垦。旧建筑地基一般都经过夯实，如果直接耕翻种地，根系难以下扎。因此，建筑地基的复垦必须先将上部夯实板结的土壤起走，然后覆填上肥沃松软的新土，也可以利用分垄、深翻的措施，并通过灌水冻融松土。无论是起土覆盖，还是深翻，其深度必须至少达到 50 cm，以满足植物根系活动的要求。

五、土地复垦规划的内容

土地复垦规划的主要内容包括复垦土地现状（包括废弃地状况）及其周围环境调查、复垦土地预测、复垦土地适宜性评价、确定复垦方案、复垦工程设计、复垦工程概预算，最后形成复垦规划成果。

（一）复垦土地现状及其周围环境调查

主要调查复垦区域的环境条件、土质条件、土地被破坏程度及工矿企业经营状况等。

区域环境条件包括复垦区域的气候、气象、地形、地貌、水文、植被等自然环境条件和复垦区域的道路交通、供水供电、人口、人均耕地、土地生态环境质量等。

土质条件包括表土的理化性质、厚度、有机质含量、pH、土壤水分、微量元素、有毒有害物质含量、石砾含量等。

土地被破坏程度包括复垦区域的挖损和塌陷范围与深度、被污染土层的厚度、地表堆积物的高度和范围等。

工矿企业的经营状况包括采矿方法、采矿工艺流程、废弃物的堆放方法，企业在土地复垦方面的投资能力、技术和设备条件、用地需求等。

（二）复垦土地预测

对于矿山开采造成土地挖废、压废、塌陷等进行采前规划，进行复垦规划预测，可以分阶段进行，远期的要预测全部矿物采完时的土地破坏程度，中期的可预测较短周期（5~10 年）的土地破坏程度。

（三）复垦土地适宜性评价

对复垦土地进行适宜性评价，目的是通过评价来确定复垦后的土地利用方向和土地用途，发挥复垦土地的最佳效益，以便合理安排复垦工程措施和生物措施。这里的适宜性评价不仅针对农业用途，还需针对建设用途，即不仅评价土壤肥力状况，还要评价土地的地基承载力。评价时，不仅考虑土地的自然性状，还需要考虑投入和产出，即进行经济评价。评价方法可采用因素限制法和相关因素分析法。

因素限制法同常规的土地评价方法一样，根据当地的实际情况和复垦后不同用途的要求，选择地形、土壤质地、土层厚度、地下水位、地面堆积物、塌陷深度等若干因素，并确定相应的指标来衡量复垦后可能达到的程度，以确定其适宜的用途。

相关因素分析法是根据废弃地的自身条件，即废弃地性质、堆积物数量、塌陷程度、压占面积、工矿企业的经济能力、拟采用的复垦方法、复垦后可能达到的状态（包括平整状态、坡度、覆土厚度、覆土性质等）及客观需求（社会经济和生态的需求）可能性等，经综合分析和评价后，确定其复垦后的用途。

另外，对于产出效益，不能仅仅局限于经济效益，往往需要根据区域可持续发展的要求，评价其社会效益和生态环境效益。对于环境效益的评价和分析，可以采用市场价值法、机会成本法、恢复防护费用法、影子工程法、调查评价法等。对于社会效益的评价,主要根据复垦土地对于实现耕地总量动态平衡的作用而确定。

(四)确定复垦方案

在对复垦区域的土地现状及其周围环境调查及复垦土地适宜性评价的基础上,具体确定复垦的对象、范围、面积,复垦土地的利用目标与方向,复垦的具体方案及工艺特征等。

(五)复垦工程设计

复垦工程设计指针对某一特定的复垦地块,根据复垦土地的现状调查和适宜性评价的结果,确定土地复垦利用方向,采用相应的复垦技术,包括生物技术和工程技术。土地复垦生物技术包括快速植被恢复技术、生态工程技术和土壤改良的生物技术。土地复垦工程技术包括充填复垦和非充填复垦。充填复垦包括矸石充填复垦、粉煤灰充填复垦和其他充填复垦;非充填复垦包括疏排降水复垦、深挖抬平复垦、梯田式复垦及其他充填复垦。土地复垦工程设计应与矿山设计及生产建设协调进行。

(六)复垦工程概预算

在完成复垦工程设计后,需要编制整个工程的概预算。按照工程项目进行分类,详细列出每一项目的预算资金后进行汇总,按照工程项目进展的先后次序,预算每一阶段所需的资金量。复垦工程概预算要对资金来源、到位时间、使用安排等进行详细说明。复垦工程概预算可以作为复垦土地效益评价的依据,也是对复垦规划实施进行监督的手段。除此以外,复垦工程概预算的编制有利于合理节约使用投资,降低复垦成本。

在复垦工程的概预算中,需要按复垦土地用途分类,分别列出以下主要技术经济指标:复垦利用的土地面积,复垦率,主要工程量,钢材、木材和水泥"三材"总耗量,工程总投资,单位面积复垦费,人员定额,设备类型与数量,年收益预测等。

(七)形成复垦规划成果

编写土地复垦规划文本及其技术报告,绘制土地复垦规划图件。

六、土地复垦规划的实施与管理

土地复垦规划的实施主要是建立完善的规划实施保障、监督、控制体系。目前,《中华人民共和国土地管理法》和《土地复垦规定》是直接调节土地复垦关系的法律法规,许多地方政府为了促进土地复垦的发展,也颁布了相应的配套土地复垦的法规和办法。土地复垦规划制定后,经当地县以上人民政府批准后组织实施,土地管理部门对土地复垦规划的实施主要抓好以下工作。

(1)抓好资金落实。

落实资金是组织实施土地复垦规划的关键,其主要途径是实行复垦抵押金制度。凡是采矿、烧砖、发电等生产单位,在获得用地之前,必须事先向土地管理部门缴纳土地复垦抵押金。生产建设单位完成土地复垦后,押金退回。如不进行土地复垦,则将这笔押金用于土地复垦。实行土地复垦抵押金制度,可以从资金上保证土地复垦任务的落实。

(2)实行土地复垦计划管理。

为了确保将复垦规划落到实处,对土地复垦实行计划管理。将土地复垦计划各项指标落实到各单位,并将土地复垦计划指标纳入国民经济发展计划,以便加强对这项工作的监督检查。

(3)推选多种复垦经营形式。

为搞好土地复垦工作,保证复垦计划的实施,可以采取多种形式进行复垦,如实行土地复垦承包、建立土地复垦开发公司、对复垦土地实行有偿出让等,以调动各部门、各单位土地复垦的积极性。

(4)加强复垦后的土地利用与保护工作。

对复垦后的土地要实行农业措施和生物措施相结合的办法,尽快提高培育能力,争取一年复垦、二年巩固、三年变良田,使复垦后的土地成为具有多种用途和永续利用的资源。通过保护,加强土地管理变资源优势为经济优势,最大限度地发挥土地经济效益与生态效益。

小　结

本项目主要介绍了土地整治内容,土地整治的主要类型,土地整治规划的含义和特点、目的和作用,土地整治规划的依据、基本内容及土地整治规划编制过程;土地复垦基本概念和主要基础理论、土地复垦的类型、土地复垦技术、土地复垦规划的内容及土地复垦规划的实施与管理。通过本项目的学习,掌握整治规划和复垦规划的基本理论,初步了解规划编制的过程,对实际规划编制和实施有一定的指导意义。

案　例

××土地复垦规划设计报告书

××土地复垦规划设计报告书

1　综合说明

1.1　规程、规定

1.2　项目特性

2　项目概况

2.1　××县概况

2.1.1　地形地貌

2.1.2　土壤

2.1.3　气候

2.1.4　河流水系

2.1.5　森林植被

2.1.6　社会经济条件

2.2　项目区基本情况

2.2.1　项目区位置与范围

2.2.2　地形、地貌、地质

2.2.3　水文与气象

2.2.4　土壤与植被

2.2.5　自然灾害

2.2.6　自然经济条件

2.3　基础设施现状

2.3.1　交通状况

2.3.2　农田水利

2.3.3　电力设施

2.3.4　农民居住状况

3　规划设计的原则、依据、任务

3.1　规划、设计的原则

3.1.1　规划的原则

主要规划原则有：

1. 珍惜合理利用土地和切实保护耕地。

2. 实现社会、经济、生态效益的协调统一。

3. 因地制宜地进行土地复垦，保持土地资源的可持续利用。

4. 规划应符合实际情况，以原有工程为基础，统筹兼顾，合理布局。

5. 规划技术应该先进可行、经济合理、便于操作。

6. 在增加有效耕地面积的同时，兼顾景观建设，保护和改善生态环境。

3.1.2　设计原则

1. 符合土地利用总体规划、土地开发整治项目规划的要求。

2. 技术可行性与经济合理性相结合。

3. 社会效益、经济效益和生态效益统一。

3.2　规划、设计的依据

3.2.1　规划的依据

1.《××省土地利用总体规划》。

2.《××县土地利用总体规划》。

3.《土地开发整理标准》等国家标准和技术规范。

3.2.2　设计的依据

除了项目区所在省、县（市、区）土地利用总体规划和开发整理标准，还有国家和省颁布的相关标准和相关文件等。

3.3　规划、设计的任务

4　工程规划

4.1　项目可研结论

项目符合土地开发整理相关法律法规的有关规定，经济上可行，技术上有保证，项目可行，具立项条件。

4.2　规划的标准

要符合各行业相关技术规范标准要求，集约用地、因地制宜、统筹兼顾、利于生产、提高土地利用率和改善生态环境。

4.3　水土资源平衡分析

4.3.1　土地利用分析及对策

项目区土地利用结构不尽合理，通过复垦恢复土壤耕作层，保证土肥，做好排灌系统，做好项目区内外交通和生产道路建设等。

4.3.2 土地适宜性分析

土壤层破坏情况，土壤质地、肥沃程度、有机质含量、水热光条件等，项目区经过复垦后适合耕地、园地和林地建设。

4.3.3 新增耕地潜力分析

土地整治潜力主要来源于独立工矿用地的复垦，介绍土层，配套田、水、林、电等基础设施，划定面积，可新增耕地面积。

4.3.4 灌溉水源分析

涉及大气降水、地表水、地下水的分布情况。

4.3.5 水资源平衡分析

1. 作物需水量估算。

2. 水源可利用情况及供水量分析。

3. 水资源平衡分析。

4. 灌溉方式分析。

5. 排水方式分析。

4.4 规划方案的优化选择

1. 项目土地利用布局。

2. 农田水利工程布局。

3. 田间道路工程布局。

4. 其他工程布局。

5 工程设计

1. 灌排水工程设计。

2. 田间道路工程设计。

3. 其他工程设计。

4. 分类工程量统计。

6 施工组织设计

1. 施工条件。

2. 施工布置。

3. 施工进度。

4. 质量控制。

7 投资预算与效益分析

1. 投资估算依据，投资估算与总投资。

2. 效益分析。社会效益、生态效益和经济效益的分析。

8 实施措施

1. 领导机构安排。

2. 项目实施管理。

3. 项目资金管理。

4. 探索土地复垦后土地经济机制。

9 权属调整与工程管护

1. 土地权属状况。

2. 土地权属调整原则。
3. 土地权属调整依据。
4. 土地权属调整程序。
5. 土地权属调整方案。

思政小课堂

18 亿亩耕地，一亩都不能少

实现中国粮食安全基本自给的耕地面积最低是 18 亿亩。因此，保住 18 亿亩耕地，就使粮食安全有了基本的资源基础。

目前，全国耕地面积已从 1995 年的 19.51 亿亩减少到 18.26 亿亩，2020 年人均耕地更是只有 1.39 亩，不到世界平均水平的 40%。"人增地减"已成为我国现代化进程中最突出的矛盾。同时，近年来，我国部分耕地质量降低，在农业科技没有重大突破的情况下，粮食单产持续提高难度加大。

目前，造成耕地减少的主要原因是生态退耕、非农建设占用、农业结构调整以及灾害损毁，补充耕地主要是开发、整理和复垦三项措施。但受后备资源的数量、质量、经济条件以及环境效应的影响，未来耕地补充的能力有限。从土地开发看，我国耕地后备资源开发潜力不到 5 000 万亩；从土地整理和复垦看，受资金、政策等条件的限制，通过建设用地的整理复垦补充耕地的规模有限。

随着水利、地质灾害防治等工程设施的增加和完善，以及及时复垦灾毁耕地，灾毁耕地数量会有所减少。

（引自《全国土地利用总体规划纲要(2006—2020 年)》）

习题演练

单选题　　多选题　　判断题

项目十　土地详细规划概述

知识目标

1. 熟悉居民点用地的概念及其组成，了解城镇体系布局规划，熟悉居民点布局的原则和基本要求。
2. 理解各类交通运输用地规划的原则和路线方案优选的方法。
3. 了解耕地利用的组织形式、耕作田块配置的内容和一般要求。
4. 掌握水利工程用地规划的类型和内容，熟悉供水工程用地和输排水工程用地规划。

能力目标

1. 掌握编制土地利用详细规划的程序和方法，能独立分析出某详细规划的特点和存在的问题，能根据实际情况编制用地规划报告。
2. 掌握编制土地利用规划方案所需资料及土建的收集、整理、分析方法。
3. 锻炼学生分析土地利用中存在的问题，提高其解决问题的能力。

素质目标

1. 培养规划思维。
2. 提高团队合作能力。
3. 强化动手实践能力。

项目重点

1. 居民点用地规模和布局的基本理论方法。
2. 交通用地的预测和各类交通用地的布局方法。
3. 耕地规划的主要内容和一般要求。

项目难点

1. 居民点用地选择和面积概算。
2. 各类交通用地占地面积概算和用地配置要求。
3. 耕地规划的要求及配置特点。
4. 供水工程用地规划设计。

任务一　居民点用地规划

一、居民点和居民点用地

（一）居民点的形成和演化

居民点是人们聚居和建筑物、构筑物、生产资料集中配置的场所，又称聚落，是人类社会空间结构的一种基本形式。居民点用地规划是指在一定的区域范围内,对居民点进行总体宏观分析,确定各居民点的性质、规模、发展方向和布局等项目。

居民点是由建筑群、道路网、绿化系统、对外交通运输系统,以及其他公共设施所组成的复杂综合体。这些组成居民点的物质要素,相互有机结合成一个空间环境,包括物质环境和精神文明建设环境两部分,从生态学的角度看,又是一个特殊的生态系统。

社会经济发展是居民点形成的前提,随着生产的发展,人类从游牧到定居,居所从单体建筑到群体建筑,内容和形式均发生了巨大的变化;农业与渔牧业第一次分工后,出现了以农业为主的居民点,当商业、手工业与农业的第二次分工产生后,出现了以农业为主的村落和以商业、手工业为主的城镇;城镇进一步发展又形成了城市。由此可见,居民点的产生、性质及其分布和发展受社会生产力和生产关系的制约。

居民点演化的主基调是从小村庄向城市区的升迁,在这一基础上,有多种演化方向和过程,但并非所有的村庄都能演化为城市。演化的过程是渐进的,但不排除由于政治、经济、社会等多方面原因而出现的跳跃现象,如美国的旧金山、中国的深圳等。值得注意的是,在演化过程中有很多回流现象,如现在开封辖区的陈留镇和朱仙镇,都是从古代都市的重要城市衰退为目前的镇。

(二)居民点用地

居民点用地是土地利用现状分类体系中重要的组成部分。在全国土地分类(2017 年)中,居民点用地包括城市(201)、建制镇(202)、农村居民点(203)三类。由于投入到居民点用地上的人力、物力、财力大大高于自然土地,故居民点用地不同于一般的自然土地,具有很大的使用价值和级差收益。一般来说,工业用地的价值为农业用地的 100 倍,商业用地的价值又为工业用地的 100 倍。我国城市建成区面积为 12 900 km^2,占国土面积的 0.134%。据估计,平均每平方千米城市土地提供产值 70 万元,而且随着投入的增加,城市土地产值还在不断地增长。所以,居民点用地的规划对于提高其价值和价格都有着重要的意义。

随着社会主义市场经济的高速发展,综合国力、国民收入与人们生活水平的显著提高及各项制度创新的深入,中国城市化的步伐大大加快,第三产业得到了快速发展,全国各级城市都得到了快速增长。中华人民共和国成立 70 多年来,经历了世界历史上规模最大、速度最快的城镇化进程。截至 2018 年年末,我国城市个数达到 672 个,其中,地(市)级以上城市 297 个,县级市 375 个,建制镇 21 297 个。我国常住人口城镇化率达到 59.58%,比 1949 年年末提高 47.94 个百分点,年均提高 0.69 个百分点。随着我国农村人口数量的增长和农村经济的发展,农村居民点用地增长迅速,与此同时,大量耕地被占用。因此,必须加强居民点用地的规划与管理,居民点一般绿色植物比重较少,生态经济系统较脆弱,由于大量的生产和生活资料的输入,居民点用地对于其他生态经济系统具有较大的依赖性。此外,由于人口增长和规划利用不尽合理,我国城市居住用地和基础设施用地较为紧张,城郊和农村大量耕地的占用,均构成了对人类居住区可持续发展的潜在威胁。因此,居民点用地应以可持续消费观为指导,合理规划确定居民点用地规模与布局,处理好居民点建设用地与耕地保护之间的关系。

(三)居民点的类型

根据居民点在社会经济建设中所担负的任务和人口规模的不同,目前我国把居民点分为农村居民点和城镇居民点两大类。一般来说,以农业人口为主,从事农、牧、副、渔业生产的居民点称为村镇,如农村集镇、中心村和基层村,均属村镇范畴;而把具有一定规模的,以非农业人口为主,工商业和手工业集中的居民点称为城镇,如县域以上的居民点,工矿企业所在地及批准设置镇建制的居民点,均属城镇范畴。

城镇居民点又可分为城市和城镇型(镇)居民点两类。市是属省(区)领导的行政单位,中央直辖市是相当于省(区)一级的行政单位。凡聚居人口20万人以上的城镇可设市的建制。聚居人口不足20万人的城镇,必须是规模较大的重要工厂基地;或地方行政中心,规模较大的物资集散地;或边远地区的重要城镇,并确有必要时,方可设市的建制。因此,根据我国实际,2014年11月《国务院关于调整城市规模划分标准的通知》(国发〔2014〕51号),以城区常住人口为统计口径,将城市划分为5类7档。城区常住人口50万人以下的城市为小城市,其中20万人以上50万人以下的城市为Ⅰ型小城市,20万人以下的城市为Ⅱ型小城市;城区常住人口50万人以上100万人以下的城市为中等城市;城区常住人口100万人以上500万人以下的城市为大城市,其中300万人以上500万人以下的城市为Ⅰ型大城市,100万人以上300万人以下的城市为Ⅱ型大城市;城区常住人口500万人以上1 000万人以下的城市为特大城市;城区常住人口1 000万人以上的城市为超大城市。

农村居民点分农村集镇型居民点(一般为乡政府所在地、乡属集镇等)、中心村和基层村等3类。

城镇型居民点又称为小城镇。按我国现行的行政建制,绝大多数小城镇是建制镇和县镇,按职能类型特征划分为:①文化和政治型;②工矿业型;③集市型;④服务工矿型;⑤交通运输型;⑥风景旅游型;⑦乡村结合型;⑧城郊型;⑨边境口岸型等。

(四)我国城镇化进程和特点

1. 城镇化的概念

关于“城镇化”一词,英文是Urbanization,在我国有“城镇化”“城市化”“都市化”等多种译法,相比之下,“城镇化”包含三层意思:①反映一个地区、一个国家或全世界居住在大中小城市的人口占城乡总人口的比率日益增加。②集聚程度达到称为“城市”的居民点的数目日益增加。③单个城市的人口和用地规模日益增大。一般来说,城镇化水平指城镇人口占总人口的比重。

2. 我国城镇化进程

由于历史和政策原因,1949年以来我国城镇化进程既有与欧美发达国家所走过的历程的相同之处,又有别于许多发展中国家正在进行的过程,有着自己的特点。我国城镇化主要经历了6个阶段:1949～1957年城镇化起步发展、1958～1965年城镇化曲折发展、1966～1978年城镇化停滞发展、1979～1984年城镇化恢复发展、1985～1991年城镇化稳步发展、1992年至今城镇化快速发展等。

从1949年中华人民共和国成立至今,中国城镇化提升水平并不是一个非常均衡稳定的增长状态。在某些特定时间段,中国城镇化率明显提升较快,发展不平衡。根据相关资料,假如以10年为一个周期,中国各阶段城镇化率增长情况如下:

1949～1959年:10.64%～16.25%,10年增幅为5.61%;

1959～1969年:16.25%～17.5%,10年增幅为1.25%;

1969～1979年:17.5%～19.99%,10年增幅为2.49%;

1979～1989年:19.99%～26.21%,10年增幅为6.22%;

1989~1999 年:26.21%~30.89%,10 年增幅为 4.68%;

1999~2009 年:30.89%~46.59%,10 年增幅为 15.7%;

2009~2018 年:46.59%~59.58%,10 年增幅为 12.99%。

自改革开放以来,我国城市数量剧增和城市人口增加,1980 年全国 223 个城市中,有 15 个城市人口超过 100 万人,1984 年增加到 20 个,2005 年 661 个城市中则有 113 个城市人口超过 100 万人。我国县级市、地级市和直辖市由 1993 年的 371 个、196 个和 3 个分别增至 2005 年的 374 个、268 个和 4 个(268 个地级市中包括 15 个副省级市)。

由于我国各地的自然条件、人口密度、经济发展水平不同,在城市密度、用地规模及其区域分布上存在明显的差异。就我国东、中、西部 3 个地区而言,东部地区土地面积占全国的 13.9%,但城市数量占全国的 42.3%,城市用地面积占全国的 39.8%,城市建成区面积占全国的 54.24%,平均每 46.4 万 hm^2 就有 1 个城市,平均每个城市建成区用地规模为 6 210.6 hm^2。西部地区拥有全国 56.5%的土地,城市数量仅占全国的 19.4%,城市用地面积占全国的 29.1%,城市建成区面积仅为全国的 15.26%,平均每 413.2 万 hm^2 才有 1 个城市,平均每个城市建成区规模为 3 818.4 hm^2。

二、城镇体系布局规划

(一) 城镇布局理论

1. 中心地理论

中心地理论是德国地理学家克里斯塔勒通过对德国南部城市和中心聚落的调查研究后提出的。他发现,一定区域内的中心地职能、规模和空间形态分布上具有一定的规律性,中心地空间分布形态会受市场、交通和行政三个原则的影响而形成不同的系统。由于理论的假设条件在实际情景中达不到,但区域内的中心地具有不同的等级、规模和职能,等级越高,规模越大,数量越少,职能越复杂,这一普遍规律是可以作为城镇体系布局原则的,即城镇规模越大,吸引的距离越远,其服务范围也越广,规模大的城镇在数量上少于规模小的城镇。

2. 反磁力吸引体系理论

反磁力吸引体系理论是现代城市规划学中的一种新学说。各国有不同的称法,是一种摆脱大城市磁力吸引所采取的一系列措施。基本理论观点如下:认为城市并不是孤立存在的,它和其所在区域的关系是点和面的关系,每个城市都有与它相应的地域吸引范围,同时一定地区范围内也必须有其相应的区域中心,这就是城市。在一个地区内,城镇也不是孤立存在的,而是相互联系在一起,地区内各城镇之间组成一个统一的整体,即城镇居民点体系。

该理论的原理是组建地区性生产综合体。根据上述观点,把城市居民点体系的规划布局作为反磁力吸引体系的布局。其目的就是要均衡地分布生产力与人口,根据工农业、交通运输及其他事业的客观需要,在分析各城镇建设条件及考虑充分利用原有城镇的基础上,明确各城镇在地区中的分工协作关系,确定主要城镇的性质和发展方向,把区域内的城乡居民点组成一个互相联系的城镇居民点体系。

3. 门槛理论

门槛理论是对城镇与工业区发展规模进行经济论证及其基本建设投资进行计量分析的一种理论。20 世纪 50 年代产生于波兰,60 年代后得到广泛应用。该理论基于影响城镇发展因素的分析研究,认为城镇和工业区发展至一定阶段,常出现妨碍其向某一方向发展的限制因素,包括:①所在地区地理环境,特别是城镇用地自然条件对扩大范围和继续开发的影响;②基本工程管线网设施(给排水、交通、电力等)及铺设技术;③城镇结构及其改造的可能。为了克服上述限制,必须增加基建投资。第①类门槛能在用地上具体规定,如地形地貌限制,或土地已另有用途不宜改变或要改变需要花费较大投资;第②类门槛是扩大居民点用地所必需的基本建设投资,包括供水、排水、电力、交通管网的铺设与改建;第③类门槛体现在城市结构上,因人口增加和生活标准提高而导致改造原有居民点结构,迁移公共中心,兴建集贸市场。

城市发展门槛理论对认识城市发展的进程有着重要的指导意义。门槛理论首先应用于方向性规划的编制工作。通过确定城市发展到达门槛的时间来具体计算方向性规划的年限,并提供进一步发展用地和跨门槛时应采取的建设方针与政策。此外,门槛理论对编制一个省或全国的居民点布局规划也有着指导意义。对所有居民点在这个门槛范围内确定跨越门槛的效果、能容纳的人口规模及跨越门槛应付出的相应代价,就可能对这些居民点的规模进行逐个比较和全面确定,为规划区域内居民点结构布局提供重要的科学依据。应用门槛理论确定城市的合理规模,有着重要的现实意义。城市太大或太小都不能正常地发挥其基本功能。在太小的城市里,居民不可能享受齐全的服务设施;而在太大的城市里,居民生活的生态环境和社会条件恶化,并且继续发展,所需的城市造价越来越高。这些都说明"门槛"所起的作用。应用门槛理论研究城市的合理规模,在这个界限内城市能够合理地发展,既能满足居民的需求,又不会过于增加投资。

4. 带形城市规划理论

带形城市规划理论起源于 19 世纪,当时西班牙的萨尔达及索利亚依 · 麦达两人于 1882 年发表了一篇论文,指出交通是城市形成的主要因素,并相应地提出了带形城市规划理论。这个理论在马德里近郊的苏达村进行了部分实践。这个理论认为,城市的公共交通路线和公用事业设施可以形成一个无限扩展的带形区域。"在带形的城市里,可以有火车和电车、水管、煤气、电线、蓄水库和公园,可以间断地布置在需要的地域内……"按照这个理论建设的城市,能解决拥有大量居民的城市在生活中的一系列复杂的问题。这个建议在当时仅是一种探索性的设想,到了 20 世纪 60 年代,戈登 · 柯伦重新将这个理论提了出来,并把这种理论称为"爱尔康"城镇理论。它的主要特征是使城镇分布在条带形区域内。这个带形区域可以构成封闭环形形式,以利公共交通的运转。每个居民只需步行几米,就可通过公共交通系统到达工作地点、商场、学校或文娱场所。环状城市的中间是公共绿地地带,使交通安全而流畅。由于城市呈带形发展,所以用地比较灵活。为了不致占用大片农田,往往可以利用原有城镇加以改造或利用边角地、山地等修建新城镇。每个环状带形城镇是一个完整的独立城镇,各环状的带形城镇可由区域公路连贯起来,形成一个新的城镇群,以利于区域发展。

(二)区域城镇体系规划

1. 城镇体系概念及其基本特征

城镇体系又称城市体系,是指区域内一系列规模不等、职能各异、相互联系、相互制约、相互依存的城镇组成的有机整体,简而言之,城镇体系是指一定空间区域内具有联系的城镇集合。这是因为,地表上任何一个城市都不可能孤立地存在,城市既是物资生产者,又是物资的消耗者。为了维持城市正常的活动,城市与城市间、城市与外部区域间总是在不断地进行着物质、能量、人员、信息的交换和交流作用。正是这种作用使地面上相互分离的城镇结合为具有一定结构与功能的有机整体。

城镇体系规划是指在一定地域范围内妥善处理各城镇之间、单个或数个城镇群体之间以及群体与外部环境之间的关系,以达到地域经济、社会、环境效益最佳的发展总目标而进行的规划。

城镇体系具有所有“系统”的共同特征:整体性、层次性、动态性。城镇体系的各组成要素按其作用大小分为许多等级,上下级体系之间相互制约和衔接,其中任何一组要素的变化均能通过其交互作用和反馈作用而影响整个体系。城镇体系随社会经济发展而发生变动。就城镇体系的个性特征而言,具有自然、经济、政治、文化等多种层面的社会系统。这个系统具有开放性的特点,使城镇体系容易受到来自外部的、难以预料的复杂的影响,这种影响趋势具有很强的不确定性,这也是确定城镇体系发展变化的难点。

2007 年 10 月 28 日颁布的《中华人民共和国城乡规划法》明确规定,城乡规划包括城镇体系规划、城市规划、镇规划、乡规划和村庄规划。国务院城乡规划主管部门会同国务院有关部门组织编制全国城镇体系规划,用于指导省域城镇体系规划、城市总体规划的编制。省、自治区人民政府组织编制省域城镇体系规划,报国务院审批。城镇体系规划处于衔接国土空间规划、区域规划和城市总体规划的重要地位。城镇体系规划是居民点用地规划的重要依据。图 10-1 为中原经济区核心板块城镇体系网络化示意图。

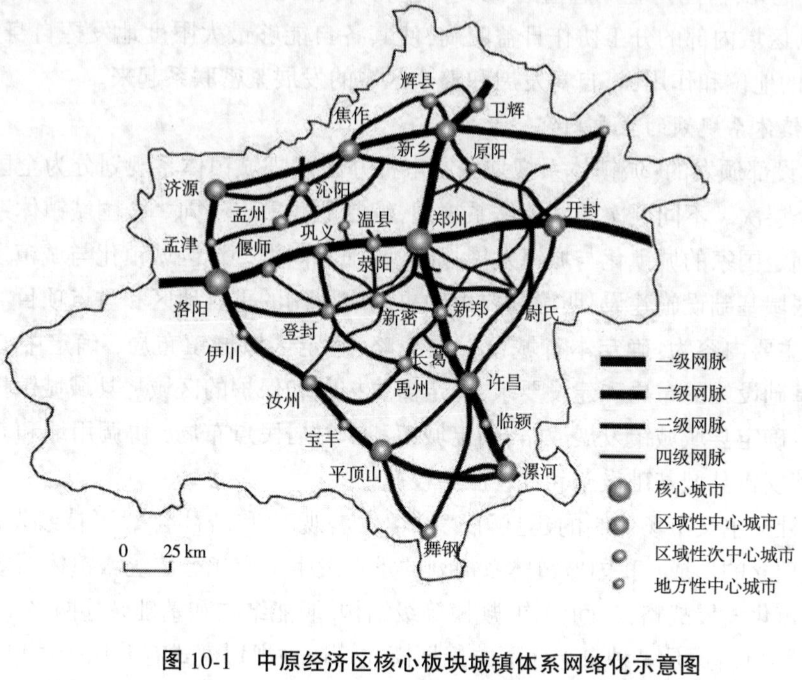

图 10-1 中原经济区核心板块城镇体系网络化示意图

2. 我国城镇体系结构

从历史资料可知,我国城镇体系结构发生了很大变化,城镇体系结构和城镇人口规模是反映城镇化演变的重要指标,鲜明地反映着一个国家或地区人口向城镇转移的改变和调整,在很大程度上也反映了一个国家的城镇化政策。

城镇的存在历来不是独立的,其整体性、等级性、层次性和动态性构成了城镇体系的特点,从理论上分析,每一个城或镇都有其存在的合理性,有着各自不同又不能相互替代的特殊职能。因此,分析不同规模城镇结构的演变有助于掌握中国城镇化的结构特征。

(1)城镇体系日趋完善,城镇结构逐步优化。

我国城镇规模结构呈"金字塔状",已经在全国范围内初步形成了以大城市为中心、中小城市为骨干、小城镇为基础的多层次城镇体系。以城市城区总人口(包括暂住人口)为标准,2012 年全国人口大于 500 万人的城市有 10 个、100 万~500 万人的有 96 个,其余大城市 134 个、中等城市 253 个、小城市 1 863 个、一般建制镇 17 617 个。与 2006 年相比,全国城市总数减少了 6 个,特大城市数量略有增加,中等城市增加较多,而人介于 50 万~200 万人的城市数量明显减少。

(2)中等城市数量增加明显。

2006~2012 年,全国 100 万人以上的特大城市数量有所增加,人口介于 50 万~100 万人的大城市,除东部明显增加外,其他三大区域均是减少的。中等城市数量明显增加,小城市数量明显减少,但城市在四大区域分布格局基本未变。

(3)城市群成为我国区域经济发展的重要增长极。

一些已经达到较高城镇化水平,形成了相对集中的城市群或都市圈的区域成为我国区域经济发展的重要支撑点。2012 年,京津冀、长三角和珠三角三大都市圈的地区生产总值为 187 212.18 亿元,占国内生产总值的 36%。这说明我国已由单一的发展城市经济转变为发展区域经济,区域内部的分工协作日益明确,使其各自能够最大限度地发挥自身优势,并不断提升自身的地位和作用,将自身发展和整个区域的发展紧密联系起来。

3. 区域城镇体系规划的主要内容

1994 年建设部颁发的《城镇体系规划编制审批办法》,把城镇体系规划分为全国、省域、市域、县域 4 个层次。不同层次的城镇体系规划,编制的侧重点不同。全国城镇体系规划的主要内容为:确定国家的城镇化与城镇发展战略,明确不同类型地区城镇化与城镇发展的要求,综合安排区域基础设施建设,明确需要由中央政府协调的重点地区和重点项目。省域城镇体系规划的主要内容为:确定本省城镇发展战略,确定区域城镇布局,确定中心镇的布局,确定重要基础设施的布局和建设要求,确定需要控制和保护的区域。县域城镇体系规划的主要内容为:确定县域城镇发展战略,确定城镇和乡村居民点布局,协调用地和其他空间资源利用,统筹安排县域基础设施和社会服务设施。

随着我国社会主义市场体制的建立,以"科学发展观""和谐社会""可持续发展"为核心的政府施政理念的形成,我国城镇体系规划的重点发生了变化。传统城镇体系规划的重点是人口与城市化发展战略,空间结构、规模等级结构、职能结构和基础设施网络(俗称"三结构一网络规划")。这是一种自上而下的规划模式。这种规划模式有着比较浓厚的"计划经济"色彩,将经济发展放在最重要的位置,将城市放在最重要的位置,一般规划内容庞杂,面面俱到,可操作性却不强。新时期的城镇体系规划则强调可持续发展,突出区域发展战略研究及空间管制规划,"三结构一网络规划"则明显弱化。有学者认为,当今的城镇体系规划,正从区域分析走向全球化研究,从比较分析走向竞争优势分析,从"计划"走向"管治",从"组织"走向"协调"。全国和省区层面的城镇体系规划应与国土规划结合起来,市县域规划则应与战略规划、概念规划结合起来。

三、居民点规模

(一)居民点用地规模概述

由于居民点的职能分工存在差异，形成不同的居民点规模。所以，居民点规模依据不同的目的有不同的衡量标准，有人口规模、用地规模、活动规模和辐射规模。其中，人口规模是衡量居民点极为重要的标准和依据。人口规模往往影响居民点用地的多少、建筑层数、公共建筑项目的组成与数量、交通运输、基础设施建设等一系列问题。对于土地利用规划来讲，居民点用地是重要的土地利用类型，规划时既要研究居民点现状用地规模，又要预测未来居民点用地规模。居民点用地规模(F)、居民点人口规模(P)和人均居民点用地标准(N)之间构成函数关系，即

$$F = f(P \cdot N)$$

因此，通过预测 P 和 N 未来的结构规模大小，可以间接地预测未来居民点用地规模，还可以借助于用地指标法、数学模型法等定量分析方法预测未来居民点用地规模。

确定居民点用地规模首先要进行人口规模的预测。居民点人口规模存在三种计算标准，城市非农业人口数量(指城市域内从事非农业活动的人口数量)、城市行政辖区人口数量(指城市域内人口数量，包含农业人口和非农业人口)和城市建成区人口数量(城市建筑连片区内人口数量)。相应地，居民点用地规模划分为城市建成区用地规模、城市规划区用地规模和城市行政辖区用地规模。

(二)居民点用地规模预测

居民点占地面积概算目前采用的方法较多，依据《城市用地分类与规划建设用地标准》(GB 50137—2018)，可以采用以下方法预测居民点用地规模。

1. 历史推断法

对居民点用地不同时期扩展数据加以分析，确定未来每年用地扩展数量，据此确定规划期居民点用地规模，如某市按历史惯性推算，城市用地年均增加 0.75~1.35 km^2，以 2020 年该市用地规模 138.56 km^2 为基准，预计 2020~2030 年将增加 7.5~13.5 km^2，2030 年某市用地规模将为 146.01~152.0 km^2。

2. 规划指标法

依据 GB 50137—2018，对现有城市的规划人均建设用地指标采取“双因子控制”，即以人均建设用地指标和允许调整幅度来表示。在确定规划人均用地指标等级时，必须根据现状人均建设用地水平，并同时符合规定的允许采用指标级别(不能跨级增加，现状人均用地在第Ⅲ级的不能增加为第Ⅳ级，超过第Ⅴ级的只能缩小)和允许调整幅度的双因子限制要求，从而限制了城市在用地上攀比和贪大的倾向。预测中调整幅度限定在 60.1~75.0 m^2/人和人口预测数 306 万人，即可预测某市 2030 年建设用地规模为 174.29~217.50 km^2。

3. 用地累加法

用地累加法即逐项计算居民点内各种用地面积之和。例如，P_1 为生活居住区用地，P_2 为生产用地，P_3 为交通用地，P_4 为仓库用地，P_5 为公用事业用地，P_6 为卫生防护用地。

P_2、P_3、P_4、P_5 用地面积一般由县、乡镇有关单位提供用地规模,经集镇规划组织共同审核确定,P_6 按工业企业的危害程度,以不同的卫生防护距离分级的要求,确立用地规模。P_1 的用地指标各地不一。居民点用地(主要是集镇)面积概算为

$$S = \sum_{i=1}^{6} P_i$$

式中 S——集镇用地面积。

四、居民点布局

居民点布局

(一)居民点布局的形式

在土地利用规划中,居民点布局是重要的规划项目。从土地利用角度来看,决定一个区域整体布局合理与否的主要因素是居民点和交通线,它们起着骨架的作用。合理地确定居民点和交通线,就可以决定总体布局,而居民点的布局又是决定交通、电信线路的前提条件,其他用地安排都在一定程度上受其布局的影响,如蔬菜地、果园、工业用地等。因此,居民点的布局是一项具有控制作用的规划项目。居民点的空间分布在很大程度上是由居民点的性质、规模和类型决定的,它是随着各地自然、经济条件、人口密度和生活习惯等不同而变化的。但总的来说,一般都实行分级布置,按管理体制在整个区域内形成城镇居民点网。就目前我国现状而言,居民点大致有以下四种布局形式。

1. 卫星式

卫星式一般以大城市为中心,在其周围发展重点卫星城和一般城镇。如图 10-2 所示是卫星式布置。目前市域内共有大小卫星城点 24 个,若以距离市区 40 km 划界,该范围包括了占总数 2/3 的卫星城和所有 5 万人口以上的主要城镇,同时也是近 10 年城镇发展最快的地域。

2. 带状式

大小居民点分布呈带状,目前最主要的是沿着铁路干线、大型河流或国家级公路而设立,形如串珠一般,如武汉市、鄂州市、黄石市等沿长江成为一条带。潼关市、渭南市、西安市、咸阳市、宝鸡市等沿陇海铁路成为一串珠布局。在苏南地区,苏州市、常州市等沿着沪宁铁路和高速公路布置在农村,有的沿一条山坡、一条河流、一条公路形成许多居民点。

3. 多边形式

多边形式一般分布在经济发达的平原地区,按形状可分为三角形、四边形等,如长沙市、株洲市、湘潭市为三角形,沈阳市、鞍山市、本溪市、抚顺市为四边形。

4. 自由式

自由式是我国居民点最常见、最广泛的布置形式。居民点布局呈“满天星”式,见图 10-3。特别是在我国南方的农村中,这种现象是生产力水平低下的小农经济的产物。在农业现代化过程中,若加以改造和集中,进行村庄整理,一般可以节约 1/3~1/2 的占地,这是我国平原地区耕地后备资源的主要来源。

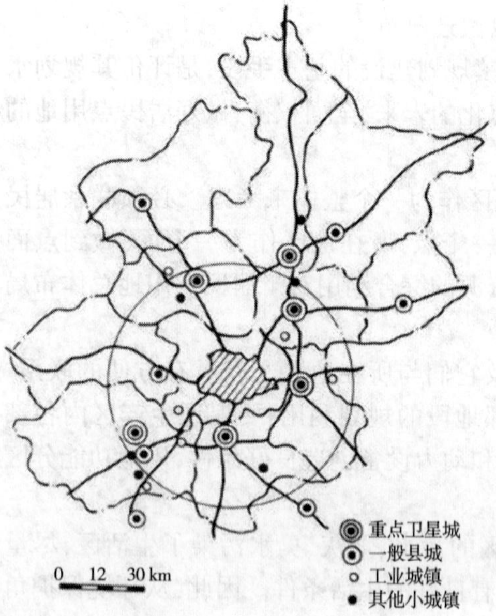

图 10-2 卫星式布置

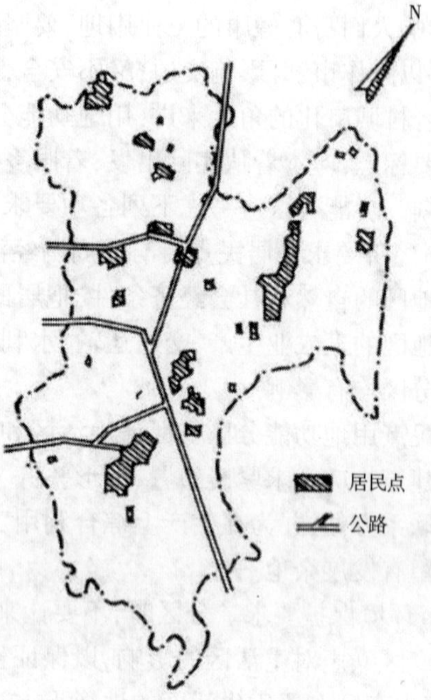

图 10-3 自由式布置

(二)居民点布局的原则

(1)有利于生产和生活。即位置要适中,便于组织生产,靠近工、副业原料地,靠近电源、能源,靠近加工作物用地,有均匀的服务半径,对外交通便利,但要避免过境公路穿越和环绕,有充足、可靠、水质良好的水源。

(2)符合建筑要求。即满足建设的地形、地势、土质、水文地质等条件。如土壤承压力要能承受建筑物的压力,地势要高、干燥平坦,坡度小于 3°;要避开地下矿、沉陷、滑坡、流沙等地;要位于最高洪水位线以上等。

(3)满足卫生保健要求。即居住生活区要在工业生产区和畜牧场的上风向和上游,避免"三废"污染。

(4)合理利用土地,尽量少占耕地。目前,我国农村集镇和其他居民点多为自然形成的历史产物。表现在其规模小、布局分散,兴建住房时求大求宽,多占耕地。所以,在进行居民点布局时,既要考虑到每个居民点建筑在其经营土地范围的适中位置,又要准确地确定其合理用地规模,做到尽量少占或不占耕地。

(5)节约用地的原则。要求居民点布置紧凑、规模合理,以发挥聚集效益,减少不必要的交通和其他设施用地。合理控制用户的用地面积标准,充分利用山地、坡地和边角废地。应用生态学原理,合理组织住宅屋顶利用,发展种植,推广生态建筑,实现屋基占地的生态还原。

(三)居民点用地功能分区

居民点各类用地的功能各异,按其功能可以分成生活区和生产区。生活区内集中配置住宅和公共建筑物,生产区内集中配置各种生产性建筑,在一些城市和县城里可在生活区内再划出一个公共中心区,在生活区和生产区内,再根据用地和建筑物的功能性质划分不同的功能地段。这些功能地段依据居民点用地的原有基础和地形条件可能集中于一处,也可能分散于几处。新兴居民点较原有居民点在用地功能分区上较为容易,对于一些污染严重、噪声大、影响人们身心健康的工业用地,要坚决将其迁出居住区。行车密度较高的公路穿过居民点,并以路作市,既影响交通,又不安全,应当加以搬迁改造。

从乡村城市化的角度来讲,用地功能分区是乡镇规划建设的基本手段,是评价其规划水平的重要标志,应本着从实际出发,着眼乡村与城市化的未来,全面权衡,做好居民点用地的总体规划。功能分区应考虑下列各项要求:

(1)经济要求。居民点要与其周围经济影响地区作为一个整体来考虑。必须联系居民点所在地区的自然和社会经济条件,把居民点作为一个点,所在地区作为一个面,做到点面结合。地区的工农业生产、交通运输、水利及矿产资源的综合利用对于居民点用地总体布局和功能分区均有影响。

居民点用地功能分区要保证生活区和生产区及它们与所在地区之间具有方便的联系。各区内建筑物应力求紧凑布置、外形整齐,利于相邻地段的规划利用;要保证生产区内各部分之间联系方便,并为在生产上综合利用工程设施和动力设备创造良好条件,用地功能分区要注意留有发展余地。

(2)环境保护要求。分区时,不要让来自生产区的污水、烟灰、臭水污染了生活区,尽量减轻生产区噪声对生活区的影响,以保证生活区具有良好的生活条件。因此,从环境保护角度,应将生产区布置于生活区的地形下方、主导风向的下风向和河流流向的下游。各种建筑物之间应保持规定的卫生和防火间隔。风向对居民点内部空间结构的影响如图 10-4 所示,应使居住区处于盛行风向的上风向。

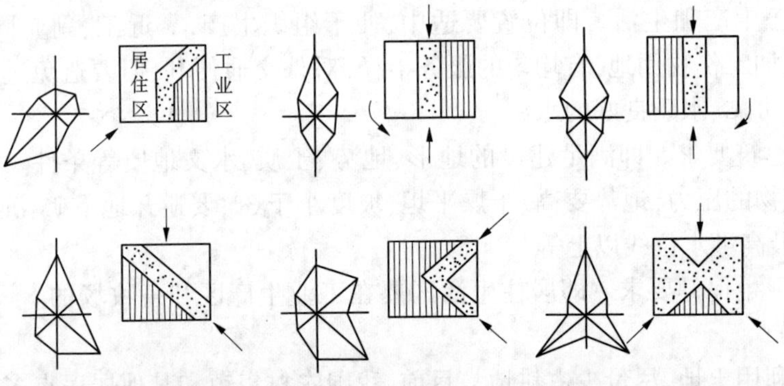

图 10-4 风向对居民点内部空间结构的影响

(3)建筑技术要求。各种建筑用地的土地承压力、地形和地下水位都应满足建筑的要求,尽可能不采用人工基础,以减少基础投资费用。

任务二 交通运输用地规划

一、交通运输的方式与结构

交通运输结构是指各种运输方式的组成和比例,交通运输方式有铁路运输、公路运输、水路运输、航空运输和管道运输等几种,由于各种运输方式采用不同的交通工具,所以有各自的特点,对于其建设工程的布局也有不同的要求。

(1)铁路运输。

铁路运输具有载运量大、行驶速度快、连续性强等特点，运行一般不受气候条件的影响，火车的运行速度一般约100 km/h，高于汽车和轮船，而且除特别恶劣的气候外，一年四季和昼夜都可以正常运行，具有高度的可靠性。缺点是铁路的造价高，一般平原地区700万~800万元/km，消耗金属材料多，占地面积大，短途运输成本高。只适合长途大宗货物运输。

铁路运输的优缺点

(2)水路运输。

水路运输最大的特点是载运量大，海上运输一艘轮船载重上万吨，甚至几十万吨；内河航运每条船也可载重几百吨至几千吨，且可长途运输重达几百吨、长达几十米的特大件，这是其他运输工具所不能比拟的。水路运输耗能少、成本低，据有关资料，每千吨千米的水运消耗仅为铁路的60%左右，运输成本也只有铁路的1/2~1/3。建设投资低，不占农田。水运的劳动生产率高，以长江航运为例，其劳动生产率相当于铁路的112%。水运的缺点是受自然条件的限制大，连续性差，速度慢，转运条件更差。因此，水路运输适合对速度要求不高的货物运输。

(3)公路运输。

公路运输的优点是对不同的自然条件适应性强，机动灵活，空间活动范围大，可以直接深入广大的中小城镇和偏僻的山区农村，实行门对门的直接运输，减少转运环节，而且投资较铁路少，速度快，在短途及某些货物的中途运输中具有明显的优势，又能与其他运输方式配合，承担客货的集散；缺点是装运量小，能耗大，成本高，劳动生产率低，而且占用土地多，对环境有较强的污染性。公路运输在我国现在和将来仍是一种主要的运输方式。

(4)航空运输。

航空运输速度快，航程长，能够到达地面运输方式难以到达的地区，由于速度快，其劳动生产率也高，航空线路不占耕地；缺点是载运量小，投资大，成本高。因此，只适宜于远距离、急需、贵重、时间性较强的运输。

(5)管道运输。

管道运输是由大型钢管、泵站和加压设备等组成的一种运输方式，通常用以输送石油、汽油等流体货物，其优点是连续性强，货物在运输过程中损耗少，没有运输设备的空间问题，运输成本低，安全可靠，管理和使用简便，而且不占用土地，也没有污染；缺点是一次性投资大，消耗钢材较多，而且运输对象限制较大，只适宜于液体(原油)、气体(煤气)等流体货物。

现代交通运输业发展的总趋势仍然是铁路、公路、水路、航空和管道等五种运输方式相互协调，共同构成统一有效的运输体系。这种综合运输体系的特点在于以提高综合运输能力和综合运输效率为目标，合理布局交通运输网络，以经济中心城市为依托，五种现代运输方式有机结合、协调发展的综合交通运输体系。

由于运输对象对运输条件有各种不同的要求，各种运输工具有不同的经济运距和服务范围，因而在进行交通用地预测时，还要根据各地的情况，分析确定运输结构，以便使交通运输规划适应运输需要。

综上所述，各种运输方式都有其优点和缺点，在一个区域内究竟采用哪一种或几种运输方式，要根据当地的条件而定，就大多数地区来说，公路运输是最主要的运输方式，河网多的地区，水运则是主要的运输方式。随着经济的发展，运输量将急剧增加，运输方式及其载运能力也必须进行相应的布局与规划。

二、交通用地的预测

交通运输的基本职能是满足运输对象位移的需要，而运输对象的位移要求又反映在两个基本方面：一是运输数量的要求，二是运输流向的要求，其前提是安全、迅速、经济。在进行区域性交通建设时，应在当地交通现状调查的基础上，根据社会经济发展的趋势，预测远景交通量，并按其流向分布和当地的具体条件做出相应的用地规划。

交通现状调查的内容包括运输方式的种类、主要交通线的分布，区内外各主要交通点之间的距离及客货交通数量、运输量、交通工具种类、客运项目等，并将结果分别编制成各种调查表。在调查的基础上，根据区域内和各交通点的人口、经济指标分析出与交通量、运输量相关的系数，作为远景预测的基础资料。

远景交通量的预测方法最常用的是回归模型预测，应用函数来表示交通量与人口或各种经济指标之间的关系，并借助于统计方法将其定量化，求出变量之间的相关关系，从而预测远景交通量。

最简单的情况是两个变量，在确定交通量和某个经济指标之间的相关关系时，设经济指标为 x，交通量为 y，则一元线性回归模型为

$$y = a + bx$$

式中 y ——远景交通量预测值；

x ——人口或某种经济指标值；

a, b ——模型中的常数。

在预测时，必须先计算出常数 a 和 b，方法是将统计数据代入 x 和 y，用最小二乘法使 $\sum[y-(a+bx)]^2$ 最小，即求得 a 和 b。这是简单回归分析的计算方法，当确定了常数 a 和 b 之后，就可以根据自变量 x 推算出因变量 y（远景交通量）的预测值。

上述计算方法中只有一个自变量，所以这种方法只适用于社会结构简单的地区。事实上，一个地区的交通量除与人口有关外，还与其他多种因素有关，预测时，常常采用两个以上变量的多元回归分析法。

$$y = a_0 + a_1x_1 + a_2x_2 + \cdots + a_nx_n$$

其中，$a_0, a_1, a_2, a_3, \cdots, a_n$ 为模型中常数；$x_1, x_2, x_3, \cdots, x_n$ 为远景交通量的限制因子（自变量），计算方法同简单回归分析，把数值代入 $x_1, x_2, x_3, \cdots, x_n$ 及 y 中，应用最小二乘法计算出常数 $a_0, a_1, a_2, \cdots, a_n$，然后根据 $x_1, x_2, x_3, \cdots, x_n$ 的预测值推算出远景交通量。

（一）客运量预测模型

影响客运量的因素繁多，一般来讲有工农业总产值、人口数量、人均收入和生活水平等，但是对于一个区域而言，最基本和最主要的影响因素是工农业总产值和人口数量。

设 y 为远景客运量或远景客运周转量，以农业总产值 x_1、人口数量 x_2 作为因变量，建立两者关系的回归模型 $y = a_0 + b_1x_1 + b_2x_2$，将规划区域的有关因素数据代入模型，可以预测规划年的客运量和客运周转量。

（二）货运量预测模型

在影响货运量的因素中，将工业总产值视为主要影响因素，因此可采用一元回归模型来预测。具体来说，设远景货运量或远景货运周转量为 y，工业总产值为 x，将多年的有关因

素数据代入模型 $y = a + bx$，可以预测规划年货运量和货运周转量。

（三）公路交通量的预测

上述预测中应用的工业总产值指标，常受产品价格调整、币值变动的影响。为克服此项不利影响，预测时常采用不变价格。采用实物指标如能源等进行预测，可以避免上述影响。交通部公路规划设计院关于利用能源对我国公路运输量的影响及其关系的研究，揭示了工业总产值和能源消费量与公路运输量之间的内在联系和关系。由工业总产值和能源渠道可推算公路周转量和货运量，公式为

$$Q_{fk} = 6.944PF^{1.4655} + 2.5P$$

$$Q_f = 0.5562PF^{1.0228} + 0.06P$$

式中 Q_{fk}——由能源推算的公路换算周转量，亿 t·km；

Q_f——由能源推算的公路换算货运量，亿 t；

P——全国人口数，亿人；

F——消耗标准燃料数量，亿 t。

$$Q_k = 0.007384P_i^{1.55} + 2.5P$$

$$Q = 0.004678P_i^{1.0818} + 0.06P$$

式中 Q_k——由工业总产值推算公路换算周转量，亿 t·km；

Q——由工业总产值推算公路换算货运量，亿 t；

P——全国人口数，亿人；

i——人均工业总产值（以 1980 年不变价计），元/人。

应用上述方法，由工业总产值与能源两种渠道预测的公路换算运输量仅存在 2.62%~3.72%之差。一些国家有关学者应用有关数据证实上述方法是可行的。

三、交通用地的类型与规划设计

（一）公路用地规划设计

公路建设特别是高速公路建设必须与社会经济及产业的发展衔接。公路超前建设将造成资金、土地等资源的浪费，但如果滞后建设，将制约经济的进一步发展。公路是交通运输系统的主要组成部分，公路建设受其他条件制约较少，尤其是三、四级公路，工程造价较低，建筑材料以泥土、沙石为主，所需钢材、木材、水泥不多，可因地制宜，就地取材，所以公路较容易普及到全国各地，形成覆盖面最为广阔的网络。同时，公路运输机动灵活，中转装卸环节少，可直接将物资运送到工矿、商店、仓库和农村田头，在生产和消费之间起着联系的作用。公路和土地联结在一起，承载基础设施的土地是有价值的，这类土地会转移价值作为超额利润，进而转化成为级差地租。因此，合理规划公路用地对于改善土地的经济状况、节约用地具有重要的作用。

1. 公路和公路等级

公路是经过专门勘察、设计、建造，供人和各种机动车、非机动车通行的人工构筑物，它主要由路基、路面、桥梁、涵洞、排水系统、安全防护设施及绿化、监理系统组成，公路是国民经济的重要基础设施，也是构成公路运输的重要物质基础之一。

路基是路面的基础，根据不同地形，又分路堤（高于天然地面的填方路基）、路堑（低于天然地面的挖方路基）和半填半挖路基。路面是直接承受汽车碾压的行车载体，通常是用

各种坚硬材料(沥青、水泥混凝土、碎石等)做成的,路肩是指路面两侧路基边缘以内的地带,它是用来支持路面、临时停靠车辆和供行人步行之用的。

为了保证路基的稳定和路面的干燥,必须修建排水系统,边沟是用来排除路面水的。当公路跨越较大的水流时,需要建造桥梁;而跨越较小的水流时,可修筑涵洞;对于低级公路,可允许宽阔较浅的季节性水流从路面流过,也可建造过水路面,以减少工程投资。

在修建山区公路时,还需要修筑各种防护工程及特殊构造物,如挡土堤、石砌边坡、护脚、护栏等,甚至在地形复杂地区还要修筑隧道等。

公路路线的线形,由于地形、地质等自然条件的限制,在平面上是由直线段和曲线段组成的,在纵向上是由上坡段、下坡段及竖曲线组成的。因此,它是一条空间线。在测设工作中,选线、定坡就是选定这条空间线的具体位置。为了便于具体分析和进行设计,通常将公路分成三个投影面来研究。在平面上的投影称为公路平面图,在平行于路中线的立面上的投影称为公路纵断面图,在垂直于路中线的立面上的投影称为公路横断面图。

根据 2014 年我国交通部发布的公路工程技术标准,公路分级要按照使用任务、功能和适应的交通量分为高速公路、一级公路、二级公路、三级公路、四级公路五个等级。

(1)高速公路。高速公路为专供汽车分向、分车道行驶并全部控制出入口的干线公路。四车道高速公路一般能适应按各种汽车折合成小客车的远景设计年限,年平均昼夜交通量为 25 000~55 000 辆,六车道昼夜交通量为 45 000~80 000 辆,八车道昼夜交通量为 60 000~100 000 辆。

(2)一级公路。一般为供汽车分向、分车道行驶的公路,一般能适应按各种汽车折合成小客车的远景设计年限,年平均昼夜交通量为 15 000~30 000 辆。

(3)二级公路。一般能适应按各种车辆折合成中型载重汽车的远景设计年限,年平均昼夜交通量为 3 000~7 500 辆。

(4)三级公路。一般能适应按各种车辆折合成中型载重汽车的远景设计年限,年平均昼夜交通量为 1 000~4 000 辆。为沟通县以上城市的公路。

(5)四级公路。一般能适应按各种车辆折合成中型载重汽车的远景设计年限,年平均昼夜交通量为双车道 1 500 辆以下、单车道 200 辆以下,为沟通县、乡(镇、村)等的公路。

公路路线设计应根据公路的等级和使用任务,合理地利用地形和技术标准,并考虑车辆行驶的安全舒适及驾驶员的视觉和心理反应,保持线形的连续性并与当地景观相协调。按技术经济性质和使用特点,不同等级的公路需铺设不同的路面,路面分为高级、次高级、中级和低级四个等级。我国常用的公路有碎石路面、砾石路面和加固土路面,适用等级不高的公路;沥青、水泥混凝土路面适用等级较高的公路。

2. 公路的选线及其方案择优

1)公路选线

公路选线是根据路线走向和技术标准,结合地形、地质条件,考虑安全、环保、土地利用和施工条件及经济效益等因素,通过全面比较,选择路线方案的全过程。

公路选线及其方案择优

2)选线原则

一是要适应远景交通流向和运输量的需要;二是因地制宜,根据当地的地形条件,使路线布置在地势较高、地质良好、便于施工的走向上,并符合工程技术要求;

三是要根据城镇和农村居民点的布局状况，做到路线顺直短捷、节约用地；四是要与其他交通线路布局协调统一，形成一个较为完善合理的交通网；五是要经济合理，一方面，要在不增加工程造价的情况下，尽量提高技术标准，或在不降低技术标准的情况下，尽量降低工程造价；另一方面，要综合考虑提高工程经济效益和运营经济效益，既经济又合理的选线方案。同时，应尽量避免穿过地质不良地区和城镇，保护耕地、节约用地，少拆房屋、方便群众，依法保护环境和古迹。对不同的选线方案，应对工程造价、自然环境、社会环境等重大影响因素进行多方面的技术经济论证，在条件许可时，应尽量选用较高的技术指标。

3）不同类型地区选线的特点

（1）平原、微丘陵地区。这类地区地面比较平坦，高差变化不大，但居民点密度大，水路、河汊、湖泊较多。

平原地区，地形平坦，没有纵坡限制，应力求取直短捷，一般允许设置几千米以上的长直线，为确保汽车安全，在长直线尽头不应设置小半径的平曲线。在微丘陵地区，受坡度约束小，为节省土石方工程量，路线往往沿地形布设。

路线应尽量避免穿越城镇、工矿区及较密集的居民点，但为了方便使用，也不能离开太远，必要时可修支线联系，当路线与铁路和其他公路相交时，尽可能以正交或小于45°的角通过。

合理处理路桥关系，对于小桥涵的位置，原则上应服从路线走向，但当斜交过大或河沟过于弯曲时，采取改河措施或适当改移路线，调整斜交角度，以免于增加施工困难和加大工程费用。

（2）山岭、丘陵地区。这类地区地形复杂，山坡陡峻，溪流湍急，沟谷多而曲折，土层浅薄，地形复杂，公路选线较为困难。

在复杂的山岭、重丘陵区自然条件下，公路应有足够的稳固性。充分利用地形展线，减少工程数量，降低造价，保证今后养护和运营费用最经济。密切配合农田水利建设的需要，筑路材料供应方便，便于施工和养护。

山岭、重丘陵地区的公路路线受自然条件的限制，路线不是顺沿溪谷，就是翻山越岭，其线形可归纳为沿溪线、山坡线、山脊线和越岭线几种。

沿溪线就是沿溪流铺设路线，选线时，应综合考察定位、选岸和桥位选择三方面的问题。

路线定位首先考虑洪水位，根据规定，沿河或受水淹的路基高度，一般高出洪水位0.5 m以上，各级公路考虑设计洪水位频率为：高速公路和一级公路为1/100，二级公路为1/50，三级公路为1/25，四级公路则按具体情况而定，通常按常年洪水位为定位的依据。

选岸的问题是必须对溪流两岸的地形、地质、水文、险段等，进行调查对比，尽量避开困难地段，适当跨河以充分利用有利的一岸，当路线所沿的河流越急、水面越宽且河水越深时，建桥工程就越大，此时对跨河要慎重考虑，没有特殊原因，尽可能不要改换河岸，如果路线需要改换河岸，必须从政治、经济和工程量大小等方面比较后确定。

桥位的选择应根据“大、中桥位服从路线总方向，路、桥综合考虑；小桥涵位服从路线走向”。在纵面上，桥面高程须满足设计水位要求，并尽可能照顾到与两岸引道的衔接；在平面上，要注意与引道之间的配合，尽量避免采用较小的弯道半径，以确保行车安全。

公路选线是一件复杂的工作，选线时应有大比例尺的地形图资料，并要进行现场选线和多方案的论证选优。

公路选线时往往会出现几个方案,必须通过对整个路线或某段路线的不同方案进行经济评价,以选择适合当地条件的最优方案。评价时,可采用下列三项指标:公路工程造价、年度运营费用、占地面积损失。公路工程造价包括公路及其工程物(桥涵、堤等)的兴建费用(W)、年度运营费用包括货运费(S_1)、道路及其工程物的折旧费(S_2)和养路管理费(S_3)。养路管理费可根据路面类型、行车密度和其他条件确定或参照有关定额估算。占地面积损失是指不同方案道路占地面积及其经济损失。

货运费(S_1)计算公式为

$$S_1 = aNL$$

式中 a —— 吨千米运费,元/(t · km);

N ——年货运量,t;

L ——路线长度,km。

道路及其工程物的折旧费 S_2 的计算公式为

$$S_2 = \frac{W}{n}$$

式中 S_2——道路及其工程物的折旧费,元;

W——道路及其工程物兴建费用;

n——使用年限,年,一般到大修前,土路使用年限为 4~5 年,砾石路使用年限为 8~10 年,沥青路为 10 年。

3. 公路用地面积概算

在公路选线之后,即可进行公路占地面积概算。首先应确定公路的技术等级。如前所述,根据我国交通部发布的《公路工程技术标准》(JTG B01—2014),公路的技术等级主要依据其昼夜交通量加以确定。昼夜交通量一般采用下列经验公式计算:

$$A = \frac{2N}{dP}$$

式中 A ——昼夜平均交通量,辆/昼夜;

N —— 年平均货运量,t;

d —— 汽车运输天数,d;

P —— 每辆汽车的平均载重量,t/辆。

严格地讲,除货运量外,还应包括客运交通量,在上述交通量的基础上,确定公路技术等级,公路用地宽度是路面宽度、两侧边沟宽度及其他用地宽度之和,其中路面宽度即路基宽度,边沟宽度即边沟底宽与边坡、沟深积的 2 倍之和。根据公路技术等级,确定该级公路的路基宽度,再结合路沟和绿化带占地宽度加总即为公路占地宽度,公路宽度(m)乘以该路线长度(m),即为该公路的占地面积。再加上养护公路用地和沿线设施用地(注意设施用地,不要重复计算)。一般来讲,一级公路总用地宽度为 65 m,二级公路为 30~40 m,三级公路为 25~30 m,四级公路为 20~30 m。根据上述计算方法,可以计算出该区域每条不同等级的公路占地面积,加总后即为该区域公路占地总面积。

(二)水运用地规划

1. 水运航道的布局与规划

水运网是由航道和港口组合在一起的交通系统。一般分为内河和海运两部分。内河航运网规划的内容有:考虑分析区域内的水域条件,进行水域可行性研究;内河航运量的调查与预测、航道等级和通航里程的发展目标、航道港口的空间布局与区域划分、航线走向、标准与整治措施等。水运航道是江河、湖泊、水库、渠道及港湾等水域中供一定标准尺度的船舶航行的通道，可分为天然航道和人工航道两类。

在一般情况下，水运多利用天然航道，有的是直接利用，有的则需要经过疏通改造，在需要而又可能的情况下，可开挖人工水道，利用灌溉为主的大型渠系以发展水运。

由于各水系分布不一，在利用天然水道发展水运时，水运航道的布局就取决于天然水道的分布情况。在规划时，应进行水系的全面考察，根据流量、流速、水深、河床宽度和客货流向、运量等因素，确定水运工具、水运能力和相应的港口码头、船闸、导航设施等规划方案。就农村来说，水运规划主要考虑的是内河小吨位船舶的短距离运输，水运设施也较为简单。

航道规划的基本内容如下：

(1)航行条件的分析。航行条件是指为适应船舶安全航行必须具备的航道的自然条件和通航设施状况，包括航道及跨道建筑物的尺度，航道建筑物的尺度和运用情况，水流流速、风浪及航行标志情况和通航期等。根据上述情况的分析，便可进一步确定通航标准。

(2)航道等级的确定。根据国家统一的航道定级标准，可确定已有的航道或计划开发的航道的级别。我国将通航载重 50~3 000 t 船舶的航道分为六级，每级的航道宽度，通航建筑物、跨河建筑物、通航净空和船型，船的尺寸，最低、最高通航水位，通航流速及导航设施等，都有明确的规定。规划时，应根据航道的航行条件及航道开发的可能，确定其等级。

(3)航道建设工程规划。根据航道的航行条件和通航标准的要求，制定具体的建设工程规划，包括修建水工建筑物、疏浚等工程项目，以使航道经过整治后，在航道宽度、水深、曲率半径和水流条件等方面能达到航道等级的要求。

2. 港口码头用地规划

港口规划是根据港口远景客货吞吐量的规模而确定的港口水域、陆域及营运条件等规划。一般需在流域航运规划或海运规划的基础上进行。港口码头是水运交通的枢纽，是客货运输的集散地。因此，要做好港口码头的用地规划，其规划基本内容如下：

(1)港址的选择。根据区域规划与城市总体规划的要求，选择技术上可行、经济上合理的港口位置。港址选择应考虑以下条件：港区地质、地貌、水文、气象、水深等自然条件；港口总体布置，如防洪堤、码头、进港航道、锚地、回转池等工程设计技术上的可行性和施工上的便利性。港址选择一般分为两个阶段，第一阶段为区域范围内的港址选择，从地理位置、港口体系、港口腹地经济发展水平、结构与联系程度、城市依托条件等分析比较进行初选；第二阶段进行城市范围内的港址选择比较，考虑港区自然条件、岸线状况及岸线使用现状、航行和停泊条件、筑港和陆域条件及与土地总体规划布局等因素，进行综合评定，最后确定港口位置所在。

(2)港口沿海水域规划。港口水域包括进港航道、供船舶避风和调动的停泊区、水上装卸作业区等，进港航道是为船舶自主航道安全驶向码头而设置的，当船舶顺流抵港时，由于船舶靠停码头必须顶流，因而必须调头，所以码头前的沿海地区应留有 3~4 倍设计船宽的水域，停泊区(港地、锚地)为避免形成波浪，其长度不宜超过 1 km，其宽度应满足停船数量和转头的要求。

(3)港口码头陆域规划。港口码头陆域包括作业区用地和港口后方用地两部分。作业区内布置各种港口设备(装卸机械、前方铁路或公路段、货棚或仓库等)；港口后方设置各种辅助设备和管理建筑(修理厂、车库、消防站、办公室及文化福利设施等)。从功能上分析，港口码头用地可分为装卸、储存和疏运三大系统，其相应建筑物及设备有码头、库场、装卸运输机械、道路和各种辅助设备。码头线长取决于停靠的船位数和船距(一般为0.1~0.15船位长度)。

3. 水运用地面积概算

从港口码头用地规划中提出各项用地项目要求，以及货物吞吐量和其他因素，具体计算出各项用地面积，然后加总即为水运用地面积。河港客运站用地参考面积见表10-1。

表10-1 河港客运站用地参考面积

等级	旅客聚集量(人)	建筑面积(m^2)	用地参考面积(m^2)
一等站	1 001~1 500(>1 500)	3 200~4 500(>5 000)	6 200~9 000(>10 000)
二等站	501~1 000	1 500~3 000	3 000~6 000
三等站	201~500(<200)	650~1 250(120~500)	1 300~2 500(240~1 000)

(三)铁路用地规划

铁路线路是行驶铁路机车车辆的路线，由路基、桥梁、涵洞、隧道和轨道等组成。按线路数量划分，铁路可分为单线、复线和多线铁路；按轨距划分，则可分为标准轨距、宽轨和窄轨铁路。铁路网是由线路、车站与枢纽所组成的网络，是满足区内外联系的主要交通方式。

铁路是一项大型建设工程，通常由国家统一规划和经营，也有一部分由地方修建和经营。

轨距是指一条线路两钢轨轨头内侧之间的距离；限界是指机车、车辆与邻近线路的设备或建筑之间的距离；线间距是指两条铁路线之间的距离。

1. 铁路的等级和选线

1)铁路的等级

根据铁路的不同级别和运输能力，以安全、高效、经济为原则及其在整个铁路网中的作用和年运输能力，一般分为以下三级：

(1)Ⅰ级铁路。保证全国运输联系，具有重要的政治、经济、国防意义，在铁路网中起骨干作用的铁路，远期计划年运输能力大于800万t，行车最高速度为120 km/h。

(2)Ⅱ级铁路。具有一定的政治、经济、国防意义，在铁路运输网中起联络、辅助的铁路，远期计划年输送能力大于等于500万t，行车最高速度为100 km/h。

(3)Ⅲ级铁路。为某一地区服务，具有地方意义的铁路，远期计划的年输送能力小于500万t，行车最高速度为80 km/h。

除以上等级外，铁路还可以按服务范围和运输性质分为干线、地方线(支线)和专用线三类。

2)铁路线路的技术标准

中国铁路主要经济技术要求如表10-2所示。

表10-2 中国铁路主要经济技术要求

级别	年运输能力(万 t/km)	行车最高时速(km/h)	最小曲率半径(m)		最大限制坡度(%)	
			一般地段	困难地段	一般地段	困难地段
Ⅰ	>800	120	800	400	0.6	1.2
Ⅱ	≥500	100	800	400	1.2	1.2
Ⅲ	<500	80	600	350	1.5	1.5

2. 铁路线路的选线

铁路的选线主要依据交通量流向和自然环境、地质地貌条件进行。受多种因素的制约，既要满足政治、经济、国防上的要求和运输性质、运量大小、运量增长的情况，又要考虑沿线的地形、地质、水文、气象等自然条件，上述因素往往是互相矛盾的，例如，在山区要缩短线路的长度，就可能增加隧道的数量，从而增加建设费用；又如，要减少线路的运费和养护费用，就要求坡度小、曲线大，这就会增加线路长度，加大工程量和建设费用等。因此，在选线时，要全面考虑、精心研究、统筹安排，并尽可能进行多方案比较，选定一条最合理的线路（见图10-5）。

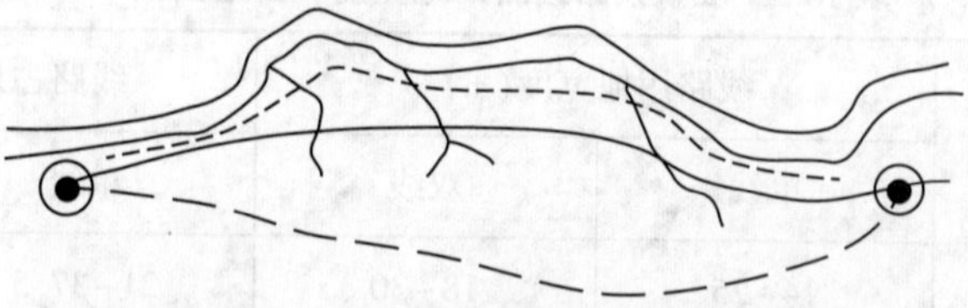

图10-5 铁路选线方案

铁路首先是网性选线，即指区域经济选线，根据区域社会经济发展对客货运输的要求和铁路等交通运输网布局现状，提出铁路选线方案。线性选线是在线路基本方向和接轨区域已确定的情况下，着重解决线路走向方案、接轨点及建设规模等重大原则问题，并根据铁路选线的技术经济比较，确定选线方案。铁路选线与公路选线一样，在平原地区比较容易，而在丘陵、山区较为困难，而且常常采用河谷线、越岭线、山坡线、山脊线等各种形状的展线。

在桥位选择时，应考虑水文、地形、地质和通航等方面的要求。

（1）水文要求。桥位应选在河道顺直、槽深、主流稳定、河槽通过流量较集中的河段上；不宜选在不稳定的河汊、泥沙冲淤严重、水流汇合口、急弯卡口、旧河道和具有滞洪作用的河段或洼地上，在水深流急的山区峡谷河段上，桥位宜选在可以一孔跨越处；否则，宜选在河谷比较开阔、水深较浅和流速较缓处，桥位选择应注意河道的自然演变和修桥后对天然河道的影响；平原河段上桥位，还应注意河湾的可能下移；在平原分汊河段上，应了解沙洲消长范围，桥位宜选在深泓线分汊点以上或深泓线汇合点以下处，桥梁轴线宜与中、高水位时的流向正交，如不能正交，则应在孔径及基础设计中考虑其影响，如城市和重要工业区有特殊防洪要求时，桥位宜选在上游跨越；在结冰河上，桥位不宜选在容易发生冰塞、冰坝的河段上。

（2）地形要求。应利用山嘴、高地等不易冲刷的稳定河岸作为桥头的依托；对公路、铁路两用桥的桥位，宜选在两岸地形较高并便于和既有公路或规划公路网连接的地点；应避开上下游有石梁等干扰水流畅通的地形，在冲积扇上宜选在上游狭窄河段或下游收缩河段，不宜跨越中游扩散河段，如必须通过扩散河段，需采取一河多桥，使各桥位大致位于同一等高线上；应避免地下既有设施的拆迁，较长桥梁的引桥可设在大半径的弯道上，但不宜设在反面曲线上；应考虑施工场地、材料运输等方面的要求；在城市范围内的桥位选择，应与城市规划相配合。

（3）地质要求。应选在基本岩层或坚实土层埋藏较浅处；不宜选在断层、滑坡、溶洞、盐渍土和泥沼地等不良地段，特大桥引桥很长时，应探明引桥范围内的地质条件。

(4)通航要求。桥位应选在航道比较稳定的河段上,远离险滩、弯道和汇流口;桥位应选在船队编组或排筏编组场所的上游,应离开既有水工设施、港口作业区和锚地一定距离;应有足够的通航水深,通航期内水的流向与桥轴法线的夹角不宜超过5°。

3. 铁路用地面积概算

铁路用地主要包括区间路基用地、站场用地和其他用地(如生活区、给排水设施、独立通信楼、水电段、供电段、牵引变电站及其岔线等),根据《铁路轨道设计规范》(TB 10082—2017)(J 448—2017)对新建铁路的区间直线路基面宽度和曲线路基外侧加宽值的规定,计算铁路用地面积。准轨铁路线路用地宽度和占地面积见表10-3。

表 10-3 准轨铁路线路用地宽度和占地面积

线路类型		线路用地宽度(m)		线路占地面积(亩/km)	
		单线	双线	单线	双线
城市区	非渗透土	14~25	18~30	21~37.5	27~45
	岩石	12~25	16~30	18~37.5	24~45
线路区间	黏土堤直线段	25~27	30~35	37.5~40.5	45~52.5
	黏土堤曲线段	25~55	30~66	37.5~82.5	45~96
	粗中砂直线段	25~80	30~85	37.5~120	45~127.5
	岩石路曲线段	25~100	30~1 105	37.5~150	45~147.5

(四)空运用地规划

航空港是保证航空运输使用的机场及有关设施的总称。航空运输是一种现代化的交通方式,它除承担客货运输外,还有多种专业性用途,如飞播造林、护林防火、航空摄影、航空探矿、测绘地图、地质调查、铁路选线、防治病虫害、人工降雨、抢险救灾等。

1. 航空交通线选线的特点和要求

由于飞机是在空中完成运输与作业任务的,因而除高山峻岭地区外,其交通线一般不受地面条件的限制,在起点和终点之间通常为直线或折线,而且在空中线路上没有交通设施。因此,航空运输的布局与规划主要是各地起止点的飞机场布局与规划问题。

2. 机场布局

根据机场的用途和适用的主要机型,我国民航机场共分为四级。机场一般由飞行区和服务区两部分组成。飞行区是机场的主要组成部分,其作用在于保证飞机起飞和降落及在机场区飞行的安全,它包括跑道、滑行道、停机坪等构筑物所占用的全部场地和机场净空区。服务区与飞行区紧密相连,并设有保证航行业务与运输业务的建筑及设备,包括为客货服务的厂房、仓库和装卸设备等,为来往飞机进行技术服务和停放、修理的材料库、飞机库、修理厂等,起飞和着落指示方向和保证航行安全的标志、信号、通信设备等,为供客货往来和转运的公路、铁路支线及行政管理用房等。机场布置的技术要求见表10-4。

表 10-4 机场布置的技术要求

机场等级	用途	日起飞次数	跑道(m)		净空(km)	
			长度	宽度	侧宽	端
特级	国际国内特大型飞机	≥101	3 200	≥60	2	>20
一级	国际国内远程航线	50~100	2 700	≥52	2	20
二级	国际国内中程航线	21~50	2 000	≥45	2	20
三级	短途航线	11~20	1 400	≥40	2	14
四级	地方航线	≤10	400	≥30	2	4

3. 机场用地选择和布局要求

机场位置选择应满足以下条件：有充分的机场用地，合理设置跑道位置；考虑自然条件，满足净空要求；机场最适宜坡度为0.5%~2%，最大允许坡度为2%~3%；地基条件良好，少暴雨、大雾和鸟类，净空区内人工和自然障碍物的高度均有一定限制，在1 500 m距离内小于8 m，5 000 m距离内小于200 m；与城市有合理的间距，既不影响城市环境，又能在30 min内到达城市，一般要求机场距城市10 km以外40 km以内，距离过近或过远均不合适；与机场导航通信影响的干扰源保持一定的距离；水文地质条件要好，并注意风向、风频、风速和雾时能见度；为保证飞机可以从空中自由降落，场地高度要和周围地区相同或高一些，不宜位于盆地或低地。

在机场布局上应注意下列要求：由于飞机要求逆风起飞或降落，跑道应平行当地的主导风向，并位于城镇的两侧，以避免在城镇上空起飞和降落；机场与城镇之间应保持一定距离，既要考虑干扰，保证净空要求，又要便利旅客来往和货物转运。因此，民用机场与城镇之间不能过近或过远，以10~20 km较为适宜，最好不要超出40 km。由于飞机起飞与降落的噪声很大，因此在机场附近不宜布置生活区和精密仪器工业区，而且机场也不宜邻近环境污染源和排烟量大的工业区，以保证飞行的能见度条件。机场通往城镇的道路要求便捷通畅，不要与铁路线平交，也不宜与繁忙的公路混杂，并注意沿线的绿化与市容。

4. 空运地面设施用地面积概算

空运地面设施用地有飞行区用地和服务区用地两部分，这两部分用地之和就是机场的用地面积。机场的用地面积一般都比较大，大型机场通常超过1 000 hm^2，一般机场也达到200~500 hm^2。我国民用机场用地面积参考见表10-5。

表 10-5 我国民用机场用地面积参考(单跑道)

机场等级	用地长度(m)	用地宽度(m)	用地面积(hm^2)
特级	3 200	800	256.0
一级	2 400	700(精密跑道)	168.0
二级	2 400	500(一般跑道)	120.0
三级	1 700	600	102.0
四级	550(土面)	550	30.0
	500(有道面)	500	25.0

任务三　水利工程用地规划

水资源是人类和一切生物赖以生存的必不可少的自然资源,随着经济的发展,水资源的供需矛盾越来越突出,水资源短缺已成为不少国家和地区可持续发展的主要障碍。就农业而言,农业灌溉用水占水资源利用的比例很大,水资源的数量及分布对农业生产至关重要,水利是农业的命脉。因此,如何合理利用水资源,兴利除害,防洪治涝,搞好水利规划,意义重大。

一、水利工程用地的类型

水利工程是指为控制和利用水资源,以达到除害兴利目的而兴建的各项工程的总称。水利工程用地类型如下:

(1)防洪工程。防洪工程是通过修建水库、分洪或蓄洪工程和堤防、河道整治、开挖新河等以保护城市、工矿区和农田免遭洪水危害。防洪工程主要根据防洪对象的要求,综合考虑河流上中下游、左右岸、干支流、近远期和大中小工程相结合等因素,确定防洪任务。

(2)灌溉工程。灌溉工程是通过修建蓄水、引水、提水工程,为农作物提供必需的水量。灌溉工程应考虑蓄、引、提相结合,充分利用当地水资源。

(3)治涝工程。治涝工程是采取设置排水闸、排水站或挡潮闸等工程措施,来治理洼地、垸田的渍涝灾害。治涝工程应根据农业高产稳产的要求,考虑涝区的地形、土壤、水文、气象、渍涝情况,正确处理大中小、近远期、上下游、泄与蓄、自排与抽排及工程措施与其他措施等关系,合理确定防涝任务和设计标准。防涝设计标准一般以涝区发生一定的暴雨不受渍涝为准,重现期一般为5~10年。

(4)水力发电工程。即利用水能发电的工程。水力发电工程、引水式电站和抽水蓄能式电站,应根据工农业用电需要、综合利用要求和电站建设条件,合理确定水电站的规模,其规模的大小应根据装机容量确定。

(5)综合利用工程。是指一个具有多种功能的工程。如灌溉工程还可承担向城市和工业输水的任务。

水利工程按性质和服务对象,还可分为河流开发利用和治理工程、农业水利工程等。

二、水资源的类型与水资源平衡

(一)水资源的类型及其开发利用方式

水资源通常是指逐年可以得到更新的淡水数量,它是一个动态的不可替代的资源。一般来讲,可供开发利用的水资源类型主要有地表水、地下水、城市污水与工业废水三类,它们的补给来源都是大气降水。在进行土地利用规划时,必须充分考虑利用大气降水,蓄保地表水,合理开发地下水。

1. 地表水

地表水包括河川径流和当地地表径流。河川径流指江河来水,其集水面积比较大,水源丰富,是重要的水资源类型,但河川径流水情随时间变化大。当地地表径流是指规划区内或附近地区因降雨而产生的径流,主要用作灌溉水源,在一些丘陵、山区,当水源比较充足时,可以通过建筑水库，进行蓄水发电。地表径流的特点是受季节影响大，雨季径流多、旱季径流少。无论在平地或是山区都可以选择适当地点兴修塘库，将地表径流蓄积起来用作农田灌溉。

2. 地下水

地下水是指除河水、湖水、海水等地表水外，埋藏在地表以下的，运动和储存在土层和岩层空隙中的水源总称。其主要是大气降水渗入地下而形成的，它是干旱、半干旱地区的主要水源，既可用作灌溉水源，又可用作工业用水和城乡居民生活用水。一般受气候、季节影响小；较分散、分布广，开发利用的工程量小，容易施工；受地面污染少，水质良好；地下水开发利用占地少，管理方便，灌溉及时；在地下水位高的地区开发利用地下水，有利于降低地下水位。

3. 城市污水与工业废水

城市污水与工业废水经过一定处理达到《农田灌溉水质标准》(GB 5084—2021)后，可以灌溉农田。利用污水灌溉还能增加肥源，改良土壤。

水资源开发利用的方式是多种多样的，水资源的综合利用是世界各国开发水源的一项重要原则，除水力外，还应同时考虑防洪、灌溉、供水、航运、水产、旅游等作用，以及水资源开发对环境和生态的影响。实行综合利用可以保证水资源可持续、高效、合理地为国民经济服务。

(二) 水土资源平衡

水土资源平衡就是综合考虑地区水资源的供应能力和需求状况，分析本地区水资源的余缺情况，合理协调水资源的供求关系，以寻求水土资源的平衡。水土平衡计算是一项复杂而细致的工作，往往贯穿于规划的始终，通过水土平衡计划，把来水总量与需水总量加以比较，可以发现本地区的水量余缺情况，进一步挖掘水资源的潜力，确定水量调节措施，以达到水土资源的平衡与合理利用，促进经济的发展。

1. 水土资源平衡的重要作用

(1) 水土资源平衡是进行水资源的区域再分配，合理利用水土资源的重要依据。

如上所述，各种水资源均来源于大气降水，由于受地理位置(纬度、距海洋的远近、地形等)的影响，大气降水的分布是很不均衡的，这就造成了水资源在地区间的分布不平衡，使得有的地区水多，有的地区缺水。通过各个地区的水土平衡计算，就可以根据地区间的水量余缺情况，进行水资源的区域再分配，以盈补缺。就我国的水土资源组合情况来看，从沿海到内陆、从南方到北方，水资源的数量相差很悬殊，南方湿润多雨，水量多有剩余，北方干旱少雨，缺水十分严重。因此，实现南水北调，水量相济，已成为我国土地资源利用，乃至整个国民经济发展的一项战略措施。

(2) 水土资源平衡是确定水量调节措施、兴修水利工程措施的基本依据。

通过水土资源计算，如果本地区水量充足有余，就应当考虑向外调水；如果本地区水量不足，就应当考虑从区外引水，并兴建相应的水利工程设施。

(3) 水土资源平衡是确定土地利用方式的重要依据。

土地资源的利用是受水资源制约的，通过水土平衡计算，可以根据水量的余缺情况改进土地利用方式，以达到水土资源的最佳配合。若来水量有余，可以根据当地季节、劳力等具体情况，扩大灌溉面积，调整作物布局和轮作制度，以提高土地利用的集约度；反之，就应适当减少灌溉定额，以提高水资源的有效利用率。

2. 水土资源平衡计算

1）地区水量平衡计算

地区的水资源状况，一般用该地区的水量盈亏来表示，地区水量平衡方程式为

$$(P+G+A)-(S+E+Q)=\pm\Delta Q$$

式中 P——降水量；

G——来自外区的地下水量；

A——土壤水量；

S——流至外区的地表径流量；

E——总蒸发量；

Q——流出该区的地下水量。

当 ΔQ 为正值时，表示该地区水量盈余；当 ΔQ 为负值时，则表示该地区水量不足。

2）水量供需平衡计算

水量供需平衡计算包括来水量和用水量两个部分，来水量指地区内可以利用的一切水源，需水量则指灌溉用水、工业用水、城乡居民生活用水、畜禽用水和水运、水电、水产养殖等需水量。一般来讲，水运、水电、水产养殖对水资源是用而不耗（不包括水体的蒸发）。因此，在计算用水量时，可以不包括在内。水量平衡计算可按下列步骤进行。

（1）确定用水保证率。

进行水量供需平衡计算时，首先从本地区的水土资源状况出发，选择适合的用水保证率，满足经济合理的要求，如果用水保证率选得过高，就会增加水利工程的投资和管理费用；如果用水保证率选得过低，则不能满足生产的需水要求。不同的用水保证率和需水定额是不同的，因此在水土资源平衡计算中，要考虑气象、水源、土地面积、土壤质地、各类作物产量指标和灌水定额等因素，正确确定本地区的用水保证率。一般取中等干旱年作为选择保证率的依据。

（2）来水量计算。

来水量包括规划区域内可以利用的一切水资源，如河川径流、当地地表径流和地下水等。

①河川径流计算主要是计算抽水站提水量。抽水站提水量可按以下公式计算：

$$W=3\,600Qtn$$

式中 W——抽水站提水总量，m^3；

Q——抽水站设计流量，m^3/s；

t——抽水站每天开机时间，h，一般取 20~22 h；

n——抽水天数，d；

3 600——单位换算系数。

②当地地表径流计算。

当地地表径流一般是通过修建塘库蓄积起来，以供当地农业灌溉的用水。如水库来水量计算公式为

$$W=1\,000FCP$$

式中 W——水库来水量，m^3；

F——水库集水面积,km^2;

1 000——单位换算系数;

C——该地区年径流系数,一般为 0.3~0.5;

P——年降水量,mm。

③地下水资源计算。

地下水的来源主要是靠大气降水入渗补给,因此在计算一个区的地下水资源时,可以用分区降水入渗系数估算地下水量。计算公式为

$$W = BP$$

式中 W——地下水量,m^3;

B——降水入渗系数,与降水量、土质等因素有关,在华北地区平均为 0.22 左右;

P——降水量,mm。

④调入水量。

在以行政区域为单位进行土地利用规划时,规划区往往是一个大型灌区的一部分,这种水量实际上指的是灌区的配合水量,其来水量可按灌区水资源分配方案确定,它不包括流经规划区的过境河流引水。

⑤其他来水量计算。

如工业和生活废水等可用水量应根据水质、环境要求、污水处理水平等情况具体确定。

3)需水量计算

需水量包括规划区域的一切用水,根据上述用水项目逐项进行计算。

(1)居民生活用水。

居民生活用水量计算公式为

$$W = CP$$

式中 W——规划区域内居民生活用水量,m^3;

P——规划区域内居民人口总数;

C——平均每个居民日用水量(每人每日平均用水 20~40 L)。

(2)工业用水。

工业用水量因工业种类、设备、工艺水平而不同,如钢铁工业用水量的标准为 20 m^3/t,水泥工业为 1.5~2.0 m^3/t,化肥工业为 2~5.5 m^3/t,造纸工业为 200 m^3/t。

(3)农业灌溉用水。

在用水量计算中,最主要的是农作物灌溉用水。在计算农作物灌溉用水时,首先要制定农作物灌溉制度,它是指在一定的气候、土壤和农业耕作的条件下,为了保证农作物丰产,满足农作物各个生育阶段对水分的要求所规定的一种适时适量的灌水制度,包括灌水定额、灌水时间、灌水次数和灌溉定额。灌溉制度随作物种类、品种、自然条件、农业技术措施及灌溉方式的不同而异。

在灌溉制度确定之后,就可以根据农作物结构计算灌溉用水总量:

$$M = nmA$$

式中 M——灌区灌溉用水总量,m^3;

n——复种指数;

m——综合毛灌溉定额,m^3/亩;

A——灌溉面积,亩。

4)水量供需平衡计算

在分别计算了规划区内可能的来水量和用水量之后,对其进行比较,就可发现水量的余缺情况,并依此确定水量调节措施。经过水量供需平衡计算后,可能会出现下列两种情况:一是供过于求,在这种情况下,一切水利设施的规划方案,应以总需水量为准,不能因水源丰富,规划超过需求的水利工程设施,对用水来说不能进行过量灌溉,这不仅会引起地下水位上升,产生土壤盐碱化,还会增加投资。二是供不应求,如有条件进行调水规划,在制定水利设施规划时,应以可利用来水量为依据。

三、供水工程用地规划设计

(一)供水工程用地的类型

由于水源的类型不同,供水工程用地类型包括水库用地、抽水站用地、机井用地等。水电站可看作供水工程的一部分。

(二)供水工程用地的要求

1. 水库用地要求

水库库址选择是水库规划的重要内容,对于土地利用规划,其他项目的规划起控制作用,库址选择一般要求:库址地形要肚大、口小、底平;水源丰富,有足够的集水面积;库址河段应有适当的落差,同时应能集中满足发电要求的流量;筑坝地点地质条件要好,基础稳固,不沉陷、不漏水;库址距离灌区要近,地形要高于灌区地面,以使引水渠道短、沿渠水量损失小和建筑物少,并能保证自流灌溉;库区淹没损失小,淹没农田、村庄和交通设施少,避免大规模的人口迁移。

2. 抽水站用地要求

抽水站站址的选择对合理利用灌溉水源及其排泄的水域,对水利工程经济效益的发挥起重要作用。抽水站用地一般要求靠近水源,高度适中,且避开淤泥及流沙层(这样有利于工程布局),同时尽量选在村庄附近、交通方便的地方,以便施工、维修和管理。

3. 机井用地要求

在我国北方地区,由于地表水源缺乏,常开采地下水进行农田灌溉,井位用地布置一般依据农田基本建设的总体安排,靠近沟渠道路布置,多设在田块的角上和田块高处,以利于输水和控制较大的灌溉面积,同时井位应尽量设在灌水田块的适中位置,以减少渠道水量损失,缩短灌水时间;最好在富水带,以提高出水量,减少井群抽水干扰,便于拦截地下水,机井应排列成行,并尽量与地下水流相垂直,前后机井要错开,以免影响出水量;在渠井结合灌区,要使井位与灌溉渠系很好地结合,以便利用多井汇流,扩大灌溉效果。机井用地面积包括井位占地和配电设备占地,一般为0.2亩左右。

(三)水库用地规划设计

1. 水库库容的确定

水库库容一般由两部分组成,在放水涵洞以上和正常蓄水位以下称为有效库容;放水涵洞以下库容称为死库容,用以满足养鱼、沉淀泥沙和水库上游通航等要求。

死库容主要是满足下游农田自流灌溉所要求的引水位高程,以保证放水建筑物泄放渠道设计流量具有的最低水位。有效库容实际上就是水库的供水量。一般设计低水位确定以后，便可根据水库的来水和供水资料进行调节计算，以确定水库的有效库容。

2. 水库用地规划

水库建筑物由拦水坝、溢洪道和放水涵管所组成，规划时必须确定建筑物的位置，选择其建筑形式(见图10-6)。

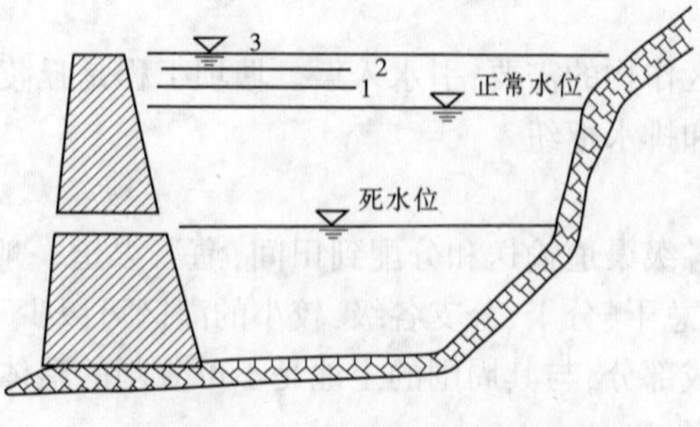

1—溢洪道水位；2—风浪高；3—安全超高

图10-6　坝高组成部分示意

(1)拦水坝。拦水坝用以拦蓄水量和抬高水位，坝体设计应包括坝高、坝顶宽和坝坡等。坝顶高程为正常蓄水位，即水库设计水位、溢洪道水深、风浪高和安全超高之和。坝顶宽度应根据坝高确定，要综合考虑施工、构造、防汛抢险交通等要求。

(2)溢洪道。溢洪道是水库宣泄过量洪水，确保库坝安全的建筑物。溢洪道位置的选择极为重要。如果水库周围有天然山凹，其高度和蓄水高度相近，下游又有泄水的地方，这是开挖溢洪道比较理想的位置。溢洪道断面尺寸的确定是关系水库工程造价的重要因素，其尺寸的大小与暴雨强度、集水面积、地面坡度及植被覆盖等情况有关，但必须根据当地情况因地制宜加以确定。

(3)放水涵管。放水涵管是把库内水引入下游灌溉渠道，以保证农田灌水。小型水库的放水启闭设备通常采用分级放水卧管，这种卧管自上而下地逐级提水，水温较高，利于农作物生长；放水管的上端应高出水库最高蓄水位，管上每隔0.3~0.6 m设一放水孔，平时用孔盖封闭，用水时，随水面下降逐级打开，让库水由孔口流入卧管内，再经涵洞放至水库下游。放水涵管断面尺寸是由灌溉放水流量决定的。

3. 水库用地面积估算

供水工程占地面积与工程的规模和平面布置形式有关，当工程规模、选址等确定后，即可估算工程的占地面积。水库占地包括库区静水库容时水体淹没面积和拦水坝、溢洪道等附属工程的占地。一般主要是对库区的淹没面积进行估算。水库的库区面积取决于库址的地形与水库规模。当库址选定后，根据水库的设计库容即可确定水库的面积。在一定的库址地形条件下，水库库容与面积之间有着固定的关系。在水库规划和设计阶段，通过在库区内测量出地形图，根据不同水位计算出相应的水库面积和容积即可求出。

四、输排水工程用地规划设计

输排水工程是为了将水源引到用水地点或将田间多余的水排到田外而建立的一套灌排水工程系统。它和道路一样起着骨架作用，在土地利用规划中，排水工程的规划具有重要意义。

(一)排水工程用地的类型

输排水系统包括渠道取水枢纽、输水配水系统、田间调节系统、排水系统、排水枢纽和排水容泄区,以及灌溉排水系统上的建筑物。另外,丘陵山区包括塘坝蓄水工程,平原低洼地区包括堤防、圩垸和排水枢纽工程等。

1. 取水枢纽

取水枢纽是根据灌区作物的需要,引水入渠。塘坝工程是丘陵山区的取水枢纽,排灌站是平原低洼地区的取水和排水枢纽。

2. 输水配水系统

输水配水系统通过各级渠道输送和分配到田间,灌溉渠道一般分干、支、斗、农四级,较大的灌区多于四级,尚有总干、分干、分支各级,较小的灌区可以少于四级。各级渠道是土地利用规划项目的重要组成部分,与其周围的土地是不可分割的整体。

3. 田间调节系统

田间调节系统包括毛渠、输水沟、灌水沟、灌水格田等临时渠道,主要是将来自农渠的水分送至田间,以满足作物正常生长的需要。

4. 排水系统

排水系统内各级排水渠道,一般包括农、斗、支、干级排水渠道,其任务是将田间多余的水量排至容泄区。

5. 排水枢纽和排水容泄区

把洪水或田间多余水量排入容泄区的工程设施叫排水枢纽,包括各种排水设施,容泄储存洪水和余水的地区叫容泄区。

6. 灌溉排水系统上的建筑物

为了保证渠道顺利通过各种天然地物和人工建筑物等障碍,必须在各级渠道上修建各种渠系建筑物,如用以调节水位、控制流量、宣泄洪水的水闸;跨越谷地、山沟、水道的渡槽和倒虹吸管;穿过山涧的隧洞,穿过道路、土坝、填方渠道的涵洞,连接坡度较大的陡坡、跌水、船闸及量水建筑物等。平原地区灌排系统组成见图 10-7。

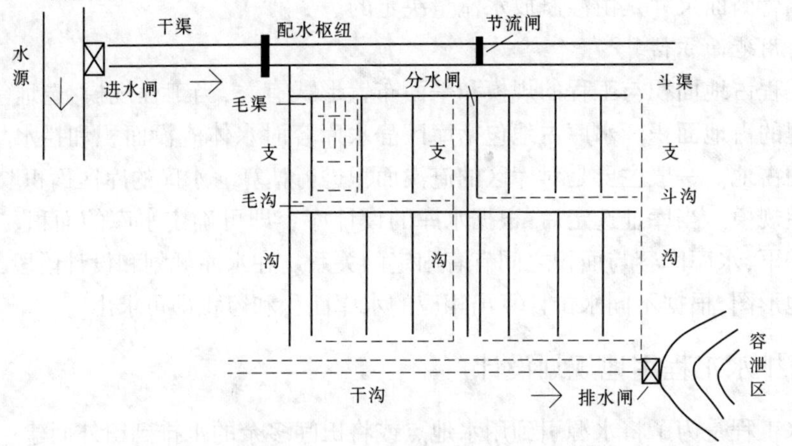

图 10-7 平原地区灌排系统组成

(二)输排水工程用地要求

1. 骨干输水工程用地要求

骨干输水工程主要包括干、支两级灌排渠道。其布局关系到整个灌溉地区的土地利用规划、灌排效益和工程造价,以及管理养护等一系列有关全局性的问题。因此,在进行骨干输排水工程的布局选线时,应考虑如下要求:

(1)在水源和容泄区水位既定的条件下,应使灌溉排水渠道获得最大的自流灌溉面积和排水面积。

(2)在地形上应使渠道纵坡比降适中,不致造成渠道的冲刷或泥沙淤积,多级渠道纵坡比降,如干渠的适宜纵坡比降为1/2 000~1/10 000,支渠为1/1 000~1/3 000,斗、农渠为1/200~1/1 000。

(3)为了减少渠道输水损失,防止渠道坍塌,保证工程安全,渠道应尽可能短顺平直,渠道沿线地质坚固稳定、透水性弱。因此,在渠道选线上,应尽可能避开透水性强的地段,以及大段易坍的松散岩层和风化坡、积土石地带。

(4)渠道布局还应保证工程费用少、效益大,输水损失小,经济合理。在渠道布置上,要根据灌排的效益而定,如地形条件有变化,可放弃部分自流灌溉,改为提水灌溉,可以减少较多的工程量。

(5)渠道选线应尽量少占或不占耕地,把开挖新渠和新建农地结合起来,尽量改造和利用原有水利设施。

2. 容泄区与排水枢纽用地要求

容泄区可以是河流、湖泊、水库、井孔。在选择容泄区时,一般要求:容泄区地势应越低越好,最好能做到自流排水;容泄区要有足够的承容量;在选择低洼地区作为泄洪蓄洪区时,要选择那些淹没损失小的圩区。同时,排水枢纽地址也应选在不冲不淤、地质条件良好的地段。

(三)输排水工程用地规划

1. 骨干输水工程用地规划

根据骨干输水工程的用地要求,其用地规划布置有以下几种形式:

(1)干渠沿等高线布置。这种形式适用于地面向一侧倾斜的地区,干渠一般沿等高线走向布置在灌区的最高位置。

(2)干渠垂直于等高线布置。这种形式适用于地形呈脊状隆起的浅丘岗地。

(3)合理穿绕布置。布置渠道,常会遇到各种地形障碍,如岗、冲、溪、谷及地质条件差的地段,这时应根据具体的地形条件和经济合理的原则,采取适当布置形式,使渠道可以随弯就弯,形成盘山渠道,如遇山岗阻隔,则要深挖明槽或凿隧洞穿过。

(4)河网化布置。河网一般包括干、支两级河道,干河也称中心河,支河又称生产河。干河位置要适中,便于承受各方来水,支河要分布均匀,可以缩短流程,加快排涝速度。

2. 容泄区与排水枢纽工程用地规划

容泄区可以利用自然河道或低洼地作为排泄多余水量的场所,但在雨量较多、地势低洼的地方,要排除农田多余的水量就必须布设排水枢纽,以利于排水工作顺利进行。

根据地形条件的不同,排水站的规划布置一般包括一级外排站(由排水站把圩内涝水直接排入外河)、等高截流分区分级抽排(对于面积较大,地面高差也较大,又有较大内湖的圩区,在沿湖区设置的排水站)等。

任务四 农用地规划

一、耕地规划

耕地是最宝贵的农用地,是土地利用的最基本形式。人们依赖耕地获得粮食、棉花、蔬菜、工业用的农产品原料和畜牧业用的饲料等产品。按照 Whittake 估算,全世界耕地的初级生产量为 11.3×10^{15} kJ,占地球的年初级生产量的5%左右。人类约有8%的食物及其他生活资料直接来自耕地,95%以上的肉、蛋和奶等人类重要食物是由耕地间接提供的。我国着重强调在轮作区实行"一主"与"多辅"相结合的土地利用方式。"一主",指玉米与大豆轮作为主要粮食种植;"多辅",指实行玉米与薯类、杂粮杂豆、油料作物、蔬菜及饲草等作物进行轮作。耕地的需求往往对耕地的开发利用具有极大的影响,在耕地供给与需求不平衡时,耕地规划就是在已确定的基本农田保护的前提下,合理组织耕地利用,以正确地解决供需矛盾,因此耕地规划意义重大。

耕地规划是对耕作生产要素的系统配置和整体优化,包括耕地组织形式的确定、耕作田块(或轮作田区)的配置、田间灌排渠系设计、田间道路规划、农田防护林设计、田间设施综合配置等。

(一)耕地的组织形式

耕地的组织形式就是落实作物种植结构和轮作制度的耕地利用方式。目前,在我国耕地组织形式基本上有轮作田区组织形式和耕作田块组织形式两种。

1. 轮作田区组织形式(固定轮作区或分区轮作区)

轮作田区组织形式即根据一定的轮作制度把耕地划分成轮作区,有大田轮作区、蔬菜轮作区、畜牧场附属轮作区等。将一定范围内的耕地依据轮作周期的年限划分成若干个面积基本相等、土壤肥力近似的轮作田区。所谓轮作田区,是指作物轮换种植的基本单元,在该单元之间按照既定的顺序,在时空上轮换种植作物。例如,三年五作轮作组织形式见表10-6。

表10-6 三年五作轮作组织形式

田区	第一年	第二年	第三年
第Ⅰ田区	中稻—大元麦或油菜	中稻—绿肥	中稻—大元麦
第Ⅱ田区	中稻—绿肥	中稻—大元麦	中稻—大元麦或油菜
第Ⅲ田区	中稻—大元麦	中稻—大元麦或油菜	中稻—绿肥

实施以定区轮作为中心的耕地组织形式应当具备下列条件:具备本地区科学的轮作制度;种植计划比较稳定,年际间作物种植面积变幅不超过5%~10%;土地使用范围稳定和产权明晰,土地集中连片,农用基本建设标准高。

轮作田区组织形式的不足之处是它对于作物种植计划变动的适应性和灵活性较差。为了完善这种形式,建议不把全部耕地划入轮作区,而是划出占耕地面积5%~10%的耕地或在轮作区中预留1~2个田区为机动地段,以便安排临时性的种植计划和种植小品种作物。

2. 耕作田块组织形式(分块轮作或单田轮作)

耕作田块组织形式是在同一耕地上按时间先后安排作物的轮换顺序,各田地之间不存在作物的轮换关系。在耕地范围内划分作物种植区(如水稻种植区、蔬菜种植区、棉花种植区、饲料作物种植区等),按时间先后安排作物的轮换顺序,作物换茬没有一定的次序,而是根据需要和作物前后茬口,每年每季度在田块上具体落实。各田块之间不存在作物的轮换关系,而且这种耕地组织形式对田块大小没有特定要求,很适合当前农户经营特点。

在生产经营规模不大的条件下,以划块轮作为中心的耕作田块组织形式有灵活机动的特点,但其不足之处在于易造成年际间作物种植比例不稳定,作物配置较分散,不便于机械耕作和计划管理。

(二)耕作田块的配置

1. 耕作田块的概念

耕作田块(耕作地块)是以田间道路、护田林带、末级固定渠道所围成的地段,是进行田间耕作、生产管理、轮作倒茬和平整土地的基本单位。

耕作田块的配置

耕作田块是最基本的耕作和管理单位,它的规模、长度、宽度、方向、形状等要素规划的合理与否,直接影响到田间灌排渠系、护田林带、田间道路等作用的发挥及机耕的效率和田间管理的方便与否。所以,正确规划耕作田块是耕地规划中一个十分重要的问题。

2. 耕作田块的长度

为了充分发挥耕作工具的效能和实现合理的耕作,适宜的田块长度对提高机械作业效率、合理组织田间生产过程、组织灌水和平整土地意义重大。为了提高拖拉机组的工作效率,要求耕作田块具有一定的长度,田块愈长,则拖拉机在地头空行转变的次数相对地减少,工作效率也愈高,耗油量也随之减少,机件磨损也小,而且在地头损坏作物也少。而以人力耕作为主的地块就不能太大,因为这样会引起劳力在劳动过程中的疲倦,也不便于实现各种人力作业。

另外,要考虑灌溉的要求,在灌区,耕作田块即灌水地段,要根据末级固定渠道要求的适宜长度及控制的面积来确定田块的长度。如农渠愈长,流量必须相应加大,才能提高田间灌水利用系数,而流量加大,就要扩大渠道断面,改变渠道级别。渠线过长,既增加渗漏损失,也不便于输水,所以农渠不能过长,据试验,一般以400~600 m为宜。

田块的长度为500~800 m或更长一些。在平原地区田块长些,而在丘陵地区要短些;在旱作地区可长些,而在灌区则短些。

3. 耕作田块的宽度

耕作田块的宽度在机耕作业条件下主要取决于地段的面积和在该条件下最适宜的长度,但也要考虑作物组成、耕作方法和机组类型。在平原地区机械化水平较高条件下,田块的宽度要便于机组顺利作业,在划分作业小区进行耕作时,田块宽度最好为作业小区宽度的整数倍,由于各种机组的工作幅宽不同,所以在具体确定田块宽度时,可以参照当地使用量最大的机组的工作幅宽的整数倍来定。

灌区田块的宽度即末级固定渠道的间距,据试验,以200 m左右为宜,最大不超过300 m,以便于水稻田的灌溉管理。田块过宽,往往使田块内小地形不一致,增加平整土地的工作量。

风害地区要考虑护田林带的间距,主林带沿田块长边配置,其间距即为田块的宽度,林带的间距取决于有效防护距离,一般为树高的25~30倍,若树高10~12 m,护田林带间距则为250~350 m。

综上所述,在平原地区田块宽度可在200~400 m,水稻田可窄些,旱地水浇地可宽些。

4. 耕作田块的规模

根据耕作田块的适宜长度和宽度,耕作田块的规模为150~200亩;反之,在一定的独立地段上,由于面积已定,也限制了地块的长和宽,所以地块的长、宽和规模是相互制约的。

在不同地区采取不同经营方针,种植不同的作物种类的条件下,一般在平原机械化旱作地区,为发挥机械效率,要求地块具有较大的规模;而在丘陵水田地区,规模就不可能太大;在水稻田内还要进一步划分格田,以便精细平整土地,稻田规模一般在5~6亩,长度为50~150 m,宽度为20~40 m。

5. 耕作田块的形状

为了给机械作业和田间管理创造良好条件,田块的外形要力求规整,尽量做到:田块最好是长方形、方形,其次是直角梯形、平行四边形和多边形;田块的两个长边要呈平行和直线;不能把梯形和平行四边形田块的短边设计得过斜,不能把田块设计成形状不规整的三角形和多边形。在不规则外形的地段上划分耕作田块时,要力求外形规整(见图10-8)。

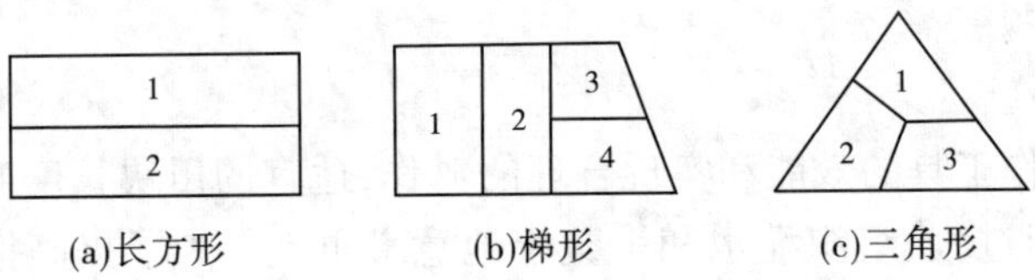

图10-8 不同形状地段田块设计

6. 耕作田块的方向

耕作田块的方向要考虑以下要求:

(1)为作物生长发育创造良好的光照条件。田块方向应保证作物从早到晚能吸收尽可能多的光热。夏半年太阳照到东西行向的株间的时间比南北行向要长,温度也较高,这对春播和喜温作物有利。夏半年作物东西行向种植有利。

(2)有利于机械作业和保持水土的要求。在坡地上,地块的方向影响到地表径流的大小和冲刷量,为提高机具的使用效率,在坡地上应横坡种植和横坡耕作,因此田块方向应沿等高线方向配置,而在土壤黏重和过湿的情况下,地块的长边应沿着等高线呈一定角度布置(见图10-9)。

(3)有利于降低地下水位的要求。在盐渍土地区,降低地下水位,排碱洗盐是生产中的关键问题。所以,末级排水沟应垂直于地下水的流向布置,其截排地下水的效果最好,应使耕作田块的长边垂直于地下水流向。

(4)有利于防风的要求。一般主林带设在耕作田块的长边上,为了达到最好的防风效果,应使主林带与主害风方向垂直。所以,在设有林带的地段上,耕作田块的长边应与主害风方向垂直或接近垂直。

(5)有便利的交通运输条件。要使耕作田块的方向与居民点的位置间保持最短的距离

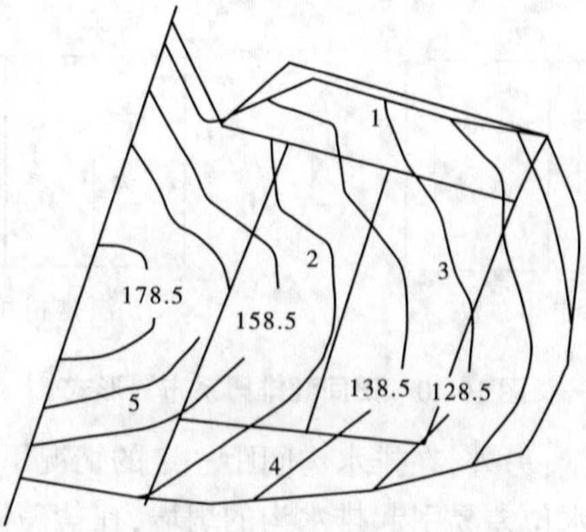

图 10-9　田块沿等高线布置

和最便利的交通条件，避免由于田块方向设计不合理引起绕道而行。

7. 耕作田块的质量组成

要求耕作田块内土壤一致，坡向和坡位也一致，这样才能使同一田块内土壤耕性和土壤肥力一致，从而使作物生长整齐一致，便于同时进行作业，采用相同的耕作方法，获得较稳定的产量。

综上所述，设计耕作田块时受许多因素的影响，而它们之间相互影响、相互制约，应根据不同地区的特点，抓住主要矛盾，首先满足主要要求，综合考虑其他要求，使耕作田块得以合理配置。

（三）田间灌排渠系设计

田间灌排渠系又称田间工程，一般是指末级固定渠道、沟道及其所围成的耕作田块内的临时渠道（毛渠、毛沟、输水沟、灌水沟等），即田间调节网。合理布置田间灌排渠系对于实现合理耕作、提高灌溉效率、降低地下水位有着十分重要的意义。各地条件不同，田间渠系的组成和布置也不一样。

1. 田间渠系规划的要求

（1）要与其他有关规划项目紧密配合，布置田间灌排渠道，要结合田块、林带、道路的设计进行综合考虑，统一安排，既使各个项目设计合理，又使相互之间协调一致，一般应将田间沟、渠沿田块界线按直线配置，做到田块规整，便于耕作和灌排。

（2）布置田间渠道，应注意与上一级渠道的水位衔接，以利灌溉和排水。

（3）既要考虑地形条件布设田间渠系，也要满足机耕的要求。同时，要尽量利用田间原有工程设施，以减少修渠和修建田间小型水工建筑物的工程量和财力消耗。

（4）渠系布置要因地制宜。因各地自然条件不同，各种作物的要求不同，田间灌排渠系的组成和布置也有很大差别，必须根据具体情况进行合理布置。

2. 平原地区

田间灌排渠系布置形式见图 10-10。

1）末级固定渠道（农渠、农沟）的布置形式

（1）灌排相邻布置，即灌水农渠与排水农沟相邻布置。农渠从一面灌水，农沟也只承泄一面来水。这适用于一面坡地形的地区，这种形式的优点在于可以利用挖排水渠的土方来

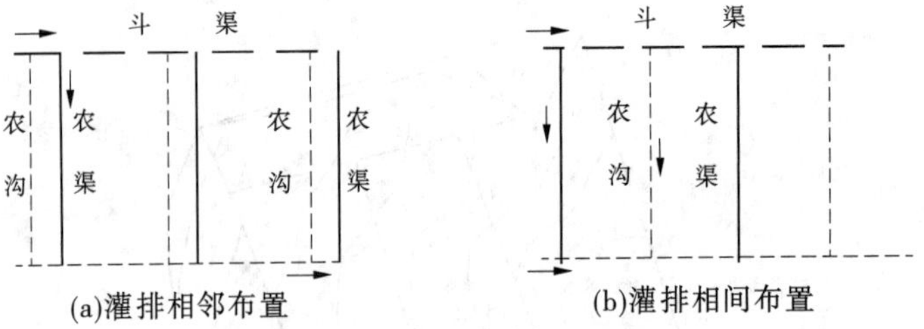

图 10-10 田间灌排渠系布置形式

修建渠道,节约地区性土方量;另外,在排水沟间距一定的情况下,田面可宽些,有利于机耕。但缺点是灌排渠道靠近,其水位差易引起排水沟的坍塌,在盐碱地区,不利于脱盐。

(2)灌排相间布置,即农渠向两侧灌水,农沟承泄两侧的排水,这适用于小地形起伏的地区,农沟布设在低处,这种形式的优点首先是两面排水有利于促进土壤脱盐和淡化地下水,其次是减少渠道的渗漏损失。但缺点是修渠的工程量较大,减小了田面宽度,不利于机耕。

2)田间临时渠系的布置形式

(1)纵向布置。灌溉水从毛渠通过输水沟进入灌水沟,毛渠布设方向与灌水沟的方向一致,为田间灌溉创造良好条件。

(2)横向布置。灌溉水直接从毛渠输送到灌水沟。毛渠布设方向与灌水沟的方向垂直。这样布设,使灌水沟沿地面最大坡度方向,以利于灌溉。

在水田地区,种植水稻多采用淹灌法,为了便于淹灌,将灌水地段由毛渠所控制的范围内用田埂分隔为若干格田,每个或每组(每组不多于 4~5 个)格田进行精细的平整土地,并且具有独立的进、泄水口。

3. 山丘地区

南方山丘地区的耕地根据地形特点及所处部位,分为冲田、旁田、岗田三种类型,冲田为介于两个山岗之间的低平地,旁田是冲岗之间坡地上的耕地,岗田为位于岗顶上的耕地。

冲田地势低洼,地下水位高,易涝易渍,应以排为主,结合灌溉。在小冲田,一般不开冲心沟,在坡水大的一侧开排水沟,在坡水小的一侧开排灌两用渠。

旁田地面倾斜,坡度较大,多等高修成梯田。旁田怕旱,应以灌为主,结合排水,一般采用斗、农两级渠道。斗渠平行于等高线布置。农渠垂直于等高线布置。在地面坡度较平缓的旁田,每隔两块田开一条农渠,每一层田做一个小的控制建筑物,以便逐丘放水,渠尾通排水沟。地面坡度比较陡的旁田,每隔 4~6 块田开一条农渠,两条农渠之间用临时毛渠连接进行灌溉,以节省建筑物并有利于机耕。

岗田地势高,主要怕旱,一般沿岗脊布置斗渠,在斗渠两侧开农渠,排灌结合。在岗头部分视地形及地块的宽窄可分为两种形式:①宽岗头,农渠垂直于等高线布置。毛渠则沿等高线呈水平方向布置,格田呈长方形。②窄岗头,斗渠垂直于等高线,农渠也垂直于等高线,此时毛渠沿等高线随弯就势布置,格田呈扇形。

4. 低洼排水地区

末级固定排水沟的间距与深度直接影响排除地表水的速度、降低地下水位的深度,以及土壤脱盐程度,在确定排水沟的深度与间距时,要满足作物对地下水埋深的要求。不同的作物对地下水埋深的要求不同,一般在生长期要求地下水位距地面 0.7~0.8 m 以下,再考虑地下水位的曲线影响和排水沟内的流水和淤积情况,再加0.3~0.5 m,即要求地下水埋深为1.0~1.5 m。其次要考虑当地土壤的理化性质和水文地质条件,使沟深与沟距相适应。一般沟愈深,沟距就可以愈宽,反之就窄。在不同土壤条件下,土壤渗透性好的,排水沟的间距就大些,反之则小。在非盐渍土地区,一般沟深1.0~1.5 m,沟距可采用200 m左右;在盐渍土地区,为了排盐,间距要适当缩小。

5. 井灌区

在地表水比较缺乏而地下水资源很丰富的地区,应积极开发利用地下水,发展井灌事业。机井要合理布局,以免发生井多井密,引起各井互相争水,使打井投资大而灌溉面积和灌溉效益小。另外,由于机井布局不当,也会影响机械作业和田间管理。合理布局机井,要解决井数、井距和井位等问题,为此应根据水文地质勘探所提供的资料,如地质构造、含水层组成、地下水流向等资料来确定。

6. 喷灌区

在干旱、半干旱地区等水资源比较匮乏的地区,应大力发展如喷灌等节约水资源的灌溉方式。喷灌的管道与喷头布置与田块配置联系紧密。

1)管道的布置

对于固定式的喷灌系统,需要布置干、支管。对于半固定式喷灌系统,只需布置干管。不同的情况,布置方式也有区别。

在地形平坦区,支管应该尽量与作物的种植和耕作方向一致。在丘陵地区,干管应该沿着坡度最大的方向或者沿着分水岭布置。以水井为水源的,井宜设置于田块中央,使得干管横贯田块,支管缩短。喷灌的田块最好形状规整,田块长度除要满足机械作业外,还要满足布置管道的要求。总的来说,管道的布置是在满足其功能的基础上,尽量减少工程成本,以达到各方面的最佳效益。

2)喷头布置

喷头布置与其喷洒方式有关,需保证喷洒不留空白。让相邻喷头喷洒范围内的边缘有一定的重复,这样使喷洒没有遗漏的地方。喷头喷洒的方式有圆形和扇形两种。

(四)田间道路规划

田间道路是一项与土地不可分割的农田基本建设项目,是居民点、生产中心与农田之间联系的主要纽带。为了顺利地进行田间作业,合理地组织生产,必须规划田间道路。妥善地布置道路,使之便于生产和交通,对提高劳动生产率有重要的作用。

1. 田间道路的种类

根据道路的用途和运输量,田间道路分为以下三种:

(1)主要田间道路。是由乡(镇)通往各村或主要居民点的道路,供拖拉机和车辆行驶,服务于几个村,在旱作区路宽6 m左右,在水田区要窄些。

(2)田间道路(横向道路)。是由居民点通往田间作业的主要道路,供拖拉机组直接下地进行作业之用。田间道路主要沿田块短边布置。除用于运输外,还起田间作业供应线的作用,路面宽5~6 m,服务于一组田块。

(3)田间小路(纵向道路),是联系主要田间的道路,主要起田间货物运输的作用,服务于1~2个田块,路宽3~4 m,一般多沿田边长边布置。田间道路网占地面积一般应控制在土地总面积的1.5%~2%。

2. 田间道路设计的要求

(1) 田间道路应保证居民点、生产中心到农田具有方便的交通联系，路线直、运输距离短，可以顺利到达每一个轮作田区或耕作田块；要注意道路与田块、林带、渠道等项目的正确结合。

(2) 根据我国农业生产的特点，要尽可能节省土地，例如利用林带遮阴带作道路，渠堤兼作道路等。同时，应节约基建投资，充分利用原有道路及其建筑物。

(3) 田间道路选线应和农村主干道路有机地结合在一起，组成统一的农村道路网。田间道路的平、纵、横三方面应满足道路路线设计的技术要求。

(4) 田间道路应在坚实土质上，减少道路跨越沟渠，避免低洼沼泽地段，尽量减少桥涵等工程建筑物。田间道路的纵坡度在平原丘陵地区不宜超过 6%，山区最大不超过 11%。

(五) 农田防护林设计

农田防护林可以降低风速，减少水分蒸发，改善农田气候，减轻风沙和干旱灾害，促进农业稳产高产。在规划中，要合理地确定林带的方向、间距、宽度、结构、树种的选择与搭配、交通口的设置等问题。

农田防护林设计

1. 林带方向

大量实践证明，当林带的走向与风向垂直时，防护距离最远。因此，根据因害设防的原则，护田林带应垂直于主害风方向，一般沿田块长边配置，副林带垂直于主林带，一般沿田块短边配置，纵横交织构成网状，这样既能防止主害风，又能防止其他方向次害风危害。害风一般指对于农业生产能造成危害的 5 级以上的大风，风速大于等于 8 m/s，因此要确定林带的方向，首先必须找出当地的主害风向。

2. 林带间距

林带间距大小取决于林带的有效防护距离，这种距离与树的高度成正比，与林带的结构也有关。林带间距过大、过小都不好，如果过大，带间的农田就不能受到全面的保护；过小，则占地太多。因此，林带距离最好等于它的有效防护距离。有效防护距离应根据当地的最大风速和需要把它降低到什么程度才不致造成灾害，以及种植树种的成年高度为依据来确定。据大多数实地观察结果，林带有效防风距离为树高的 20~25 倍，最多不超过 30 倍。

3. 林带宽度

林带宽度对于防护效果有重要的影响，同时宽度的增减对占地多少又有直接的关系。因此，林带的适宜宽度的确定，必须建立在防风效率与占地比率统一的基点上。实践证明，宽林带往往形成紧密结构，占地多，防护效果差。且多行林带的中间行树木，因营养面积不足，常发生枯死现象，因此林带并不是愈宽愈好，当然太窄的林带也影响树木的生物学稳定性。

农田防护林的栽植密度，尤其是行距直接与林带宽度有关，它影响林带生长发育的好坏、稳定性的高低和防护林作用的大小，适宜的栽植密度与树木的营养面积有关，必须保证主要树木有其需要的足够的营养面积，因此近年来造林密度趋向于稀植，一般采用乔木林行距为 2~4 m、株距为 1~2 m。

在农田防护林带设计中，应尽量做到少占耕地而又达到最大的防护效果，所以林带占地比率要适宜，据调查，一般占地比率为被防护地区的 1.5%~3.5%。

4. 林带结构

林带结构是指造林类型、宽度、密度、层次和断面形状的综合体。一般采用林带透风系数作为鉴定林带结构的指标。林带透风系数即林带背风面林缘 1 m 处的带高范围内平均风速与旷野的相应高度范围内平均风速之比。林带透风系数在 0.35 以下为紧密结构，0.35~0.60 为稀疏结构，0.60 以上为通风结构。

（1）紧密结构［见图 10-11（a）］。由乔木、亚乔木、灌木组成，三层树冠，树叶茂密，几乎不透风，大部分气流从林带顶部越过，风速减弱 59.6%~68.1%，防风距离较短，带内和林缘易引起积沙，不便耕作。农田防护林不宜采用这种结构。

（2）疏透结构［见图 10-11（b）］。由数行乔木和两侧各配一行灌木组成，风速减弱 53%~56%，其防风距离较紧密结构为大，而且不会在带内和林缘造成积雪和淤沙，所以在风沙严重地区，可采用此种结构。

（3）通风结构［见图 10-11（c）］。由乔木组成，不搭配灌木，其防风距离最大，风速平均降低 24.7%。所以，风害地区多采用这种结构。但在带内和林缘处风速大，易引起折树和近林带处风蚀。

从林带的横断面来看，对于稀疏结构林带来说，最好的断面形状是矩形。

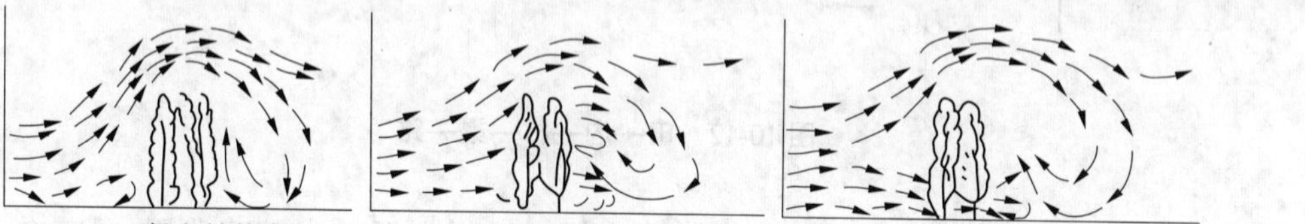

(a)紧密结构　(b)疏透结构　(c)通风结构

图 10-11　林带结构

5. 树种选择和搭配

树种选择适宜与否影响树木正常的生长发育，树种的搭配则影响林带的结构，所以树种的选择和搭配都直接影响防护林带的效益。

选择树种主要考虑气候和土壤等因素，不同的树种适应不同的气候条件，例如加拿大杨、刺槐适宜比较暖和的气候，引种到寒冷地区就不能生长，所以要根据不同树种及品种的差异，根据适地适树的原则进行选择。

在树种搭配上不宜采用多数乔木树种进行行间和株间混交的搭配方式。这种形式由于不同树种生长速度不同，生长慢的受到抑制，形成不整齐断面形状，有的甚至只残留一两行乔木，起不到应有的防护作用。所以，条林带只适宜采用单一的乔木树种。

6. 交通口的设置

林带的交接处要设置交通口，此外每隔 400~500 m 设一宽 6~7 m 的交通口，两条林带交通口的位置要错开排列，以免形成强的空气流。

（六）田间设施综合配置

田间设施综合配置

田、沟、渠、路、林等项目的配置必须综合考虑和有机结合。

在旱作区，拖拉机路段两侧植树，开排水沟，形成“路两林四沟”，沟起排水、护林的作用。主要田间路和辅助田间路为减少林带对作物遮阳，道路东西走向时，林带栽在道南,南北走向时,林带栽在道西,但在坡地上,道路应布置在林带上方,以保持路面干燥。

在灌溉区,一般拖拉机路与林带设在灌水渠与排水沟之间,这样渠、沟位于所服务田块的一侧,可以减少渠、沟与道路之间的交叉工程物,同时林带对路、沟、渠均起到良好的防护作用。有"一路两林两渠两沟"的形式,也有"一路两林一渠一沟"的形式。

1. 主要田间道路

主要田间道路由于设在灌水地段上端和下端的不同,具体布置有以下两种形式。

(1)道路设在灌水地段上端与斗渠结合布置。这样布置道路的位置高,路面干燥,但道路与下一级渠道交叉处须设建筑物(见图 10-12)。

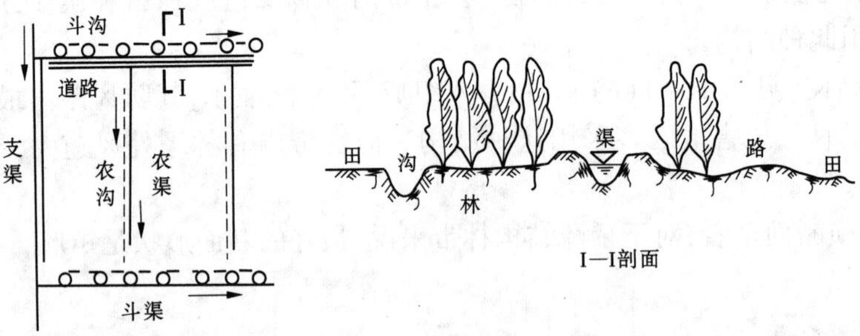

图 10-12 田—沟—林—渠—路

(2)道路设在灌水地段下端与斗沟结合布置。这样布置节省基建费用,只需在斗沟与农沟相接处埋涵管即可,不过道路的位置较低(见图 10-13)。

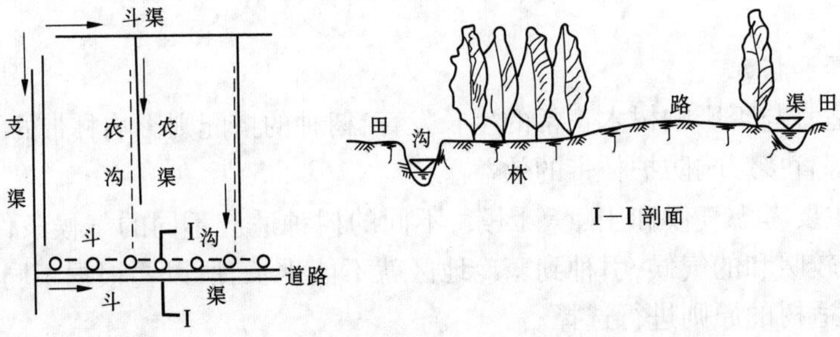

图 10-13 田—沟—林—路—渠

2. 辅助田间道路

辅助田间道路一般结合农渠、农沟设置,林带设在农渠、农沟之间,辅助田间道路设在农沟外侧,直接与田块相接(见图 10-14)。

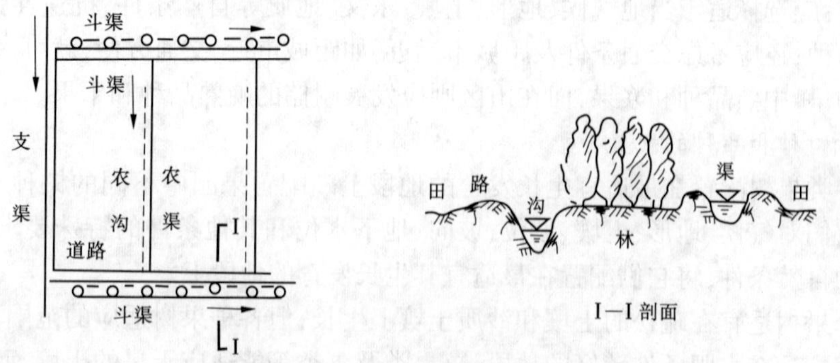

图 10-14 田—路—沟—林—渠

二、园地规划

园地是重要的土地类型之一,规划好园地,不仅具有重要的经济意义,而且具有重要的生态意义。园地产品对发展农村商品经济、出口创汇、增加农民收入、提高人民生活水平、改善农业生产条件、美化环境均具有极其重要的作用。园地包括果园、桑园、茶园、橡胶园、其他经济园地。园地规划要为园林的生长发育创造良好的条件,同时也要为园林生产过程的顺利实现创造土地组织条件。因此,园地规划要采用先进技术,进行科学管理,努力提高园地生态系统的生产能力。

(一)园地规划设计的内容

园地规划设计的内容包括正确地配置适宜的树种和品种,规划园地小区、道路网、防护林带、灌排渠及园地辅助建筑等项目,以使园林树种能配置在最适宜其生长发育的地段上,并为改善生产条件、有效地组织生产管理创造良好的土地条件。

(二)果树树种的选择与配置

我国果树资源丰富,分布广阔。一般按照果树生长习性分为落叶果树和常绿果树两大类,落叶果树带大致以长江中下游河段和秦岭为界,即大致在北纬 30°以北,主要有仁果类(苹果、梨、山楂)、核果类(杏、桃、梅、李、樱桃)、坚果类(板栗、山核桃、银杏)、浆果类(葡萄、石榴、草莓)、柿枣类(柿、枣)。此界以南为常绿果树带,主要有柑果类(柑橘、柚)、浆果类(杨桃、木瓜)、荔枝类(荔枝、龙眼)、核果类(橄榄、杨梅)、坚果类(腰果、椰子)、草本类(香蕉、菠萝)、藤本类(西番莲等)。

1. 果树树种和品种的选择

品种是经人类培育选择创造的、经济性状及农业生物学特性符合生产要求的、遗传上相对相似的植物群体。品种的改良,总的来说,包括提高产量、改进品质、增强抗性、调节成熟期和适于栽培等方面。果树的树种和品种繁多,按对温度的要求可分为:需要较低温度(7~13 ℃)的(苹果、梨、山楂、李等),需要中等温度(13~18 ℃)的(桃、葡萄、枇杷、栗等),需要较高温度(18~24 ℃)的(柑橘、香蕉、菠萝、荔枝等);按对水分的要求可分为:抗旱力强的(桃、杏、枣、核桃等),抗旱力中等的(苹果、梨、李、柑橘等),抗旱力弱的(香蕉、枇杷、杨梅等);从果树品种来看,各树种又分早、中、晚熟品种。不同的果树树种和品种,具有不同的生物学特性,对外界环境条件的要求也不同,所以果园规划时要正确选择树种和品种。

果树树种和品种的选择除考虑生物学特性外,还应考虑市场需求并与企业的经济发展水平相适应;应选择适于当地气候、地形、土壤、水文、地质等自然条件,抗逆性强,优质高产的树种和品种;还应考虑交通条件及距城市远近,如距城市近,交通方便,就可多发展不耐储藏和运输的早、中熟品种和浆果,而在山区则应发展耐储的晚熟品种和干果。

2. 果树树种和品种的配置

要把各类果树配置在最适宜生长发育的地段上。配置果园中不同的树种和品种时,应详细考虑它们对气候、地形、土壤、坡位、坡向、地下水位和其他条件的特殊要求。根据果园内各地段的自然条件,将它们配置在最适宜其生长发育的地段上。

大部分果树适宜在疏松的土壤和沙质土壤上生长,但各种果树适应的范围不同,仁果类和柑果类宜配置在水肥条件较好的地段,核果类及枣类等能适应干旱的土壤,而葡萄则在山地、沙地、盐碱地上均能正常生长。在坡地上部水肥条件较差,砾石多,灌溉困难,一般配置杏、李、桃等;中下部水土条件较好,可配置仁果类;山脚则适于配置柑橘及浆果类。坡向对果树配置也有影响,一般配置在南坡和西南坡,如柑橘、枣、杏等,在南方要考虑日灼,有时也配置在东坡和西坡。此外,还要考虑生产管理上的要求,最好为每个树种划定一个地段,要把费工不耐储的树种配置在交通方便、距离居民点较近的地方。

3. 授粉树的配置

大部分果树都是自花不实的,或结果率很低,为了获得高产,须用其他品种的花粉进行异花授粉,所以按一定比例配置几个品种,以保证异花授粉,是一项重要措施。

优良的授粉树应与主栽品种开花、物候期一致,具有大量发芽率高的花粉,能满足授粉要求,要与主栽品种有良好的授粉亲和力,能相互适应,授粉树本身也具有较高的经济价值,结果成熟期与主栽品种相同,便于管理。

(三)果园小区设计

果园小区是种植着相同树种的几个相互授粉的品种,并以道路、林带、渠道相围割的地段。小区是果园管理的基本单位,小区内的地形、土壤、小气候要相近,小区的面积、方向、形状要依自然条件和人工管理的要求,因地制宜地确定。

1. 小区的规模和边长

小区的规模取决于种植树种和品种的面积、机械化和运输要求,以及防风、灌溉和节约道路、林带占地的要求与具体的自然条件。在平原机械化水平较高的地区,小区面积可大些,在 3~12 hm^2;在山地、丘陵地区,应考虑水土保持、排灌系统、自然割裂情况来划分小区,一般为 2~3 hm^2;在切割程度大的地区也可在 2 hm^2 以下。

在采用机械作业时,小区的长度尽可能在 400 m 以上;在采用畜力作业时,小区的长度可以在 200 m 左右。小区的宽度要便于沿果树行间到四周道路上产品的运输,并保证具有足够的有效防风距离,一般小区宽度为 150~200 m。

2. 小区的方向和形状

在平原区一般设计成长方形,其长宽比为 2∶1~5∶1;在丘陵区、山区,形状可采取近似带状的长方形,长边可以因地形起伏而发生弯曲,有时也可以呈平行四边形或梯形。小区的方向应与最适宜的果树栽植行向一致。在配置果树时,应考虑保证果树必需的营养面积,提高对害风的抵抗能力,防止土壤冲刷,便于进行果树间作业及正确地灌溉,一般有正方形、长方形和棋盘形三种配置方式,见图 10-15。

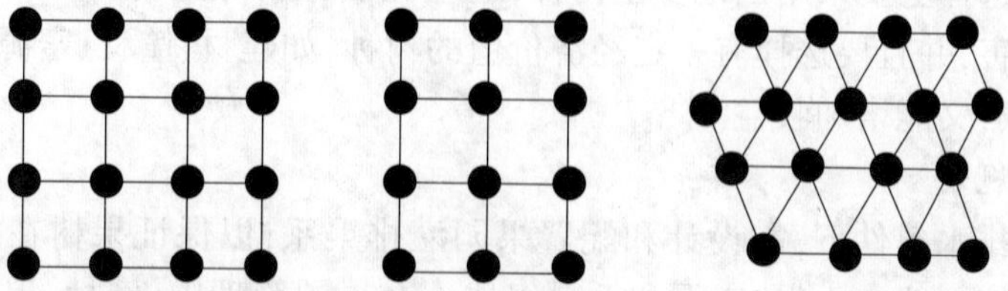

(a)正方形　　(b)长方形　　(c)棋盘形

图 10-15　果树行列配置方式

在平原地区,可采用正方形的果树配置方法,便于纵横向作业。适于大面积机械化作业的平地果园,接受光照条件也较好。按长方形配置时,应使小区长边垂直于主害风方向,有利于改善机械化作业条件和保持水土。当坡度超过 4°~7°时,可采用水平沟种植,果树呈棋盘形布置,而在山区,坡度超过 15°时,最好修梯田种植。

(四)果园用地田间工程规划设计

1. 道路规划

果园内货物运输量大,管理费工,因此修建方便的道路网非常重要。大型或中型果园内道路系统由干路、支路和小路三级组成。干路服务于大片小区,多为 8~10 m;支路是小区间的道路,服务于货物运输和机耕作业,一般设在防护林带的两侧,宽 4~5 m;在规模大的小区,为了便于管理,在小区内间距 50~100 m 设宽 2 m 的小路。山地果园的道路应按照地形修筑成迂回的盘道,路面向内侧倾斜,在道路内侧修排水沟,坡降要控制在 3%~5%,防止出现冲沟。为节约用地,果园内道路网占地以不超过果园面积的 4%~5%为宜。

果园辅助建筑物包括果园的工具房、仓库、包装场、给水设施(水池、水井等)、蜂场等。工具房、仓库等应设在果园中心部位,并有干道相通,包装场(堆果场)应一个小区或几个小区设一处,其面积根据盛果期的产量而定,一般每 100 t 果实需堆果场 2 亩左右。包装场一般设在小区交叉口的道旁,在山区应选在便于担运、装车之处,为防止果品在堆放中遭暴晒,堆果场应选在庇荫的坡面上。

养蜂场的配置对果园生产很重要,蜜蜂对促进异花授粉和提高产果率有良好作用。蜂箱离果树越近,产果率越高。养蜂场应分散设在各小区内,每 50 亩果园至少养蜂 1 箱。对苹果园、梨园最好每 10 亩养蜂 1~2 箱。

2. 防护林规划

果园对防护林带有更加严格的要求,在果园中必须设置防护林带,以防落果,促进授粉,改良小气候和土壤水分条件。当果园面积较大时,内部沿小区也配置防护林。主林带沿果园小区长边垂直于主害风方向,副林带配置在小区短边上,并与沟、渠、道路的规划相结合。主林带间距应与有效防护林距离一致,一般在 150~200 m;副林带间距即小区的长度,一般为 200~400 m。

在山地果园,迎风面的林带要密些,背风面林带可稀些。由于山岭风常与山谷主沟方向一致,所以主林带多顺坡配置,并稍偏向谷口,便于山坡冷空气的排出。因此,在谷地下部多采用透风结构的林带。

在防护林带与果树行之间,为避免遮阴,一般留出一定的空地带。空地带可作为农具转弯的道路,空地带宽小于 12~15 m。

防护林树种选择上要采用当地乡土树种,适应性强,生长速度快,寿命长,枝多冠密,与果树无共同病虫害,并且要选择有一定经济价值的树种,如建材、筐材、蜜源、油料等,既能防风固沙、改善气候,又能增加收益。

3. 灌排渠系规划

在需要灌溉排水条件下,需设计和配置果园灌排渠系,以保证果树在需水时能及时灌溉。果园灌排系统一般由干渠、支渠和毛渠组成。在果园管理中,定植、追肥、灌溉、喷雾都需要水。水从水源通过干渠引至果园中,再通过支渠引到小区中,一般沿短边配置,然后通过灌水沟将水引至果树行间,直接灌溉树盘。灌水沟与小区长边一致,一般干渠的比降在1/1 000左右,支渠的比降在1/500左右。

规划果园,最好使水源配置在果园土地的中心,大型果园则可能需要好几个水源。山地果园的水源可依靠河流、水库或提水灌溉。水库最好位于果园上部,以自流引水。若不具备建上位水库的条件,则在果园中选适当地点拦洪蓄水,修小水库、塘,或建机站,以动力抽水上山。

在果园地势低洼,易于积水,土壤过湿或渍涝;土壤透水性不良或有不透水层;果园临近江河湖泊,地下水位高;山地、丘陵地区果园,水土流失严重等情况下,要修筑果园的排水系统。

在平地果园,排水系统由毛沟、支沟和干沟组成,毛沟设在果树行间,支沟沿小区界线设置,干沟可沿干道设置,干沟的末尾为出水口,泄入容泄区。山地果园的排水,一般在山坡上部挖拦水沟,泄入自然沟中。

在平地果园,为节约用地和不影响机械作业,也可采用暗管排水。暗管埋设的深度和间距,根据不同土壤的透水性及地下水位的高低而定,一般深度为1~1.5 m,间距为12~35 m。

作业站、包装点等辅助经营中心要配置在交通方便的地方,以便及时、经济地运输和加工。

三、林地规划

(一)林地的功能与分类

1. 林地的功能

林业是国民经济的重要组成部分,它既是社会性的大产业,又是一项公益事业,兼有经济效益、生态效益和社会效益。植树造林,绿化大地,是中国的一项基本国策,也是国民经济建设的长期战略任务。

地球生态系统多种多样。总的来说,从地理上,可分为陆生生态系统和水域生态系统;从属性上,可分为自然生态系统和人工生态系统两大类。森林在所有陆地生态系统中拥有最大的生物量,北方针叶林为300~400 t/hm^2,温带阔叶林、亚热带森林为400~500 t/hm^2,热带雨林为500 t/hm^2,而热带与亚热带荒漠生物量最小,只有2.5 t/hm^2。大陆表面的1/3是森林,每公顷的生物总量可达100~400 t(干重),为农田或草本植物群落的20~100倍。林木是多年生植物,对周围环境能持续地发生较大的影响。因此,它在自然界的动态平衡中具有重要作用。

林地具有经济功能、生态功能和社会功能。森林生态系统对气候、水文、土壤等环境因素均有重大影响。在森林较好的覆盖下,每公顷每年只流失土壤0.05 t;而在没有森林覆盖的地方，每公顷每年流失土壤2.2 t。也有人推算，流失1 cm厚的土层，在森林中需要8 000年，而在裸地上只需3年，在坡耕地上，往往一场大雨就能流失。据估计，地球上的森林每年为人类吸收处理掉数百亿吨二氧化碳，空气中近60%的氧气都来自森林植被。因此，林地的作用是其他生态系统所无法取代的。

2. 林地的分类

所谓森林，简单地说，就是在地球表面木本植物群落中以木本树种占优势的群落。生长在森林里的树木称为林木。根据中国各地的自然条件和社会经济状况，《中华人民共和国森林法》把森林分为防护林、用材林、经济林、薪炭林和特种林五大林种。

1) 防护林

任何森林都具有保护生态环境的作用，但不是所有的森林都是防护林，只有以防护为主要目的的森林、林木和灌木丛才叫防护林。防护林包括水源涵养林，水土保护林，防风固沙林，农田、牧场防护林，护岸林和护路林。

2) 用材林

以生产用材（木材、竹材）为主要目的的林木叫用材林。用材林是重要的建筑材料、采掘工业的支柱及造纸的原料，随着经济建设和人民生活水平的提高，木材的需要量越来越大，资源的不足、森林覆盖率低、生态条件恶化，都要求大造用材林，用材林地的规划，特别是林场用地规划，对于发展林业有着非常重要的意义。

3) 经济林

以生产果品、食用油料、饮料、调料、工业原料和药材等为主要目的的林木称为经济林。在土地利用现状分类中，把果树林地、茶树林地、桑树林地、橡胶树林地，热带的可可、咖啡、胡椒、油棕树林地等均划为园地。在此含义下，经济林地则包括上述种类以外的，以生产食用油料、饮料、调料和药材为主要目的的林木。随着市场经济的确立，从提高经济效益出发，各地区已逐步将用材林、薪炭林，乃至防护林都用一些经济价值高的林木代替。如大片的杜仲林、漆林、油桐林等。合理规划经济林地，特别是选择适宜且价值高的经济林地是规划工作非常重要的任务之一。

4) 薪炭林

薪炭林是以生产燃料为主要目的的林木。使用木柴是人类的传统习惯，为满足对这种燃料的需求，营造大片林木为薪炭林，有时仅把薪炭林作为用材林的一部分。世界各国，特别是发展中国家，以林木作为燃料，消耗量很大，约占世界森林资源消耗量的一半。为燃料不足而砍伐森林、破坏草地，使生态急剧恶化，从一个侧面说明了薪炭林之重要。由于煤、石油为不可再生资源，所以从世界范围看，林木等植物作为燃料，可能是长远性的能源之一。在林地规划中，配置以薪炭用木为主的经济、用材混合林，将是有效利用土地的重要途径。

5) 特种林

特种林即特种用途林，是以国防、环境保护、科学实验为主要目的的森林和林木。包括国防林、实验林、环境保护林、风景林、名胜古迹和革命纪念地的林木及自然保护区的森林。

（二）林地规划设计的内容

林地规划的内容主要有树种的选择与配置、营林区的划分、林班的划分、小班的划分和道路及附属建筑物的规划。

1. 树种的选择与配置

树种根据造林的目的和要求，按不同树种的生态习性，结合适地适树的原则来选择。

用材林一般多选用速生、丰产、优质树种；经济林树种的选择除适地适树外，还要看有经济利用价值的部位不同而选用不同的品种，如油茶或油桐是利用果实为主，因此要选择具有果实和丰产性的品种。

薪炭林应选择生长迅速、森林生物产量高、樵采周期短和易于繁殖的树种，最好是有多种用途的树种，即除作薪材外，还可提供饲料、肥料（指绿肥）、木料和其他林副产品。薪炭林应选择适应性强，对旱、热、冷、瘠、湿、偏酸、偏碱等不良的立地条件有较大的忍耐性的树种。最好选用豆科或非豆科可改良土壤条件的树种，具备发火力强、燃料价值高、燃烧时不发生火花或有毒气体和有刺激的树种，根据不同的立地条件，北方地区可选择油松、河北杨、刺槐、沙棘、胡枝子、柠条、柽柳、紫穗槐、辽东栎、臭椿等；南方地区可选用马尾松、枫香、栎树、木荷、胡枝子、紫穗槐、黄荆等，而南方滨海地区可栽植大相思树、大麻黄和新银合欢等。

环境保护林和风景林要选择对污染抗性强且能吸收污染气体（SO_2、NO）的树种，如臭椿、榆树、槐树、白蜡、加杨、重柳、紫荆、紫藤、木槿、丁香等。对于疗养、风景区要选择发叶早、落叶晚（常绿最好）、树形美观、色彩鲜明（花果艳丽或以叶代花树种），能挥发具有杀菌能力分泌物的树种，如大部分松属、桉属树种。

各树种对立地条件（地形、土壤、水文、植被等）要求不同，不仅表现在气候带、海拔，而且同带、同高的地方，还有坡向、坡位、土壤差异之分，必须把环境条件与树种的生态习性紧密结合配置。如毛竹要求在长江流域山区肥沃疏松的酸性土上生长，立地应背风向阳，三面环山，35°坡以下的山地或平地，土层要厚，排水要好，沙质土壤或黄泥土为好，最忌低洼积水地，因为它怕风吹、雪压、水泡。

2. 营林区的划分

营林区是林场内为了合理地进行森林经营活动，并考虑生产和生活的方便，根据有效经营活动范围，特别是护林防火工作量的大小而划分的管理单位。其面积大小要依据森林资源集中和分散程度、地形地势的特点、居民点分布的疏密、树种的特性、火险等级、交通条件及经营水平而定。其管理半径，以步行计算，最远处以不超过 1.5 h 路程为宜。营林区的界线最好是结合自然地物，如河流、沟谷、山脊等自然界线。

3. 林班的划分

林班是林场内具有永久性经营管理的土地区划单位，它是森林资源调查统计的基本单位，在开展森林经营活动和生产管理时，都以林班为基本单位。

林班是根据护林、抚育、采伐、集运材的要求，结合地形、树种、经营水平，特别是永久性道路状况划分的。通常林班多为两山夹一沟，且以永久性道路为界线，其面积一般为 50~200 hm^2。小林场的林班面积可在 50 hm^2 以下，林班应集中连片，外形力求规整。规划时，应对各林班统一编号。林班的划分方法有三种：人工区划法、自然区划法和综合区划法。

4. 小班的划分

在林班内，根据经营要求和林学特征，划出不同的林分地段，称为小班。小班内应有相同的经营目的和经营措施。具体划分应考虑土壤、林种、优势树种、龄级、郁闭度、林型、地位级、出材率、林权等条件，所划小班自然条件应基本相同。小班最小面积（规模）应根据使用图纸的比例尺大小，以在规划设计图上能明显、准确地反映出来为原则。当使用比例尺为1∶25 000时，小班面积应在3 hm^2 以上。

5. 道路及附属建筑物的规划

林道是开发利用森林资源、提高经营管理水平的重要条件。它不仅可以进行木材生产，而且是营林、护林、多种经营、综合利用及居民交通、旅游等的载体。因此，应根据采伐、集材、营林、护林的要求规划道路网，并与林外道路网衔接，尽量做到投资少、服务范围广、平均运距短、运营条件好。

此外，还应规划瞭望台、防火设施、储木场、仓库、机械修理站、林业工人居住区、林场和分场办公室、林科站等建筑物。

上述各项目是发展林业所必需的。我国林地权属分为国营和集体两大类。在大面积林区一般成立国有林场、集体林场、国有集体联办林场等。对于小片的责任山、自留山，其规划造林均由承包户或个体农户(林民)自己确定，政府只能从大环境出发予以指导和示范。

(三)林地规划设计的特点

由于各种林地营林的目的不同，其树种选择、栽植的密度、抚育管理方法均不相同。

1. 树种选择的特点

树种栽植的密度与林种有关，如培育用材林，要求在一定期限内单位面积上生产尽可能多的具有一定规格和质量的木材。单位面积上蓄积量的多少，取决于树木的高度、直径和株数，每亩株数多、树木高、直径大，蓄积量就大。但是，这三者有着相互制约的关系。树木生长、发育需要从土壤中不断吸收水分和养料，如果密度大，单株吸收的份额少，树高与直径的生长就会受到影响，单株材积量小，每亩的成材量就小；反之，栽植过稀，单株营养充足，又高又大，又因株数少，土壤中养分未被充分利用而造成浪费。对于各树种，其栽种密度也不一样，科研结果表明，在长白山林区落叶松以每亩220株(10~15年树龄)蓄积量最高，用材林与薪炭林、防护林相比密度要小些。

2. 防护林、薪炭林和经济林

防护林也因防护的对象和作用不同而密度不同，如农用防护林要求有一定的结构和透风系数；而水土保持林、沟谷防护林等则要求树根有很强的分蘖性，地上部分也很密，以防大雨击打和径流冲刷。

薪炭林要求高密度及较高的生物量。个体栽得密，就能充分利用太阳光能和土地潜力，从而提高林分群体的生物量。薪炭林生长周期短，林木个体所需的营养空间相对小一些，只有密植才能充分利用空间。密植可促使树木的干枝向燃料价值高的干材增加(少生枝叶)，从而提高薪炭林的质量。薪炭林密度宜为400~1 000株/亩。

经济林是以生产果实或其他林产品为目的的，一般密度不宜过大，特别以取果实(油茶、油桐、乌柏等)为目的的林分，应以树冠最大发育程度来确定其密度。如油茶以70~80株/亩、千年桐10~20株/亩、三年桐50~60株/亩、乌柏15~20株/亩为好，以使树冠得到充分的光照条件，从而丰产。而割漆的漆树密度宜为30~60株/亩。

3. 风景林

风景林与公园绿地可为城市居民创造优美的环境和净化空气，因此树的种类、方式、密度都要按绿化规划设计要求配置，如公园里栽树既要有观赏意义，又要有经济价值。通常在干道两旁栽植高大、浓荫的行道树，公园周围可栽用材林或果树林，树坛中因地制宜合理搭配常绿树与落叶树，乔灌草结合，药用树与果树、观叶树与观花树结合，做到叶美花盛，景色自然，四季争妍。一般树种有雪松、银杏、玉兰、女贞、枫香、梧桐、合欢、槭树、苏树、樟树、桉树，南方还有木棉、榕树、南洋杉、棕榈等。

（四）林地规划设计的评价

适地适林和总体规划确定的林业发展方向，在多种方案决策过程中起重要作用，所以可以从以下指标中确定最优方案。

1. 适生条件比较

适生条件不仅指自然条件，还包括土地区位、社会需要（如薪炭林、防护林等）和林地面积的大小、经营方向等。

2. 经济效益比较

可能某片林地对于几个树种都适合，那就要看经济效益如何。如某林地距城市较近，山又不陡，交通也方便，可建造果园，也可建造经济林，一般不会作用材林。又如该地可作经济林，对油茶、油桐、茶叶都适宜，但茶叶价值高、销路好，当地也有技术条件，也可以改变规划方案，变林地为茶园。反映在经济效益上，还有投入产出方面的比较。

3. 社会效益比较

不论是哪一种林地，生态效益都好，而社会效益则不一样，如当地燃料紧张、交通不便，栽植经济林收入多一些，但群众缺柴，经济林难以提供大量木柴，群众生活困难，经济林也难以发展，在此种情况下应栽植速生薪炭林。

四、牧草地规划

（一）牧草地规划设计的原理

牧草地是指野生或人工种植草本牧草达5年以上可供放牧牲畜的土地。全世界牧场草地的总面积达31.55亿hm^2。牧草地是发展草地牧业的物质基础，畜牧业是通过动物养殖生产动物性产品的行业，养殖对象主要是畜和禽。畜牧业提供肉、奶、蛋等动物性产品，以及毛、皮革等工业原料，同时还提供役畜、赛马等为人类服务。

自改革开放以来，中国畜牧业发展迅速，近年来，畜禽存栏总数和肉、蛋、奶产量逐年增加。2017年，我国山羊、绵羊继续保持全球最多的存栏量。我国粮食、肉类、蔬菜、水果人均消费量均高于世界平均水平。

草地牧业生产过程中受许多因素的影响，包括自然条件（如地貌、气候、土壤等）、植被（如牧草种类、毒草等）、动物（如牲畜种类、习性、野生动物等）、草地管理（如放牧制度、割草制度、草地建设、草地改良、牧草储藏等）各方面的因素，只有使这些因素间相互协调，形成良性的草地生态系统，才能促进草地牧业的顺利发展。但由于自然灾害、人为破坏和过度放牧，常引起草地退化，使适口性植物长势弱，优良牧草减少，杂草增加，如继续过度放牧，就会导致植物死亡，地面裸露，产生土壤侵蚀。而适当放牧可刺激牧草分蘖，促进牧草生长，同时家畜粪便撒布于草地，可以增加土壤肥力。此外，科学管理，增加投入，解决草地供水、灌溉问题，规划牧道及改良草地等措施都能促使牧草生长旺盛，不断满足牲畜所需要的草料，形成良好的有生产力的草原生态系统。

1. 确定适宜的载畜量

草地载畜量是单位面积草地所能饲养牲畜的头数。载畜量的多少直接影响草地利用状况。载畜量过大,势必造成过度放牧,使草地退化;载畜量过小,又会浪费草地。从每头牲畜和每公顷产品与载畜量的关系可以看出,在载畜量低,放牧不足的情况下,牲畜可能充分挑食优良牧草,个体生长快,每头牲畜产品量高,但每公顷的产品量低。随着载畜量的增加,每公顷产品量上升,但每头牲畜产品量下降。当载畜量过大时,由于放牧过度,每头牲畜和每公顷产品量均急剧下降,只有在载畜量适当,最适度放牧时,才会出现最高产量。

2. 确定适宜的牧草可利用率

牧草可利用率是指在适度放牧条件下允许采食的牧草量占牧草总产量的百分率。

$$可利用率=\frac{允许采食的牧草量}{牧草总产量}\times 100\%$$

利用牧草可利用率指标,可以保护牧草,提高其生长的生机,但牲畜在牧场上实际采食的数量往往不定,其实际采食牧草的量叫采食率。当采食率大于或小于可利用率时,表现为放牧过重或过轻,当采食率接近可利用率时,则放牧适当。

$$采食率=\frac{采食量}{牧草总产量}\times 100\%$$

牧草可利用率要根据牧草种类、地形情况、水土流失程度、放牧制度、牲畜种类、利用季节、草地类型而定。

3. 确定适宜的放牧时间

适宜的放牧时间是指草地适宜开始放牧到结束放牧的时期。过早或过晚放牧都会影响牧草的生长。一般来说,根据牧草种类和土壤水分状况及牧草储存越冬养料或草籽成熟的需要来确定适宜的放牧时间,例如禾本科牧草为主的草地,应在禾本科牧草开始抽茎时开始放牧,而在生长季结束前30天停止放牧为宜,但是牲畜对饲草的需要要求全年都能均衡供应,因此往往在适宜放牧以前的时间内也往往不能停止放牧,所以应采取多种措施配合,如收割干草、延长放牧、结合补饲等办法,减轻对草地的压力,满足牲畜对饲草饲料的需要。

4. 控制牲畜采食后牧草的剩余高度

牲畜采食后牧草剩余高度应适中,若采食过低,虽然牧草的采食率高,但牧草的再生力受到影响,因此既要充分利用牧草,又要保持牧草的生机。

不同的草地牧草生长习性不同,季节不同生长状况也不同,不同牲畜的采食习性也有差异,应区别对待。一般来说,多年生草地放牧后剩余的高度以5~6 cm为宜。

5. 建立合理的畜群结构

确定畜群结构要根据当地的草地、气候、饲料条件、经营管理水平、市场需求等条件来考虑饲养牲畜的种类、品种的搭配及同类牲畜中种公畜、繁殖母畜、肥育畜及幼畜占的比例。这样有利于草地的充分利用,便于家畜的饲养管理。因为不同的牲畜利用植被的方法是不同的,其对牧草的适口性、采食高度均不同,所以混合放牧可以提高草地利用率。此外,可根据草地条件的差异,配置不同畜群。合理的牲畜分布,要求能把牲畜均匀地分布在放牧区域内,以便能均匀地利用草地,避免牲畜集中到水源附近和优良牧草多的地方。为避免局部过度放牧,组织放牧时要采取相应的措施,如分区围栏,恰当布置供水、供盐的地方,及时更换营地,修筑牧道等,这些有利于轮牧制的实施及合理安排牲畜的分布。

(二)牧草地规划设计的基本内容

1. 牧草地规划的任务

牧草是牧养畜牧业的主要饲料来源,所以应以草原生态经济原理为基础,按照牧草地合理利用的要求,通过人为管理措施将草地与牲畜二者协调起来,以达到畜牧业高产、稳产、优质的目的。牧草地规划的基本任务是合理利用草地,保护、改良和建设草地,不断提高产草量和载畜量,以创造良好的土地组织条件,逐步实现草地经营和牧养畜牧业生产的现代化。牧草地规划的具体任务如下。

1) 做好牧草地资源的调查和评价工作

牧草地资源调查和评价是牧草地规划工作的基础和主要依据。调查的主要内容有草地资源状况(面积、分布、植被、产量等)、自然条件(气候、地形、土壤等)、草地生产经营状况(利用方式、牧畜种类、生产水平、基本建设、改良措施、机械化水平等)、社会经济条件(人口、劳力、民族构成、交通运输条件、专业化方向、商品率等)、存在问题及改进的途径和措施、远景规划设想等。

2) 采用科学的放牧制度,合理利用草地

放牧制度有自由放牧和划区轮牧两种,自由放牧是一种传统的非科学的放牧方法,有时会造成优良牧草因过度放牧而受到抑制,杂草繁衍。另外,家畜在牧场奔走,既消耗体力,导致畜产品量下降,又容易感染疾病和寄生虫,降低生产力。实践证明,划区轮牧是一种科学的放牧制度,划区轮牧是根据草地生产力和牧畜习性及便于管理的要求,在划分季节牧地的基础上,为各畜群固定放牧地段,并在各地段内划分轮牧小区,各畜群按计划在各季牧地上按小区轮牧。划区轮牧比自由放牧可节约草地面积近 1/3,提高家畜生产力 25%~36%。

3) 为合理利用、改良、保护和建设草地创造良好的土地条件

合理利用、改良、保护和建设草地是提高草地生产力的关键,是发展牲畜数量和提高畜产品质量的基础,为此应对草地、水、电、路、棚圈、圈栏、草畜配套等进行综合规划,并改良草地和建立人工草地,实现草地经营和牧养畜牧业的现代化。

2. 牧草地规划的内容

牧草地规划的内容包括:放牧地规划,季节牧地的划分,牧道、饮水点、畜圈、护牲林、圈栏配种点、畜产品加工厂的配置,畜群放牧地段的配置,轮牧小区的配置,牧草地改良规划(人工草地的规划、草田轮作制规划),割草地规划(轮割制的制度确定及轮割区的划分、储草场的配置)。

(三)放牧地规划设计

1. 季节牧地的划分

季节牧地是在一定季节内适宜放牧的地段。一般在草原辽阔、季节变化比较明显,地形、土壤、植被生长差异较大的情况下划分。这是由于不同的自然条件下,牧草的长势不同,造成植被有一定的适宜利用时期;另外,牲畜在不同季节对放牧地也有不同的要求,所以划分季节牧地就可以均匀地利用牧地,并保证牲畜在全年各个时期均有充足的牧地和饲草供应。

视气候情况、牧草生长特性、地形地势条件、水源状况、家畜种类和头数、经营习惯和管理水平等,可制定季节牧地划分的种类和比例。一般可分为两季(夏秋、冬春)、三季(冬、春、夏)、四季(春、夏、秋、冬)牧地。半农半牧区,草场不大,牲畜又多,多划分为两季牧场。

在牧区,草原辽阔多划为四季牧场。冬季寒冷、时间长的地区,冬季牧地占的比重就大些,而夏季牧场,草层生长旺盛,其比重可相对小些。如内蒙古草原的季节牧地划分是:夏放梁,冬放洼,春秋两季放沟汊。

2. 畜群放牧地段的配置

不同种类、不同年龄的牲畜对饲草的质量和数量有着不同的要求。各种牲畜进行混合放牧在卫生防疫方面也是不合理的,为了合理放牧,需将不同种类、性别和畜龄进行编组,固定一定的放牧地段。畜群放牧地段的配置需考虑的内容有:①根据不同畜群对牧草的要求,划拨其相应的放牧地段。②考虑放牧地的地形条件,各种牲畜的采食程度与地形密切相关。牛在较平坦的坡地和坡顶,采食率达 80%,而在陡坡上会下降到只有 20%左右,因此牛适宜在平坦草地上放牧。而羊适应力较强,尤其是山羊在陡坡上仍能采食,但羊却不适宜在低洼潮湿的地方放牧,因为易感染疾病。所以,一般先满足牛、马要求,然后将地形较差的地段放牧羊群。③每个畜群放牧地段应与水源、定居点、畜圈有方便的联系,且具有独立的水源,以减少驱赶距离,避免传播疾病。在有人工饲料地时,天然放牧地应与之相邻配置,以便综合利用,减少驱赶距离和运输费用。④在地形平坦处,畜群放牧地段尽量设计成集中连片的规整的长方形或方形,以便进一步设计轮牧小区;在地形割裂的地方,放牧地段界线应与自然界线相结合。

3. 轮牧小区设计

在放牧地段内划分轮牧小区,并按一定的轮换顺序采用不同的放牧时间和利用方式。轮牧小区是轮牧的基本单位。划区轮牧有利于减少牧草浪费,节省草原面积,可以改进植被的成分,提高牧草的产量和品质,增加畜产品的数量,便于家畜管理,防止病虫害。设计轮牧小区,应解决轮牧小区的数目和规模、小区的长度和宽度,以及配置轮作小区等问题。

1)轮牧小区的数目与规模的确定

轮牧小区的数目和规模取决于草层恢复期限、轮牧周期长短、小区放牧天数、放牧频率、草地生产能力、放牧季节、畜群种类、割草和休闲的小区数等因素。

轮牧周期是指在同一放牧地段的小区相邻两次放牧间隔的时间,以天数表示。轮牧周期长短取决于牧草更新的速度,牧草再生速度快,轮牧周期就短;反之,则长。牧草再生速度因土壤、气温、雨量、植被种类不同而异,一般轮牧周期为 36~40 d。

放牧频率是指在一个放牧季节内每个小区重复利用的次数,一般轮牧周期长,则放牧频率低;反之,则高。

确定小区放牧天数,首先,要使畜群在一定放牧天数内既能充分利用草层,又要避免重复吃草,这就要考虑不同季节牧草的生长速度、牲畜习性的差异。其次,在小区连续放牧,应使家畜免受寄生虫病的感染,为此,主要根据各种寄生虫病原体随病畜粪便排出体外后,再度变为侵袭性病体的时间长短,家畜放牧天数应在可能产生感染之前转移。综合上述要求,一般认为小区放牧天数应不超过 5~6 d。在非生长季节或干旱荒漠草原,小区放牧天数不受此限制。

2)小区的长度和宽度

最适宜放牧的轮牧小区的外形是长方形,轮牧小区的宽度应按畜群横队前进放牧的宽度来确定,即根据畜种头数及每头牲畜在放牧中应占的宽度来确定。为了使牲畜在往返过程中能采食新鲜牧草,小区的宽度应是单程放牧宽度的 2 倍。每头牲畜放牧时所需最小宽度如表 10-7 所示,小区的长度用小区面积除以小区宽度即得。但其长度不能超过家畜在喂水、休息和挤乳间隔时间中所行走距离的一半。

表 10-7　每头牲畜放牧时所需最小宽度

牲畜种类	每头最小放牧宽度(m)
成年牛	1.5~2.0
1~2 岁犊牛	1.0~1.25
1 岁以下犊牛	0.5~1.0
母牛	0.4~0.5
未孕羊、处女羊、去势羊	0.3~0.4
成年马	1.5~2.0
猪	0.5~1.25

3)轮牧小区的配置

在配置轮牧小区时,应考虑草层的特性、地形、风向、水源、野营和牧道的位置,具体包括以下要求(见图 10-16):

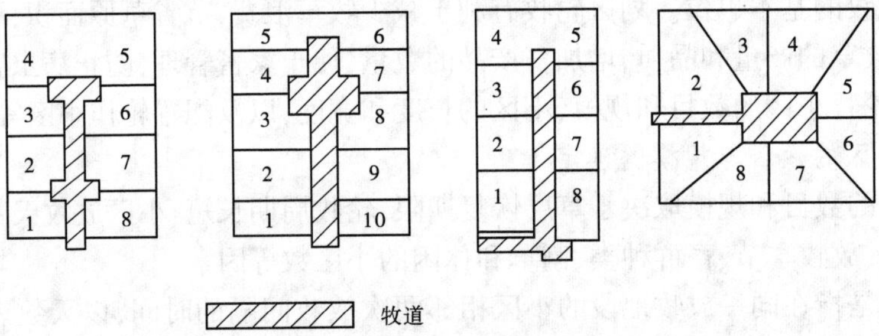

图 10-16　轮牧小区配置

(1)轮牧小区内草层要求尽量一致,避免牲畜在采食中挑选喜食的牧草而影响草地的质量。在坡地上应长边沿着等高线配置,使之处于相同的坡向与坡位上,小区内草层生长一致,同时横坡配置也避免牲畜上下坡采食消耗过多能量,且有利于保持水土。

(2)小区的配置要考虑光照、风向对放牧的影响。在放牧时,要避免阳光直射家畜的眼睛和因风影响家畜的进食速度。所以,在夏季牧场上,最好将小区长边按东西向配置。为避风,最好将小区长边垂直于主风方向。

(3)小区的配置应与水源、畜圈保持最近的距离,并有良好的牧道相通,以缩短驱赶距离。为此,在配置小区时,应将轮牧小区的短边朝向水源与畜圈,但应避免以水源和畜圈为中心向外呈放射状布置,这样会使水源附近遭到过度放牧,草层退化。

(4)小区界线应尽可能利用自然界线或地物,若自然地物不明显,也可用木桩、土堆、石块、牧栏或电圈栏来标明。

4. 轮牧制度的确定

牧场轮换制度是指每个畜群放牧地段内的轮牧小区,每年利用方式均按计划顺序变动、周期轮换的一种制度。它是划区轮牧制度的重要内容之一,只有实行轮换放牧,才能避免在一个轮牧小区上以同一种方式进行放牧,从而导致草场退化,所以放牧地的轮换是保护、改良草地,提高草地生产能力的重要措施。在条件较差,尚未实行小区轮牧的地方,在季节牧地间也可实施牧场轮换。

1) 季节牧地的轮换

各季牧地的地形、土壤、植被、水源条件相似,且具备生活及生产用房、牲畜棚圈等设施时,才能进行四季轮换,否则可考虑两季轮换,例如夏季和秋季牧地轮换,春季和冬季牧地轮换。

2) 轮牧小区的轮换

为了提高牧场的生产力,一般在轮换中应包含以下环节:第一是延迟放牧。指主要优良牧草种子成熟之后再进行放牧。这样可以增加种子产量,增进植被的根、茎中养分的储藏,促进第二年植物长势更旺。另外,成熟的种子落入土中可以达到天然播种的目的,促进牧场改良。天然播种后,牧草生长较慢,第二年实行较迟放牧,可以给牧草充分生长的机会,以保证延迟放牧取得良好的效果。第二是割草。牧草生长旺期,往往有剩余,为了全年都能均衡供应饲草,可在适宜割草的地区组织轮割。第三是休闲。即规定在一定年份内,在生长季节内完全不放牧,以保证植物根系健康发育,同时在休闲时可对草地实施培育措施,如播种牧草、施肥等。牧场轮换的年限、方式因地区不同而异,形式多样。

5. 生产设施的设置

为了合理地管理草地和组织放牧,顺利地进行生产,必须设置牧道、牲畜棚圈、饮水点、护牧林、圈栏等设施,并进行合理的规划。

1) 牧道规划

牧道对合理利用草场和牲畜饲养管理有着重要的意义,为了避免家畜任意践踏牧场,给家畜转移创造良好的条件,应在畜群放牧地段、轮牧小区、饮水点、牲畜棚圈之间设置牧道。按其功能不同分类,牧道有如下几种:

(1) 主干牧道。是联系几个放牧地段的牲畜道路。

(2) 主要牧道。是放牧地段内联系小区间的牲畜道路。

(3) 临时牧道。一般设在人工饲料地内部,联系饮水点、野营用的牲畜道路。

牧道的配置应使家畜的驱赶距离短而服务的面积大,牧道应修建在干燥和结实的土地上,避免通过低湿地和沼泽地,不要通过陡坡和峡谷,距陡岩至少要在 40 m 以上,要避开公路、牲畜埋葬地,一般沿着畜群放牧地段和轮牧小区边界设置。

2) 饮水点与喂盐点的设置

为了保证人们生活用水及牲畜饮水和喂盐的需要,应解决牧草地的水源及饮水点、喂盐点的配置问题。水源可以是河流、湖泊、池塘等。在水源较缺乏的地方,可采取打井、利用积雪融化和筑坝蓄水等方式来解决水源不足的问题,有的地方通过修建蓄水池、管道等设备来供给牲畜饮水。为满足牲畜对盐的需要,应合理配置喂盐点。牲畜吃盐的数量因季节和年份不同,喂盐点应合理地分布在放牧地上。

3)牲畜棚圈的配置

为了保证牲畜安全越冬度春,在冬、春季牧地上应建立畜圈,即野营。牲畜棚圈应设在季节牧地的适中地点,在有人工饲料地的情况下,应靠近人工饲料地,并靠近水源,但不得近于150 m,以免污染水源。冬、春季用的棚圈应选在避风向阳之处,夏季应在干燥、背风、向阳、土质坚实之处。羊群一般不设野外固定畜圈,以免传染蠕虫病,因此应经常更换休息地。

4)护牧林的设置

护牧林可以改变草地的小气候,提高草地生产能力,并可改善牲畜的放牧和饲养条件。牧场防护林可沿放牧地段和轮牧小区边界设置。另外,在牲畜棚圈和饮水点附近或放牧地的中心栽种乔木树丛,可以保护牲畜不受夏季炎热的日晒和风暴的袭击,保护棚圈。此外,在季节牧场的转场路线上设防风御寒林带,以在不利天气作为牲畜临时掩蔽所,有十字形、同心圆及长方形等布置形式。

5)围栏的设置

围栏可以使划区轮牧制度得以实现,可以有计划、有控制地放牧,还可以防止野生动物的入侵。围栏可以是木围栏、铁丝围栏或电围栏等;可以是固定的,也可以是活动的。围栏配置要与放牧地段、轮牧小区、护牧林、饮水点、棚圈的规划相协调。

(四)割草地规划设计

天然草地除直接供放牧外,还可割下来用作饲料,放牧地和割草地是草地经营的两个重要组成部分。由于牧草地的产草量存在着明显的季节间的不均衡,夏、秋季节产草多且营养好,冬季则严重不足,所以为了保证全年均衡供应饲草,必须在天然草地或人工草地上打草,加工成青饲、干草或干草粉储存起来,备冬季补饲之用,因此割草是牧草地利用的又一主要方式,对保证草地畜牧业高产、稳产具有重要意义,必须对其进行合理的规划设计。

1.割草地的选择

首先要求草地植株生长旺盛、茎秆高大且草质好。所以,一般以根茎性或繁丛性疏禾科草类或高大丛生的豆科草类及上述草类的混合型为好,杂草类在干燥过程中枝叶易脱落,不易调制成良好的干草,其占草地的草类比例以不超过10%为宜。作为割草地,还要求植被的再生能力强。从地形看,地势低平、土壤水分条件较好、集中连片、障碍物少的低洼地草地、河滩草地、河谷地和排干的沼泽地都可以。配置割草地,这些地方牧草生长好,又便于管理和机械割草。

2.轮割区的划分

1)确定轮割制度

用轮作的方式每年轮换利用和管理割草地,调节各地段的割草时期,放牧与割草相结合,叫作轮割制度。割草地如果连年在同一地段、同一时期割草,就会限制牧草根部的正常生长、茎叶的发育和种子的形成,从而导致草地产草量下降。为此,要设计轮割区和轮割地段,在一个轮割区内一般要设计4~6个轮割地段。割草地轮割制度是按一定顺序逐年变更收割时间、收割次数、休闲与培育措施等,这种制度有利于草地植物积累足够的营养物质和形成种子,能改善生长条件,保持草地的生长。

割草地轮割制度因各地的自然和经济特点不同而异，例如在条件较好处，按照牧草的发育阶段及培养草场的要求，轮割制度中包括以下环节：休闲、抽穗期收割、始花期收割、盛花期收割、结籽后收割。

2）轮割区的划分

轮割区是轮割制度的基本作业单位，可按割草地的总面积、轮割制度、地形条件、割草的机械化程度、草地改良和保护的要求、劳动组织等条件划分为几个轮作区，各轮作区的面积应基本相等，以保证每年获得均衡的产草量。割草场的外形应力求规整，边长应能适应机械作业的要求。轮割区内草层的类型应基本一致，以便于在同一时间内打草。各区与放牧地、牲畜棚圈应有方便的道路联系。

3. 储草场的设置

牧草收割后经自然风干，含水量降至50%以下，可就地堆放，降至15%和17%时，可长期储存。从割草地收割的青草，其主要利用方式之一是调制干草，储存起来以备冬季饲草的不足。调制干草的方法简单，成本较低，便于长期大量储藏，而且干草所含营养物质比较全面，在保证牲畜越冬上具有重要作用。因此，必须正确地规划储草场，选择场址，确定占地面积，进行储草场的内部布局。

1）场址的选择

长期储存干草的场所应选在接近畜圈的地方，有道路联系，运输方便，地势干燥、平坦、排水良好，以防干草受潮变质，储草场要特别注意防火防潮，应设在背风处，四周设围栏，围栏外侧挖沟，并种植树木。

2）储草场占地面积计算

储草场的占地面积可按下列方法估算：

（1）确定草堆的形状和规格，计算出草堆的体积，草堆一般有长方形和圆形，堆顶有圆顶、平顶和尖顶等，其规格大小可视具体情况而异。一般长方形草堆的宽度约5 m。长度约20 m；圆形草堆通常直径约5 m。根据草堆的形状和规格，即可计算出每个草堆的体积。

（2）实测单位体积干草的质量和草堆总质量。单位体积干草质量因收获期的不同和堆放期的长短而不同，干草越密实，其质量就越大。根据草堆体积和单位体积质量即可求得草堆的总质量。

（3）计算草堆数。根据总的干草需要量和一堆干草的质量即可求得所需草堆数。

（4）根据草堆的占地及间距、草堆与外围的间距和附属设置的占地即可估算出整个储草场的占地面积。草堆周围应挖泄水沟（宽40 cm、深30 cm），堆放场围栏外侧应挖壕沟，种植树木。

3）储草场内部配置

一般草堆呈行列状布置，两相邻草堆相隔5 m左右，前后两个草堆之间的间距应不小于30 m，草堆与储草场围栏之间应保持15 m以上距离，草场内要设置储水池和消防用具及管理人员住房等（见图10-17）。

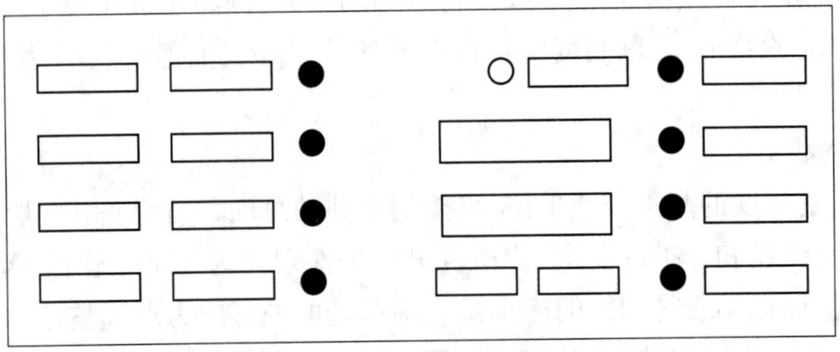

○—储水池；●—消防用具

图 10-17　储草场内部配置

(五)牧草地规划设计的评价

牧草地规划设计的评价主要是通过评价指标体系进行规划前与规划后对比或数个规划方案之间进行比较来选取最优方案。牧草地规划设计方案的评价指标体系包括生态效益、经济效益、社会效益等方面，由于各地的自然、经济条件不同，管理水平也不同，在评价时，要选择适宜的、主要的评价项目和指标（见表 10-8）。

表 10-8　牧草地规划方案评价指标体系

项目	指标
草地生产条件的改善	1. 草地灌、排面积的比重； 2. 草地的林网覆盖率； 3. 改良草地的比重； 4. 保持水土的状况
畜牧业生产条件的改善	1. 牧道的占地面积； 2. 季节牧地的平衡情况； 3. 饲草饲料需要量的保证程度； 4. 饮水的保证程度； 5. 棚圈建设状况
草地生产能力的提高	1. 牧草品质提高状况； 2. 枯草期缩短情况； 3. 产草量的提高； 4. 草地等级的提高； 5. 载畜量的提高； 6. 畜产品的增长； 7. 草地的有效利用系数； 8. 草地生产率的提高； 9. 饲料转化率的提高

续表 10-8

项目	指标
经济效益	1. 亩投入； 2. 亩产值； 3. 纯收入； 4. 投资回收期； 5. 牲畜总头数的增长和总收入的增长率； 6. 各种畜产品的产值及其增长率； 7. 劳动生产率
社会效益	1. 畜产品的商品率； 2. 草地畜牧业容纳农村劳动力的程度； 3. 畜产品换取外汇的情况； 4. 草地畜牧业对农业的促进作用； 5. 完成计划产品产量、品种、利润、税收指标； 6. 人均消费量指标

五、水产地规划

水产养殖是在人为控制下繁殖、培育和收获水生动植物的生产活动，分淡水养殖和海水养殖。养殖对象主要是鱼类、甲壳类(虾、蟹等)、贝类、藻类、头足类等，其为人类提供了丰富的水产食品和其他工业原料。

(一) 中国水产养殖业现状

我国淡水养殖历史可追溯到公元前 11 世纪，公元前 5 世纪我国就有《养鱼经》问世。海水养殖也有悠久的历史，宋代已有人工培育珍珠，养牡蛎、藻类的记录。淡水养殖主要有两种类型：一种是池塘精养鲤科鱼类，以投饵、施肥取得高产，并将各种不同食性的鱼类进行混养，以充分发挥个体生产力；另一种是在湖泊、水库、河沟、水稻田等大、中型水域中放养苗种，主要依靠天然饵料获得水产品。2019 年，我国水产品人均占有量为 46.45 kg，高于世界平均水平。

(二) 水产用地的分类

1. 水体资源类型

水面用地包括沿海滩涂和内陆水域。按水体形成方式可分为两大类，即天然水体，如近海、海涂、内陆水域(如江河、湖泊、沼泽)等；人工水体，如水库、池塘、水田等。

水体按运动方式可分为三类：流动水体，如河流；静态水体，如湖泊、池塘；半流动水体，如水库。

不同的水体类型、不同部位，水环境的理化特性和生物学特性不同，栖居着不同的生物，所以要区别水体类型加以合理利用。

2. 水产用地类型

水产用地可按水体资源类型划分为两类：

(1) 天然水产用地。指近海、海涂及内陆江河、沼泽等，主要采用天然捕捞生产方式。

(2) 养殖水产用地。指水库、湖泊、塘堰、人工鱼池、水稻田、人工海水养殖区等，主要采用人工养殖生产方式。

(三) 人工养殖场规划设计

人工养殖场可养鱼；可饲养小水产品，如龟、鳖、鳝、虾、蟹、河蚌育珠等；栽培水生植物及进行海水养殖，如贝类、海藻、鱼虾等。

1. 人工养鱼场规划

适宜水产养殖的水面，应符合能养、能管、能捕三个条件。人工鱼池是实行精养的一种好方式。人工鱼池应当规格化，应具有一定的规模、形状、深度，并有完善的注水和排水系统及生产设施，能保证水质良好，防止病害和外灾，便于采用机械操作，符合鱼类生产要求，便于生产管理，从而可保证渔业的高产稳产。

1) 人工鱼池用地选择的条件

(1) 位于水源充足、交通便利的地方，这样有利于注水和排水及对鱼种、饵料、成鱼的运输。

(2) 水质要好。水是鱼类的生产环境，也是鱼类天然饵料的生产基地，水质好坏直接影响着鱼的产量。

(3) 土质适于建池，土壤质地要求以壤土为好。砾质土、沙土、粉土透水性强，不适于建池。

(4) 地形宜于建池。平坦开阔的地方是建池的好地方，但为了不占良田，只要不在陡坡地势高低悬殊太大之处，一般在梯级台地均可建池。

(5) 注意防洪安全。不论在滨湖平原还是山区丘陵，选点时都应对洪水予以注意。一般应按建场 25 年内不受洪水侵犯来考虑滨湖建场的地方；水库区选点时，场址应在安全水位线上；山区丘陵区选点时应调查 25 年一遇的最大降水量，并采取相应的排洪措施。

(6) 养鱼场周围不应有高大的树木或房屋，以免遮阴和影响空气流通，最好附近有方便的电源，有饵料供应处，如附近有酿造厂和农副产品加工厂等。

2) 养鱼场的总体布局要求

(1) 场房最好布置在养鱼场中心位置，有公路相通。

(2) 亲鱼池、产卵池及孵化设备紧靠场房，以便于管理。

(3) 鱼苗池靠近卵化设备，鱼种池围绕鱼苗池，外围与成鱼池相邻，可缩短鱼种搬运距离，减少鱼种的损伤。

(4) 鱼池的配置一般有阶梯式和水平式两种形式。阶梯式适用于倾斜的地面，水平式适用于平坦的地区。鱼池的外形多为长方形，长宽比可采用 3:2或 2:1。鱼池的走向尽量呈东西向，可增加鱼池的日照时间，减少南北风浪对池埂的冲刷。

(5) 水源位置应在全场最低处，以便于自流灌溉，同时也方便生活用水及浇地等。

养鱼场是生态农业的重要环节，开展养鱼场用地的综合利用，实行“以养为主，养捕结合,因地制宜,多种经营”的方针。生态农业的形式有渔牧结合、鱼桑结合、稻田养鱼、沼气肥养鱼等多种形式。应搞好养鱼场用地的总体规划(见图10-18)。

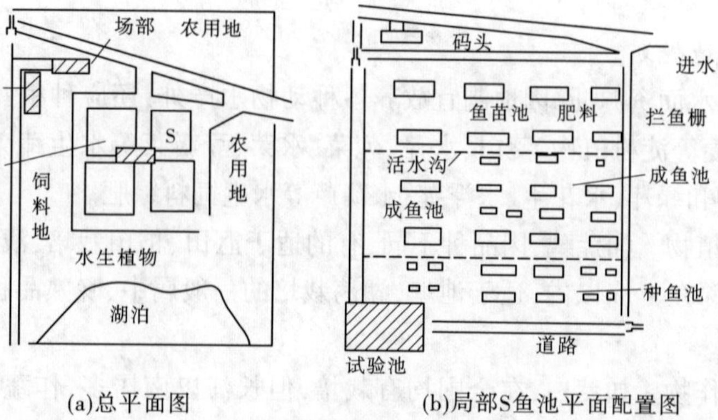

图10-18　养殖场平面规划

2. 小水产养殖池规划

为了有效利用水面资源,提高生态经济效益,增加创汇或药用产品,要因地制宜地建设一些小水产养殖地,其中包括养龟、鳖、鳝、虾、蟹、河蚌等池类。

1)养龟池

养龟池宜建在向阳避风、缓坡的坡角,离沟、河近,进、排水方便的地方。场地规模,可根据具体条件而定,可利用原有的小水塘改建,也可人工修建,最好能做成几个池子,以便分批饲养。饲养场周围应用条石或砖筑成高1 m以上的围墙,并堵塞缝隙,以免龟外逃或鼠类、野犬入场危害。池底要铺填淤泥,以利龟越冬。池水要清洁、常换,池中最好栽种一些水生植物。

2)养鳖池

根据鳖喜阳怕风、喜洁怕脏、喜静怕惊的特性,养鳖池应建在背风向阳,进、排水方便,树林荫蔽,少有行人、道路的地方。为避免互相残害,亲鳖、成鳖、幼鳖要分池饲养,成鳖池面积在1亩以上,池底呈斜面由浅入深,深可达1.5 m以上,浅在0.8 m左右,以便于鳖随气温变化而活动于深浅之处,鳖池一般为泥底,四壁用条石或砖砌抹平,池埂应盖有一端伸入池中15~20 cm的石板,防止鳖外逃。为了亲鳖产卵,在池的浅水一端设20~30 m的产卵台,用松软沙土铺厚50~60 cm的平台,上种遮阴植物。

3)池塘养蟹

由于兴修水利,江、河、湖、海隔绝,断了河蟹生殖洄游的路径,所以,采用人工养殖尤其重要。养殖河蟹,首先要繁殖蟹苗,可以从海里捕捉怀卵蟹,也可将性成熟的亲蟹放入海水池(内地可用人工配制海水)中,促使其交配、产卵、孵化。当河蟹由幼体变成蟹苗时,可投入湖泊、塘堰、水库、河汊中放养。由于河蟹有钻洞凿穴的习性,土坝附近不能养蟹,以防钻洞毁堤。

4)河蚌育珠

河蚌喜在缓流水、泥沙底、浮游生物丰富的水域生活,所以养珠场一般选在水源充足的塘堰、沟渠、湖汊、水库等富营养水域,其中尤以养鱼的塘堰为最好。根据食性,在育珠场可养草鱼和鳊鱼,既无争食之矛盾,又可促进河蚌生长,做到鱼、珠双收,但鱼的放养密度要减半。

3. 水生植物用地规划

为了充分利用水面资源,除因地制宜放养各种动物水产外,还应种植一些水生植物,如莲藕、慈姑、水芋、菱等淀粉植物,茭白、水芹、莼菜、水菜、豆瓣菜等水生蔬菜,席草、蒲草、芦苇等工业原料植物和绿萍、水花生、水浮莲、水葫芦等水生饲料绿肥。

(1)水生淀粉植物。如莲藕,因品种不同,有的适于沤田、稻田栽培,浅水藕只要求水深在0.3~0.6 m,最深在1 m以内,适于池塘、湖荡栽培的一般属中、晚熟品种,属于深水藕的水深可达1.5 m。

(2)水生蔬菜作物。如茭白,在全国均有栽培,但长江以南居多,作蔬菜栽培一般在沤田区,茭白与藕、慈姑、席草、芡实等轮作,地势较高的水田可与水稻轮作,春、秋两季均可栽植。

(3)水生工业原料。主要指席草、蒲草、芦苇等,席草要求浅水,一般用水田栽培,蒲草、芦苇能耐深水,可栽在湖荡、湖汊和河滩上。它们常与慈姑、莲藕等轮作,以达到合理利用水面和沤田的目的。

(4)水生饲料绿肥作物。包括绿萍、水花生、水葫芦、水浮萍和茭草等,可以广泛利用河、湖、沟、塘、港、汊等水面,绿萍还可直接放养在稻田中,它们不占用农田,成本低、产量高,养分全面、肥效稳,对于发展畜牧业、改良土壤均有显著效果。只要水位不深、水流不急,都应放养这些作物。

4. 海水养殖规划

世界水产品产量来自内陆淡水域的只占10%左右,而来自海洋渔业的占90%。所以,就整个世界的渔业来看,海洋渔场是渔业生产的主要资源。海水养殖内容包括贝类、鱼虾、海藻等,其中贝类养殖是浅海、滩涂利用的重要项目之一。目前,养殖的主要贝类有牡蛎、贻贝、蛤、蛤仔、文蛤、鲍,以及海龟、西施舌、红肉蓝蛤等,许多贝类可直接作为海洋鱼类的天然饵料。贝类的生活环境是广阔的潮间带与浅海,由于分布不同,水深和理化性状不同,各种贝类的适宜性也不相同,掌握这些规律,可以正确地指导贝类养殖生产。目前,人工养殖生产基本上是在水深30 m以内进行,此区内可划分为高潮区、中潮区、低潮和浅海区。影响贝类生活的主要因素有潮汐、波浪和海流、海水温度、盐度、营养盐、水质等。

潮汐、波浪和海流对贝类生活有很大的影响,它可以带来丰富的营养物质、氧气和饵料,有利于贝类生产。鲍和扇贝等喜欢生活在潮汐动荡很大、浪大、流急的地方,而泥蚶、蛤仔等埋栖贝类喜欢潮汐平稳、浪小的海区,相反则易被冲走。因此,在选择养殖场时,必须考虑海水运动可能产生的影响。

温度对贝类生活也很重要,尽管它们是变温动物,但严寒的冬季能导致贝类血液和体液冻结而死亡,贝的种类不同,对温度的适宜性也不同。从主要养殖种类来看,不同种类的牡蛎、贻贝、蚶、蛤仔、文蛤、鲍等从北到南都有其适宜之地,同是牡蛎、扇贝,大边湾牡蛎和栉孔扇贝分布在辽东半岛、山东半岛一带海岸线附近,而近江牡蛎和华贵栉孔扇贝则分布在南海各地。因此,可根据贝类适宜性,加以选养。

鱼虾养殖。长期以来,海洋渔业基本上以天然捕捞为主。由于人口迅速增多,对蛋白质食物要求增大,船队和捕捞工具在数量上增加和质量上提高,使水产资源相对减少。捕捞渔业,部分地移为人工养殖。在相当一段时间内,人工养殖还只是对海洋捕捞渔业的一个补充,但对于充分利用水面资源和饵料资源、增加鱼虾商品供应量是很有意义的。

海水的人工养殖,通常是在入海河口或港湾附近的沿岸区建筑堤坝围堵洼地、沼泽、沟渠、港道,以及废弃的盐田水池,筑以进排水口,在涨潮时,随水引入鱼、虾的幼苗或捕捞某些适于养殖的优质鱼苗,在较短时间内(较天然增殖),得到较多较好的渔获量。

(四)其他水产用地规划设计

1. 湖泊养鱼规划

1)湖泊养鱼经营方针的确定

根据湖泊水面大小,通常分为大、中、小三种类型,大型湖泊的面积为1万 hm^2 以上,1万 hm^2 以下的为中小型湖泊。

湖泊养鱼主要是人工放养和自然资源的增殖,经营方针取决于水体大小、经营管理水平、捕捞条件及产量高低等。

大型湖泊一般以资源增殖为主,辅以人工放养,若管理水平高、水质较肥,可以适当提高人工放养比例。中型湖泊可采取资源增殖与人工放养并重的方针。小型湖泊一般以人工放养为主,在条件好的地方,还可采取投饵施肥的精养。

2)湖泊养鱼所要求的条件

(1)要求湖泊深度适宜,湖岸弯曲。在湖盆斜度很大、水很深的情况下,沉积物分解缓慢,分解后的物质也很难均匀分布到整个水体中,因而生产性能很低。而湖盆底部斜度较小或平坦的淡水湖泊,沉积物均匀地分布于整个湖底之上,与水接触面大,分散快,对于浮游生物和水生植物繁殖极为有利。同时,这种湖底栖动物由于食料丰富、栖息范围大,它们的种类和产量也都较深水湖泊为多,因而这样的湖泊生产性能高,适宜养鱼。

(2)水质符合要求。水的物理和化学性质不仅要满足鱼类生长发育的要求,还应为天然食料的繁殖提供良好的条件,要求水温在一年中有8个月在15.0 ℃以上,约有6个月在20.0 ℃以上,生物旺盛生长的时间长,水质最好为微碱性,pH在7.5~8.5,生物生产力较高,水体的表层和底层的温度和主要营养物质的含量基本上一致,且水是终年流动的,这样,各层水体均有利于生物的生长繁殖。天然食料是鱼类生存的基础,只有天然食料基础好,才能发挥湖泊养鱼的潜力。

3)湖泊养鱼的规划

(1)湖泊养鱼要尽可能做到就地繁殖、就地培育。应建立鱼种场、捕鱼船队和必要的附属设施,并可结合饲养猪、鸭、鹅等,以提供鱼种、饲料、肥料,改变粗放薄收为半精养的饲养方式。

(2)湖泊鱼种的放养数量、搭配比例和规格的确定。对于人工投放鱼种而言,要根据水体的自然条件、天然食料基础、鱼种条件及饵料供应的可能程度来确定。

不同鱼种食性不同、生活习性不同,将食性与生活习性不同的各种鱼混养,就可以充分利用水体的空间和饵料，提高水体生产能力。一般来说，开始一两年湖里水草多，可多放草食性鱼类，如草鱼、鳊鱼等，占放养总数的30%~40%，可把水草压低，使湖水变肥。

(3)提高湖泊产鱼量的主要措施有合理放养，建筑良好可靠的拦鱼设备，适时进行灌江纳苗，适当清除湖泊的害鱼类；提高天然食料基础，增加有利于鱼类活动的水域，挖湖泥增加湖深，筑堤改大水面为小水面，以利于精养；做好捕捞工具改革，提高捕捞技术等。

2. 河道养鱼规划

河道与湖泊虽然是两个不同类型的水体，但从养殖上来说，它们都是大面积的生产，在养放方式与养殖技术上具有共同特点。

适于养鱼的河道是平原耕地间的浅水小河，更多的是利用河身河段，在这样的河段，河床平坦，沉积物质分布均匀，生产力高。此外，河道弯曲处也适于养鱼。河道养鱼与湖泊养鱼要求不同，但应特别注意搞好拦鱼设备。

3. 水库养鱼规划

水库养鱼有其特点和有利条件。一般水库都具有广阔的库区，大量的无机盐类和有机物质随水冲入库区，有利于鱼类及其天然食料的生长与繁殖；水库的水深不一致，适于多种习性的鱼类生活，有利于多种鱼类混养；水库的水位波动较大，有大面积消落区，可在消落时期种植饲料作物，有利于水库的多种经营。大部分水库有各种形式的库湾，可以用来作为精养基地，一般水库沿岸都具有发展条件，可以做到渔、牧、副结合，有利于综合经营。

1)养鱼水库综合规划

水库的规划设计要考虑水利、电力、航运、农业、林业、生产和旅游的需要，所以必须综合考虑，做出全面规划，使各方面都能协作配合好。水库由于利用目的不同，对蓄水的要求也不同，所以在建库时，在可能的条件下，应照顾渔业的要求：

(1)在蓄水前必须清理库底，清除各种树桩、屋基等障碍物，以便于捕捞。

(2)在建造溢洪道和输水涵洞时，应将挡鱼设施统一考虑在内。

(3)在大型河流上建设水库，如果原河流中有洄游性鱼类，预计水库建成后，大水库中或流入库内河流仍有其产卵场，那么在建库时应考虑在坝上建筑鱼道，以利于洄游性和半洄游性鱼类的产卵、繁殖和育肥。

(4)要防止水库周围工业污水的流入，危害鱼类资源。

(5)调查水库中原有河流内的鱼类组成，对凶猛的鱼类和杂鱼类，加大捕捞强度，减少对放养鱼类的危害。

2)放养密度和鱼种搭配

水库营养类型的划分，主要根据水体中营养物质浓度、形态特征、浮游植物生物量、生产力、鱼产量的高低等，将水库划分为各种类型。水库的营养类型可作为投放鱼种、合理利用饵料生物资源、挖掘水体生产力、提高单产的科学依据。

将与鱼类生长关系较密切的饵料生物作为划分的主要指标，可将水库划分成贫营养型、一般营养型和富营养型三种。

水库的营养类型对水库的放养密度有很大影响，水体能达到的最高负载力，必须与饵料生物的供应量相适应。

3)库湾养鱼

库湾养鱼是利用消落区内能够在高水位时蓄水的库湾,修建堤坝,把它与水库主体部分隔开来,进行养鱼。库湾养鱼可充分利用消落区,不占良田,而实行精养,提高水库的鱼产量。同时,可以利用库湾培育鱼种,投放水库,就近解决水库放养的需要,减少运输,成活率也高。

选择库湾作为养鱼基地,应考虑养殖和工程基建两方面的要求:

(1)出口要小,内部宽,湾底平,这样工程小而建成后可利用的面积大。

(2)运取石料方便,便于施工。

(3)基础好,土质没有渗漏现象。

(4)土坝高度略高于水库历年最高水位。

(5)库湾四周山头低、光照充足,或在背北向南的位置且光照良好。

(6)水质好,不含有害物质,周围没有工矿污水排入。

(7)集水面积小,来水量不大,有利于培育水质和建筑拦鱼坝。

(8)库湾的面积因饲养不同规格的鱼种而选择不同的面积,一般培育长度为1寸(1寸=3.33 cm,下同)左右的鱼种,库湾面积以1~5 hm^2 为宜;培育大鱼种的库湾,以6~14 hm^2 为宜。

4.稻田养鱼规划

实践证明,养鱼的稻田比不养鱼的稻田增产,可以做到稻鱼双丰收,因为鱼类排出的粪便可以肥田,鱼吃掉稻田中的多种害虫,大大减轻了虫害,鱼吃掉田中的草芽、草籽及一些水生植物,有助于稻田的发育。所以,鱼对水稻的生长发育有利无害。

稻田养鱼还可以改善环境卫生,减少农村疾病,如草鱼一天能吞食幼蚊370只以上,鲤在300只以上。

适于养鱼的稻田应具备以下条件和设施:

(1)水源充足,进、出水方便,蓄水力强,涨水不受淹没,山洪暴发不受冲刷,天旱不易干涸的地方。

(2)田埂要高而坚实,埂高1尺(1尺=33.33 cm),宽6~8寸,防止鱼类越埂逃掉。

(3)养鱼的稻田要有充分的阳光照射,暖和。

(4)稻田水质越肥越好。

(5)养鱼的稻田要开挖鱼沟,鱼沟一般沿田埂周边开挖,深2~3寸,鱼沟是在田的低处开一个2~3尺长、1尺深的水坑,这样在夏季水温高或农田放水时,鱼可以进入水沟。

(6)开好注、排水口及设置拦鱼设备,在稻田相对两角的田埂上开好注、排水口,并用拦鱼设备拦于注、排水口上。稻田养鱼一般以鲤鱼为主,其次是鲫鱼,有的地方以草鱼为主,搭配鲢鱼、鳙鱼。

(五)水产用地规划设计的评价

评价水面利用合理与否,不仅要对养殖水面利用的不同方案进行评价,还应对水面及其环境的综合利用进行评价。其评价指标主要有:可用水面与已利用水面的比例;已利用水面的单产与产值;养殖场的总产量和产值;单位水面积成本及总成本;单位产品的成本;单位面积纯收入和全场总纯收入；每个劳力平均纯收入。

小　结

本项目主要介绍了土地利用详细规划中的居民点用地规划、交通用地规划、水利工程用地规划和农用地规划。居民点用地规划主要介绍居民点用地规划的基本理论知识和方法，包括居民点用地概念、城镇体系布局规划、居民点用地选择和居民点用地规划设计。交通运输用地规划包括交通运输用地的功能和预测，交通运输网的配置及交通用地的类型与规划。水利工程用地规划主要介绍了水利工程用地的类型与规划内容、供水工程用地规划设计和输排水工程用地规划设计。农用地规划主要介绍了园地规划、林地规划、牧草地规划和水产地规划等内容。

案　例

公路选线择优

公路最优选线案例

某公路选线时，跨河段产生了两个方案，如图 10-19 所示。方案Ⅰ采用直跨形，路线长为 5 km，需建两座桥。方案Ⅱ是从一侧绕行而不修桥，路线长为 7 km，试问哪一种方案最优？

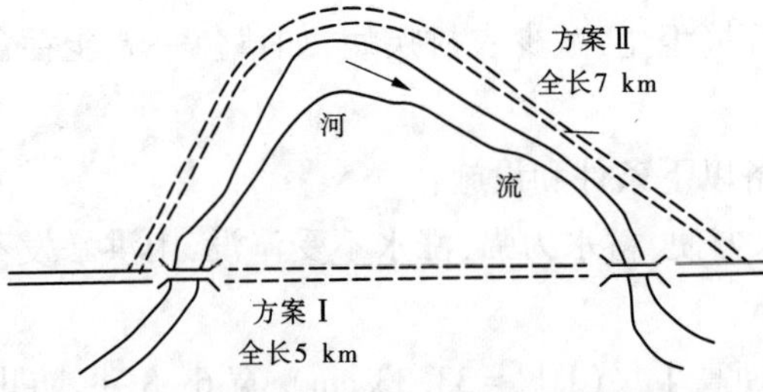

图 10-19　道路跨河方案比较

案例分析：

下面通过有关表格进行计算，见表 10-9～表 10-11。

表 10-9　公路工程投资计算

方案	路长（km）	占地面积*（hm^2）	每千米造价（元/km）	公路修建费（元）	建桥数量（座）	桥造价（元/座）	桥投资（元）	总投资（元）
Ⅰ	5	3.25	14 000	70 000	2	100 000	200 000	270 000
Ⅱ	7	4.55	14 000	98 000	—	—	—	98 000

注：* 平原四级公路路基宽 6.5 m。

表 10-10　年运营费用计算

方案	路长(km)	年货运费(元)			年折旧费			管理费②(元)	年运营费(元)
		货运量(t)	吨千米单价[元/(t·km)]	货运费(元)	公路修建费(元)	使用年限①(年)	折旧费(元)		
Ⅰ	5	40 000	0.55	110 000	70 000	7	10 000	1 500	121 500
Ⅱ	7	40 000	0.55	154 000	98 000	7	14 000	2 100	170 100

注:①高速公路、一级公路为 20 年,二级公路为 15 年,三级公路为 10 年,四级公路一般为 7 年,也可根据具体情况适当缩短。

②管理费按每千米 300 元计。

表 10-11　公路选线方案经济评价

方案	工程总投资额(元)	年运营费(元)	公路占地年经济损失*(元)
Ⅰ	270 000	121 500	24 350
Ⅱ	98 000	170 100	34 100
Ⅰ-Ⅱ	+172 000	-48 600	-9 750

注:*公路占地年经济损失每公顷按 7 500 元计。

应用偿还年限法对上述两方案择优,设 ΔT 为方案Ⅰ比方案Ⅱ多花的投资费用,有

$$\Delta T = T_{\mathrm{I}} - T_{\mathrm{II}} = 270\ 000 - 98\ 000 = 172\ 000(\text{元})$$

设 ΔM 为方案Ⅰ比方案Ⅱ节省的年度运营费,有

$$\Delta M = M_{\mathrm{II}} - M_{\mathrm{I}} = 170\ 100 - 121\ 500 = 48\ 600(\text{元})$$

设 ΔP 为方案Ⅰ比方案Ⅱ节省的占地经济损失,有

$$\Delta P = P_{\mathrm{II}} - P_{\mathrm{I}} = 34\ 100 - 24\ 350 = 9\ 750(\text{元})$$

偿还年限(或回收年限)的计算公式为

$$t = \frac{\Delta T}{\Delta M + \Delta P} = \frac{172\ 000}{48\ 600 + 9\ 750} \approx 2.9(\text{年})$$

根据以上计算确定方案Ⅰ为设计方案。

思政小课堂

港珠澳大桥正式通车　习近平:了不起

今天,港珠澳大桥正式通车运营。这一史无前例的世纪工程跨越伶仃洋,将粤港澳紧紧

连在一起,为新时代粤港澳大湾区发展注入了澎湃动力。这座大桥是“一国两制”伟大实践下新的里程碑,更是中国力量、中国精神的生动诠释。

10月23日,在港珠澳大桥开通仪式上,习近平总书记在亲切会见大桥管理施工人员代表时强调:港珠澳大桥的建设创下多项世界之最,非常了不起,体现了一个国家逢山开路、遇水架桥的奋斗精神,体现了我国综合国力、自主创新能力,体现了勇创世界一流的民族志气。这是一座圆梦桥、同心桥、自信桥、复兴桥。

桥连港珠澳,风满大湾区。这座世纪之桥是改革开放40年来国家繁荣发展的一个集中缩影,她不仅连接起了内地与香港、澳门,也连接起了中国与世界,连接起了昨天、今天与明天。我们坚信,在珠三角这片中国市场经济最发达和走向国际化最早的地区,港珠澳大桥将有力地集聚三地优势、加强三地联动,一个崭新的、充满活力的大湾区将进一步加速中国对外开放的步伐,为全面深化改革开放写下新的时代注脚。

干字当头,实字为先。55 km的超长距离、淤泥深厚及海洋腐蚀环境严峻的外海施工环境、海底40多米深处建造最长的沉管隧道……港珠澳大桥自筹建之始就面临着一个个超级难题。中国建设者们以逢山开路、遇水搭桥的奋斗精神攻坚克难,创造了一个个桥梁建设史上的奇迹。习近平总书记的深刻讲话为之做了最好的注解:一个国家筚路蓝缕、坎坷奋进到今天这一步,逢山开路、遇水搭桥,你们这是最形象的体现,中国特色社会主义就是这么走过来的,“一国两制”就是这么走过来的。

实干要想为,更要敢为、善为。习近平总书记念兹在兹:我们要有自主创新的骨气和志气,加快增强自主创新的能力和实力。港珠澳大桥正是中国自主创新的生动实践。世界总体跨度最长、钢结构桥体最长、海底沉管隧道最长的跨海大桥……这一创下多个世界之最的浩大工程集成了世界上最先进的管理技术和经验,有力展示了中国的自主创新能力和争创一流的志气。

“社会主义是干出来的,新时代也是干出来的”。习近平总书记在港珠澳大桥开通仪式上的深情寄语鼓舞人心、催人奋进。我们要以习近平总书记重要讲话精神为巨大动力,以港珠澳大桥的建设为榜样,更加坚定我们的道路自信、理论自信、制度自信、文化自信,大力弘扬实干精神,重整行装再出发,为新时代的创新发展凝聚起强大的民族志气!

(引自 https://baijiahao.baidu.com/s? id=1615179165591152716&wfr=spider&for=pc)

习题演练

单选题

判断题

项目十一　土地利用规划相关图件的制作

知识目标

掌握土地规划相关图件的制作方法。

能力目标

达到 ArcGIS 基本操作能力,图层数据的加工与处理。

素质目标

培养地图制图的规范化素养。

项目重点

ArcGIS 的图幅配置、符号化配置、面积计算与统计。

项目难点

利用 ArcGIS 对数据的加工与运算。

地图是按照一定的法则,有选择地以二维或多维形式与手段在平面或球面上表示地球(或其他星球)若干现象的图形或图像,它具有严格的数学基础、符号系统、文字注记,并能用地图概括原则,科学地反映出自然和社会经济现象的分布特征及其相互关系。地图以一种有效的方式来组织、理解和传达大量信息,这种方式获得了普遍的认可。

MapGIS 在土地管理部门有着较为广阔的应用,是一款国产通用工具型地理信息系统软件,它是在地图编辑出版系统 MapCAD 的基础上发展起来的,可对空间数据进行采集、存储、检索、分析和图形表示。MapGIS 包括了 MapCAD 的全部基本制图功能,可以制作具有出版精度的十分复杂的地形图和地质图。同时,它能对地形数据与各种专业数据进行一体化管理和空间分析查询,从而为多源地学信息的综合分析提供了一个理想的平台。

ArcGIS 可用于创建各种不同形式的地图,包括可以使用浏览器和移动设备访问的 web 地图,大幅面印刷地图,报告和演示文稿中包括的地图、地图册、地图集,嵌入应用程序的地图,等等。无论采用哪种发布形式,ArcGIS 地图作为一种智能地图都可以显示、集成与合成来自各种不同来源的丰富地理和描述性信息图层。

本项目制图均以 ArcGIS 10. X 为例。

任务一　地图制图基础知识

一、地图的基本要素

地图的三大要素是比例尺、图例、指向标。

比例尺：表示图上距离和实地距离缩小的程度。

图例：地图的语言，包括各种符号及其文字说明、地理名称和数字。

指向标：指示地图上的方向。指北针是一种常用的指向标。

二、地图的构成要素

图形要素：是地图根据制图的要求所表达的内容，包括注记、地学基础。

数学要素：用来确定地学要素的空间相关位置，起着地图内容“骨架”的要素。

辅助要素：说明地图编制状况及为方便地图应用所必须提供的内容。

补充说明：以地图、统计图表、剖面图、照片、文字等形式，对主题图在内容与形式上的补充。可根据需要配置在主要图面的适当位置。

三、常用坐标系

地球表面上的定位问题，是与人类的生产活动、科学研究及军事国防等密切相关的重大问题。具体而言，就是球面坐标系统的建立。为建立地球表面与地图平面的对应关系，人们引入大地体的概念。

大地坐标系：大地坐标系是大地测量中以参考椭球面为基准面建立起来的坐标系。地面点的位置用大地经度、大地纬度和大地高度表示。大地坐标系的确立包括选择一个椭球，对椭球进行定位和确定大地起算数据。一个形状、大小和定位、定向都已确定的地球椭球叫参考椭球。参考椭球一旦确定，则标志着大地坐标系已经建立。

北京 54 坐标系：中华人民共和国成立后，很长一段时间采用北京 54 坐标系统，它与苏联 1942 年建立的以普尔科夫天文台为原点的大地坐标系统相联系，相应的椭球为克拉索夫斯基椭球。到 20 世纪 80 年代初，我国已基本完成了天文大地测量，经计算表明，北京 54 坐标系统普遍低于我国的大地水准面，平均误差为 29 m 左右。

西安 80 坐标系：1978 年 4 月，在西安召开全国天文大地网平差会议，确定重新定位，建立我国新的坐标系。为此有了 1980 年国家大地坐标系。1980 年国家大地坐标系采用的地球椭球基本参数为 1975 年国际大地测量与地球物理联合会第十六届大会推荐的数据。该坐标系的大地原点设在中国中部的陕西省泾阳县永乐镇，位于西安市西北方向约 60 km，故称 1980 年西安坐标系，又简称为西安大地原点、西安 80 坐标系。基准面采用青岛大港验潮站 1952~1979 年确定的黄海平均海水面（1985 国家高程基准）。

WGS-84 坐标系：WGS-84 坐标系是一种国际上采用的地心坐标系。坐标原点为地球质心，其地心空间直角坐标系的 Z 轴指向国际时间局（Bureau International de I' Heure，简称 BIH）1984.0 定义的协议地极（Conventional Terrestrial Pole，简称 CTP）方向，X 轴指向 BIH 1984.0 定义的协议子午面和 CTP 赤道的交点，Y 轴与 Z 轴、X 轴垂直构成右手坐标系，称为

1984 年世界大地坐标系。这是一个国际协议地球参考系统（International Terrestrial Reference System，简称 ITRS），是国际上统一采用的大地坐标系，GPS 系统采用。

地心坐标系：以地球的质心作为坐标原点的坐标系称为地心坐标系，即要求椭球体的中心与地心重合。人造地球卫星绕地球运行时，轨道平面时时通过地球的质心，同样，对于远程武器和各种宇宙飞行器的跟踪观测也是以地球的质心作为坐标系的原点，参考坐标系已不能满足精确推算轨道与跟踪观测的要求。因此，建立精确的地心坐标系对于卫星大地测量、全球性导航和地球动态研究等都具有重要意义。2000 国家大地坐标系的原点为包括海洋和大气的整个地球的质量中心；2000 国家大地坐标系的 Z 轴由原点指向历元 2000.0 的地球参考极的方向，该历元的指向由国际时间局给定的历元为 1984.0 的初始指向推算，定向的时间演化保证相对于地壳不产生残余的全球旋转，X 轴由原点指向格林尼治参考子午线与地球赤道面（历元 2000.0）的交点，Y 轴与 Z 轴、X 轴构成右手正交坐标系。

在 ArcGIS 中应用数据框属性可以设置工程的坐标系统，如图 11-1 所示。

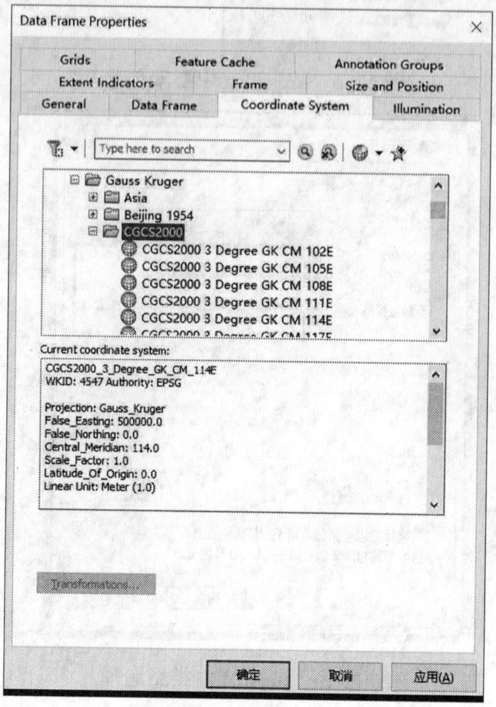

图 11-1　数据框属性设置-Coordinate System

四、图形要素创建

矢量图形主要包括点、线、面三种类别，地类图斑、行政区（地籍区）、其他地块或者项目区域为面状图形，河流沟渠、交通道路、沟坎等不足上图要求的为线状图形，重点项目、重点区域、重要位置不足上图面积要求的为点状图形。

新建图形要素图层的基本操作如图 11-2～图 11-4 所示。

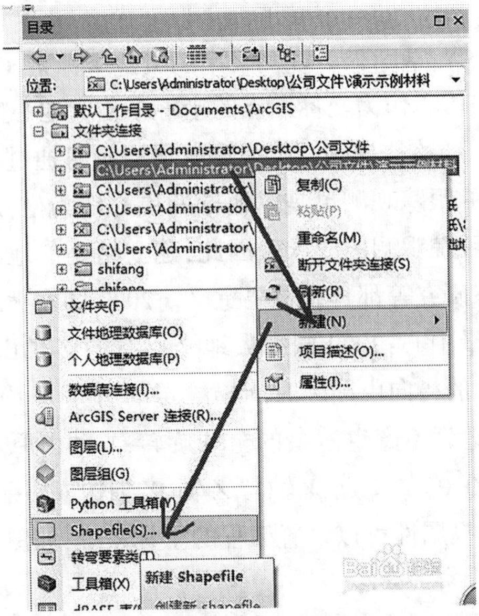

图 11-2　Arcatalog 中要素创建

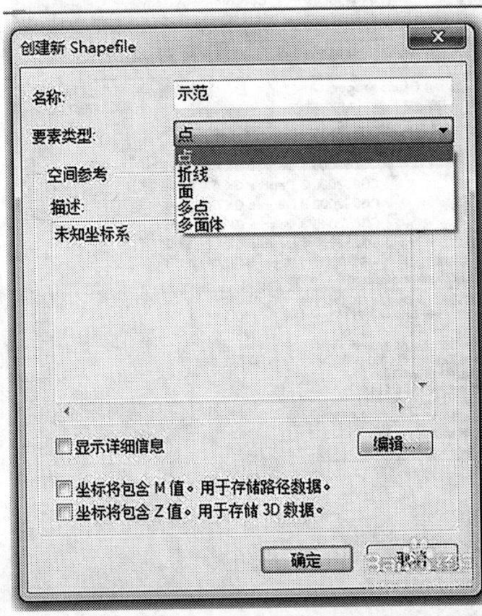

图 11-3　shape 文件类型选择

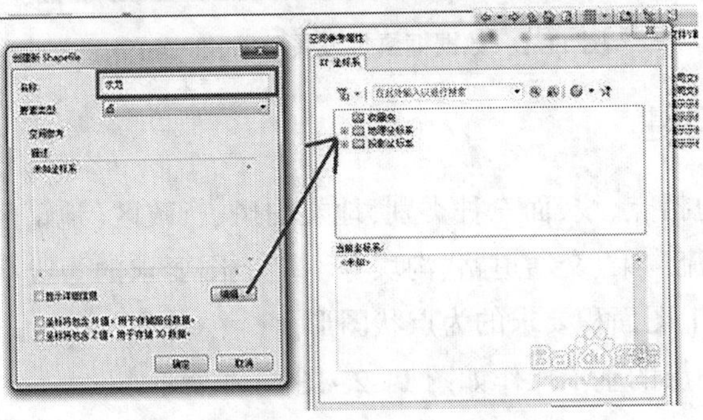

图 11-4　要素层的空间参考设置

任务二　土地规划制图中的图层

shape 文件由 ESRI(Environmental Systems Research Institute)开发的一种矢量存储格式,一个 ESRI 的 shape 文件包括一个主文件、一个索引文件和一个 dBASE 表。其中,主文件的后缀就是. shp,设置有坐标系统的会增加一个. prj 文件(文本格式)。如 dltb. shp、dltb. dbf、dltb. shx、dltb. prj,在没有投影系统文件的图层,要配置正确的投影。

公共图层及其属性结构主要有:

(1)行政边界。

主要有省界、县界、乡界(或地籍区)、行政村界(或地籍子区)等。行政边界图层要素主要字段名及含义如表 11-1 所示。一个行政边界图形的属性表如图 11-5 所示,行政边界的符号配置如图 11-6 所示,行政区各级行政中心(点状)符号配置如图 11-7 所示。

表 11-1　行政边界图层要素主要字段名及含义

字段名	FID	XZQDM	XZQMC	AREA	KZMJ	JSMJ	JXJB	JXFH	…
字段说明	ID 标识	行政区代码	行政区名称	面积	控制面积	计算面积	界线级别	界线符号	

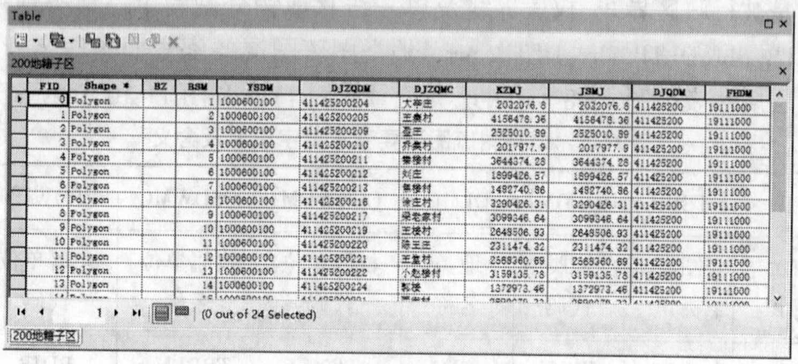

图 11-5　地籍子区属性表

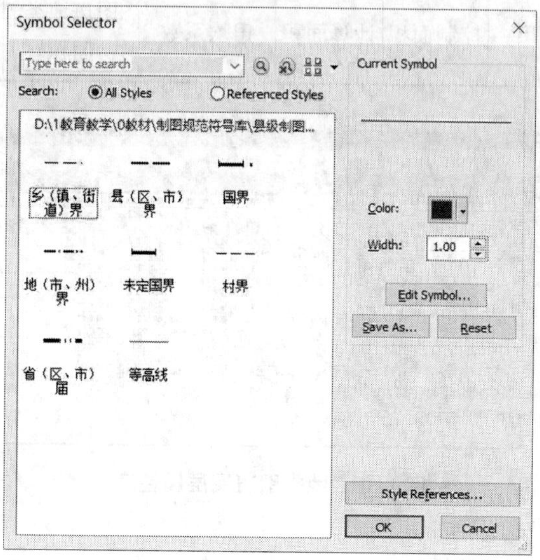

图 11-6　行政边界的符号配置

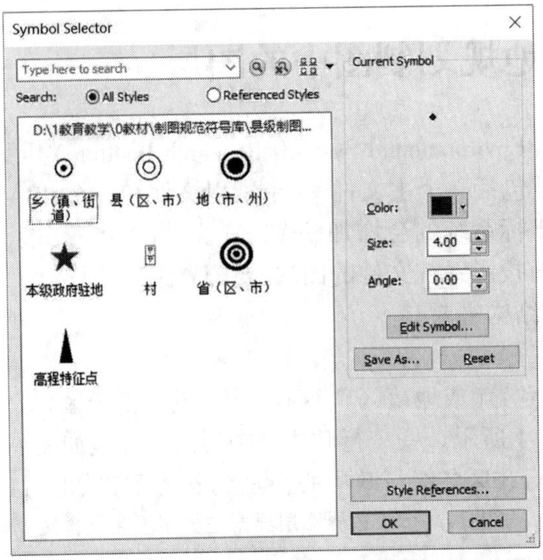

图 11-7　行政区各级行政中心(点状)符号配置

(2)地类图斑。

地类图斑是被行政区界线、权属界线及单一线状地物分割的单一地类地块。文件名是 DLTB. shp, DLTB. dbf, DLTB. shx, DLTB. prj。地类图斑图层要素主要字段名及含义见表 11-2,地类图斑图层属性表如图 11-8 所示,地类符号如图 11-9 和图 11-10 所示。

表 11-2　地类图斑图层要素主要字段名及含义

字段名	FID	TBBH	DLDM	DLMC	QSDWDM	QSDWMC	ZLDWDM	ZLDWMC
字段说明	ID 标识	图斑标识	地类代码	地类名称	权属单位代码	权属单位名称	坐落单位代码	坐落单位名称
字段名	QSXZ	AREA	KZMJ	JSMJ	TKXS	TBDLMJ	PDJB	…
字段说明	权属性质	面积	控制面积	计算面积	田坎系数	图斑地类面积	坡度级别	

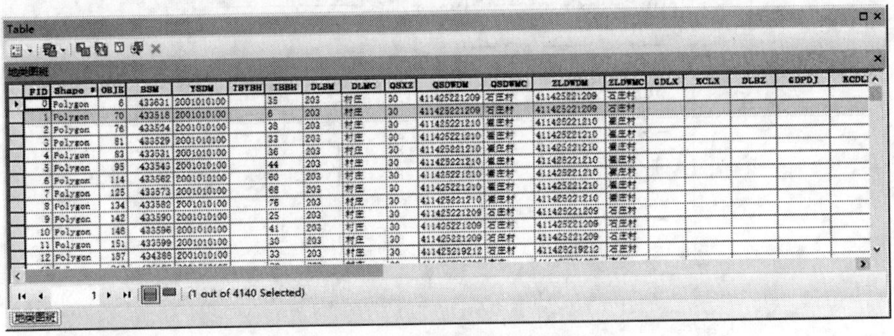

图 11-8　地类图斑图层属性表

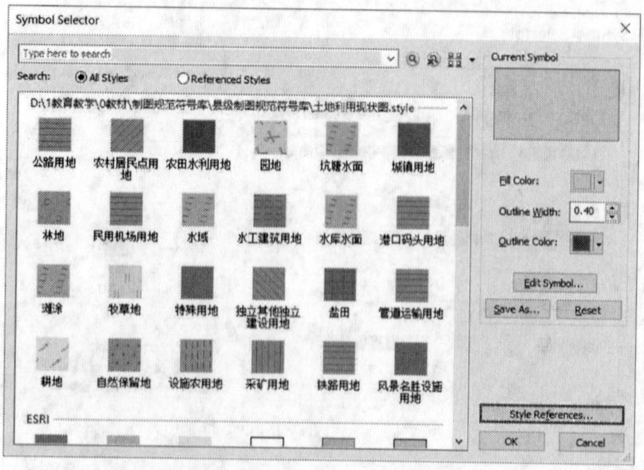

图 11-9　地类图斑符号配置

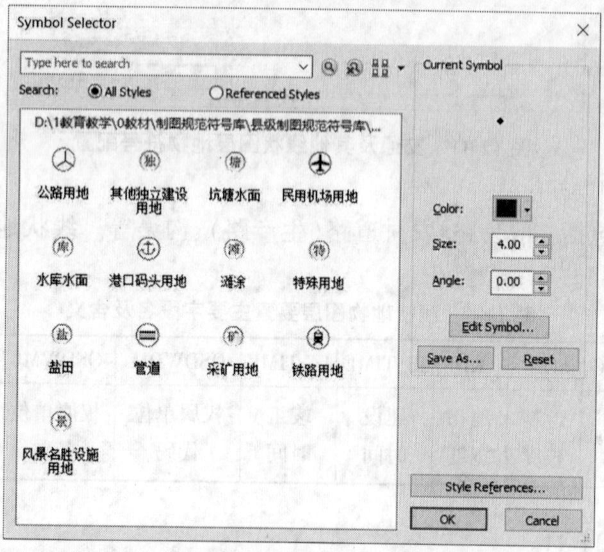

图 11-10　地类图斑符号中的点状符号配置

(3)现状与规划交通运输图层。

交通要素主要包括铁路、等级公路、一般公路、农村道路(生产路)等。交通等图层(线状)要素主要字段名及含义见表 11-3,交通及其他线状图层地物符号配置如图 11-11 所示。

表 11-3　交通等图层(线状)要素主要字段名及含义

字段名	FID	DLMC	DLLB	DLMC	ZGDW	CD	KD	JS_TIME	JZ_TIME
字段说明	ID 标识	道路名称	道路类别	道路名称	主管单位	道路长度	道路宽度	建设时间	竣工时间

图 11-11　交通及其他线状图层地物符号配置

(4)线状地物图层。

线状地物主要包括一般公路、农村道路(生产路)、沟渠等。线状地物图层要素主要字段名及含义见表 11-4。

表 11-4　线状地物图层要素主要字段名及含义

字段名	FID	DWMC	CD	KD	JS_TIME	JZ_TIME	QSDWDM	QSDWMC	ZLDWDM	ZLDWMC
字段说明	ID 标识	地物名称	地物长度	地物宽度	建设时间	竣工时间	权属单位代码	权属单位名称	坐落单位代码	坐落单位名称

符号库参考图 11-11。

(5)中心城区图层。

主要字段有 FID 标识、面积、规划年限,一般要与现状城区边界无缝衔接。

(6)拆旧建新图层。

该图层结合 DLTB 地类图斑图层,选取要在规划期内拆除的居民点(203)复制出一个拆旧建新图层,非完整拆除的要根据规划的区域和面积对图斑进行切割。建新图斑要根据勘测定界的坐标进行绘制,并确立正确的坐标系统。如果建新区在地类图斑中是一个或者多个较为完整的地块,可在地类图斑中选取相应地块复制到建新图层,然后根据规划的面积和位置加以处理。

其主要字段有 FID 标识、YDL 原地类、MJ 面积、GHQX 规划用途等。

(7)其他图层。

其他图层主要包括规划绘制的项目区、缓冲区、核心发展区、中心商务区、重点项目区等,其字段较为简单,主要字段有 FID 标识、名称、规划和建设年限、施工单位、面积、级别等。

任务三　土地利用规划图的制作

土地利用总体规划图

土地利用总体规划图是各级人民政府在编制本行政区域的土地利用总体规划时，在土地利用现状图的基础上，根据总体规划所确定的土地利用结构和布局调整情况所编制的，用以反映各规划要素在规划期内的结构调整与空间分布的专题地图。

土地利用总体规划图是土地利用总体规划的核心成果，它集中反映了土地利用结构和布局的调整，是地区社会经济发展战略的重要参考，是土地利用总体规划、落实土地用途管制制度的重要依据，它用专门的图例符号系统和独特的表示方法，以图件形式再现规划内容，明确辖区内各地块土地的用途，具有文字或其他任何表达方式所不能代替的特殊重要效用，是实施规划、科学进行土地管理的一个有效的工具。

一、图件的主要内容

根据地图所反映的内容分类，土地利用总体规划图属于专题地图，主要由三类要素构成，即基础地理要素、专题要素和图廓要素。基础地理要素包括必要的行政区界、水系、居民点、交通线、明显地物点和等高线；专题要素包括权属界线、土地利用区及界线、重点建设项目、地类界线、重要的线状地物（如规划铁路、公路、沟渠）等；图廓要素包括图名、图廓、地理位置示意图、指北针、风向玫瑰图、面积汇总表、比例尺、图例、署名和制图日期等。专题要素尤以反映规划期内建设用地与非建设用地（农用地、其他土地）在规划期内的转换关系为主，主要体现为两种分区：土地用途分区、土地管制分区（建设用地管制分区、基本农田保护分区）。

二、空间参照系统

一般土地利用总体规划图的平面坐标系统采用“西安 80 坐标系”，高程系统采用 1985 国家高程基准，投影系统采用高斯-克吕格投影，按 3°分带。

三、图件表达

（1）土地利用总体规划图以两大色系表达两类用途：建设用地以暖色系表达为主，非建设用地（农用地、其他土地）以冷色系表达为主。

（2）土地利用总体规划图以颜色与符号（或晕线）表达规划和现状，以颜色表达规划用途/用途分区。为表达规划用途与现状用途的转换关系，用符号（或晕线）表达现状用途。

四、图件比例尺

（1）县域图件比例尺一般为 1∶1万，如辖区面积过大或过小，可适当调整图件比例尺，挂图以不超过两张零号图纸大小为宜。中心城区图件比例尺范围为 1∶1万～1∶5万。中心城区规划控制范围较大的，可适当调整图件比例尺。

(2)乡级图件比例尺一般为1:1万,如辖区面积过大或过小,可适当调整图件比例尺,挂图以不超过两张零号图纸大小为宜。

五、图件种类

土地利用总体规划图

规划图-图件种类

土地利用总体规划图图件包括必备图件与可选择图件。必备图件为土地利用总体规划必须编制的图件,可选择图件根据需要选择编制。

对于县级土地利用总体规划图,必备图件包括土地利用现状图、土地利用总体规划图、基本农田保护规划图、建设用地管制分区图、土地整治规划图、重点建设项目用地布局图。

可选择图件包括:

(1)现状类图。包括区位图、遥感影像图、数字高程模型图、中心城区土地利用现状图(中心城区跨越多个乡镇时为必备图件)等。

(2)规划类图。包括中心城区土地利用规划图(中心城区跨越多个乡镇时为必备图件)、中心城区建设用地管制分区图等。

(3)分析类图。包括土地利用结构调整分析图、土地生态保护度分级图、土地开发适宜度分级图、景观生态用地空间组织图、耕地占用与补充分析图、基本农田调整分析图、城镇用地空间组织图、交通用地空间组织图等。

对于乡级土地利用总体规划图,必备图件包括土地利用现状图、土地利用总体规划图、建设用地管制和基本农田保护图、土地整治规划图(无土地整治项目的为可选择图件)。可选择图件包括:①现状类图。有区位图、遥感影像图、数字高程模型图等。②分析图。有土地利用变化分析图、耕地占用与补充分析图、基本农田调整分析图、农业产业用地空间组织图、村镇用地空间组织图、交通用地空间组织图等。

六、要素图层

规划制图要素图层

土地利用总体规划制图以土地利用现状数据库为基础,面向规划数据建库,图件数据在数据分层、属性结构等方面符合数据库要求,基本满足规划数据库和管理信息系统建设的要求。

土地利用总体规划图制图要素采用分层方式组织和绘制,当采用土地用途区作为主要表达要素时,图层叠置从上至下的顺序依次是:注记、行政界线、其他基础地理要素、重要产业项目和交通水利能源等重大基础设施、允许建设区、有条件建设区、土地现状用途、土地用途区。当采用土地用途作为主要表达要素时,图层叠置从上至下的顺序依次是:注记、行政界线、其他基础地理要素、重要产业项目和交通水利能源等重大基础设施、允许建设区、有条件建设区、土地现状用途、土地规划用途。

建设用地管制和基本农田保护图制图要素采用分层方式组织和绘制,图层叠置从上至下的顺序依次是:注记、行政界线、其他基础地理要素、基本农田保护区、允许建设区、有条件建设区、限制建设区、禁止建设区。

土地整治规划图制图要素采用分层方式组织和绘制，图层叠置从上至下的顺序依次是：注记、行政界线、其他基础地理要素、土地整治区（范围、整治规模、净增耕地规模）、相关土地现状用途。

七、地图分幅与标准分幅图

地图分幅是指按一定方式将规划区的地图划分成尺寸适宜的若干单幅地图，以便于地图制作和使用。常见有经纬线分幅和矩形分幅。

（一）经纬线分幅

图廓线由经线和纬线组成，大多数情况下表现为上下图廓为曲线的梯形，是当前世界各国地形图和大区域的小比例尺分幅地图所采用的主要分幅形式。中国7种基本比例尺地形图均按经纬线分幅，以1:100万地图为基础，按规定的经差和纬差划分图幅，因经线的收敛，各图幅尺寸不同。

（二）矩形分幅

用矩形图廓线分割图幅，相邻图幅间的图廓线都是直线。大型挂图、地图集多用此形式。我国大于1:5 000比例尺的地形图采用矩形分幅。

乡镇级土地利用总体规划制图一般是指比例尺为1:10 000的标准经纬线分幅图，标准分幅图主要用于土地利用现状、土地利用总体规划、土地整治、土地利用管制分区、基本农田保护等多种图件类型。

八、数据准备

（1）××××年××县（乡镇）规划数据库，一般采用Personal Geodatabase. mdb，影像或其他数据采用File Geodatabase. gdb数据库。

（2）县级和乡镇级制图规范ArcGIS符号库（. style格式）。

（3）××县标准分幅或图幅接合表（. shp格式）。

土地利用现状图制作实例具体如下。

土地利用现状图制作

在ArcGIS制图过程中，一般由Data View切换至Layout状态，不然无法进行地图辅助要素的添加与编辑。

一、图层准备

市、县、乡、村行政界限、地类图斑、线状地物、道路网、等级道路（面）、中心城市（乡、村）及注记等其他辅助图层。

图层加载、符号配置、设置晕线。

二、加载ArcGIS符号库

符号库的加载与配置如下所示。

（1）双击图层符号图标，出现Symbol Selector，见图11-12。

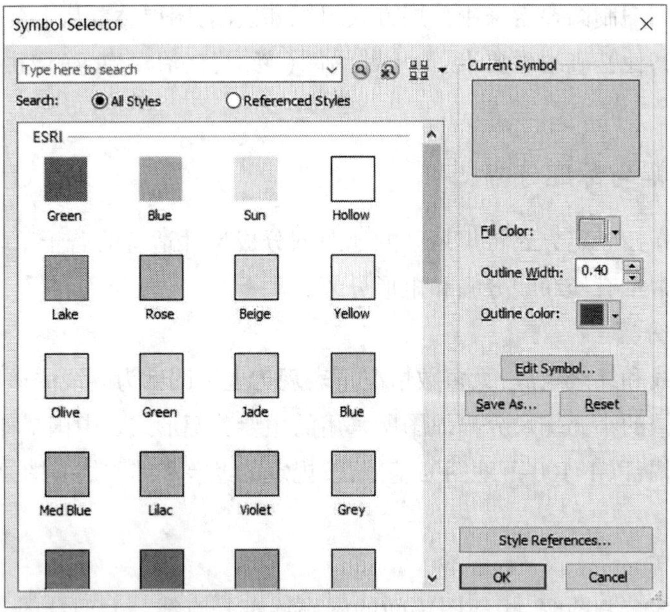

图 11-12 Symbol Selector 符号选择

(2)点击 Style References,进入选择样式对话框,见图 11-13。

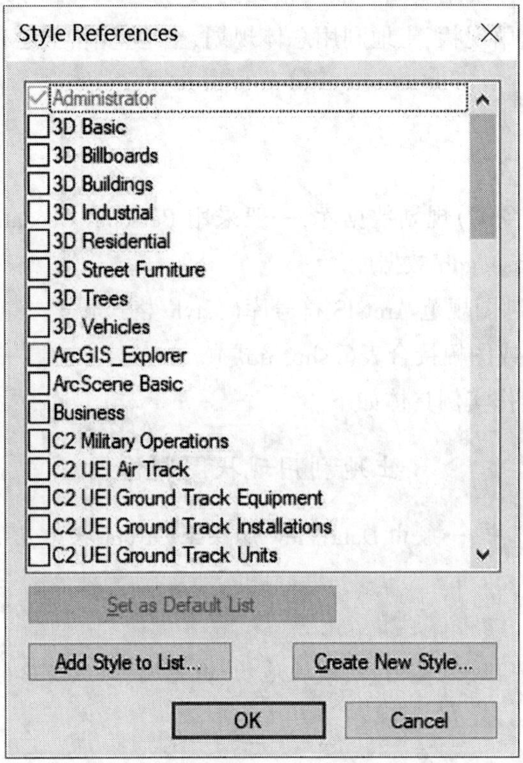

图 11-13 Style References 样式引用

(3)点击 Add Style to List 添加符号库样式,选择要添加的符号库,见图 11-14～图 11-16。

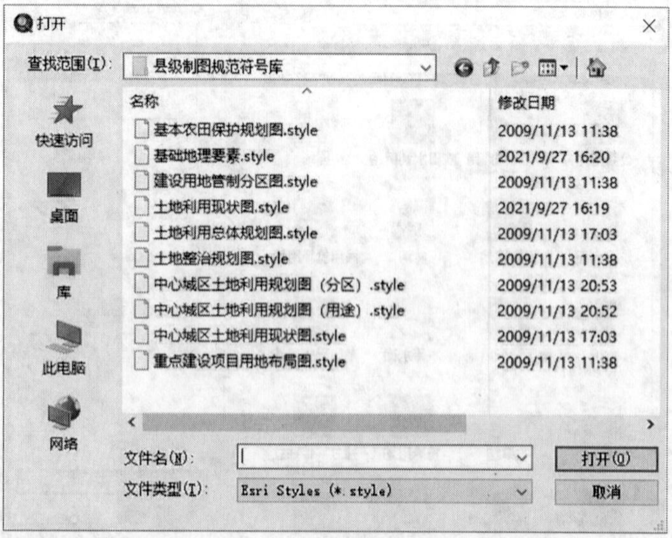

图 11-14　选择符号库文件

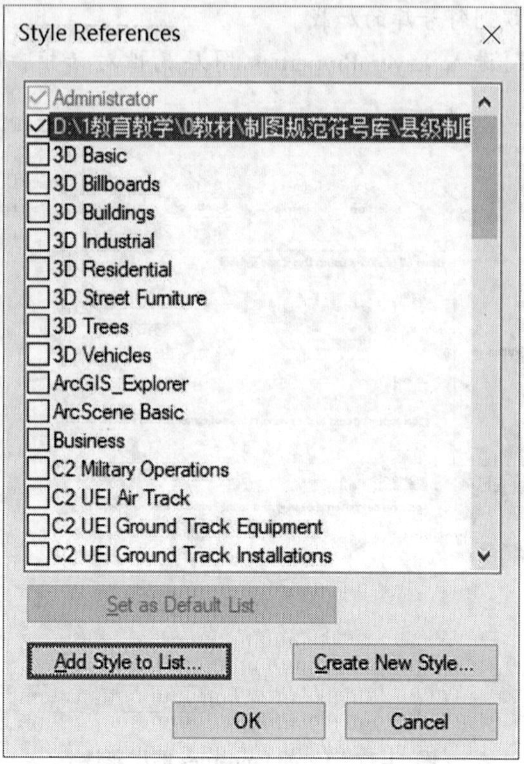

图 11-15　Style References 样式引用

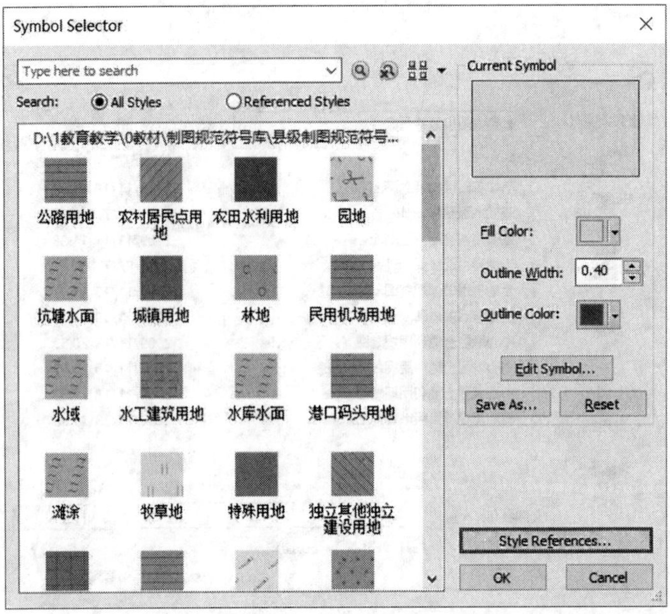

图 11-16　Symbol Selector 样式选择

点击 OK 完成标准规划符号库的加载。

(4)双击现状图层,进入 Layer Properties 图层属性对话框,并点击 Symbology 标签,见图 11-17。

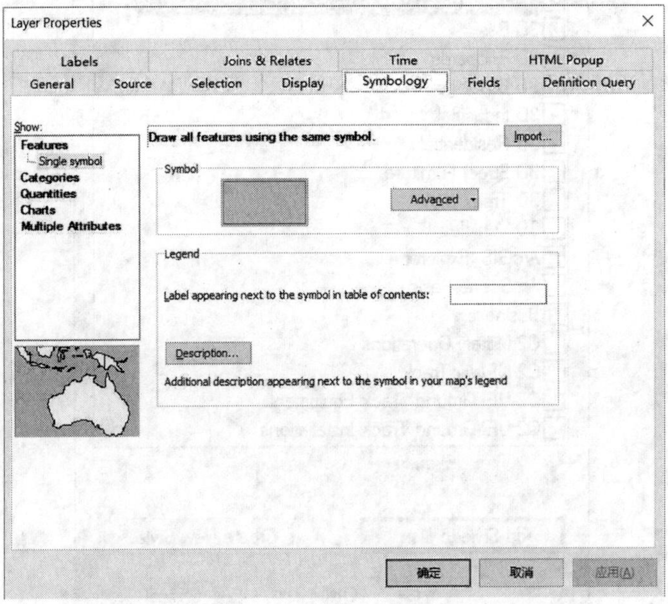

图 11-17　Layer Properties 图层属性

(5)点击 Show 下的 Categories,在右侧字段中选择 DLMC 地类名称,点下 And all Values 后确定,见图 11-18、图 11-19。

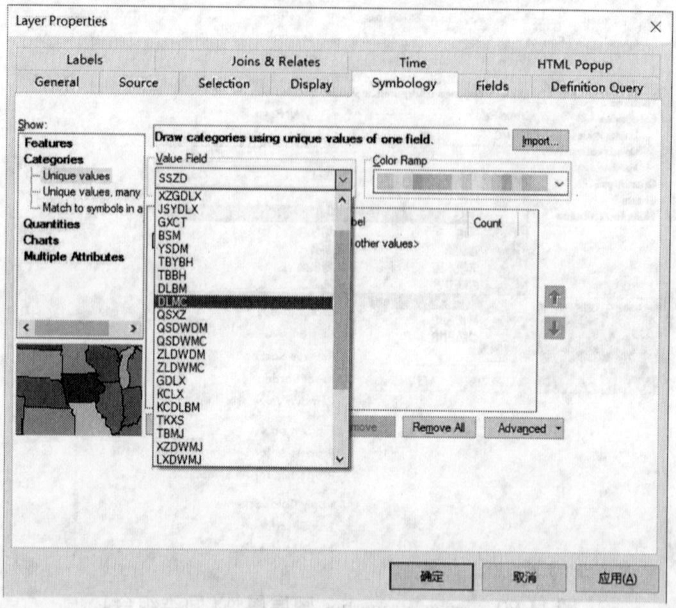

图 11-18　Layer Properties 图层属性(分类字段选择)

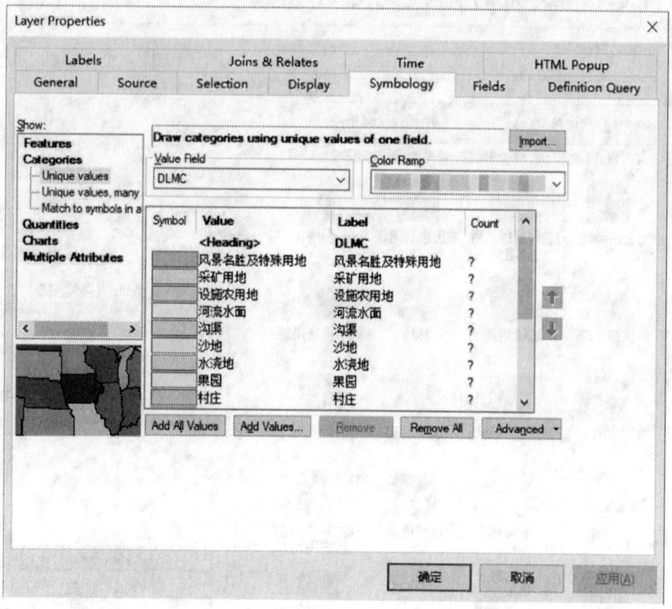

图 11-19　Layer Properties 图层属性(分类字段显示)

选定要合并的地类,如林地(有林地与其他林地)、水域(坑塘、湖泊、河流、水库),右键执行 Group Values,见图 11-20。

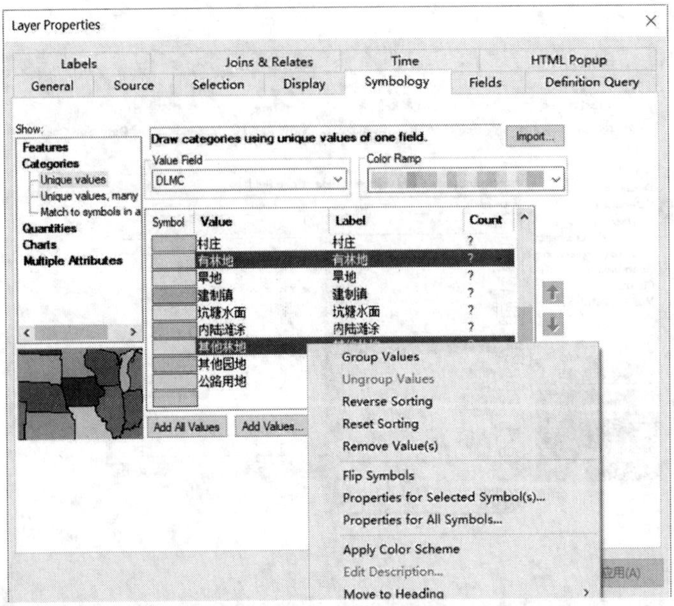

图 11-20　Layer Properties 图层属性(同类组合)

(6)设定地类符号。依据标准要求的符号配置地类符号,依次双击图层下各地类符号,在 Symbol Selector 中选择相对应的符号,见图 11-21。

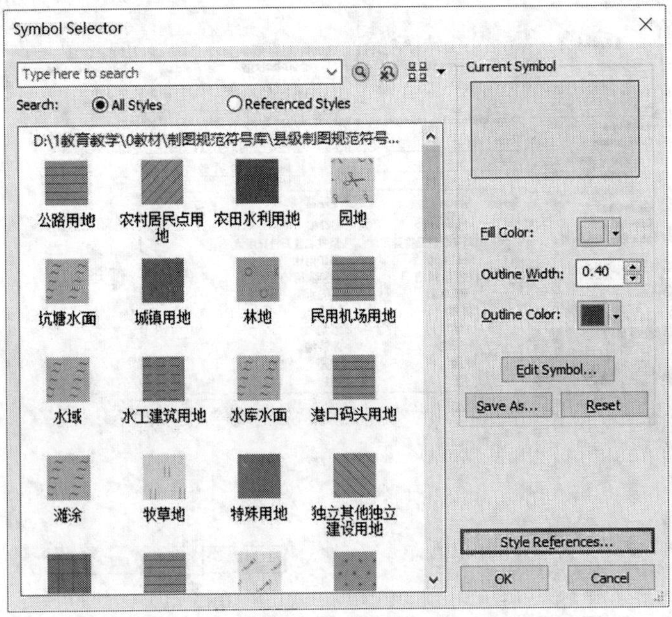

图 11-21　Symbol Selector 配置地类对应符号

在 Layer Properties 对话框中合并类似地类合并,按↑↓按钮调整地类显示顺序,也可根据要求修改符号后的地类名称,见图 11-22、图 11-23。

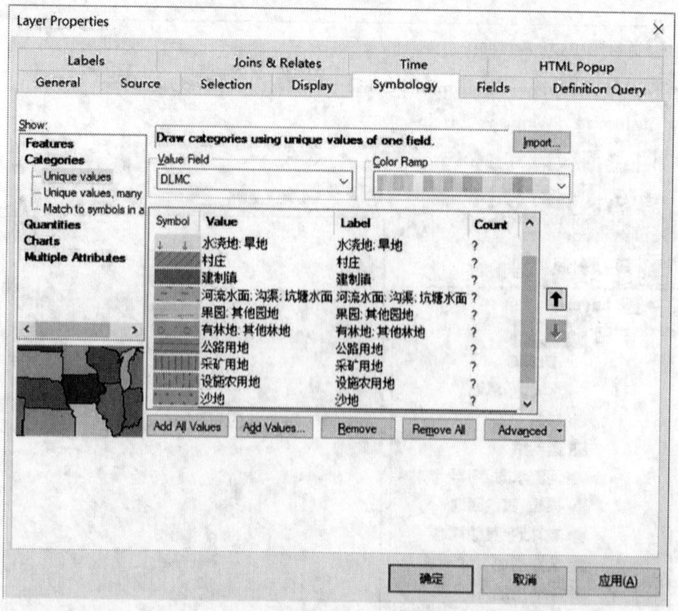

图 11-22　Layer Properties 图层属性(顺序调整)

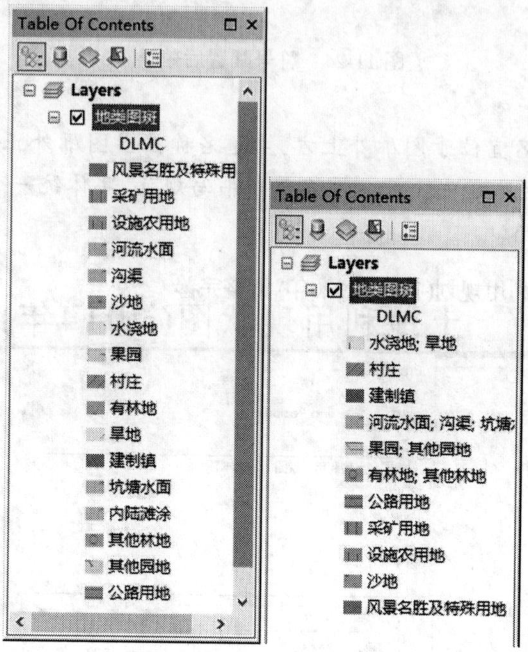

图 11-23　Layer Properties 图层属性(地类顺序调整)

图 11-24 为符号配置后效果。

图 11-24　符号配置后效果

三、图幅配置

(1)图名设置。图名宜位于图廓外上方,主题名称位于图廓外正上方,规划名称宜位于主题名称的正上方、右上方或左上方。图名要求书写规范、字体统一。图名设置和字体设置分别见图 11-25、图 11-26。

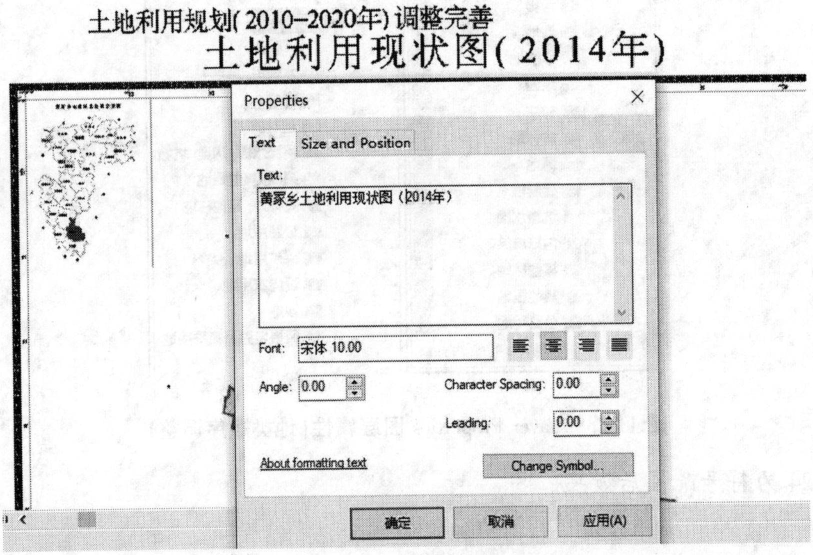

图 11-25　图名设置

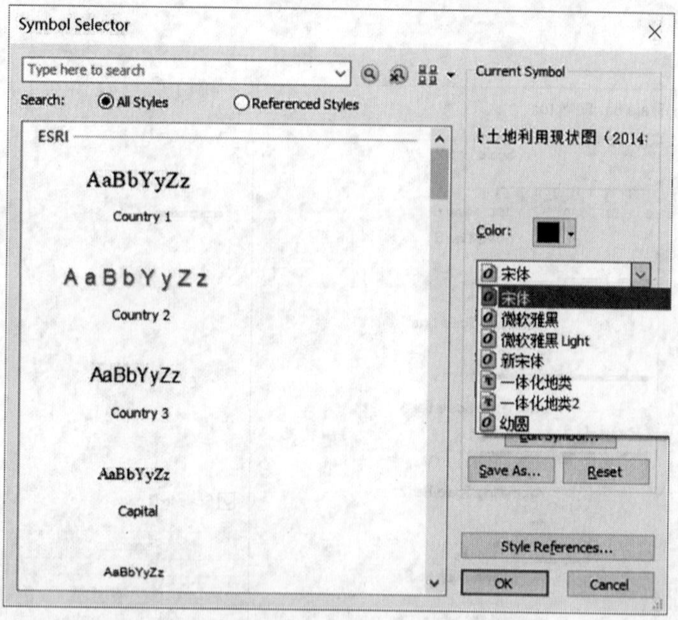

图 11-26　字体设置

(2)指北针要素设置。

指北针与风向玫瑰图可绘制在图幅内右上角或左上角，有风向资料的地区采用 16 方向或 8 方向风向玫瑰图，其他地区采用指北针式样。

打开 ArcGIS 工程文件，选择菜单栏 insert(插入)，在下拉菜单中选择 North Arrow，设置合适的指南针。指北针设置见图 11-27。

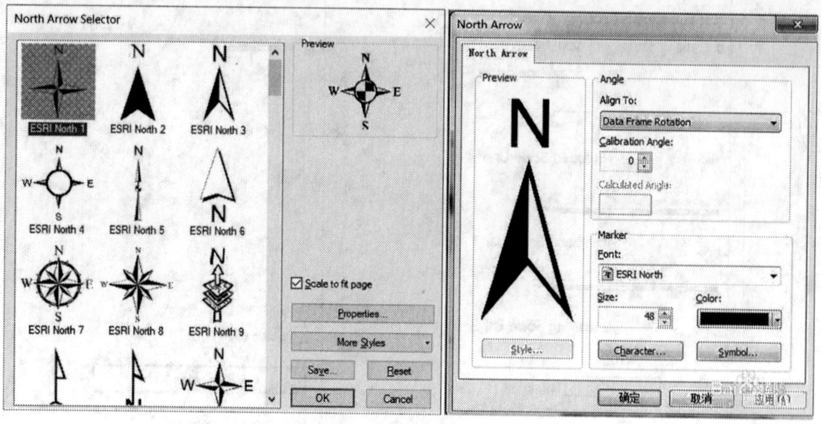

图 11-27　指北针设置

(3)设置比例尺。

县级土地利用总体规划图的比例尺一般为 1:50 000，之后再设置合适的纸张大小和纸张方向。

选择菜单栏 insert(插入)，在下拉菜单中选择 Scale Bar，设置比例尺样式。可以在比例尺属性中改变单位和样式，并确定比例尺的单位及其他格式。比例尺样式选择、调整及属性调整见图 11-28～图 11-30。

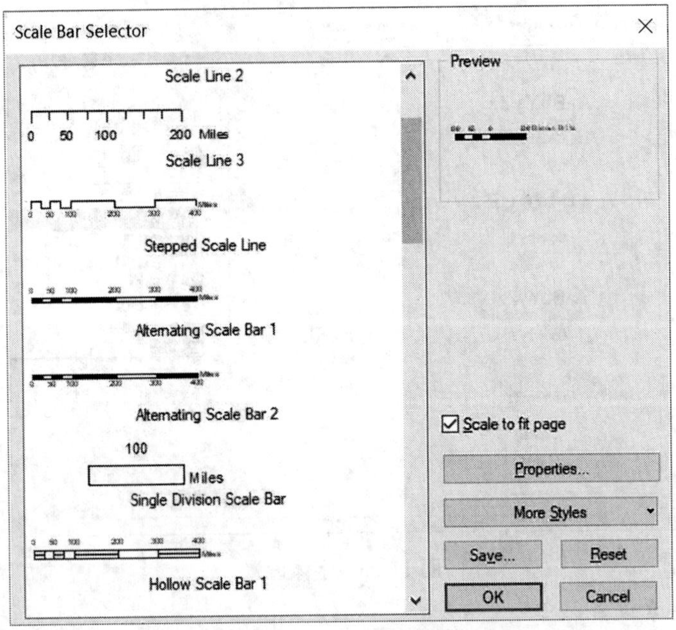

图 11-28　比例尺样式选择

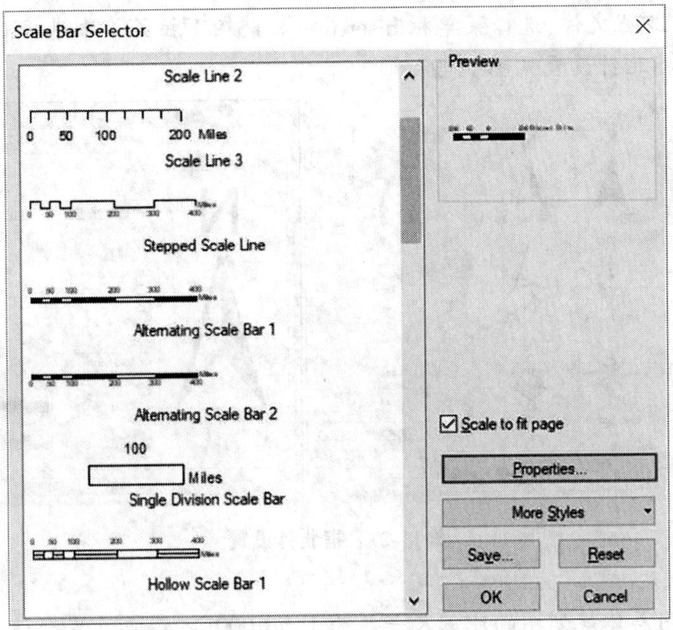

图 11-29　比例尺样式调整

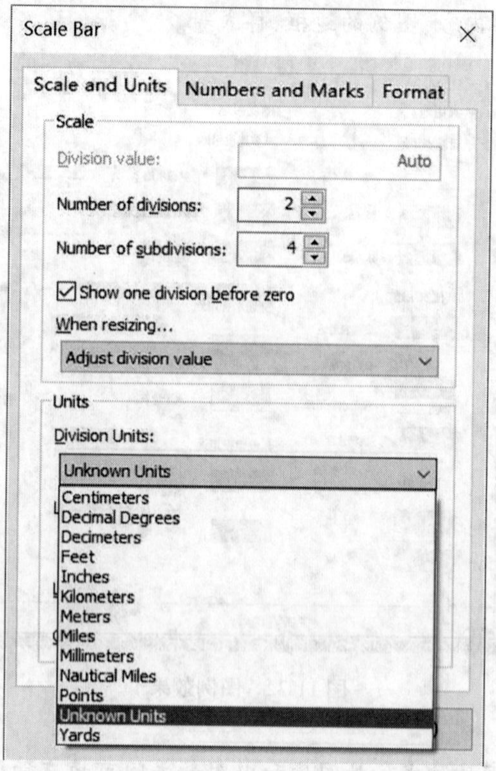

图 11-30　比例尺属性调整

(4)图例设置。

图例绘制在图幅内左下角或右下角,加载图例完成后根据制图规范要求和实际需要进行适量的加减修饰,见图 11-31。

选择菜单栏 insert(插入),在下拉菜单中选择 Insert Legend,设置图例样式。图例效果见图 11-32。

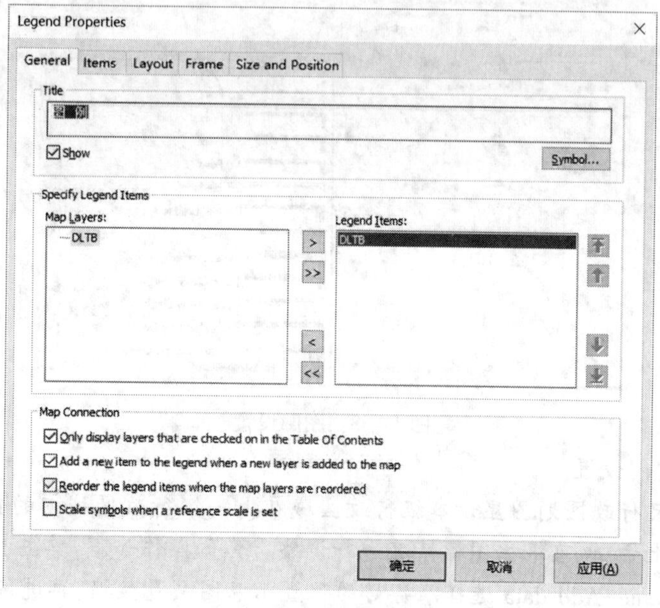

图 11-31　图例添加与设置

设置图例包含的图层内容，图例的边框、样式等。

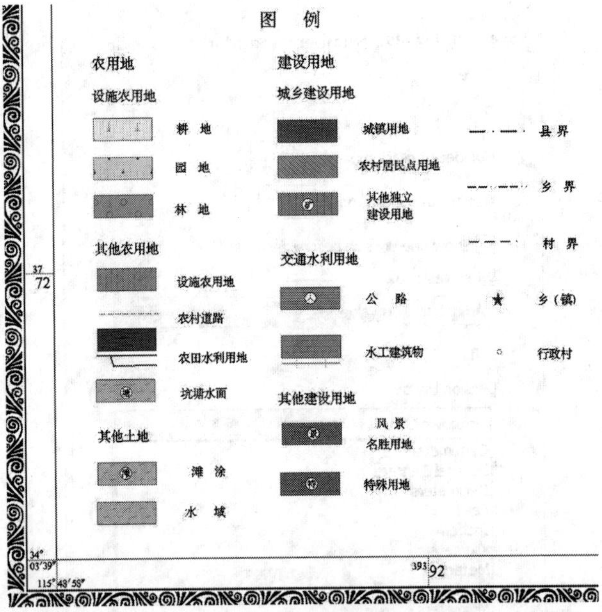

图 11-32　图例效果

(5)地图图廓设置。

图廓由外图廓和内图廓构成。外图廓和内图廓之间可填充简洁花纹，添加方里网，度、分、秒格式。外图廓用粗实线绘制，内图廓用细实线绘制；外图注明千米数，内图廓四角点标注经纬度，经纬度为度、分、秒格式。

打开工程右侧图层顶层的 Data Frame，进入到 Frame 标签处，进行设置。图廓设置如图 11-33 所示。

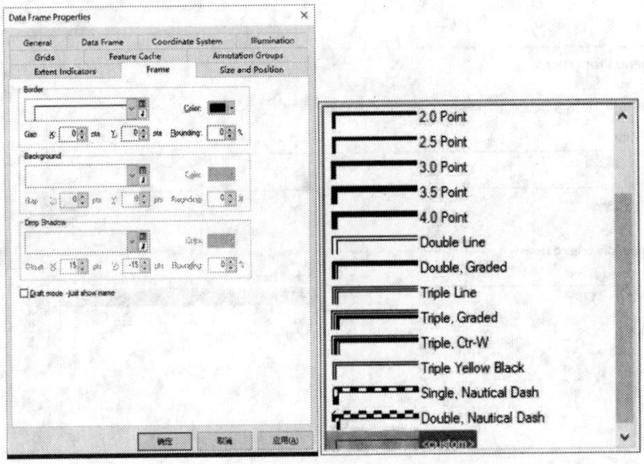

图 11-33　图廓设置

(6)位置示意图设置。

采用小比例尺行政区划图显示本级行政区域在上一级行政区域内的位置，一般位于图幅内左上方或右上方，也可根据图幅情况进行调整。具体操作如下：单击 Insert Data Frame，右击 New Data Frame-Add data 选择准备好的位置示意图矢量数据，再进行整饰即可。

位置示意图图框添加与配置如图 11-34 所示。

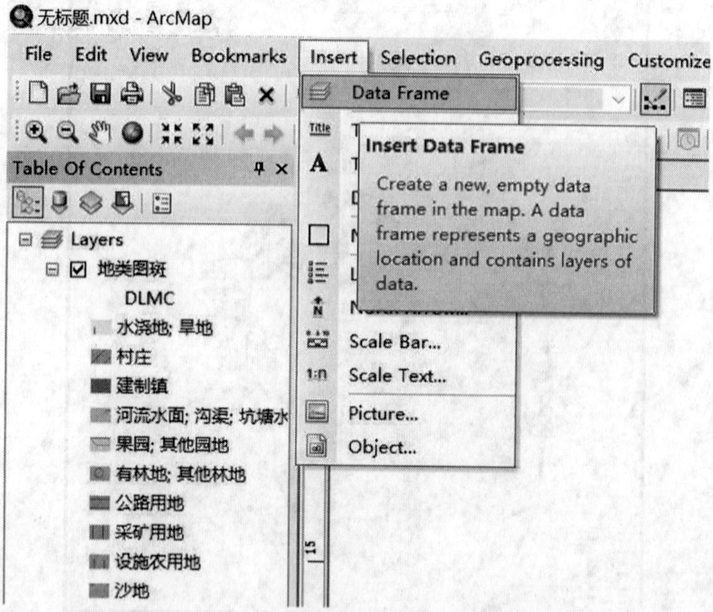

图 11-34　位置示意图图框添加与配置

(7)图廓的修整包括制图单位、坐标系参考及比例尺的位置协调。

此项可以参考 insert Text,文本项有插入操作。

(8)成果输出。

成果输出一般为 jpg 或者 tif 格式,分辨率要求 200 DPI 以上,以保证打印成图的分辨率。

在文件菜单项-输出地图(File-Export Map)中,设置图片分辨率和保存路径后即可输出成果图,见图 11-35、图 11-36。

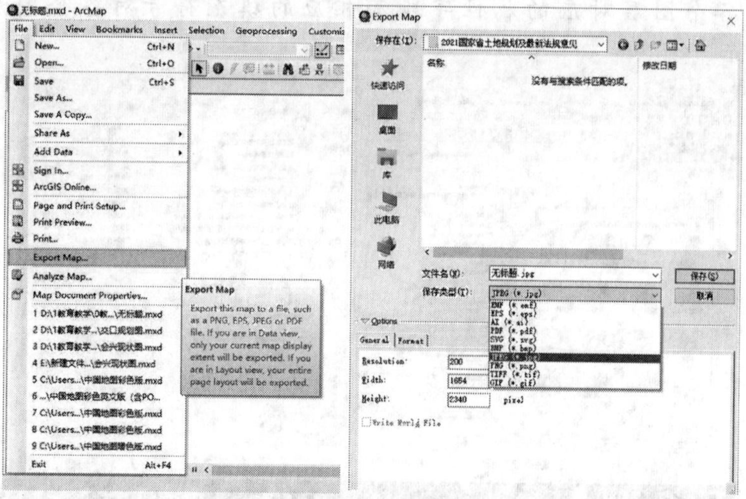

图 11-35　地图输出

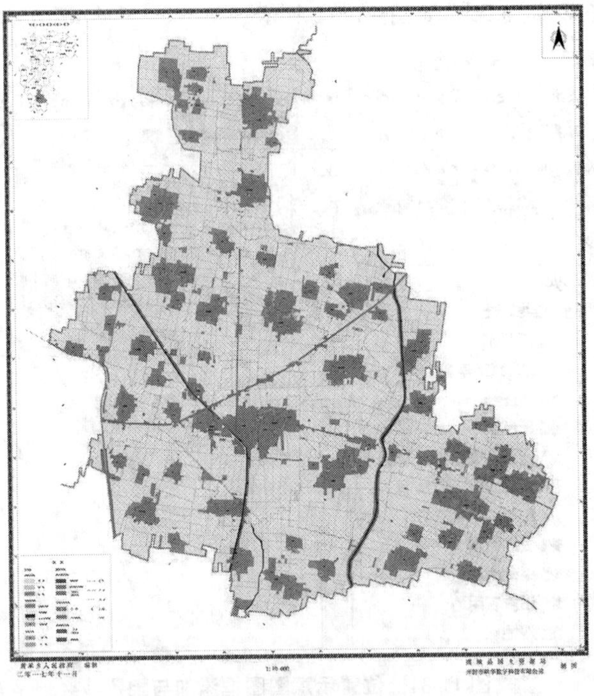

图 11-36　地图输出的成果

四、土地利用总体规划及其他图件说明

土地规划其他图件的操作基本上多为在土地利用现状图的基础上，添加规划图层。可添加的主要图层有拆旧区、建新区、允许建设区、基本农田、重点项目与工程、一般农用地等。为了便于管理，类似图层可合并，用字段值分别赋予符号加以识别。

图层渲染：规划制图中每个图层都规定有相应的渲染方式，将准备好的县乡级制图规范符号库中的土地利用总体规划图(分区).style、基础地理要素.style 等导入 ArcGIS 符号库中，然后根据各个图层对应的属性字段和相应的填充符号对各个图层进行渲染，如图 11-37 所示。

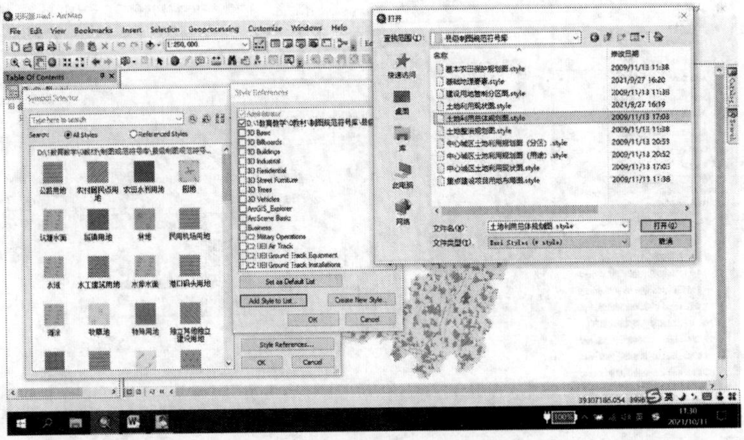

图 11-37　制图规范符号库调用

规划图例参考图 11-38。

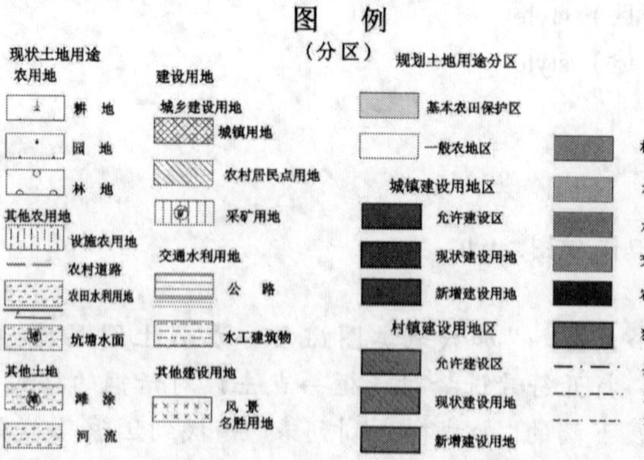

图 11-38 土地利用总体规划图例

小 结

本项目主要借助 ArcGIS 实现土地利用总体规划空间信息的表达，因此要求学生除了解土地利用总体规划制图规范外，重要的是对地理信息系统知识和 ArcGIS 等地理信息系统软件的操作有一定的熟练程度。因此，在实验操作步骤中，对一些 ArcGIS 的基本操作没有详细描述，比如如何加载图层、如何添加和修改各种整饰要素等，需要学生先期学习和掌握地理信息系统软件的相关基本操作。

案 例

利用 ArcGIS 调用国家下发的土地调查利用现状图库

利用 ArcGIS 调用国家下发的土地符号库

图库名：

1. 二调 ArcGIS 符号库
2. 市或县级制图规范符号库

中心城区土地利用现状图. style
中心城区土地利用规划（分区）. style
中心城区土地利用规划（用途）. style
土地利用总体规划图. style
土地利用现状图. style
土地整治规划图. style
基本农田保护规划图. style
基础地理要素. style
建设用地管制分区图. style
重点建设项目用地布局图. style

3. 乡级制图规范符号库

土地利用总体规划图(分区). style

土地利用总体规划图(用途). style

土地利用现状图. style

土地整治规划图. style

基础地理要素. style

建设用地管制与基本农田保护图. style

调用过程:

启动 ArcMAP 桌面制图→点击“+”加载地类图斑层→加载上图层后,自动加载一个单一色彩符号→双击单一符号→打开符号选择对话框→点击该对话框的样式查询按钮后出现样式库列表→点击样式库列表下端的“加载样式到列表”→找到国家下发的符号库文件→点击打开,即可把下发的符号样式库加载到 ArcGIS 中供自己使用。

思政小课堂

《禹迹图》——中国现存最古老的地图

美国国会图书馆地图部所藏最早的中国地图是 1136 年刻绘的《禹迹图》在 19 世纪的拓本。这幅石刻地图原置于陕西省省会西安以西 60 km 的凤翔府岐山县的县学中,描绘了传说中建于公元前 2205 年的夏代大禹王统治地域内贡物运输的情况。这幅地图镌刻于宋代,按照裴秀的计里画方法绘制,但又参照唐代地理学家贾耽绘制于公元 802 年的《海内华夷图》结构做了纠正。裴秀精确的表述及熟练地运用计里画方法绘图,使他的贡献堪与公元 2 世纪亚历山大图书馆的克劳迪亚斯 · 托勒密相媲美。托勒密在天文学和地理学上的贡献奠定了近代西方地理学和绘图学的基础。

《禹迹图》长、宽各 1 m 多,图中采用计里画方的绘制方法,每方折地百里,横方 71,竖方 73,总共 5 110 方。其中,水系、海岸尤接近现今地图的形状。所绘内容十分丰富,行政区名有 380 个,标注名称的河流近 80 条,标注名称的山脉有 70 多座,标注名称的湖泊有 5 个。据图中所绘来看,尚保存有部分唐代地名,可推知是根据贾耽《海内华夷图》中《禹贡》九州部分缩制,因而称为《禹迹图》。此图为研究中国地图学史提供了珍贵的资料,其历史价值和科学意义重大,英国研究中国科学技术史的权威学者李约瑟在其《中国科学技术发展史》中,称此图是“当时世界上最杰出的地图,是宋代制图学家的一项最大成就”。

(引自施定圆《世界最早的实物地图》)

习题演练

单选题　　多选题　　判断题

项目十二 土地利用规划的实施管理

知识目标

1. 掌握土地利用规划成果资料的内容。
2. 掌握土地利用规划图的编制流程。
3. 掌握土地利用规划现场铺图的准备工作、规划方案实施计划。
4. 熟悉土地用途管制制度的内容、特点、分类、土地利用分区、管制规则。
5. 熟悉土地利用计划管理的含义、任务,土地利用计划体系、编制程序与方法、实施。
6. 熟悉土地利用动态监测的含义与作用、内容和指标及技术方法。
7. 了解土地利用规划滚动调整的目的和必要性、原则和程序、实施。

能力目标

1. 能够初步对土地利用规划方案实施计划进行管理,初步具备整理土地利用规划成果资料能力。
2. 能够初步对土地用途管制进行分区。
3. 能够初步进行土地利用计划管理的编制和实施。

素质目标

1. 培养学生的责任意识,提高严谨细致的工作作风。
2. 培养学生动手操作能力,具有自主学习精神,能自主完成工作。
3. 培养学生团队协作能力和认真负责的敬业精神。

项目重点

1. 土地利用规划成果资料的内容。
2. 土地利用规划图的编制。
3. 土地利用规划现场铺图的准备工作、规划方案实施计划。
4. 土地用途管制制度的内容、特点、分类、土地利用分区、管制规则。
5. 土地利用计划管理的含义、任务,土地利用计划体系、编制程序与方法、实施。

项目难点

1. 土地利用规划图的编制。
2. 土地利用规划现场铺图的准备工作、规划方案实施计划。

任务一　土地利用规划成果资料

一、土地利用规划成果资料的内容

土地利用规划成果资料的内容

(一)土地利用规划图

土地利用规划图是土地利用规划成果的主要部分,是一张全面组织土地利用的总设计图。为了详细反映细部设计和便于工程施工,还经常需要编制居民点规划图、各类工程规划设计图,如渠道纵横断面图、道路断面图、水工建筑物设计图等,以及单项规划图,如林业规划图、作物布局图、水土保持规划图等。

(二)土地利用规划说明书

土地利用规划说明书是指全部规划的文字说明,主要内容包括基本情况、土地利用战略研究、管理体制、土地利用结构和居民点的布局,各业生产用地的划分及其内部规划,水利、道路、林带等基本建设项目的规划,基本建设投资及规划实施与经济效益概算等。

(三)技术和法律文件及其他调查资料

技术和法律文件及其他调查资料包括上级有关指示,如发展方向、社会经济发展指标等,以及规划方案审查决议、有关的重要会议记录、协议、调查资料与图表,如土地利用现状图、土壤图等。

(四)施工图及实施计划

施工图及实施计划包括规划设计方案现场铺图所需绘制的施工图件、执行规划方案的总安排和逐年实施计划及土地利用规划动态监测体系。

二、土地利用规划图的编制

(一)土地利用规划图的编制流程

近年来,计算机辅助制图得到广泛的应用。计算机辅助制图又称地图制图自动化,以传统的编图原理和方法为基础,以计算机和有关的图形输入、输出设备及编图软件为工具,进行地学编图,把手工编绘地图转变为应用计算机来执行制图任务。计算机辅助制图在规划动态监测、更新和复制规划图件方面有着手工编图无法比拟的优越性,从制图手段上保证了规划的动态性。

计算机辅助制图,以 GIS 技术的介入为主,就是把表示各种土地要素特征数据、属性数据、图形等信息输入计算机中,在其软硬件的支持下,通过计算机进行储存、更新、检索和进行科学分析等,同时利用 GIS 技术也可以完成土地利用规划图的编制工作。具体编制流程如下:

(1)准备工作,主要包括组织准备和技术准备,即组建规划小组,并对小组人员进行技术培训。

(2)调查研究,包括收集资料、核实调查等,并进行土地利用现状分析、土地需求量分析、土地供给潜力分析和土地适宜性评价,在此基础上进行土地供需平衡分析,明确本地区土地供需状况。

(3)确定规划目标,通常以规划指标来体现。

(4)拟订供选方案,对每个方案进行论证后,提出规划推荐方案。

(5)通过规划协调后确定规划方案。

(6)根据乡镇土地规划划定基本农田保护区,在此基础上进一步编制土地利用规划图。

(二)土地利用规划图的整饰

一张完整的土地利用规划图,除要求内容正确外,还必须使整个图面保持完整美观,并做到使用方便。土地利用规划图整饰工作的主要内容如下。

1. 图廓

图廓一般由内图廓线和外图廓线所组成。内图廓线是规划图图面范围的界线,外图廓线的主要作用在于整饰图面。

图廓线的粗细视图面的大小而定。以 0 号图纸(幅面 841 mm×1 189 mm)为例,外图廓线与图纸外缘的间距以 10~25 mm 较为合适,外图廓线的宽度以 1~2 mm 为宜,内图廓线的宽度以 0.1~0.5 mm 为宜。内、外图廓线的间距以 5 mm 左右为好。土地利用规划图的图纸幅度面较大,往往需要分幅绘制。分幅绘制时,要注意规划线条的衔接。

2. 比例尺

为了便于阅读和使用,土地利用规划图上必须标明比例尺。比例尺通常有数字和直线两种表示方法。用数字标注时,其位置可写在图名的下面,或与指北针、风向频率图一起放在图的左上方或右上方。直线比例尺通常绘制在图面下方的中、右位置。

3. 指北针

当土地利用规划图受图形影响不能按坐标网截取图面时,也就是说图面不能按上北下南、左西右东的方位安排时,应在图上绘出指北针,指北针的箭头处要注明“北”字(或用“N”代表)。指北针也可以与风向频率图合并在一起。指北针的位置通常在图名的左右侧,即图面的左上方或右上方。

4. 图名及图签

土地利用规划图顶端中央为图名(××单位土地利用规划图),图的右下角一般绘制图签(也称为图标),注明负责规划单位和个人,单位技术负责人,制图、绘图、校对和审核人员的姓名。

5. 其他

除了上述内容,在土地利用规划图上的适当位置,还要绘制图例、土地利用统计表、图幅接合表及轮作计划表等,以便全面反映土地利用规划的主要内容,并便于阅读和运用规划图纸。经过整饰后的土地利用规划原图,是土地利用规划工作的最终成果。按规定应存档妥善保管,防止丢失或变形损坏,以便于进行复制和检查规划方案的实施情况。

(三)土地利用规划说明书的编写

土地利用规划说明书是通过文字和表格来说明规划内容的重要方式,因此它是整个规划方案的主件之一。

1. 土地利用规划说明书的基本内容

(1)前言。主要说明规划工作的时间、参加工作的单位和人员、基础资料的来源、工作、过程及存在问题等。

(2)基本情况。简要说明规划土地的地理位置、自然条件(如地质地貌、气象、水文、地质、土壤及植被)、社会经济情况(如人口、劳力、土地、主要生产设备、交通、土地利用及经济水平)及当地社会经济发展中存在的主要问题等。

(3)土地利用战略研究,包括土地利用战略目标、任务、措施等。

(4)土地利用供需平衡,包括土地需求量预测和土地利用潜力、土地利用结构优化。

(5)居民点、交通运输、水利工程等各项建设用地规划。

(6)农业用地规划,包括耕地、园地、林地、牧草地和水产用地规划。

(7)土地利用专项规划。

(8)土地利用规划效益预测。

(9)土地利用规划实施措施。

2. 土地规划说明书的编写方法

土地利用规划说明书涉及的内容广泛,为了顺利地进行编写工作,并达到一定的质量要求,应先拟订编写纲目,然后着手书写。文字要简明扼要,语言生动,论据具体有力。既要照顾到规划的先后顺序,使前后呼应,又要突出重点,可以采取分工协作、汇总协调的办法进行编写。编写定稿后的说明书应加具封面、目录,并按一定规格装订成册。原件存档,复制件供各方面使用。为了全面反映规划中的有关技术内容和方法,还需编写土地利用规划技术报告。

任务二　土地利用规划方案的实施

根据土地利用的程序,土地利用规划方案经过审批后,即可逐步付诸实施。规划方案的实施主要包括现场铺图和编制实施计划两个部分。

一、现场铺图的准备

(一)检查地图质量

应深入现场,检查地图的质量,了解控制点的分布情况,并根据地形条件、工作条件和放线要求,确定铺图的方法。

(二)补测工作

检查土地规划技术设计图的质量,确定未定的角度与直线长度。

(三)制订铺图工作计划

包括使用仪器的种类、数量,人员组织、工作程序和进度要求等。

(四)绘制施工图

施工图即技术设计图的复制或放大,为便于携带和使用,施工图可根据铺图程序、进度而分区绘制。上述工作准备就绪后,便可按计划进行现场铺图工作。

二、规划方案实施计划

在铺图的同时,应当编制规划方案的实施计划,以全面执行规划方案,其中包括开垦栽植(农作物、饲料、果林)、土地开发复垦、工程施工等一系列计划的实施。通过实施计划,明确划分各项具体计划逐年实现的规模,需要的人力、物力、财力等的数量及其来源,保证程度及平衡措施。

实施计划的编制原则具体如下。

(一)全面安排,远近结合

根据全面安排、逐步实现精神,处理好近期工程与远期工程的关系。对于需多年实施的大型骨干工程,应作好分期实施计划,明确各年应完成的任务并制定出保证完成任务应采取的措施。

(二)集中力量,突出重点

安排分期计划时,应根据本地区的条件和存在的主要问题明确主攻方向,抓住重点,全面安排骨干工程与配套工程、土方工程与建筑物的施工,使各项建设尽早发挥效益。

(三)实事求是,切实可行

实施计划必须放在自己力量的基础上,根据本地的人力、物力和负担能力妥善安排各项施工建设,使实施计划切实可行。

为保证全面准确地实施方案,还要将实施计划列入本单位的工作计划。具体的实施工作主要由当地干部群众进行,只有他们参加实施计划的制订,才能保证实施方案得到执行,并在执行过程中妥善处理建设施工中遇到的问题。

(四)动态监测,完善规划

在实施规划过程中,若发现制订规划方案的依据和有关参数发生了变化,应及时对原规划方案进行符合规定程序的修改和完善。

任务三　土地用途管制制度的实施

新修订的《中华人民共和国土地管理法》确立国家实行土地用途管制的法律制度,将土地按用途分为农用地、建设用地和未利用地,将土地使用权分为农用地使用权和建设用地使用权,并将土地利用总体规划作为实施土地用途管制的重要依据。

一、土地用途管制制度的内容

土地用途管制制度是指国家为保证土地资源的合理利用,促进经济、社会和环境的协调发展,通过编制土地利用规划,规定土地用途,明确土地使用条件,并要求土地所有者、使用者必须严格按照规划确定的用途和条件使用土地的制度。土地用途管制制度是目前世界上土地管理制度较为完善的国家和地区广泛采用的土地管理制度。

土地用途管制制度的内容包括土地按用途进行合理分类,通过土地利用规划规定土地用途和土地使用条件,土地登记注明土地用途,对用途变更实行审批许可制,实行土地利用监督管理,对违反土地利用规划的行为严格查处等。

二、土地用途管制制度的特点

(一)强制性

强制性管制就是强制性的管理。土地用途管制就是国家依据土地利用规划作出对土地使用上的限制和对土地用途转变的许可、限制许可或不许可的规定,并通过法律或行政手段进行约束的强制性措施。

(二)严肃性

土地利用规划一经批准,土地用途也就确定,即具有法律效力,必须严格执行。任何单位和个人都必须按规定用途使用土地,否则就属违法行为,要受到法律的制裁。

(三)权利性

实行土地用途管制的主体是各级人民政府。土地管制权衍生于国家对城乡地政的统一管理权和公共事务管理权,而不是土地所有权。土地用途是由代表国家长远和全局利益的人民政府通过各级土地利用规划确定的,因而必须由各级政府来实行土地用途管制,具体代表政府行使用途管制权利的是各级政府的土地管理部门。

(四)直接性

土地用途管制制度是通过划分土地用途区,确定分区内土地规划用途,编制详细的条款式的土地用途管制规则来实现的,对土地使用用途都已进行了直接的规定。

三、土地用途管制与土地利用规划的关系

土地利用规划是实施土地用途管制的依据,土地用途管制则是落实土地利用规划的手段和措施。

建立有效的土地用途管制制度是以土地利用规划的编制和实施为前提的。土地利用规划就是在土地利用结构调整基础上,划分土地用途区,落实用地布局。土地利用分区的主导用途是管制的重点,也是规划确定的土地利用方向。同时,鼓励次要用途向主导用途转变,也可暂时维持现状,但不能变为其他用途。

土地用途管制制度可确定土地利用规划的法律地位并保证规划实施。依土地用途管制制度的规定,使用土地的单位和个人必须严格按照土地利用总体规划确定的用途使用土地。未经规划的地区或规划未经批准的地区,不得擅自改变土地利用现状。而且,实行土地用途管制制度,就要求交通用地规划、水利用地规划、林地规划、城市用地规划等专业规划服从土地利用总体规划,通过各专业规划的实施来保证土地利用总体规划的全面实施。

四、土地用途分类和土地利用区

土地利用用途的分类、分区和管制规则

(一)土地用途分类

依据实施土地用途管制的需要、土地利用规划和实际状况,将土地分为以下三大类。

1. 农用地

农用地是指直接用于农业生产的土地,包括耕地、林地、园地、草地、养殖水面、农田水利用地(不包括永久性沟渠)等。

2. 建设用地

建设用地是指营造建筑物、构筑物和其他造成原土地生态利用条件难以恢复的土地,包括城乡住宅和公共设施用地、工矿用地、交通水利设施用地、旅游用地、军事设施用地。

3. 未利用地

未利用地是指农用地和建设用地以外,尚未有明确用途或人类未以生物技术或工程措施进行改造利用的土地。其中有些是暂未利用,有些是目前技术条件下难以利用,有些是低效利用。

(二)土地利用区

土地利用区是指在各级土地利用总体规划中,主要是在县、乡级土地利用总体规划中,

依据土地资源特点、社会经济持续发展的要求和上级下达的规划控制指标与布局的要求,划分出的土地主导用途相对一致的区域。由于土地利用区是根据用途的差异划分的,所以也有人称之为土地用途区。

土地分类方法确定后,土地利用区通常可划分为农业用地区、建设用地区和暂未利用区或自然保护区、风景名胜区、特种用地区、城市生态绿地区及水源保护区等。

还可根据土地利用类型差异,将上述土地利用区进一步细分:

(1)农业用地区可分为基本农田保护区、一般耕地区、林业用地区、牧业用地区、园业用地区、渔业养殖区等。一般耕地区又可分为现状耕地区和耕地开垦区。

(2)建设用地区可分为城市建设用地区、村庄和集镇建设用地区、独立工矿区、特殊用地区等。

(3)暂未利用区可分为可开垦区、禁止开垦区和部分水域。

五、土地用途管制规则

土地用途管制规则是在划分土地利用区,明确各区土地用途的基础上,对土地使用和用途变更作出的限制、许可或限制性许可的条款,是实行土地用途管制的直接依据。

(一)农业用地区管制规则

农业用地区的管制应包括农地非农化的管制和农地农用的管制两个方面。坚持的原则是"农地,农有,农用",即限制农地非农化,鼓励维持农用,有限制地许可农地区内部用途的变更。农业用地区可分为耕地区和非耕地区两个类别来讨论。

1. 耕地区

耕地区是根据规划期内耕地保有量来确定的,包括基本农田和一般农田两部分。

(1)基本农田。就是依《基本农田保护条例》划定的基本农田保护区内的耕地,是确保人口高峰年对粮食需求量的耕地面积。主要是生产条件较好、集中连片、产量较高的耕地,城镇或村镇建设规划区外的耕地,交通沿线的耕地和其他国家规定需要保护的耕地。其主要管制规则有:①任何单位和个人不得擅自改变或占用基本农田保护区。②国家重点建设项目选址无法避开保护区的,应取得基本农田占用许可,批准占用的,经规划修订后按占用建设规划区的耕地管制。③设立开发区不得占用基本农田保护区。④禁止在保护区内建窑、建房、建坟或擅自挖沙、采石、采矿、取土、堆放固体废弃物。⑤利用基本农田从事农业生产的,应当保护和培肥地力,鼓励施用有机肥料。⑥不得占用基本农田发展林果业及畜牧业。⑦保护区内耕地承包经营权变更时,对耕地地力等级进行评定,保护农田生态环境等。

(2)一般农田。包括规划确定为农业使用的耕地后备资源和其他零星非耕地、坡度大于25°但未列入生态退耕范围的耕地、泄洪区内的耕地和其他劣质耕地。其主要管制规则有:①一般农田中的耕地禁止被建设占用,确需占用的,批准转用后修改规划,再视为占用建设规划区内的耕地管制。②确需占用一般农田中非耕地的,修改规划后视为占用非耕地办理许可。③鼓励一般农田中的耕地后备资源和其他零星非耕地转为宜农耕地。④保留现状用途的地类不得扩大面积,散布在本区内的农村居民点不得在原地翻建扩建,并逐步按规划调整布局。除生态保护需要外,限制占用本区的耕地发展园林牧业。⑤严禁用于发展水产养殖业和建窑、建房、建坟及堆放固体废弃物。⑥鼓励实施土地整理,通过对田、水、路、林的综合整治,搞好土地建设,提高土地质量,改造中低产田等。

2. 农用非耕地区

农用非耕地区的土地主要用于园林生产和生态环境保护、畜牧业生产及各自必要的服务设施建设。土地利用管制规则主要有:各类土地不得擅自改变用途,农业内部结构调整应符合规划;划入本区的耕地转用应与本区外的非耕地转为耕地面积大致平衡并建立对应置换关系,否则不得改变耕地用途;严禁非农建设占用名、特、优、新种植园地和水土保持林、防风固沙林等防护林用地及优良草场,限制占用一般园林牧业用地;鼓励通过水土综合整治,治理水土流失、荒漠化、盐渍化,扩大园林牧业用地面积。

(二)建设用地区管制规则

无论是城镇、村镇,还是独立工矿区,都包括建成区和规划区。

1. 建成区

建成区内的土地管制规则主要有:①建成区土地利用结构的调整和功能定位。②现有建设用地和闲置废弃地挖潜,以某区域(或单位)土地利用率的高低确定是否对该区域(或单位)投入增量土地,具体体现在土地的平面利用(建筑密度)和立体利用(容积率)等方面,要建立评价体系。③提高土地利用效率,土地利用应符合各土地级别、用途下规定的建蔽率(建筑密度)、容积率、建筑高度等方面的限制,对不利用土地行为征收土地闲置费(税),直至没收土地。④保证公益事业建设对一部分土地的需要。

2. 规划区

规划区内的土地管制规则主要有:①确定建设规划区的界限和用地数量,确保人均占地或总规模不突破规定标准。②分阶段保护建设规划区内的耕地,确需新增用地的,优先供给非耕地或劣质耕地。③本区内的耕地及其他农用地,在批准用于建设前,应当按原用途使用,不得擅自转用,也不得废弃撂荒。耕地转用前,必须在本区外开发复垦不少于所占面积且符合质量标准的耕地,或交纳相当的耕地造地费。

(三)暂不利用区管制规则

暂不利用区的主要管制规则有:①禁止任何不合规划、破坏自然生态环境的江河挖土或填土行为,不得擅自围湖造田;鼓励江河流域综合整治和河道疏浚,鼓励对废弃河道、零星坑塘水面、盐碱地等进行土地整理。②鼓励在陆地水域根据市场需要设立水产养殖区;鼓励多渠道、多形式开发利用"四荒"土地资源,但应在取得开发许可前提下,根据土地适宜性保证一定的耕地开垦率。③防洪区外的滩涂、苇地及其他表层有土质的土地为农业后备土地,限制用于非农业建设,开发利用应避免生态恶化。

(四)自然人文景观保护区管制规则

自然人文景观保护区的主要管制规则有:①本区内影响自然与人文景观保护的其他用地,应按要求调整到适宜用地区。②除与保护需要直接相关的建筑外,禁止各类建设,未经批准不得改变用途。③禁止在本区内开山炸石、取土制砖、修墓、乱砍滥伐、倾倒废物和污水等破坏景观资源的行为。④严禁盲目开荒和破坏自然植被的活动。

任务四　土地利用计划管理

新修订的《中华人民共和国土地管理法》第二十四条规定,各级人民政府应当加强土地利用计划管理,实行建设用地总量控制。这就赋予了土地利用计划管理的法律地位,同时规定了各级政府进行土地利用计划管理的责任。

一、土地利用计划管理的含义

土地利用计划是指国家对土地资源开发利用作出部署和安排的中期计划与年度计划。

土地利用计划管理就是国家通过编制计划和下达控制指标,对土地资源的开发、利用、整治和保护进行统筹安排,宏观地指导和约束人们有计划地合理组织土地利用的一项行政调控措施。土地利用计划管理主要包括计划编制、指标下达和计划实施三部分内容。

二、土地利用计划管理的任务

(1)通过编制中期和年度土地利用计划,实现土地利用总体规划。

(2)确定各类用地的计划指标和调整土地利用结构的规模与速度,促进国民经济均衡协调发展。

(3)研究制定实施土地利用计划的政策措施,保证计划顺利实现。

三、土地利用计划与土地利用规划的关系

土地利用规划是对全部土地资源利用的战略性长期计划,土地利用计划则是中期和年度的土地利用规划。两者的关系如下:

(1)土地利用规划是土地利用计划编制与实施的依据。

为实现土地利用目标,土地利用规划确定了一系列的土地利用控制指标体系,这些控制指标就是编制土地利用计划的直接依据,也是土地利用计划实施的重点。土地利用规划中一般有耕地减少量、耕地补充量、建设用地总量、农用地保有量等控制指标;土地利用计划中相应地应有农用地转用计划、生态退耕计划、土地开发整理补充耕地计划、耕地保有量计划等指标,以此来保证规划控制指标按年度落实。

(2)土地利用计划是土地利用规划的具体实施计划,土地利用计划管理是实施土地利用规划的行政手段,土地利用规划的实施需要分阶段、分年度进行,土地利用计划就是在土地利用规划的框架内,根据国民经济发展的具体情况,对土地利用进行的阶段或年度的调节,以保障规划的贯彻落实。各级政府在审批农用地转用、土地开发整理、生态退耕等项目时,除要求符合规划确定的布局外,还应符合土地利用计划的要求。土地利用计划起着调节器的作用,可以避免某种土地利用行为在阶段或年度上过于集中。

四、土地利用计划体系

(一)土地利用计划的类型

1. 按计划时效分为中期计划和年度计划

1)中期计划

中期计划一般是五年计划,与国民经济发展的五年计划相一致。土地利用中期计划是土地利用规划的阶段性实施计划,能够对土地利用规划的目标任务作出较详细的核算,确定较详细的计划指标并为编制年度计划提供依据,起到承上启下的作用。

2)年度计划

年度计划是以一年为期的计划,是中期计划的具体化。土地利用年度计划要对中期计

划所规定的分年度任务作出具体安排,但不是中期指标的机械分段,而是要充分考虑当年的实际情况,对中期计划进行必要的调整和补充,又必须服从中期计划的调控。土地利用年度计划是具体的执行计划。

2. 按计划管理层次分为国家计划和地方计划

1) 国家计划

国家计划即全国的土地利用计划。它体现国家全局性的土地利用决策,规定国民经济及其各部门的用地比例和规模,以及实现计划的重大政策措施。它是制订地方计划的主要依据。当地方计划与国家计划发生矛盾时,地方计划应当服从国家计划,并首先保证国家计划的实现。

2) 地方计划

地方计划主要是指省、市、县级计划,是国家计划在各地区的具体化。地方计划以全国计划中按地区分列的指标为基本依据,结合本地区的情况,因地制宜地对本地区的土地利用作出具体安排。

3. 按调控程度分为指令性计划和指导性计划

1) 指令性计划

指令性计划是由国家统一制定的具有法律效力和强制性的计划。《中华人民共和国土地管理法实施条例》第十三条第二款规定,土地利用年度计划应当包括农用地转用计划指标、耕地保有量计划指标和土地开发整理计划指标。这三项计划指标就是指令性计划指标,一经批准下达,必须严格执行。其中,农用地转用计划指标为高限指标,要求严格控制,不得任意突破;耕地保有量计划指标和土地开发整理计划指标是低限指标,要求保证完成或超额完成。

2) 指导性计划

指导性计划是只规定一定幅度和不具有强制性的,用以指导国民经济各部门组织土地利用的计划指标。计划执行单位一般以指导性计划为依据,结合本部门、本地区实际条件安排计划,可以在一定程度上有所调整并报土地利用计划主管部门备案。国家主要通过经济政策、经济杠杆和经济法规进行指导和调节,必要时辅以行政手段。例如,国有土地出让计划、闲置土地利用计划、土地征用计划等都属于指导性计划指标。

(二) 土地利用计划指标体系

土地利用计划指标即组成土地利用计划的某个单项计划,是计划目标、任务的具体化和数量表现,通常由指标名称和指标数值两部分组成。土地利用计划指标体系主要包括农业生产用地计划指标、建设用地计划指标、土地开发整理计划指标等类型。

1. 农业生产用地计划指标

农业生产用地计划指标包括耕地、园地、林地、牧草地和水产养殖用地指标。另外,为有序地进行农业生产结构调整,还可编制退耕还林、还园及生态退耕等计划指标。这些都是指导性计划指标。

2. 建设用地计划指标

建设用地计划指标包括国家建设用地计划指标、乡镇建设和农民建房计划指标。国家建设用地计划指标中具体有农用地转用(含耕地转用)计划指标、国有土地出让计划指标、农民集体土地征用计划指标、闲置土地利用计划指标等。

3. 土地开发整理计划指标

土地开发整理计划指标包括荒地开垦、废弃地复垦、滩涂围垦、农地整理、村庄整理等计划指标。

五、土地利用计划的编制程序和方法

土地利用计划

编制程序

土地利用计划的编制采取自上而下、上下结合的程序。中期计划一般采用“两上两下”的程序(见“中期计划编制程序”);在中期计划基础上,年度计划的编制采取“一上两下”的程序(见“年度计划编制程序”)。土地利用计划由各级土地行政主管部门负责编制,经同级计划部门综合平衡后纳入国民经济和社会发展计划。

(一)准备工作

土地利用计划要依据土地利用总体规划、国民经济和社会发展计划、国家产业政策及建设用地和土地利用的实际情况编制。因此,在编制计划前,要进行各项准备工作,主要如下:①组织调查研究计划期的经济形势、固定资产投资形势、工农业生产发展的速度、人口和城镇建设情况、土地利用中的重大问题等;②制定有关政策措施;③确定计划编制方法,制定计划编报的表格等有关文件;④征询各地区、各部门的计划建议。

(二)土地利用计划的编制审批程序

土地利用计划的编制审批程序与土地利用总体规划的编制审批程序相同。

1. 中期计划编制程序

(1)由地方各级土地行政主管部门根据计划期内国民经济的发展速度、固定资产投资形势、工农业生产发展的速度、重大项目的安排及当地土地资源的状况和土地利用规划情况,参考基期(上年)计划执行情况,提出本地区计划期的土地利用计划建议,逐级上报至国务院土地行政主管部门。

国务院批准的建设项目和国务院有关部门批准的道路、管线工程及大型基础设施建设项目用地,由国务院有关部门以建设项目为单位,向国务院土地行政主管部门申报,同时抄送项目拟使用土地所在地的省、自治区、直辖市土地行政主管部门。

(2)国务院土地行政主管部门会同国务院有关部门,根据调查研究和各地区、各部门上报计划建议情况,在广泛听取各方面意见的基础上,对各项用地进行预测和初步平衡,提出土地利用计划控制数,报国务院批准,下达到各部门和各省、自治区、直辖市及由国务院批准土地利用总体规划的城市,以指导地方编制计划。控制数主要包括对基期计划执行情况的预计、计划期土地开发和利用的重点及需要采取的政策措施和一些土地利用计划指标的初步设想。

(3)国务院各部门和各省、自治区、直辖市及由国务院批准土地利用总体规划的城市接到国家下达的控制数后,结合本地区、本部门的实际情况,对控制数进行研究,组织所属基层土地行政主管部门和计划部门对原上报计划建议数进行修正,并编制出计划草案;由各省、自治区、直辖市及由国务院批准土地利用总体规划的城市和各部门按地区和部门汇总并初步平衡,编出省级和部门的土地利用计划草案,上报国务院土地行政主管部门。

(4)国务院土地行政主管部门在各地和各部门上报计划的基础上,进行综合平衡,统筹安排，编制全国的土地利用计划草案，送国家计划行政主管部门综合平衡，纳入国民经济和社会发展计划草案，报国务院。经国务院审定后，报请全国人民代表大会审议批准，批准后的正式计划，按隶属关系逐级下达。

2. 年度计划编制程序

(1) 由地方各级土地行政主管部门根据中期计划、土地利用规划情况、基期(上年)计划执行情况和项目安排情况，提出本地区下一年度的土地利用计划建议，逐级上报至国务院土地行政主管部门。

(2) 国务院土地行政主管部门会同国务院有关部门根据各地区、各部门上报的土地利用年度计划建议情况，在广泛听取各方面意见的基础上，对各项用地进行预测和初步平衡，编制土地利用年度计划，报国务院批准，下达到各省、自治区、直辖市及由国务院批准土地利用总体规划的城市。

国务院批准的建设项目和国务院有关部门批准的道路、管线工程及大型基础设施建设项目用地计划，直接由国务院土地行政主管部门管理，同时通知项目拟使用土地所在地的省、自治区、直辖市土地行政主管部门。

(3) 各省、自治区、直辖市及由国务院批准土地利用总体规划的城市接到国家下达的土地利用年度计划数后，结合本地区、本部门的实际情况，对原上报计划建议数进行修正，并编制出计划分解草案，报同级人民政府批准后，按隶属关系逐级分解下达。

地方政府及地方政府有关部门批准的建设项目用地计划，由同级土地行政主管部门管理，同时通知项目拟使用土地所在地的下一级土地行政主管部门。

(三) 土地利用计划的编制方法

一般首先编制建设用地总量计划，然后根据土地利用规划确定的用地布局初步调查建设拟占地类型，确定农用地转用(含耕地转用)的计划数、建设利用闲置土地和其他土地的面积，再根据建设用地计划情况、本地区后备资源状况和耕地占补平衡要求，提出土地开发整理的计划数。

编制计划的常用方法有经济分析法、综合平衡法、因素分析法、计划演算法等，还可运用现代的经济数学方法和经济数学模型。下面主要介绍建设用地(总量)计划的编制方法。

1. 用地系数法

用地系数法就是根据国民经济相关指标的变量与建设用地量之间相对稳定的比例关系，来测算计划期内的用地计划指标的方法。

目前，一般采用基本建设投资与用地量之间的比例关系进行测算。首先要对历史上基建投资与占地的系数进行计算分析，并对计划期内这个比例系数的变化趋势进行分析预测，综合确定合理的系数，再用基建投资计划数乘以系数，得到计划期内的占地数。

用地系数法只能作为编制宏观用地计划的一种方法。主要原因是：与用地相关的影响因素很多，并不是理想的单因素线形相关关系；各部门每万元基建投资对土地的需求量存在很大差别；不同阶段基建投资对用地的需求量也不一样；并不是所有的基建投资都与用地有关，有些投资主要用于购置设备。但在缺乏详细资料的情况下进行宏观预测，用地系数法不失为一种简单可行的方法。

2. 计划演算法

计划演算法即根据计划期基本建设计划项目和项目用地逐项累计,其数量之和就是计划期的用地数。应用这种方法必须全面掌握基建和更新改造投资项目及项目选址和用地定额,才能对计划期的用地数作出准确测算。但在以供定需原则下,一般要确定一些必须保证的项目,排出项目的供地序列,参考土地供应总量来编制。计划演算法的优点是准确度高,适宜编制基层用地计划。

3. 因素分析法

因素分析法是通过对相关因素的分析和计算,找出关系公式,来确定指标数值的方法。首先要分析确定对建设用地产生影响的因素,如基建投资额、国内生产总值、人口增长率、人均收入水平等经济社会因素;其次要收集这些影响因素的历史资料,并将这些因素的指标值与占地水平进行回归分析,推导出回归公式;最后将计划期的有关数据代入公式,计算出计划期的用地数。

与系数法相比,因素分析法实际是综合考虑多因素影响效果的方法,因而比较接近实际,但与实际用地情况还会有出入,需进行适当调整。

4. 指标控制法

指标控制法是根据法律政策规定的指标和规划确定的控制指标等编制用地计划的方法。规定的指标一般有人均占地水平指标、项目用地定额指标、户均宅基地标准、规划允许的建设占用耕地指标和其他法律或政策规定应满足的指标。根据这些指标的限制与可能,结合经济发展与人口增长情况确定用地计划。指标控制法一般适用于城市或村镇规划区内发展用地的预测。

六、土地利用计划的实施

(一)分解落实土地利用年度计划

土地利用年度计划是具体执行的计划,应该细化并逐级分解落实到基层单位,这样才能保证土地利用计划的组织实施。

1. 农用地转用计划指标的分解与执行

农用地转用计划指标一般应分解为两部分:一是建设规划区内的计划指标;二是建设规划区外单独选址的能源、交通、水利、矿山、军事设施等具体项目的计划指标。建设规划区内的计划指标包括土地利用总体规划确定的城市建设用地范围内的用地计划、村庄和集镇建设用地范围内的用地计划;建设规划区外单独选址的具体项目的计划指标可分为国家重点项目、省级重点项目、市级项目和县级以下项目等层次的项目计划指标。

根据《中华人民共和国土地管理法》的规定,规划区内应按批次使用农用地转用计划,实行成片开发,因而规划区内的用地计划一般由市级土地行政主管部门管理和使用,编制成片开发方案报政府批准后实施;县域规划区内的用地计划一般由县土地行政主管部门管理和使用;村庄和集镇规划区内的用地计划一般由县土地行政主管部门管理和使用,乡镇政府编制成片开发方案后,报县人民政府批准后实施;规划区外具体项目的用地计划,一般由项目批准机关的同级土地行政主管部门管理和批准实施,低层次项目不得挤占高层次项目的计划,非重点项目不得挤占重点项目的计划。

2. 土地开发整理计划指标的分解和执行

土地开发整理计划指标分解应结合土地开发整理项目安排来考虑，一般要分解到具体项目中去，依项目落实计划。这就要求编计划的同时要预报项目。一般可分为省级土地开发整理项目计划指标、市级土地开发整理计划指标和县级土地开发整理计划指标三种，并实行计划分级负责，项目分级投资和管理。

3. 耕地保有量计划指标的分解

耕地保有量计划指标的分解一般要求在省级行政区域内动态平衡，市、县级计划分解时，就要充分考虑本地的建设重点和后备资源分布状况，结合生态退耕等因素综合确定，而不是层层落实平衡任务。

(二)严格把好建设用地审批关

一是通过农用地转用计划把好项目选址关，能用原有建设用地的，不供给农用地，能用非耕地的，不允许用耕地；二是不得超计划用地，建设项目必须取得用地计划指标，方可在计划控制指标范围内批准用地；三是严格按用地标准或定额审批用地，防止多占少用。

(三)占用耕地与补充耕地相平衡

为保证耕地占补平衡，建设项目占用耕地的计划应与土地开发整理项目补充耕地的计划挂钩，建立占补平衡台账。建设单位在取得占用耕地计划的同时，应承担补充耕地计划任务，没有条件开垦耕地的单位，应向政府缴纳耕地开垦费，统一组织土地开发整理项目来完成任务。在平衡有余的原则下，一个建设用地项目占用的耕地，可以由多个开发整理项目补充，一个开发整理项目补充的耕地，也可以与多个建设用地项目挂钩。

(四)加强土地利用计划执行情况的检查

计划下达后，必须进行经常性、系统性的检查，以便发现问题，及时纠正。既要保证建设用地计划不得突破，又要保证土地开发整理计划的完成和耕地保有量计划的实现。主要检查内容有：

(1)检查下一级土地管理部门计划贯彻落实情况。未严格执行建设占用耕地补偿制度或者没有完成土地开发整理计划指标的，核减其下一年度的农用地转用计划指标。节约的农用地转用计划指标(包括农用地和耕地转用计划都有节余、农用地转用计划没有节余但耕地转用计划节余，以及农用地转用计划节余而耕地转用计划没有节余三种类型)和超额完成的土地开发整理计划指标，经核准后，可结转下一年度继续使用。

(2)检查计划执行单位计划的执行情况和存在问题。

(3)加强土地利用计划的监督。发现有超计划用地和不能按期完成开发整理计划的，要及时纠正和制止，情节严重的要依法处理，以维护计划的权威性。

(五)建立土地利用年度计划报告制度

新修订的《中华人民共和国土地管理法》第二十五条规定，政府应当将土地利用年度计划的执行情况列为国民经济和社会发展计划执行情况的内容，向同级人民代表大会报告。这就规定了土地利用年度计划的报告制度，其计划执行情况接受地方权力机关的监督。

任务五 土地利用动态监测

一、土地利用动态监测的含义与作用

(一)土地利用动态监测的含义与特点

土地利用动态监测是指运用遥感、土地调查等技术手段和计算机、监测仪等科学设备,以土地详查的数据和图件作为本底资料,对土地利用的动态变化进行全面系统的反映和分析的科学方法。

土地利用动态监测具有下列特点。

1. 监测成果的多样性

为适应各级土地管理机构的需求,通过土地利用监测定期提供全国和各省、市、县的土地利用现状资料,包括面积数据和反映土地利用空间分布的图面资料。同时,除开展按固定调查项目连续监测外,还需作固定项目的专题调查,如对建设用地占而未用,耕地撂荒、开发、复垦和灾害毁地等专题项目的实时调查。

2. 监测体系的层次性

为保证监测任务的完成,各级土地管理部门都应有相应的监测机构,各级机构互为关联、形成体系,体系设置包括国家、省、市、县若干层次,各层次组成有机整体,既要保证监测成果的统一性和可比性,又能开展本辖区的监测任务,提供本地区的监测成果。在体系中拟分两个基本层次:一层是国家和省级的,重点提供全国和全省的土地利用宏观数据;另一层是县、乡级的,提供本辖区的土地利用资料。两个基本层次的监测指标、技术手段和精度要求上可有区别,但在监测指标和数据传输的上下层面上应能接口。

3. 技术要求的区域性

我国地域广阔,不同地区之间的自然条件、经济发展程度和土地利用水平差异悬殊,因此可将全国土地分成若干类型区和重点监测区,不同地区的监测周期、方法手段和精度要求上应有所不同。

4. 技术手段的综合性

根据我国土地利用监测的任务和要求,在技术手段上宜采用卫星遥感、航空遥感、抽样调查和地面调查相结合的方法,发挥各自优势,在总体功能上满足各项需要。

(二)土地利用监测的作用

新修订的《中华人民共和国土地管理法》明确规定,国家建立全国土地管理信息系统对土地利用状况进行动态监测。土地利用动态监测的目的在于及时、准确掌握土地利用状况(数量、质量、地价、效益等),为政府决策、各级土地管理部门制定管理政策和落实各项管理措施提供科学依据。

土地利用动态监测的作用主要有:保持土地利用有关数据的现势性,保证信息能不断得到更新;通过动态分析,揭示土地利用变化的规律,为宏观研究提供依据;能够反映规划实施状况,为规划信息系统及时反馈创造条件;对一些重点指标进行定时监控,设置预警界线,为政府制定有效政策与措施提供服务;及时发现违反土地管理法律法规的行为,为土地监察提供目标和依据等。

二、土地利用动态监测与土地利用规划的关系

(一)土地利用动态监测是保证规划实施的重要手段

通过对土地利用状况和结构的监测,可以反映规划执行的程度和结果。对违反规划的土地利用行为及时发现和查处,使规划落到实处,并可对规划系统进行反馈,从实际出发,修正规划目标,更新规划方案。

(二)土地利用规划是土地利用监测的依据和主要内容

通过土地利用动态监测判定土地利用行为是否规范有序,标准是否符合规划。在监测中体现出来的土地变更,诸如非农业建设占用耕地、农业结构调整减少耕地、土地开发整理增加耕地等,都要根据规划确定是否合法。土地用途的变更和土地利用结构的调整是规划的主要内容,也是需要通过动态监测来实施监控的内容。

三、土地利用动态监测的内容和指标

(一)内容

从土地管理的目标和任务来看,土地利用动态监测主要包括以下内容。

1. 区域土地利用状况监测

通过土地利用状况的监测来反映土地利用结构的变化,对土地利用方向的变化进行控制和引导。监测重点是耕地变化和建设用地扩展。耕地减少的去向主要是非农业建设占地和农业结构调整,农业结构调整占用耕地,有可逆性特点,耕地尚能恢复,而被非农业建设占用,耕地就难以恢复。所以,监测非农业建设用地扩展是重点。

2. 土地政策执行情况监测

监测政策的制定依靠准确的信息,同时信息又是执行政策的反馈。土地利用监测就是获取土地信息和反馈土地政策、检验土地管理措施执行结果的主渠道,如规划目标实现情况监测、建设用地批准后的使用情况监测、土地违法行为监测等。这一类的监测一般是专题监测。

3. 土地生产力监测

土地生产力受制于自然和社会两大因素,呈现出动态变化。自然因素对土地生产力的主要影响因素是气候和大气条件。如干旱、异常的大暴雨和降雪量明显增多,冷暖急剧交替等。这些因素的变化还会在地区间、年际间表现出强烈的差异。另外,砍伐森林、灌溉田野、建设城市等人类活动也会导致近地面气层的温度、空气湿度、风速等的小气候变化,从而影响农业生产的地域环境。而气候条件又直接影响土壤风化,影响土壤物质移动的特点和土壤中水、气、热的状况,从而使得农用地生产力呈现动态变化。这就需要进行动态监测,掌握生产力动态变化的方向与规律,为调整生产力布局和确定合理对策提供依据。如《基本农田保护条例》中规定,县级以上农业行政部门应当逐步建立基本农田保护区内耕地地力与施肥效益长期定位监测网点,定期向本级人民政府提出保护区内耕地地力变化状况报告及相应的地力保护措施,并为农业生产者提供施肥指导服务。土地生产力监测的重点是土壤属性、地形、水文、气候、土地的投入产出水平等指标。

4. 土地变更调查

土地变更调查是对自然年度内的区域土地利用现状、权属变化及各类用地管理信息所

开展的调查、监测、核查、汇总、统计和分析等项活动。依法的土地变更调查是实施土地利用规划动态监测的重要依据。土地变更调查应在上年度土地利用遥感监测全国“一张图”的基础上,将国土资源管理部门日常管理形成的“批、供、用、补、查”用地管理信息实时叠加到“一张图”上,逐步实现实时变更,以保持相关信息的连续性与现势性,并于年底按统一时点要求,全国更新各级土地调查数据库。土地变更调查应当依据当年覆盖全国的最新遥感影像数据、加工制作遥感正射影像图、内业提取当年新增土地利用变化图斑适时完成,并对调查范围内每一变化地块进行实地调查核实。在此基础上开展数据分析,编写年度土地利用变化情况分析报告。

(二)土地利用监测的主要指标

1. 土地利用结构与利用程度指标

通过监测反映土地利用结构变化和利用程度的指标主要有土地利用率、土地农业利用率、土地生产率、垦殖系数、复种指数、有效灌溉率、林地指数、园地指数、土地非农业利用率等,监测指标应体现出层次性。国家和省级主要应满足宏观调控的要求,监测指标可以从简,在保证监测重点是保护耕地和控制非农业建设用地前提下,监测主项分农地、非农建设用地和未利用地三大块,在农地中再分耕地和非耕地。指标从简就容易达到监测功能快速、时效、灵活的目的。对市、县、乡级监测也需要根据土地管理的实际需要、可能条件和专题研究的内容,确定需监测的指标和要求,并进行必要的细化。

2. 土地管理政策措施的监测指标

土地管理政策措施的监测指标主要是反映国家土地管理法律法规的要求落实情况、土地利用规划实施情况、土地利用合法性情况等的指标,包括土地利用目标实现程度(耕地保有量水平、人均建设用地水平、土地利用结构优化程度、闲置土地利用水平、补充耕地数量等)、基本农田保护率、土地利用年度计划执行情况、违法用地面积和查处结案率等。

3. 土地利用经济社会效益监测指标

土地利用经济社会效益监测指标主要有土地利用投入产出率、土地经济密度(净产值)、土地纯收入、万元产值占地、土地利用投资效果系数、土地利用投资回收期、人口密度、城市化水平、人均居住面积、交通运输条件等。

4. 土地环境和生产力监测指标

土地环境和生产力监测指标主要有气候(降水、光温、湿度、风向与风速等)、植被(植物群落、森林覆盖率、草层高度与质量等)、能量产投比、光能利用率达标程度(水质、大气、噪声等)、文物古迹与风景旅游资源、矿产资源分布、环境质量达标程度(水质、大气、噪声等)。

四、土地利用动态监测的技术方法

(一)遥感技术

由于遥感对土地观测具有覆盖面广、宏观性强、快速、多时相、信息丰富等优点,因而较普遍地应用于土地调查制图与监测中。

遥感技术有卫星遥感和航空遥感两种。卫星遥感资料具有空间的宏观性和时间的连续性等特点,其优势在于大面积的动态监测。主要可用于土壤沙化、草原退化、土壤侵蚀、沿海和滩涂的开发利用、土地受灾面积等土地利用动态变化的监测。航空遥感具有分辨率高、荷载量大、机动灵活的特点,用航空遥感作点状或带状的抽样调查或典型调查,是补充和检测卫星遥感调查的必要手段。主要可用于耕地增减变化和建设用地扩展速度的监测,农田防护林体系、自然保护区生态环境监测等。

1. 遥感技术在土地利用监测中的应用

由于各国、各地区的社会制度、自然条件、发展水平和管理体制等的差异,遥感技术在土地利用监测中的应用程度不尽相同。例如,加拿大、澳大利亚这些疆域辽阔的国家,在经济活动少的荒漠地区使用卫星遥感资料监测,在人口稠密的发达地区则使用航空遥感方法。在法国,卫星遥感资料作为土地监测的辅助资料,配合航空遥感和地面调查作样点布设。我国从“六五”开始,就开展了遥感土地利用调查应用研究。国家土地管理局成立后,在国务院统一部署下,组织完成了全国县级土地详查,东部地区采用航空遥感为基本方法完成了比例尺 1:10 000 土地利用调查制图,西部地区采用卫星遥感和航空遥感相结合的方法完成了 1:15 000、1:10 000 土地利用调查制图。这些成果为各级政府制订经济建设规划、计划,为农业、工业、水利、能源、交通等各专业部门制订规划、计划提供了可靠的数据资料,为各项管理工作提供了准确依据,已在经济建设、农业生产和土地管理中发挥了重要作用,也为我国开展土地利用动态监测提供了完整、可靠的本底资料。同时,利用 TM、SPOT 等多种数据,进行目视解译、分析和计算机自动分类制图等资料编制了 19 个城市和 100 个城市的城市扩展与耕地变化等内容的图面资料。这些工作为发展遥感技术在土地监测中的应用、建立纳入土地管理业务系列的监测体系提供了技术依据。

2. 土地利用监测对遥感资料的要求

1) 遥感资料分辨力

衡量卫星遥感资料在土地利用监测中应用效果的主要标志是识别地类能力和地类面积量测精度。地类判读精度和面积量测精度主要取决于遥感资料的分辨力,同时也与判读地物的光谱特征有关。

根据现有实践推论,若单纯用卫星遥感方法进行土地利用监测,地面分辨力 3 m 的资料可满足土地详查 1:10 000 成图调查要求,分辨力 15 m 的资料可满足土地详查 1:50 000 成图调查要求,分辨力 30 m 的资料可满足 1:10 000 成图调查要求。

2) 遥感资料的覆盖面

利用卫星遥感资料进行全国或全省土地利用监测,需要定期提供其辖区境界线内全面覆盖并具有特定时效性的遥感资料,这是开展土地利用监测工作的前提。

(二) 土地调查与统计技术

土地调查的方法主要有详查、抽样调查、重点调查等。运用土地调查与统计可以对土地利用结构调整、土地等级变化等进行分析。一般在遥感资料的基础上,需要通过土地调查进行检查和补充,在遥感资料缺乏的地区或年份,也只有依靠土地调查来反映土地利用状况,城镇地籍调查、农村土地详查、农村土地变更调查等一系列调查工作和历年土地统计工作目前已在全国普遍开展,利用这些数据和信息进行土地利用动态监测,能够准确地反映出土地量大、时点性差的特点,仅适用于小范围的和专题性的监测,对区域性的土地利用监测不太适用。

(三) 土地信息系统

新修订的《中华人民共和国土地管理法》第三十条规定,国家建立全国土地管理信息系统,对土地利用状况进行动态监测。土地管理信息系统本身就是一门技术,可以对各种信息、数据和图形进行处理与输入、输出。目前的土地利用动态监测,无论是采用遥感资料,还是土地详查成果,都需要借助信息系统和计算机,对各种信息量进行处理,才能使土地利用监测快速、便捷、准确。

土地管理信息系统是以计算机为核心,以土地资源详查,土壤普查、规划、计划,各种遥感图像、地形图和控制网点等为信息源,对土地资源信息进行获取、输入、存储、处理统计、分析、评价、输出、传输和应用的大型系统工程。土地管理信息系统的功能主要包括存储、自动检索、更新、三维信息共享、再生、保密等。

土地管理信息系统是一个综合系统。与土地利用监测有关的信息系统有土地利用现状系统与规划系统、地籍系统、土地分等定级系统、土地估价系统、法规监察系统等。其中,对规划系统除要求有土地信息系统的一般功能外,还需要能够对各类数据进行分析和预测,自动生成规划方案并择优,根据监测结构进行规划方案更新等。

另外,除上述方法外,还可以借助一些科学仪器和设备进行监测。如运用环境、土壤质量的监测仪器可以对农田生态环境、土壤质量等进行测定和分析。

五、耕地动态监测预警系统

新修订的《中华人民共和国土地管理法》规定,严格限制农用地转为建设用地,对耕地实行特殊保护,确保耕地总量动态平衡就成为土地利用规划的战略目标。在实施土地利用规划,进行土地利用动态监测时,需要对耕地的利用与保护建立专项的动态监测网络,对耕地生态经济系统进行预警。

(一)耕地生态经济动态监测预警机制的主要内容

耕地生态经济动态监测预警机制的主要内容包括警义、警源、警兆和警度四方面。

1. 警义

警义指预警的指标。耕地生态经济系统预警体系主要包括人地关系密集度、耕地利用投入水平、生态环境背景、耕地利用效果及投资潜力。

人地关系密集度指标有人口密集度、人均耕地和人口城市化水平等;耕地利用投入水平主要有垦殖率、单位面积农业劳动力、良种推广面积比率、单位耕地面积化肥施用量、单位面积用电量、机耕面积比率和水利灌溉状况等;生态环境背景指标有水土保持量、水土流失治理面积、土壤有机质含量、土壤肥力、土壤含水率和耕地污染状况等;耕地利用效果及投资潜力指标主要有单位耕地面积粮食产量、人均粮食、播种面积单位产量、单位耕地面积纯收益、农民人均收入和经济发展水平等。

不同地区所用指标及同样指标对耕地生态经济系统的影响力不同,具体应用时,必须选取主要指标,或根据各指标的重要性分别赋予不同的权重。

2. 警源

警源指产生耕地生态经济系统警情的根源,可分为自然警源、外在警源和内在警源。自然警源是指各种可引发自然灾害从而对耕地生态经济系统造成破坏的自然因素,如地震、各种气象灾害和海水入侵等;外在警源是指由耕地生态经济系统外输入的警源,主要有对城市规模的不加控制、农产品价格的变化和"三废"排放等因素;内在警源则是耕地生态经济系统自身运动状态及机制,主要有耕地保护制度、地权制度、耕地开发利用行为、耕地管理行为和耕地经营收益等因素。

3. 警兆

耕地生态经济系统警兆包括景气警兆和动向警兆。景气警兆一般以实物运动为基础，表示耕地生态经济系统某一方面的景气程度，如耕地面积、播种面积、耕地利用的基础设施建设及粮食产量等。农产品价格、农民收入水平和征地成本等不直接表示耕地生态经济系统景气程度的价值指标，均属动向警兆。

4. 警度

警度是对耕地生态经济系统警情的定量刻画，以判定警素指标变化是否有警情或警情如何。警度一般分为无警、轻警、中警、重警和剧警，不同的指标，同警度的值域可能不一；或同样的值域，不同指标的警度也不一。如对于粮食总产量而言，减少幅度在 5%～10% 为轻警，而对于耕地总量来说，则可能为中警乃至重警。

（二）耕地生态经济系统动态监测预警的技术流程

耕地生态经济系统动态监测预警一般要经过确定警情、寻找警源、分析警兆、预报警度四个逻辑过程，技术流程如下：依据耕地生态经济预警机制及预警对象与方法组配原则，耕地生态经济预警基本方法包括：黑色预警，即根据警素的时间序列波动规律进行直接预警；黄色预警，即根据警兆进行预警；红色预警，即根据警兆及各种环境、社会因素进行估计；绿色预警，即依据警素的生长态势，特别是农作物生长的绿色程度进行估计；白色预警，即在基本掌握警因的条件下，用计量技术进行预测。如以黑色预警方法为例，根据我国耕地生态经济系统周期（一般 5 为年，以年净减少量计）循环波动的长度及递增或递减特点，对警素的走势进行预测。

任务六　土地利用规划滚动调整

一、土地利用总体规划滚动调整的目的和必要性

我国政府制定的土地利用总体规划属中长期战略性规划范畴，规划期限一般为 10～20 年。土地利用总体规划的对象是灰色的、信息不完全的土地利用系统，由于土地利用决策的多元性和复杂性，决定了支撑土地利用总体规划的预测不可能完全准确，必须不断根据内外部环境的变化加以调整。规划本身对土地利用主体的指令性则要求规划指标和内容应当相对稳定，以保证规划提供的信息能够真正影响土地利用决策。这两方面特征使得土地利用总体规划有必要进行滚动调整。其必要性具体表现为以下几方面。

（一）滚动调整是土地利用系统不确定性的客观要求

所谓不确定性，是指由“无知”引起的对未来判断的误差。土地利用总体规划面对的不确定性，首先来自社会公众对未来公共品供求情况所做的公共选择，即在此过程中，政府和社会公众对规划管理机构及其协调目标的反应是不确定的。土地利用总体规划面对的外部不确定性包括自然技术环境的不确定性和国内外政治经济环境的不确定性。这两方面的不确定性往往会导致“规划不如变化快”，使得规划的某些指标落空。采用滚动调整的方法，

可以将上述不确定性降到最低程度。这是因为预测期越短，预测结果的准确性越高。采用滚动调整的方法将长的规划分解成若干短的规划，针对较近期的未来进行预测，然后根据实际执行结果和内外部环境的变化制定下一个预期的规划，不仅能提高规划的准确性，也符合土地利用系统内在的运行规律。

（二）滚动调整能够提高土地利用总体规划的稳定性和连续性

土地利用总体规划体现了我国政府在未来一段时间内的土地利用意图，对各区域、各行业的土地利用决策具有重要的指导作用。滚动调整具有很强的优越性，可将远期的高度不确定的轮廓性目标"拉"到中期较不确定的框架性目标，再根据近期的实际情况采取具体的步骤予以实施，又根据近期具体实施结果和变化了的情况，由近及远地调整规划目标和规划方案。通过这种"瞻前顾后"的动态调整方式，滚动调整将不同时期的规划衔接起来，在调整的同时保证规划的稳定性和连续性。

（三）滚动调整有利于实时监控规划方案的执行状况

土地利用总体规划是土地利用长期的战略性规划，具有粗线条和轮廓性的特点。如果不将长期规划分解为若干个短期规划，很难准确识别规划的实际进展。滚动调整的最大优点就在于，它使规划的检查和修订成为规划管理部门的定期工作，成为规划过程中一个内在组成部分。每一次滚动均是对规划阶段性实际结果的一次考察，以保证规划真正付诸实施。

二、土地利用总体规划滚动调整的原理和程序

（一）规划滚动调整的基本原理

规划滚动调整的基本原理是：规划是建立预测基础之上的对未来行动的一组固定安排。由于环境的易变性和复杂性，土地利用主体无法准确预测规划期内的所有变化。规划在执行过程中往往会因外部因素的非预期变化出现局部的失效，需要不断调整，以保证规划预期的导向性执行。如果将规划完全作为环境因素的因变量，就失去了规划存在的意义。滚动调整为解决规划的有效性和适应性之间的矛盾提供了一种有效的方法。通过将较长的规划期分为若干个短期，滚动调整能够将静态的长期规划变为动态，采取近细远粗和边执行边修订的方法，将长期规划与近期规划有效地结合起来。

规划滚动调整的形式有滚动幅度和滚动程度两项量标。从滚动幅度来看，有中期滚动和短期滚动两种基本形式；从滚动程度来看，则分为有限滚动和完全滚动。依据上述两个指标可组合形成四种不同的规划滚动形式，即中期有限滚动形式、中期完全滚动形式、短期有限滚动形式和短期完全滚动形式。在实际运作中，应根据具体情况加以选择。相对而言，滚动调整更适合于采用中期有限滚动的形式。在实际工作中，类似规划修改分为原则性修改和一般性修改，以涉及和不涉及改变土地利用方向、规模、重大布局加以区分。也可借助递推规划模型和时间序列模型具体实施土地利用总体规划滚动调整。

（二）规划滚动调整的基本程序

滚动调整是在长期规划编制过程中普遍使用且行之有效的一种方法，其基本程序是：将整个规划期划分为几个时间段，最近的一个时间段为执行规划，后几个时间段为预计规划。执行规划制定较细，要求按规划实施。预计规划则是粗线条性的，指标带有较大弹性。每经

过一个时间段，根据规划的实际执行情况和内外部条件的变化，对原来的预计规划做出调整与修改，这样原预计规划中的第一个时间段的规划相应变为执行规划，以此类推。修订规划的时间间隔称为滚动期。

三、规划滚动调整的实施

时间序列方法侧重于单项指标的分析和预测，在土地利用总体规划的滚动调整中，可以运用这种方法对重要的宏观调控目标进行指标数值的预测和修正。具体滚动调整步骤如下。

（一）选择调控指标

土地利用总体规划中可能运用多种调控指标，如耕地保有量、基本农田面积、国内生产总值、固定资产投资、建设用地规模、总人口及各类人均指标，但滚动调整中最关心的是少数关键性的指标。这些指标的滚动调整工作做好了，其他量化指标的滚动调整问题就迎刃而解。

（二）收集基础数据

滚动调整需要关键性指标的时间序列数据，用于数量模型的参数估计，这类数据要满足可比性、完整性和一致性的要求，越是近期的数据越重要。另一类就是有关这些指标完成情况的数据，以此作为滚动调整的依据。

（三）建立时间序列模型

在以上两项工作的基础上，着手建立能够较好地描述这些指标变动规律和未来发展趋势的时间序列预测模型。在每个时期获得新的数据后要对模型中的参数进行重新估计，并运用新估计的模型对关键性指标进行滚动调整。

（四）实施滚动调整

土地利用总体规划的滚动调整是一项经常性的定期工作，其实质是对规划实施的定期评估。考核规划指标实施情况，及时找出差距，修正实施指标，并使其与规划目标的调整相逼近。

小　结

本项目主要介绍了土地利用规划成果资料的内容、土地利用规划图的编制、土地利用规划现场铺图的准备工作、规划方案实施计划、土地用途管制制度的内容、特点、分类、土地利用分区、管制规则、土地利用计划管理的含义、任务，土地利用计划体系、编制程序与方法、实施，土地利用动态监测的含义与作用、内容和指标及技术方法，土地利用规划滚动调整的目的和必要性、原则和程序、实施等内容。要求学生能够初步对土地利用规划方案实施计划进行管理，初步具备整理土地利用规划成果资料的能力；能够初步对土地用途管制进行分区；能够初步进行土地利用计划管理编制和实施。

案　例

土地利用规划的实施管理案例分析

六安市裕安区县级土地利用总体规划实施保障措施研究

一、本轮裕安区土地利用现状

2014年年末，六安市裕安区土地总面积190 794.71 hm^2。其中，全区农用地总面积147 294.51 hm^2，占土地总面积的77.20%，包括耕地面积85 299.74 hm^2、园地面积1 342.23 hm^2、林地面积42 407.82 hm^2及其他农用地面积18 244.72 hm^2；建设用地总面积34 836.82 hm^2，占土地总面积的18.26%，包括城乡建设用地面积31 145.06 hm^2（其中城镇工矿用地面积6 044.55 hm^2、农村居民点用地面积25 100.51 hm^2）、交通运输用地面积2 016.44 hm^2、水利设施用地面积943.28 hm^2及其他建设用地面积732.04 hm^2；其他土地总面积8 663.38 hm^2，占土地总面积的4.54%，包括水域面积7 784.45 hm^2、自然保留地面积878.93 hm^2。

二、土地利用特点

（一）农用地利用类型多样性明显

裕安区位于安徽省西南部，地处亚热带与暖温带交接地带，在土地资源利用上明显具有过渡带特征，土地利用类型也具有多样化特点，地理结构分层明显。在农用地中，耕地所占比重最大，占全区土地总面积的44.71%，其中水田占耕地总面积的76.59%，园地占全区土地总面积的0.70%，林地占全区土地总面积的22.23%，农用地利用类型多样性明显。

（二）土地资源利用区域性明显

在地貌类型上，该区域呈现多样化特征，可利用的土地分布差异很明显且较为集中。裕安区所辖乡镇主要形成3个开发区域。一是北部岗畈综合开发区，该区辖固镇、罗集等8个乡（镇），这片区域地势平坦、交通便利，大部分田块都连片集中，适合建设高标准农田，人均耕地占有率高，区域面积内河塘较多、面积占比大，有利于农、林、牧、副、渔综合开发；二是中部丘岗粮、油开发区，该区辖西市、鼓楼等6个乡（镇、街道）；三是南部低山林、栗、茶开发区，该区辖石婆店独山等6个乡（镇）。总体来看，裕安区属山地地貌，人均耕地少，林地比重较大，土壤肥沃，在发展林、栗、茶等产业方面具有一定优势。

（三）农村居民点分散，节约集约利用程度较低

2014年年底，全区农村居民点用地面积达25 100.51 hm^2，占全区土地总面积的13.16%，占全区建设用地总面积的72.05%。农村居民点呈现点多面广的特点，居住相对分散，缺乏科学规划；人均农村居民点用地达290.45 m^2，远高于国家规定农村居民点人均用地标准150 m^2的控制上限，节约集约用地挖潜潜力巨大。

三、新一轮土地利用总体规划实施保障措施

（1）法律措施。一是将规划纳入法律的范畴，提高土地利用总体规划的法律地位，树立规划的权威性和规范性，凡是涉及土地利用规划的，必须做到有法可依、有法必依。未经相关部门批准，私自调整规划的，审批部门不予审批，并追究其相关法律责任。二是必须严格按照要求和程序执行总体规划，坚持以规划为主线的原则，让土地利用和管理有法可依。各项土地利用活动和其他规划必须以土地利用总体规划为纲，不允许任何部门和单位随意改变规划。对私自修改规划、违反规划批地和用地的，相关部门依法严肃查处。

(2)行政措施。一是实行规划实施目标责任制，增强各级行政部门严格土地规划的意识。在规划实施过程中，建立共同责任制，同时建立领导负责制，将土地规划实施管理的绩效计入每年领导年终考核，相关政府部门同时也要履行相应的规划实施责任。根据各项调控指标落实总体规划，严格规划耕地保有量、基本农田面积、建设用地规模、土地开发整理补充耕地等刚性指标，并将规划成效作为业绩指标进行考核，若达不到考核标准，对相关单位提出批评并加以处罚。二是强化土地利用计划调控。严格按照法律对土地利用年度计划进行约束性管理，只有先从相关部门取得各类建设用地的计划指标，然后才能取得审批文件，严格按照指标和规划用地，相关部门要监管和考核土地利用年度计划的执行情况。三是完善土地节约集约利用机制。建立节约集约利用土地共同责任机制，加大土地利用年度计划和规划管理力度，合理布局产业发展和结构调整；加强建设用地总量调控，重点优化城镇用地内部结构；充分挖掘存量土地潜力，创新旧城改造制度；加大闲置土地处置力度，着力挖掘城市内在潜力；结合乡村振兴建设，引导和规范农民建房，以城乡统筹为抓手，着力提高建设用地节约集约利用水平。

(3)经济措施。一是提高对耕地保护的资金投入，力争取得上级部门的资金支持，成立土地开发整理基金，专项专款用于保护耕地和土地开发整理；将土地开发整理与扶贫开发、农业综合开发、移民安置、乡村振兴等涉农项目整合，争取获得“一加一大于二”的积极效果；按照“谁投入，谁受益”的原则，积极探索开放性开发整理、经营性开发整理和股份制开发整理方式，鼓励社会投入和农户投资投劳，促进土地开发整理产业化、市场化和规范化；开设耕地开垦专项账户和基本农田保护与建设专项账户，加大土地复垦整理力度，提高耕地的经济效益、生态效益和社会效益。二是逐步建立和完善经济运行机制，促进土地资源市场化，同步建设好市场竞争机制、价格机制和供求机制，强化市场管理的作用，稳定土地市场发展，发挥市场配置在土地资源的基础性作用。进一步加强划拨用地管理，严格控制划拨用地范围，逐步扩大国有土地有偿使用范围，积极推进土地资源的市场化配置和管理。

(4)技术措施。一是建立土地规划管理信息系统。利用“3S”技术对土地规划实施情况进行动态监测和跟踪管理，逐步实现土地规划基础数据的信息共享和更新建设，提高基础性和公益性规划信息的社会化服务水平。二是建立规划实施评价指标体系。建立各类建设用地的节约集约利用调查与评估机制、土地利用规划实施反馈与调控机制，适时评价规划实施情况，确保土地资源利用的合理性和区域经济社会发展的可持续性。

(5)社会措施。一是广泛听取群众意见，征求专家意见，做出科学的规划决策。坚持“政府主导、专家领衔、部门合作、公众参与、科学决策”的工作方针，科学统筹安排各项工作，让群众参与决策，让专家提出意见，提高规划决策的科学化和民主化水平。二是加大宣传力度，建立健全公众参与机制。在规划过程中，采取灵活多样的方式，加强公众参与，广泛听取群众意见，让规划的决策更加公开和透明化，从而在一定程度上保证规划的合理性和科学性。待规划方案形成后，采用听证、公示等方案，接受社会各界的意见，检查规划的合理性和可操作性。规划方案取得相关部门批准后，借用各种媒体等渠道对规划内容和意义进行充分宣传，增强公众的规划意识，让科学用地、节约用地的意识深入人心，同时也让公众全程参与规划并监督规划的实施。

案例小结

土地利用总体规划，实际就是规划和实施相结合的具体过程，既要制订翔实、明确可行的规划方案,又要分析其可行性。研究土地利用总体规划实施保障措施、判断规划实施能否取得实质效果,不仅是编制土地利用总体规划的重要环节,更是落实土地规划实施的重要保障。因此,研究土地利用总体规划实施保障措施有利于土地利用总体规划更好地实施,其研究意义非常重大。

思政小课堂

住建部与海南合作探索省域层面多规合一

"两规融合"基础上"多规合一",探索分区规划用地分类标准

"土地日"是为保护土地而设立的专门纪念日,是我国第一个全国纪念宣传日。2019年,党中央、国务院作出建立国土空间规划体系并监督实施的重大部署,要求建立"多规合一"的规划编制审批体系、实施监督体系、法规政策体系和技术标准体系。结合北京新版城市总体规划实施实践,北京市城市规划设计研究院组织5篇论文,就新形势下的国土资源管理、"多规合一"技术标准、县级国土空间规划编制及土地资源节约集约利用等内容展开讨论,推进北京国土空间规划体系的建设实施。

背　景

2018年3月,中共中央印发了《深化党和国家机构改革方案》,确定组建自然资源部,着力解决自然资源所有者不到位、空间规划重叠等问题,从国家战略层面推进了"多规合一",开启了空间规划体制改革的新时代。2019年5月,《中共中央　国务院关于建立国土空间规划体系并监督实施的若干意见》正式发布,标志着新时代国土空间规划基础制度的初步建立和各层次国土空间规划的全面展开(杨保军、董珂,2019)。

《北京市城市总体规划(2016—2035年)》(以下简称新版城市总体规划)明确提出"建立多规合一的规划实施管控体系,坚持全域空间规划,实现一张蓝图绘到底"。为贯彻落实新版城市总体规划,2018年北京市启动了分区规划编制。由于原城市总体规划和原土地利用总体规划采用不同的用地标准体系,为保障北京市分区规划的编制,北京市基于自身规划编制及管理需求,尝试构建了一套"多规合一"的用地分类标准。本文即结合北京市分区规划编制的要求,探讨北京市"多规合一"规划用地分类标准构建的思路和方法。

一、明晰事权划分,构建逐级深化的用地分类体系

《中共中央　国务院关于建立国土空间规划体系并监督实施的若干意见》明确提出构建国土空间规划体系,国家、省、市、县编制国土空间总体规划,各地结合实际编制乡镇国土空间规划,在特定区域或针对特定领域编制专项规划,在市、县及以下编制详细规划。目前北京市已经在市、区(相当于县级)层面开展了相关的实践探索,结合事权划分,初步建立了北京市国土空间规划体系,明确了各级国土空间规划的重点管控内容。

对应不同层级国土空间规划的管控重点和规划深度,应构建逐级深化的国土空间规划用地标准体系,并明确各层级规划用地分类之间的关系。市级规划重点解决原城乡规划和土地利用规划对建设用地、城乡建设用地界定的差异,明确城乡建设用地、特交水建设用地和非建设用地的划分。

区级规划重点关注生产、生活、生态的结构分布，在市级规划的基础上，将城乡建设用地进一步细分为居住用地、产业用地、公共管理与公共服务设施用地、绿地与广场用地、道路用地等地类，将特交水建设用地细分为特殊用地、对外交通用地、对外交通设施用地等地类，将非建设用地细分为水域沟渠、水库水面、永久基本农田等地类。

乡镇级规划和详细规划细化地块具体用地性质，在建设用地方面，以原城乡规划用地标准为主[《城乡规划用地分类标准》(DB 11/996—2013)]，将区级用地分类标准进一步细分，如将产业用地细分为工业用地、物流用地、产业用地、娱乐康体用地等，将公共管理与公共服务设施用地细分为行政办公用地、文化设施用地、教育科研用地等。在非建设用地方面，以原土地利用规划为基础，结合山水林田湖草非建设用地的管理需求，对区级用地标准进一步细化完善，如将水域沟渠细化为河湖水面、坑塘沟渠、滩涂等。

二、对接“两规”用地标准，统一建设用地认定规则

解决“两规”用地分类对应中的普遍关系，根据北京市城乡规划与土地利用用地分类的特点，并参考当前北京规划编制、管理和权籍登记的实际情况，对北京市城乡规划用地分类与土地利用现状分类进行双向对应，编制了《北京市城乡规划与土地利用用地分类对应指南》。以此为基础，进一步形成“多规合一”用地分类标准与原城市规划、原土地利用规划之间的对应关系，为各阶段规划之间的有效衔接提供保障。

针对“两规”对建设用地的认定差异导致统计分析、规划管理及价值导向混乱的问题，兼顾两个部门用地管控的重点，明确了“建设用地”“城乡建设用地”的统计口径，分类界定了采矿用地、绿地、道路、水域、特殊用地等“两规”存在突出矛盾的地类的核算规则，编制了《北京市“两图合一”建设用地归类认定的技术说明》，并应用于分区规划编制过程中，统一了“两规”统计口径的同时，形成了全市统一、不同层级规划之间统一的指标核算规则，配合建设用地指标的逐级分解，解决了以往城市规划不同层级规划之间约束传导较差，下级规划汇总后突破上级规划指标限制的问题，保证了新版城市总体规划的有效落实。

三、“两规融合”基础上“多规合一”，探索分区规划用地分类标准

分区规划作为区(县)级国土空间规划，起到承上启下的作用，一方面要落实细化市级规划的相关要求，明确全区关键用地结构与资源分配；另一方面要给下层级的规划预留弹性。区级层面的用地分类标准也是以体现生产、生活、生态结构分布为构建目标的，在建设用地中细分出居住用地、产业用地，明确各区的产居结构；细分出公共管理与公共服务设施用地、交通设施用地、市政设施用地，保证地区的公益性设施占比；明确绿地与广场用地、城市水域等用地分类，控制地区的绿色开敞空间的比例和形态。在此基础上，提出战略留白的用地分类，为国家级、市级重大项目的落地预留可能性。

在非建设用地方面，统筹山水林田湖草等各类生态要素，对接永久基本农田保护任务，确定永久基本农田、永久基本农田储备用地的分类；对接河道蓝线划定，确定水域沟渠、水库水面的分类；针对有重要生态价值的林草地、自然保留地进行重点保护，明确林草保护用地、自然保留地的分类。在此基础上，提出生态混合用地的分类，探索水、田、林之间地类的复合利用和灵活转用，形成土地分区规划用地分类标准(见表12-1)。

表 12-1 土地分区规划用地分类标准

一级类		二级类	
代码	名称	代码	名称
11	城乡建设用地	1101	居住用地
		1102	产业用地
		1103	公共管理与公共服务设施用地
		1104	绿地与广场用地
		1105	道路用地
		1106	交通设施用地
		1107	市政设施用地
		1108	特殊用地[1]
		1109	城市水域[2]
		1110	其他建设用地[3]
		1111	战略留白用地
12	特交水建设用地	1201	特殊用地[1]
		1202	对外交通用地
		1203	对外交通设施用地
		1204	水工建筑用地
		1205	其他建设用地[3]
21	非建设用地	2101	永久基本农田
		2102	永久基本农田储备用地
		2103	林草保护用地
		2104	水域沟渠

注：1. 军事、安保、外事、殡葬等用地若位于城市开发边界以内，则归入 1108 特殊用地；若位于城市开发边界以外，则归入 1201 特殊用地。

2. 水域沟渠、坑塘水面等用地若按照“两图合一”规划建设用地归类认定标准归入城乡建设用地，则归入 1109 城市水域。

3. 待深入研究用地、采矿用地、村庄空闲地或边角地等用地归入 1110 其他建设用地；风景名胜区、森林公园等的管理及服务设施等用地归入 1205 其他建设用地。

4. 水库水面考虑到与全国第三次土地调查衔接，在“两图合一”规划统计中归入非建设用地。

四、聚焦城乡建设用地减量，形成现状用地分类标准

中华人民共和国成立以来，我国各大城市的规划均为“增量规划”，即规划期末的建设用地规模大于规划起始年的现状建设用地规模。随着城市化进程的推进，北京、上海等特大城市逐渐进入存量时代，新版城市总体规划明确了北京市“建设国际一流的和谐宜居制度”的发展目标，确定了北京市 2020 年城乡建设用地较现状（2015 年）减量约 60 km^2，到 2035 年城乡建设用地较现状减量约 160 km^2 的规划任务，北京市成为全国首个城乡建设用地较

现状“减量”的城市。

在这样的背景下,现状建设用地基数及建设用地内部结构就成为减量核算的关键内容。国土部门的土地利用变更调查权属边界清晰、认定程序健全、年度更新及时,但城乡建设用地内部分类较粗,仅能分到城镇、村庄、采矿等用地类型,对于城乡建设用地内部功能没有细致调查;有较细分类的 2009 年全国第二次土地调查数据较为陈旧,2019 年全国第三次土地调查还在进行中。城规部门的现状图分类较细,但认定程序不健全,更新不及时。在分区规划编制过程中,为了细化明确现状建设用地的结构,为规划编制、用地减量研究提供基础底图,构建了与规划用地分类基本对应的现状用地分类标准(见表 12-2)。

表 12-2　土地使用现状用地分类标准

一级类		二级类	
代码	名称	代码	名称
11	城乡建设用地	1101	居住用地
		1102	产业用地
		1103	公共管理与公共服务设施用地
		1104	绿地与广场用地
		1105	道路用地
		1106	交通设施用地
		1107	市政设施用地
		1108	特殊用地[1]
		1109	城市水域[2]
		1110	其他建设用地[3]
12	特交水建设用地	1201	特殊用地[1]
		1202	对外交通用地
		1203	对外交通设施用地
		1204	水工建筑用地
		1205	其他建设用地[3]
21	非建设用地	2101	耕地
		2102	林地
		2103	其他农林用地
		2104	水域沟渠
		2105	水库水面[4]

注:1. 军事、安保、外事、殡葬等用地若在土地利用变更调查中归入城乡建设用地,则归入 1108 特殊用地;若在土地利用变更调查中归入风景名胜及特殊用地,则归入 1201 特殊用地。

2. 水域沟渠、坑塘水面等用地若在土地利用变更调查中为城乡建设用地,则归入 1109 城市水域。

3. 待深入研究用地、采矿用地、村庄空闲地或边角地等用地若在土地利用变更调查中为城乡建设用地,则归入 1110 其他建设用地;风景名胜区、森林公园等的管理及服务设施等用地若在土地利用变更调查中为风景名胜及特殊用地,则归入 1205 其他建设用地。

4. 水库水面在土地利用变更调查中归入建设用地,在全国第三次土地调查中归入非建设用地,考虑到与全国第三次土地调查衔接,在“两图合一”现状统计中归入非建设用地。

结　语

从中央城镇化工作会议提出了建立空间规划体系、推进规划体制改革的任务之后，北京市对于空间规划编制改革的探索从未停歇。从最开始的技术探索，到规划和国土部门合并后的工作推进，北京市逐渐探索出一条适合自身实际情况的国土空间规划改革之路。国家部委重组、自然资源部成立后，国土空间规划改革有了更为明确的方向。北京市结合规划管理的实际需求，在规划编制方法、用地标准体系等方面均开展了有力的探索，待国家相应标准和要求正式出台后，北京市将做好与国家标准的衔接对接，相关用地分类标准也将按照国家标准进一步调整。

习题演练

单选题　　多选题　　判断题

试卷

上学期试卷(一)

上学期试卷(二)

上学期试卷(三)

下学期试卷(一)

下学期试卷(二)

下学期试卷(三)

期末试卷(一)

期末试卷(二)

期末试卷(三)

期末试卷(四)

参考文献

[1] 王万茂,韩桐魁. 土地利用规划学[M]. 8 版. 北京:中国农业出版社,2012.
[2] 邓爱珍,李福平. 土地利用规划[M]. 北京:地质出版社,2014.
[3] 彭补拙. 土地利用规划学(修订版)[M]. 江苏:东南大学出版社,2013.
[4] 聂艳,于婧,于雷. 土地利用规划学实验教程[M]. 武汉:华中师大出版,2014.
[5] 郝晋珉. 土地利用规划学[M]. 北京:中国农业出版社,2007.
[6] 张占录,张正峰. 土地利用规划学[M]. 北京:中国人民大学出版社,2005.
[7] 毕宝德. 土地经济学[M]. 北京:中国人民大学出版社, 1998.
[8] 丁荣晃,王万茂. 土地规划学[M]. 北京:农业出版社, 1983.
[9] 丁荣晃,王万茂. 土地规划学[M]. 2 版. 北京:农业出版社, 1988.
[10] 董德显. 土地利用规划[M]. 北京:中国展望出版社, 1990.
[11] 国家土地管理局土地利用规划司. 全国土地利用总体规划研究[M]. 北京:科学出版社, 1994.
[12] 陆大道. 区位论及区域研究方法[M]. 北京:科学出版社, 1988.
[13] 黄杏元,汤勤. 地理信息系统概论[M]. 北京:高等教育出版社, 1989.
[14] 李德华. 城市规划原理[M]. 3 版,北京:中国建筑工业出版社, 2001.
[15] 刘书楷. 土地经济学[M]. 北京:中国矿业大学出版社, 1993.
[16] 陆大道. 区位论及区域研究方法[M]. 北京:科学出版社, 1988.
[17] 同济大学,吴志强,李德华,等. 城市规划原理[M]. 4 版. 北京:中国建筑工业出版社, 2010.
[18] 王金南. 环境经济学(理论·方法·政策)[M]. 北京:清华大学出版社, 1994.
[19] 王万茂,高波,夏太寿. 土地生态经济学[M]. 北京:科学技术文献出版社, 1992.
[20] 王万茂,潘文珠. 土地资源管理学[M]. 合肥:安徽科学技术出版社, 1989.
[21] 王万茂. 土地规划[M]. 南京:江苏科学技术出版社, 1988.
[22] 王万茂. 土地规划学(上、中、下册) [M]. 南京:南京农业大学出版社, 1982.
[23] 王万茂. 中国乡镇规划概论[M]. 合肥:安徽人民出版社, 1987.
[24] 王印才,张妙玲. 江苏省土地资源的人口承载潜力理论与实践研究[M]. 北京:中国农业科技出版社, 1994.
[25] 吴传钧,郭焕成. 中国土地利用[M]. 北京:科学出版社, 1994.
[26] 许燮谟,陈章琛. 土地利用工程[M]. 北京:农业出版社, 1987.
[27] 许学强,周一星,宁越敏. 城市地理学[M]. 2 版. 北京:高等教育出版社, 2009.
[28] 严泰来. 土地信息系统[M]. 北京:科学技术文献出版社, 1996.
[29] 杨树珍. 国土经济学[M]. 天津:天津人民出版社, 1986.
[30] 中国自然保护纲要编写委员会. 中国自然保护纲要[M]. 北京:中国环境科学出版社, 1987.
[31] 全国农业区划委员会《中国综合农业区划》编写组. 中国综合农业区划[M]. 北京:农业出版社, 1981.
[32] 赖亦康,周兴,渠霓. 基本农田保护区分区保护探讨[J]. 现代农业科技,2016(5):205-206.
[33] 胡晓峰. 县级土地利用总体规划实施保障措施研究——以六安市裕安区为例[J]. 现代农业科技, 2019(13). 257-258.

参考文献